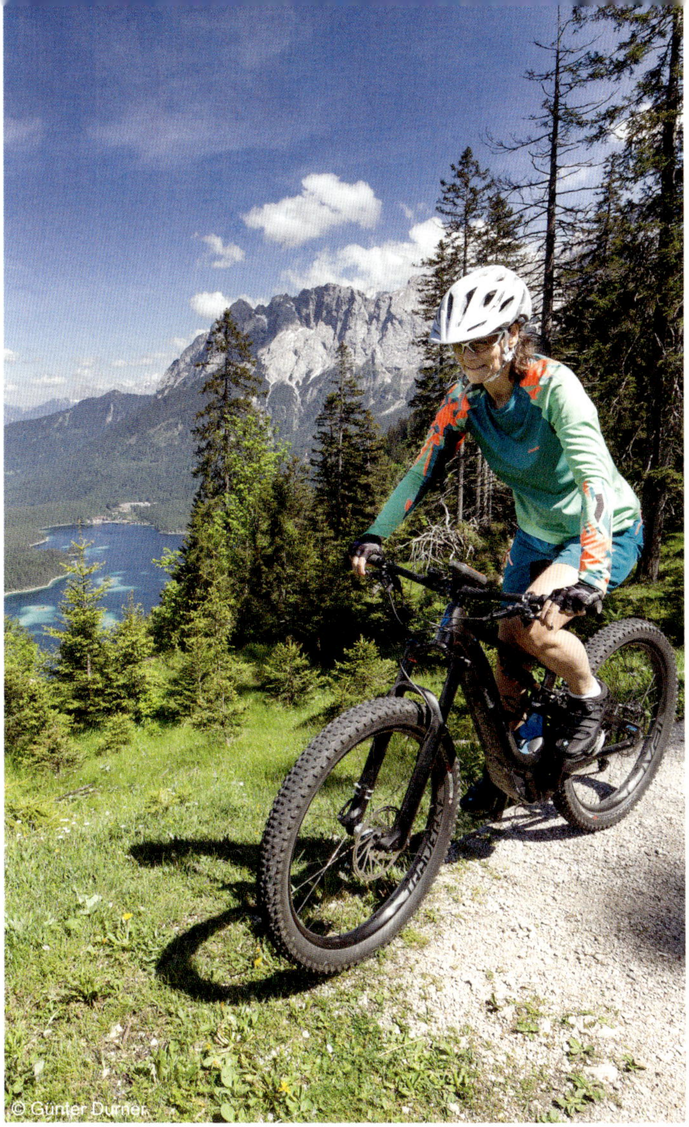

Susi Plott
Günter Durner

E-Bike Touren

Garmisch-Partenkirchen

Band 1

Übersichtskarte

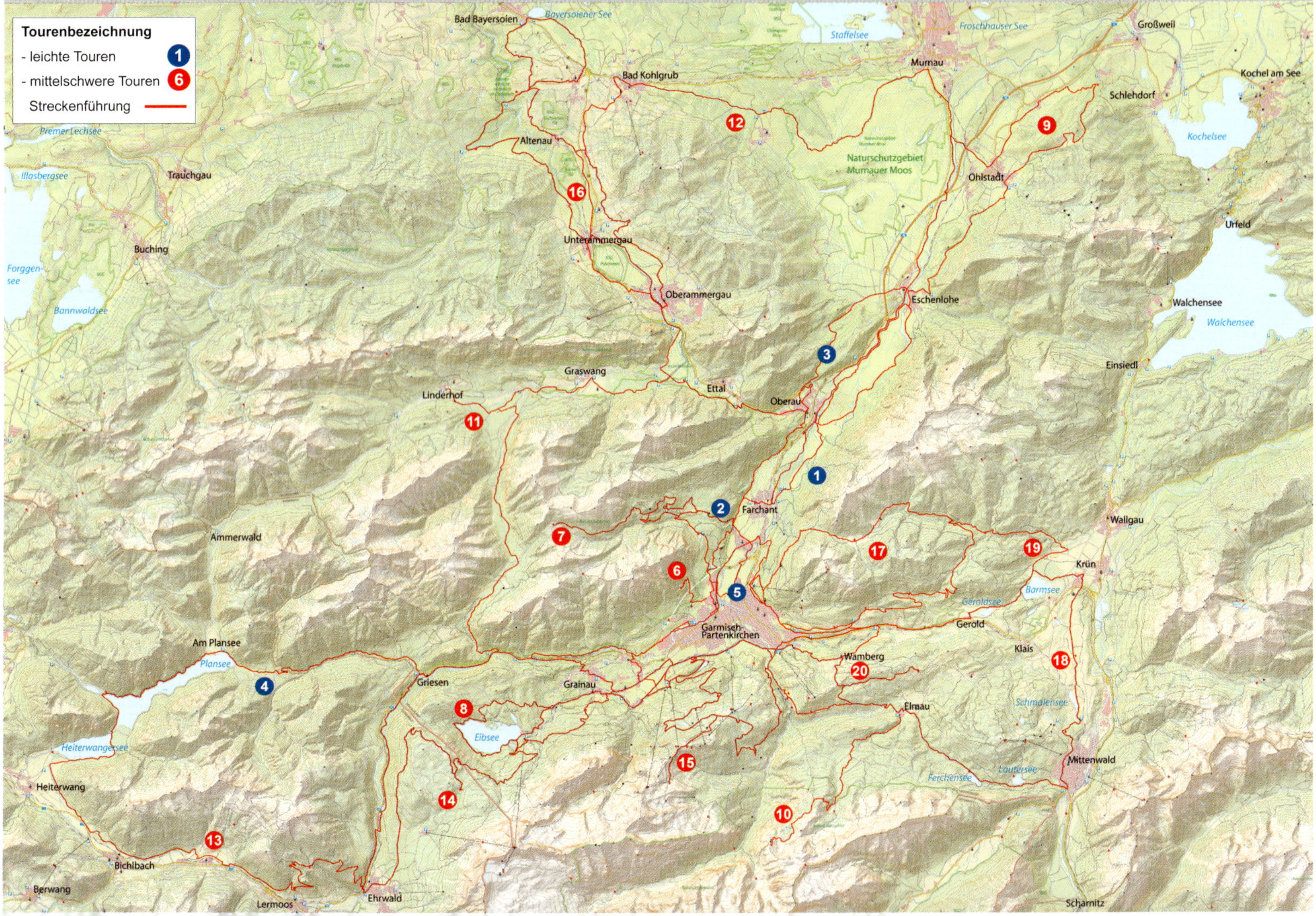

Nr.	Tour		Niveau	km	Hm	Fahrzeit	Startort	Startpunkt	(Höhe)
1	Loisachrunde	☺	L (1)	20,98	84	1:12	Farchant	[P] Föhrenheide, Sportplatz	(670 m)
2	Pflegersee	☺	L (1)	10,84	260	0:50	Garmisch-P.	[P] Burgrain, Hundeschule	(715 m)
3	Katzental - 7-Quellen	☺	L (2)	24,24	314	1:28	Farchant	[P] Föhrenheide, Sportplatz	(670 m)
4	Plansee	☺	L (2)	36,35	365	2:16	Grainau	[P] Herrgottschrofen	(722 m)
5	Rund um Garmisch-Partenkirchen	☺	L (2)	31,14	586	2:09	Garmisch-P.	[P] Stadion am Gröben	(708 m)
6	St.-Martin Hütte (Bike & Hike)	☺	M (3)	5,00	334	0:45	Garmisch-P.	[P] beim Brauhaus	(707 m)
7	Enningalm (nur Forststraße) (Bike & Hike)	☺	M (3)	19,76	889	1:38	Garmisch-P.	[P] Burgrain, Hundeschule	(715 m)
8	Eibsee - Neuneralm	☺	M (3)	29,64	645	2:05	Garmisch-P.	[P] Hausberg „P22“	(720 m)
9	Loisachtal - Kreutalm	☺	M (3)	40,34	541	2:41	Oberau	[P] Wanderparkplatz	(659 m)
10	Schachen (Bike & Hike)	☺	M (3)	20,44	934	1:37	Elmau	[P] „P4“	(1.000 m)
11	Elmaugries - Linderhof	☺	M (3)	49,42	830	2:58	Garmisch-P.	[P] Burgrain, Hundeschule	(715 m)
12	Um den Aufacker - Murnauer Moos	☺	M (3)	54,29	538	3:26	Oberau	[P] Kirche, Am Kirchbichl	(668 m)
13	Um den Daniel und zur Tuftlalm (Bike & Hike)	☺	M (3)	49,91	950	3:15	Griesen	[P] Wanderparkplatz	(824 m)
14	Hochthörle Hütte - Thörlenweg	☺	M (3)	51,57	1.020	3:04	Garmisch-P.	[P] Hausberg „P22“	(720 m)
15	Kreuzeck - Hochalm	☺	M (3)	30,63	1.136	2:26	Garmisch-P.	[P] Hausberg „P22“	(720 m)
16	Ammertal Runde		M (4)	39,19	635	2:50	Oberammergau	[P] Eugen-Pabst-Str.	(847 m)
17	Esterbergalm - Gschwandtnerbauer (Bike & Hike)	☺	M (4)	27,52	942	1:52	Garmisch-P.	[P] Wankbahn „P20“	(740 m)
18	Esterbergalm - Barmsee - Geroldsee (Bike & Hike)		M (4)	30,87	934	2:16	Garmisch-P.	[P] Wankbahn „P20“	(740 m)
19	4-Seen Tour und Elmauer Alm	☺	M (4)	44,87	1.188	2:50	Garmisch-P.	[P] Skistadion „P21“	(725 m)
20	Elmauer Alm		M (4)	20,74	740	1:31	Garmisch-P.	[P] Skistadion „P21“	(725 m)

☺ Familienfreundliche Tour
Bike & Hike, [P] Parkplatz

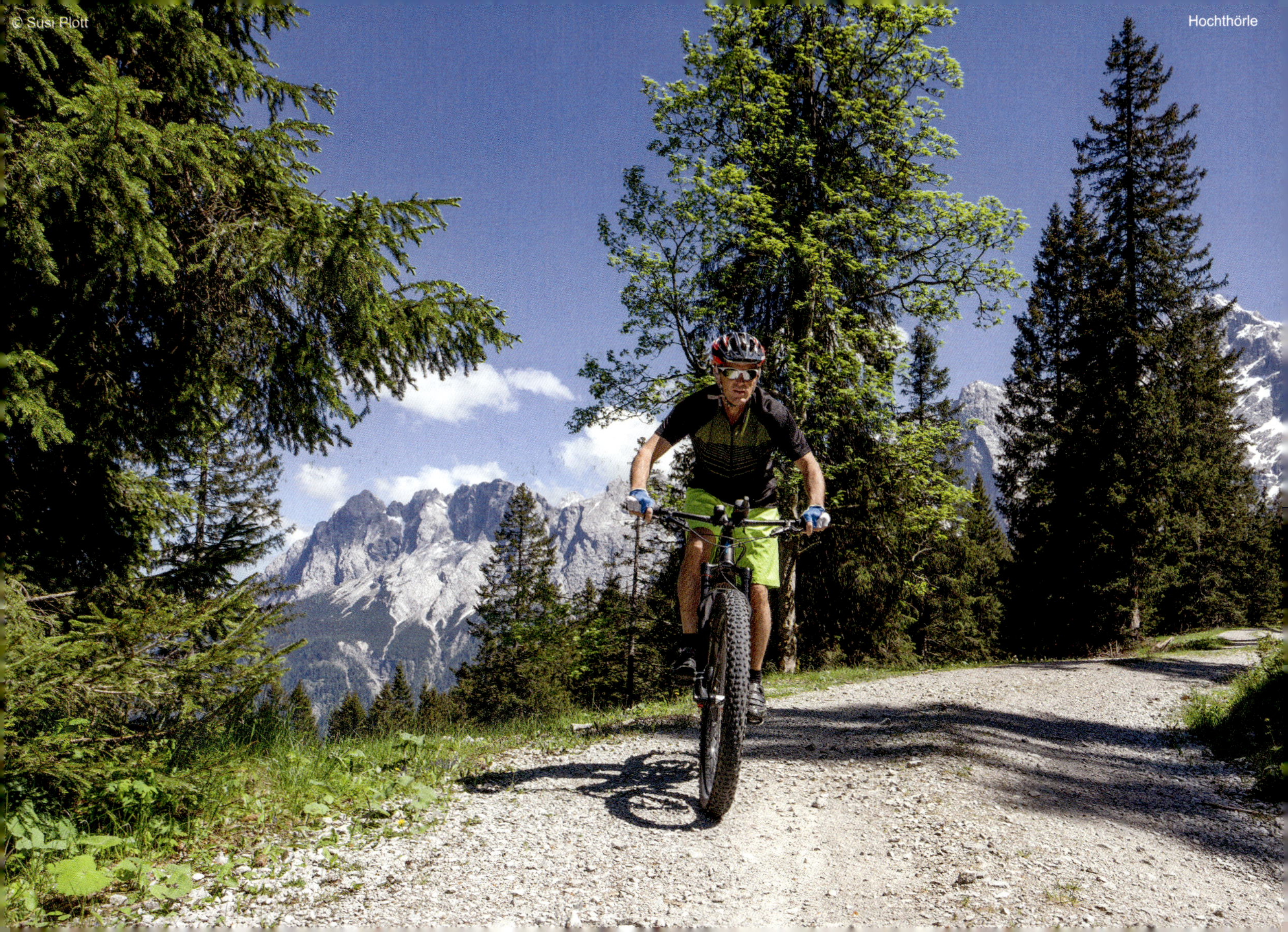

Hochthörle

Nr.	Tour		Niveau	km	Hm	Fahrzeit	Fahrkönnen	Landschaft	Highlight(s)
1	Loisachrunde	☺	L (1)	20,98	84	1:12	★★☆☆☆☆	★★★★★★	Loisachuferweg
2	Pflegersee	☺	L (1)	10,84	260	0:50	★★☆☆☆☆	★★★★☆☆	Pflegersee
3	Katzental - 7-Quellen	☺	L (2)	24,24	314	1:28	★★☆☆☆☆	★★★★★★	Wasserräder, 7-Quellen
4	Plansee	☺	L (2)	36,35	365	2:16	★★☆☆☆☆	★★★★☆☆	Plansee
5	Rund um Garmisch-Partenkirchen	☺	L (2)	31,14	586	2:09	★★★☆☆☆	★★★★☆☆	Burgruine, Rießersee,..
6 ⛰	St.-Martin Hütte	☺	M (3)	5,00	334	0:45	★★★☆☆☆	★★★★☆☆	super Ausblicke
7 ⛰	Enningalm	☺	M (3)	19,76	889	1:38	★★☆☆☆☆	★★★★☆☆	Trailvariante
8	Eibsee - Neuneralm	☺	M (3)	29,64	645	2:05	★★★☆☆☆	★★★★★☆	Eibsee, Wasserfall
9	Loisachtal - Kreutalm	☺	M (3)	40,34	541	2:41	★★★☆☆☆	★★★★★☆	Kreutalm, Pferdegestüt,..
10 ⛰	Schachen	☺	M (3)	20,44	934	1:37	★★★☆☆☆	★★★★★★	Botanischer Alpengarten
11	Elmaugries - Linderhof	☺	M (3)	49,42	830	2:58	★★★☆☆☆	★★★★☆☆	Schloss Linderhof
12	Um den Aufacker - Murnauer Moos	☺	M (3)	54,29	538	3:26	★★★★☆☆	★★★★☆☆	Murnauer Moos,..
13 ⛰	Um den Daniel und zur Tuftlalm	☺	M (3)	49,91	950	3:15	★★★☆☆☆	★★★★★★	Aussichtsplattform,..
14	Hochthörle Hütte - Thörleweg	☺	M (3)	51,57	1.020	3:04	★★★☆☆☆	★★★★★☆	Eibsee, Eibseeblick,..
15	Kreuzeck - Hochalm	☺	M (3)	30,63	1.136	2:26	★★★☆☆☆	★★★★★★	Bob Museum, Wasserfall
16	Ammertal Runde		M (4)	39,19	635	2:50	★★★☆☆☆	★★★★★☆	Bayersoier See
17 ⛰	Esterbergalm - Gschwandtnerbauer	☺	M (4)	27,52	942	1:52	★★★☆☆☆	★★★★☆☆	Gschwandtnerbauer
18 ⛰	Esterbergalm - Barmsee - Geroldsee		M (4)	30,87	934	2:16	★★★☆☆☆	★★★★★★	Barmsee, Geroldsee
19	4-Seen Tour und Elmauer Alm	☺	M (4)	44,87	1.188	2:50	★★★☆☆☆	★★★★★★	Geroldsee, Ferchensee,..
20	Elmauer Alm		M (4)	20,74	740	1:31	★★★☆☆☆	★★★☆☆☆	Wamberg, Elmauer Alm

Tourencharakter

☺ Familienfreundliche Tour
⛰ Bike & Hike, [P] Parkplatz

Einleitung

Das Buch **„E-Bike Touren Garmisch-Partenkirchen“** beschreibt 20 abwechslungsreiche E-Bike Touren (für Trekking und Mountainbikes) rund um Garmisch-Partenkirchen. Die landschaftlich außergewöhnlich schöne Region lässt sich am einfachsten und bequemsten mit einem E-Bike erkunden. Damit die wundervollen und schönsten Ecken des Werdenfelser Lands erreicht werden können, starten die Touren nicht nur in Garmisch-Partenkirchen, sondern auch in Grainau, Farchant, Elmau, Griesen, Oberau und Oberammergau. Bei der Zusammenstellung wurde darauf geachtet, dass möglichst interessante Touren in unterschiedlichen Schwierigkeitsgraden (**leicht**, **mittel**) beschrieben werden. Bei den meisten Touren gibt es schöne **Einkehrmöglichkeiten** sowie **Highlights**. Sollte es sich bei einer Tour anbieten, noch einen Gipfel oder einen anderen sehenswerten Ort zu Fuß zu erreichen, dann finden Sie bei der entsprechenden Tour den Hinweis **Bike & Hike** (⌒).

Auf welchen Wegen ist man unterwegs?

In der Region rund um Garmisch-Partenkirchen gibt es unzählige Straßen, Forstwege und Pfade, die man für vielfältige E-Bike Touren nutzen kann. Da E-Bikes deutlich schwerer als „normale“ Mountainbikes sind, machen Passagen, auf denen man das E-Bike tragen oder über weite Strecken schieben muss, keinen Sinn. Aus diesem Grund gibt es bei dieser Tourenauswahl keine Tragepassagen. Das E-Bike ein kurzes Stück zu schieben ist zwar mit wenig Spaß verbunden, aber manchmal notwendig. Bei der Auswahl der Touren wurde deshalb darauf geachtet, dass möglichst keine Schiebestrecken vorhanden sind. Selbstverständlich kommt es auch auf das persönliche Fahrkönnen an, ob an der einen oder anderen Stelle noch gefahren werden kann oder ob man schieben muss. Bitte darauf achten, dass steile Passagen, die man mit dem E-Bike fast mühelos hinauffahren kann, beim bergab Fahren zu einer größeren Herausforderung werden können.

Wie lange sind die E-Bike Touren?

Wir haben darauf geachtet, dass die Touren mit **einer Akkuladung** gefahren werden können. Wir sind überwiegend mit der kleinsten Elektrounterstützung gefahren. Nur bei steilen Anstiegen wurde die größte Unterstützung (100% Leistung) von dem 460 Wh Akku abgerufen. Die Strecken wurden mit einem Specialized Levo abgefahren.

Wie orientiert man sich auf der Tour?

Die Orientierung ist prinzipiell einfach, da die Strecken meistens gut ausgeschildert sind. Zur Mitnahme auf die Tour gibt es jeweils **Tourenblätter** mit Tourenbeschreibung, Kartenausschnitt und Höhenprofil. Mit diesen **Tourenblättern** können alle Touren, auch ohne zusätzliche Landkarte, gefahren werden. Trotzdem empfehlen wir, immer eine topografische Landkarte mitzunehmen. Wer ausschließlich die Tourenbeschreibung zur Orientierung verwenden will benötigt einen Kilometerzähler, der eventuell einen Höhenmesser integriert hat. Diejenigen, die ein GPS-Gerät oder ein Smartphone zur Orientierung nutzen, können mit Hilfe der **gpx-Tracks,** auf der beiliegenden CD, die hier beschriebenen Touren abfahren. Zudem befinden sich auf der CD noch die KML-Dateien zur Ansicht in Google Earth, um sich vor der Tour einen Überblick verschaffen zu können.

Welche Karten werden benötigt?
Für das GPS-Gerät empfehlen wir die Karte „Garmin TransAlpin". Eine Alternative kann die Openmtbmap sein, die es unter: http://openmtbmap.org/de/ gibt. Diese Karte enthält besonders zum Biken und Wandern viele nützliche Informationen wie z.B. die Schwierigkeit und Klassifizierung von Wegen sowie die Lage und Höhenmeter von Berghütten usw. Wer zusätzlich eine Papierkarte mitnehmen möchte, kann auf folgende Karten zurückgreifen: Kompasskarten WK5 (Maßstab 1:50.000) sowie WK 07 (Maßstab 1:25.000).

Höhenangaben (hm)
Die Höhenangabe umfasst sämtliche Höhenmeter bergauf. Am **Startpunkt** ist die **Ortshöhe** angegeben, nach der die Höheneinstellung des jeweiligen Höhenmessers (GPS-Gerät oder Fahrradcomputer) eingestellt werden kann. Nachdem die Höhenmessung über den momentan vorherrschenden Luftdruck gemessen wird, kann diese, von den in diesem Buch angegebenen Höhenangaben, variieren.

Steigungsangaben (in Prozent %)
Dabei bedeutet z.B. die Angabe einer Steigung von 16 %, dass auf einer horizontalen Strecke von 100 m der Höhenunterschied 16 m beträgt. Berücksichtigt wurden nur Steigungen bzw. Gefälle die über einen längeren Streckenabschnitt vorhanden sind.

Höhenprofile
Die Höhenprofile geben Auskunft über die **Verteilung der Höhenmeter** und damit auch über den Verlauf der Tour. Die jeweilige **Fahrbahnbeschaffenheit** ist farblich gekennzeichnet (**Asphalt**, **Schotter**, **Pfad**). Außerdem sind in den Höhenprofilen die **Prozentangaben (%)** der Steigung / des Gefälles angegeben. So hat man einen Überblick was bei der Auf- und Abfahrt zu erwarten ist.

Kilometerangaben
Die Kilometerangaben beinhalten sowohl **Fahr-** als auch **eventuelle Schiebepassagen**. Obwohl die Kilometerangaben mit modernen Fahrradcomputern ermittelt wurden, können die Kilometer, je nach Einstellung des benutzten Kilometerzählers, etwas variieren. Es können Differenzen von einigen 100 m auftreten, da bei der Einstellung des Kilometerzählers der Radumfang, Reifenluftdruck sowie das Gewicht des Fahrers eine erhebliche Rolle spielen. Zudem ist es abhängig wie Kurven durchfahren werden.

Zeitangaben
Die angegebenen Zeiten sind **reine Fahrzeiten**, die großzügig bemessen sind. Beim E-Biken spielt natürlich die Unterstützungsstufe des Motors eine große Rolle. Pausen für Rast und zur Orientierung sind in den angegeben Fahrzeiten nicht berücksichtigt.

Schwierigkeitsstufen (leicht, mittel)
Bei der Einteilung wurden die **Tourenlänge**, die **Schwierigkeit**, die **Fahrbahnbeschaffenheit** und der **Höhenunterschied** berücksichtigt. Die Schwierigkeitsstufen sind nochmals aufgegliedert in leicht (1 oder 2) und mittel (3 oder 4).

Einkehrmöglichkeiten

Wir haben die Einkehrmöglichkeiten, die sich auf der jeweiligen Tour ergeben, der Reihenfolge nach namentlich aufgelistet. Zu Ruhetagen und Öffnungszeiten gibt es keine Angaben, da sich diese zu oft ändern. Infos dazu können jedoch aktuell im Internet recherchiert werden. In den Kartenausschnitten sind die Einkehrmöglichkeiten jeweils mit einem Symbol gekennzeichnet.

Highlights

Bei einigen Touren gibt es direkt am Wegesrand verschiedene Highlights, die einen Besuch wert sind. Dies können z. B. Sehenswürdigkeiten, Bademöglichkeiten oder schöne Ausblicke sein. Die Highlights der jeweiligen Tour werden kurz beschrieben und sind auf der Landkarte mit einem Symbol markiert.

Bike & Hike

Sollte es sich bei einer Tour anbieten noch einen Gipfel oder einen anderen sehenswerten Ort zu Fuß zu erreichen, dann gibt es bei der entsprechenden Tour den Hinweis **Bike & Hike**. Das Ziel (z.B. Gipfel) wird kurz mit Höhenmetern und Aufstiegszeit angegeben. Auf der Karte ist der Tourenverlauf eingezeichnet.

Familienfreundliche Tour ☺

Kriterium ist hier die **Fahrbahnbeschaffenheit** (durchweg gute Fahrbahnen) und **verkehrsarme Strecken** (Nebenstraßen, Radwege). Auf diesen Touren könnte auch ein **Fahrradanhänger** mitgenommen werden, da die Fahrbahn entsprechend breit ist.

Zeichenerklärung

(+340 m) **km 10,52**/92 m **Rechts** dem Radweg über die Brücke Ri. „pista ciclabile“ folgen.

Abzweigsymbol, rechts über die Brücke abbiegen (der schwarze Pfeil gibt die Fahrtrichtung an),
HS = Hauptstraße, **Ri.** = Richtung, bzw. Hinweisschild

Wird nicht ausdrücklich ein Abzweig beschrieben, so ist dem eingeschlagenen Hauptweg zu folgen und sämtliche andere Abzweigungen sind zu ignorieren. Damit sofort ersichtlich ist, wie weit die nächste Kreuzung entfernt ist, wird die Entfernung zwischen den Kreuzungen angegeben. Die Entfernungsangabe steht neben dem Abzweigsymbol z.B. **(+340 m)**, das bedeutet von dem vorangegangenen Punkt bis zu diesem Punkt sind 340 Meter zurückzulegen. Danach steht die Gesamtkilometerzahl **(km 10,52/)**, seit Tourenbeginn, vom Startpunkt aus gerechnet. Die Zahl hinter der Kilometerangabe **(/92m)** ist die Höhenangabe des jeweiligen Standortes.

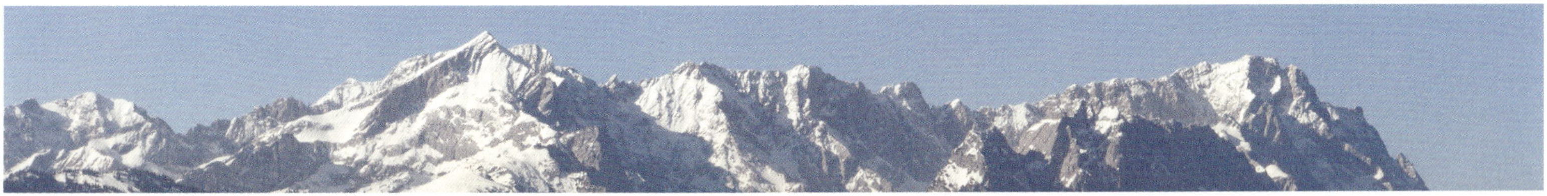

Tourenblätter (zum Mitnehmen auf die Tour)
Im hinteren Teil des Buches gibt es extra heraustrennbare Tourenkarten zum Mitnehmen auf die Tour. Auf diesen Tourenkarten befinden sich die **Landkarte**, das **Höhenprofil** und die **Wegbeschreibung** (Roadbook) jeder Tour. Für manche Touren reicht ein Blatt (2 Seiten), für längere Touren müssen zwei Blätter (4 Seiten) herausgetrennt werden. Bitte vor dem Heraustrennen, an der Perforierung knicken.

GPS-Tracks
Die GPS-Tracks (gpx) der Touren in diesem Buch befinden sich auf der beiliegenden CD.

Hinweis E-Bike Touren
Die E-Bike Touren in diesem Führer erfordern sportliches Radfahrkönnen und defensives Fahrverhalten. Eine entsprechende E-Bikeausrüstung wie z.B. Helm wird dringend empfohlen. Bitte beachten Sie, dass auf Forststraßen an unübersichtlichen, kurvenreichen Streckenabschnitten mit Kfz-Verkehr, der die gesamte Wegbreite beansprucht, gerechnet werden muss. Die Forststraßen sind nicht speziell für die Radfahrer, sondern in erster Linie für den land- und forstwirtschaftlichen Verkehr gebaut. Die Wegausstattung, wie die Fahrbahnbeschaffenheit, die Entwässerungseinrichtungen (Wasserrinnen), die Absperrvorrichtungen (Schranken und Gatter) und die Hinweise auf Gefahrenstellen, sind ausschließlich auf Wirtschaftsverkehr mit Traktoren und LKW ausgerichtet. Sicherheitseinrichtungen wie z.B. Geländer oder Zäune sind auf Forststraßen nicht die Regel. Ein Traktor oder LKW kann hier an einer unübersichtlichen Stelle bereits eine Gefahr für Radfahrer sein. Mit einer Absperrung der Strecke aus betrieblichen Erfordernissen, z.B. Holzfällarbeiten und Transporten ist jederzeit zu rechnen. Im Wegbereich lagernde Güter, Betriebsmittel oder abgestellte Maschinen können für Radfahrer ebenfalls eine Gefahrenstelle sein. Infolge von Naturereignissen wie Sturm, starker Regen oder Erdrutsche können Strecken manchmal unpassierbar werden. Bitte erkundigen Sie sich gegebenenfalls vor Ort bei den Gemeinden über die aktuelle Wegbeschaffenheit und ob der Weg befahren werden kann.

82467 GARMISCH-P.
SPORT NEUNER
Zugspitzstr. 10; Tel.: 08821/2675
sport-neuner@t-online.de

ZWEIRAD PEDALO
Hauptstr. 40; Tel.: 08821/79161
info@zweirad-pedalo.de

BIKE VERLEIH GARMISCH
Zugspitzstr. 68; Tel.: 08821/9692990
info@bikeverleih-garmisch.com

BIKECENTER GARMISCH-P.
Ludwigstr. 90; Tel.: 08821/54946
info@bikeverleih.de

CUBE STORE BY MULTICYLE
Klammstr. 7; Tel.: 08821/7303101
garmisch@multicycle.de

82481 MITTENWALD
BIKER BAHNHOF
Bahnhofplatz 12; Tel.: 08823/2764
office@bikerbahnhof.com

82496 OBERAU
FAHRRADCENTER OBERLAND
Ettaler Str. 18c; Tel.: 08824/93043
info@fahrradcenter-oberland.de

RADSPORT BURDA
Münchner Str. 10; Tel.:
08824/9294430
radsport.burda@gmx.de

82418 MURNAU
MEIKS BIKES
Olympia Str. 1; Tel.: 08841/6781340
info@meiksbikes.de

82487 OBERAMMERGAU
RADSPORT LANG
Rottenbucher Str. 16
Tel.: 08822/1004
info@radlang.de

82496 WURMANSAU
2RADSTADL
Alte Römerstr. 28
Tel.: 08845/757463
info@2radstadtl-wurmansau.de

Bergrettungsdienst + Notruf
in Deutschland: 112
in Österreich: 140
europäischer Notruf: 112

Selbst die sorgfältigste Routenbeschreibung oder das genaueste Roadbook nutzt einem nur, so lange man genau weiß, wo man sich gerade befindet. Kleine Abstecher von der eigentlichen Route führen schnell dazu, dass man „den Faden“ verliert.

Nicht so bei der Verwendung eines GPS-Gerätes. Damit weiß man immer, wo man sich gerade befindet. Zudem zeigt der GPS-Track den weiteren Wegverlauf an. Somit ist ein Verfahren, so gut wie unmöglich.

Alle Tracks wurden beim Befahren der E-Bike Tour mit einem modernen GPS-Gerät aufgezeichnet. Um Ihnen einen idealen GPS-Track anzubieten, haben wir diesen nachträglich am PC bearbeitet. Dabei wurden „Ausreißer“ und „Fehler“ behoben, die immer dann entstehen, wenn das GPS-Gerät beim Aufzeichnen einen schlechten oder gar keinen Empfang hat, z.B. im Tunnel.

Die so aufbereiteten GPS-Tracks, in Form von gpx-Dateien, stellen wir Ihnen auf der beiliegenden CD zur Verfügung. Die GPS-Tracks liegen im standardisierten gpx-Format vor und können mit entsprechender GPS-Software angezeigt oder auf Ihr GPS-Gerät bzw. Smartphone übertragen werden.

Zusätzlich befinden sich auf der CD die GPS-Tracks als KML-Dateien. Diese können in Google Earth geladen werden, um so einen Überblick über die jeweilige Tour zu bekommen.

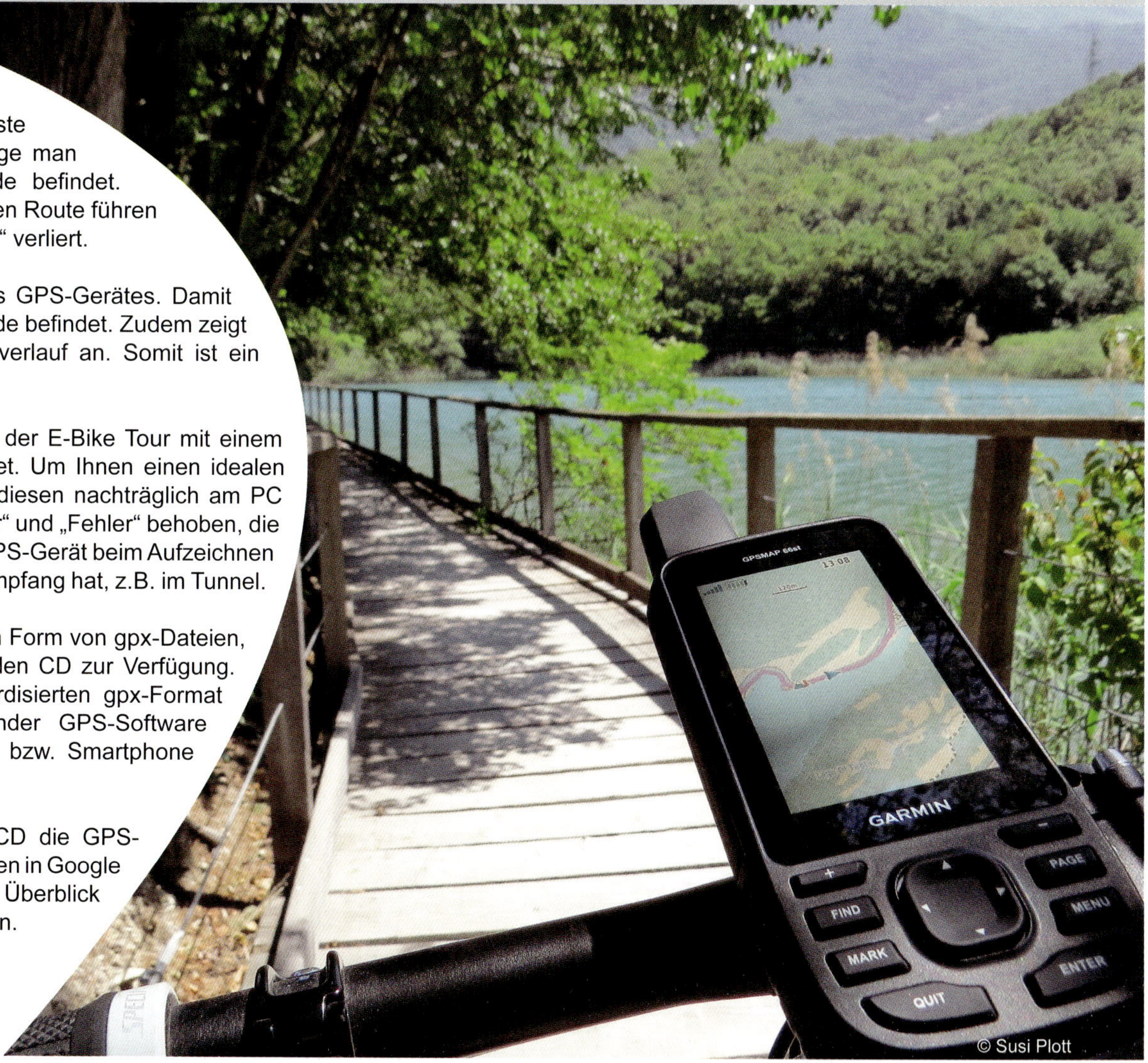

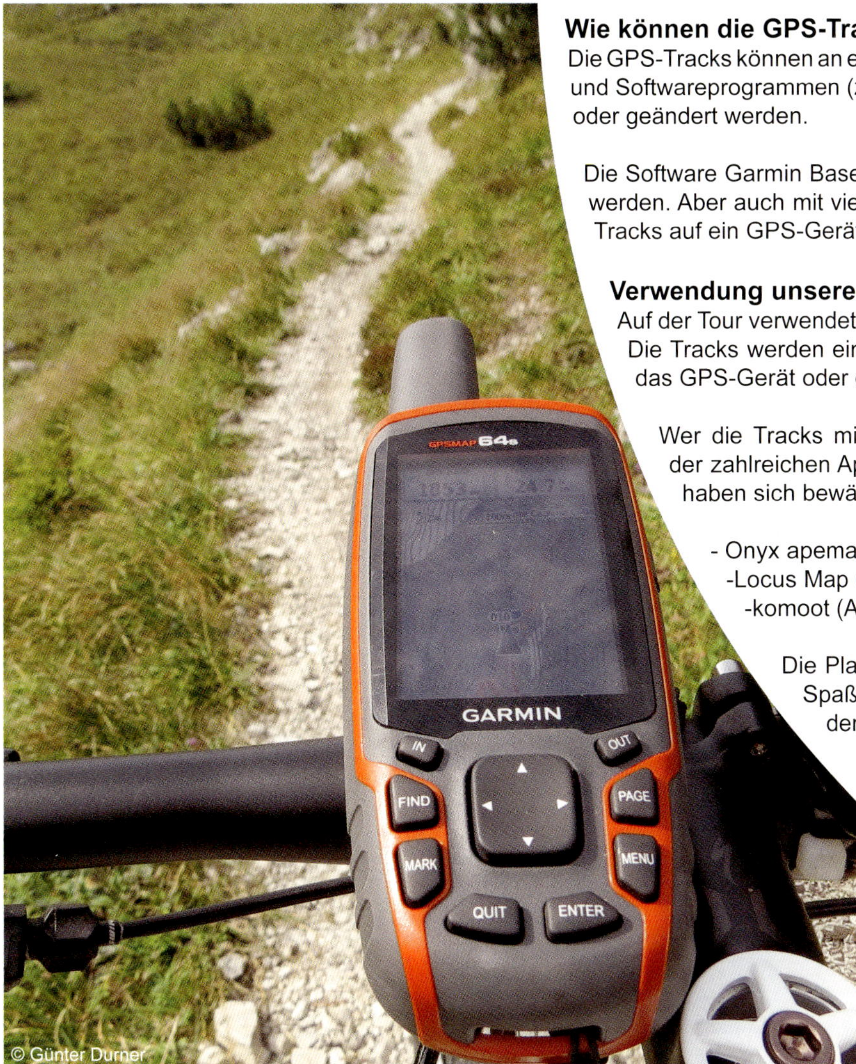

© Günter Durner

Wie können die GPS-Tracks genutzt werden?

Die GPS-Tracks können an einem Desktop-Computer mit entsprechende GPS-Tourenplanungs- und Softwareprogrammen (z.B. Garmin BaseCamp) auf digitalen Karten angezeigt, bearbeitet oder geändert werden.

Die Software Garmin BaseCamp kann kostenlos von der Garmin Webseite heruntergeladen werden. Aber auch mit vielen anderen Programmen (kostenlos / kostenpflichtig) können die Tracks auf ein GPS-Gerät geladen, dargestellt und verwaltet werden.

Verwendung unserer GPS-Tracks

Auf der Tour verwendet man entweder ein “klassisches” GPS-Gerät oder ein Smartphone. Die Tracks werden einfach von der beiliegenden CD in die entsprechenden Ordner auf das GPS-Gerät oder das Smartphone kopiert.

Wer die Tracks mit einem Smartphone nutzen möchte, der installiert einfach eine der zahlreichen Apps (teilweise kostenlos) auf seinem Smartphone. Folgende Apps haben sich bewährt (nur ein Auszug):

- Onyx apemap (Android, iOS)
- Locus Map (Android)
- komoot (Android, iOS, Garmin)

Die Planung und Durchführung einer Tour mit GPS-Unterstützung macht Spaß und gibt die Sicherheit, dass man auch auf der geplanten Strecke der jeweiligen Tour fährt.

Allerdings sollte man sich viel Zeit nehmen, um sich mit der GPS-Technik auseinanderzusetzen. Im Übrigen verlassen wir uns nie ganz auf das GPS-Gerät. Bei allen unseren Touren haben wir weiterhin eine aktuelle Landkarte dabei.

Wir hoffen, dass Sie mit unseren Landkarten, die wir speziell für diese Führerreihe angefertigt haben, immer den richtigen Weg finden.

Tour 1 „Loisachrunde“ 1 20,98 km 1:12 Std 84 Hm

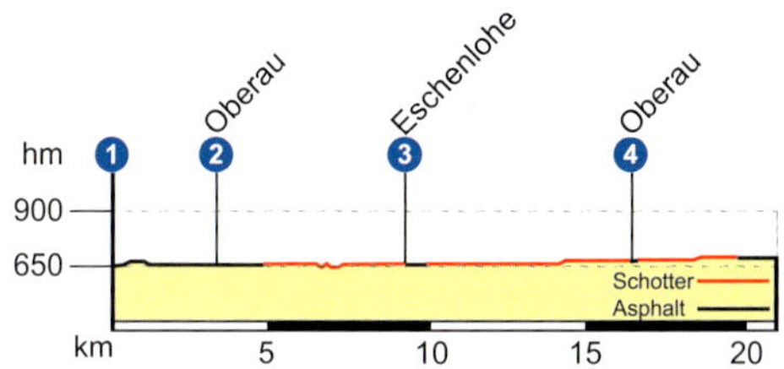

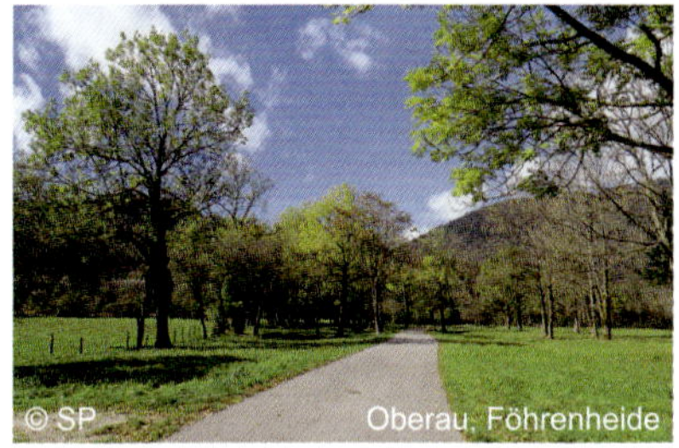
© SP Oberau, Föhrenheide

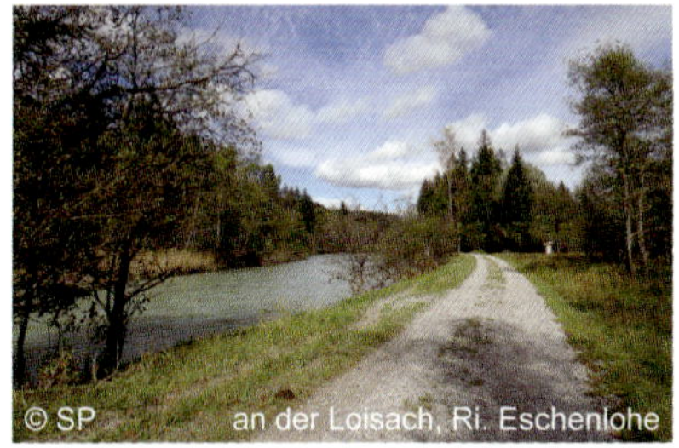
© SP an der Loisach, Ri. Eschenlohe

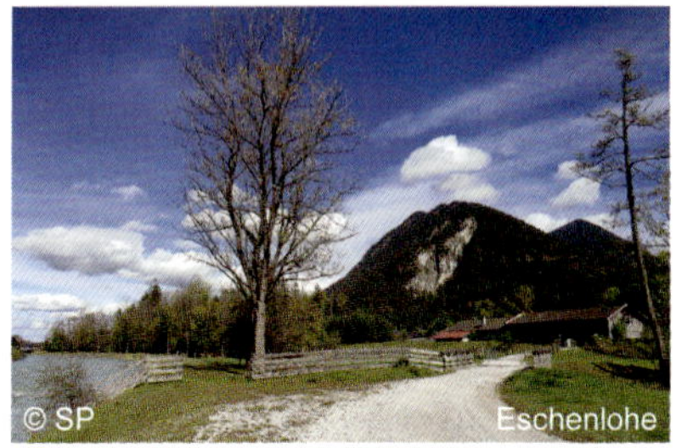
© SP Eschenlohe

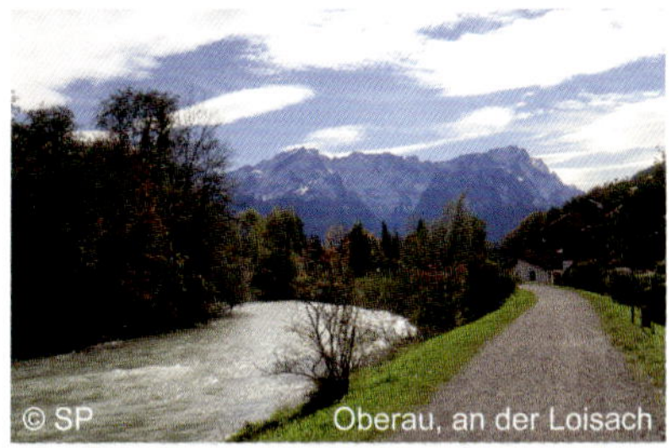
© SP Oberau, an der Loisach

Tourencharakter

Wegbeschaffenheit

Asphalt	6,68 km
Schotter/Kies	14,30 km
Pfad/Trail	0 km
Beton/Pflastersteine	0 km
Schiebestrecke	0 km

Familienfreundlich
Ja, nur wenige Meter auf verkehrsarmen Straßen, sonst verkehrsfreie Straßen und Wege

Einkehrmöglichkeit
in Eschenlohe und Farchant

Highlights
Loisachuferweg

Fahrkönnen / Landschaft

Fahrkönnen	★★☆☆☆☆
Landschaft	★★★★★★

Höhe

Starthöhe	670 Meter
Höchster Punkt	693 Meter

Abwechslungsreiche Runde, entlang der Loisach

Einfache, wunderschöne Tour an der Loisach entlang mit guten Einkehrmöglichkeiten in Eschenlohe. Man fährt überwiegend auf breiten Schotterwegen, die problemlos zu befahren sind, nur auf kurzen Abschnitten muss man öffentliche Straßen benutzen (z.B. in Eschenlohe). Da auf dieser Tour nur wenige Höhenmeter zu bewältigen sind, ist dies wirklich eine leichte Runde.

Einkehrmöglichkeiten

Am Start-/Endpunkt in Farchant bietet sich das **Sportlerstüberl** (am Sportplatz) für eine Einkehr an. Weitere Rastmöglichkeiten sind dann in Eschenlohe. Direkt an der Loisachbrücke befindet sich das griechische Restaurant **Taverne Athen,** auf der anderen Loisachseite der **Gasthof Zur Brücke** und am Ende, in Farchant an der Loisachbrücke, ist die **Pizzeria Vesuvio**.

Tipp

In Eschenlohe bietet sich ein kurzer Abstecher hinauf zur St. Nikolaus Kapelle an. Von dort oben hat man einen schönen Ausblick auf Eschenlohe. Der Abzweig hierfür befindet sich auf dem Rückweg von Eschenlohe nach Oberau. Beim Bahnübergang rechts auf die Hauptstraße abbiegen und ortsauswärts fahren. Gleich darauf rechts bergauf fahren und dem ausgeschilderten Wanderweg folgen.

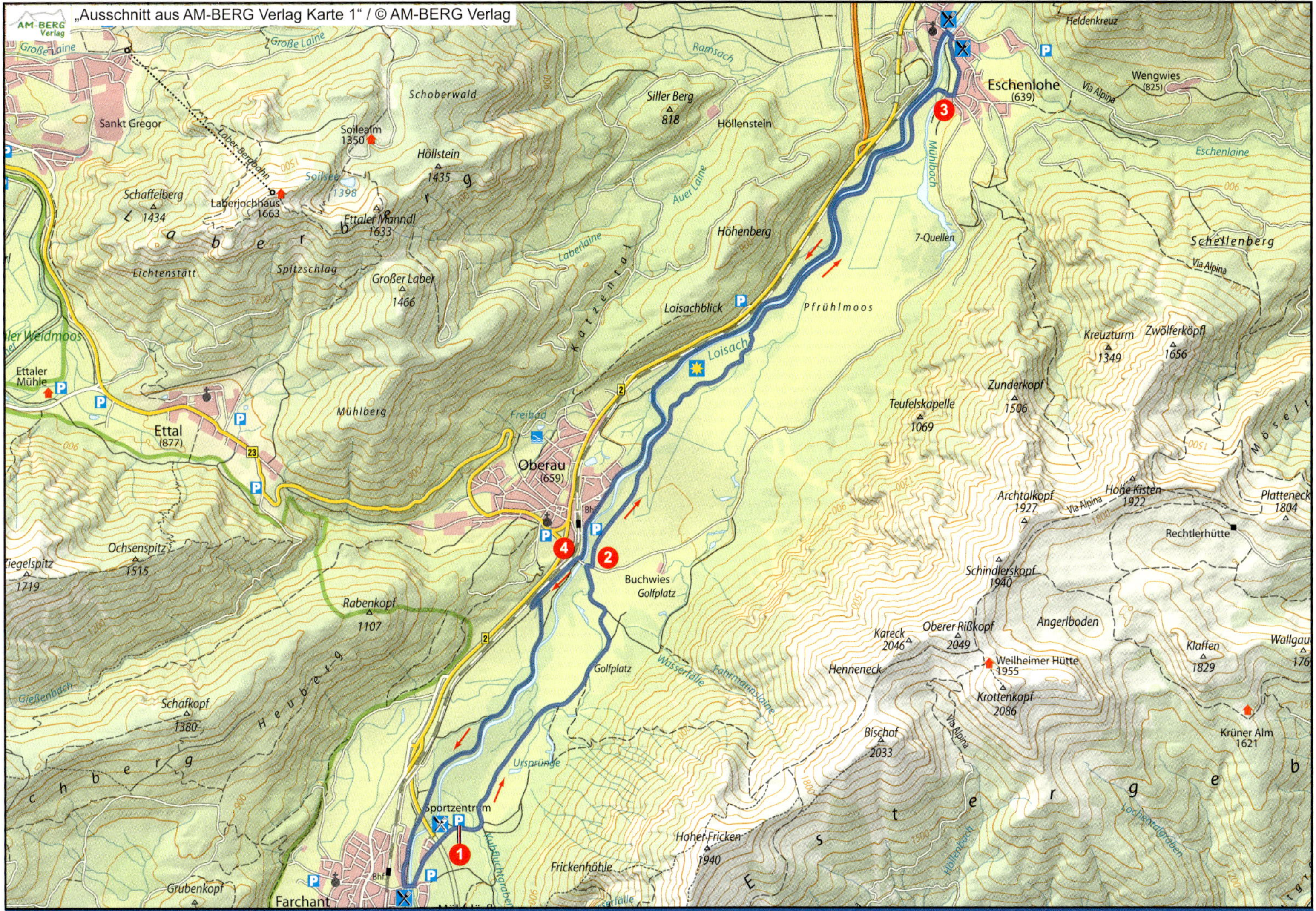

Tour 1 „Loisachrunde“ 1 **20,98 km** **1:12 Std** **84 Hm**

Tour 1 „Loisachrunde“ 1 20,98 km 1:12 Std 84 Hm

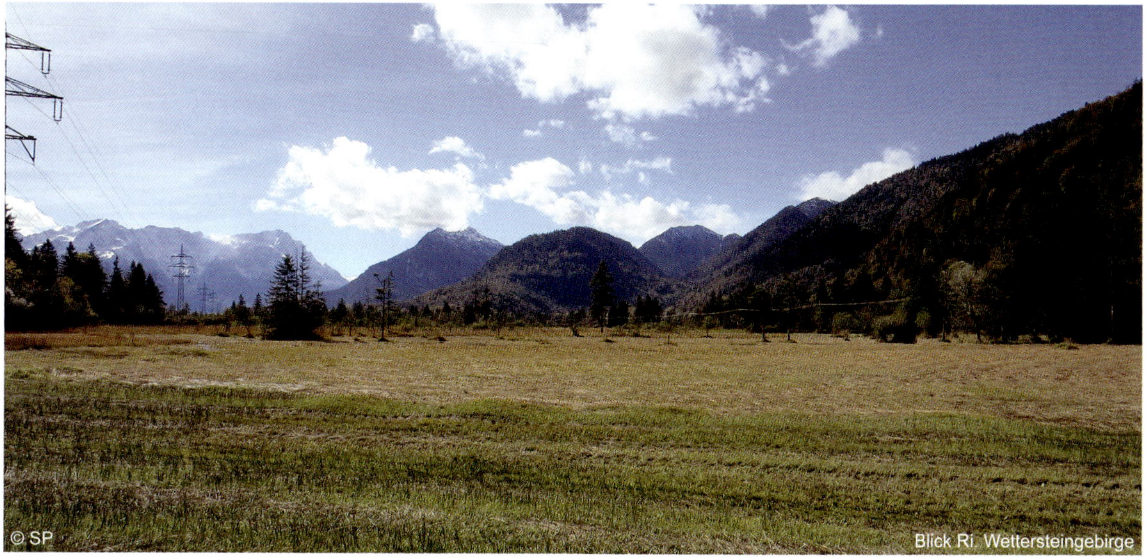
© SP Blick Ri. Wettersteingebirge

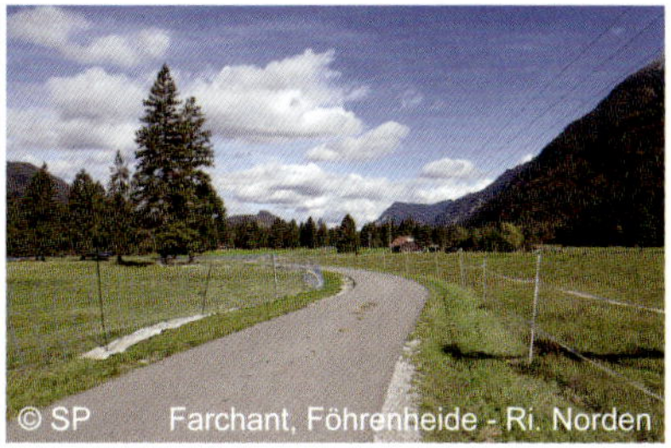
© SP Farchant, Föhrenheide - Ri. Norden

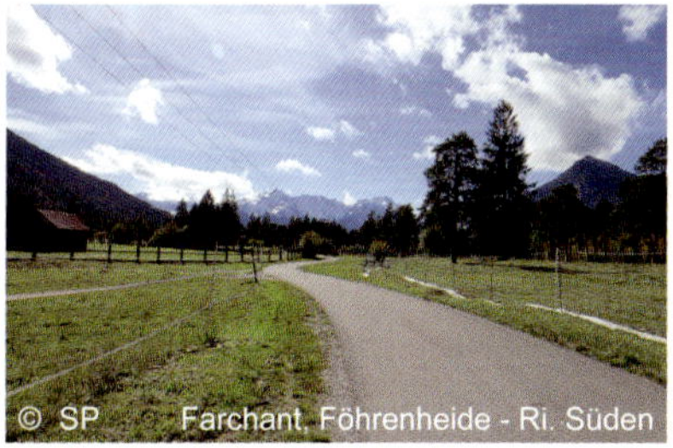
© SP Farchant, Föhrenheide - Ri. Süden

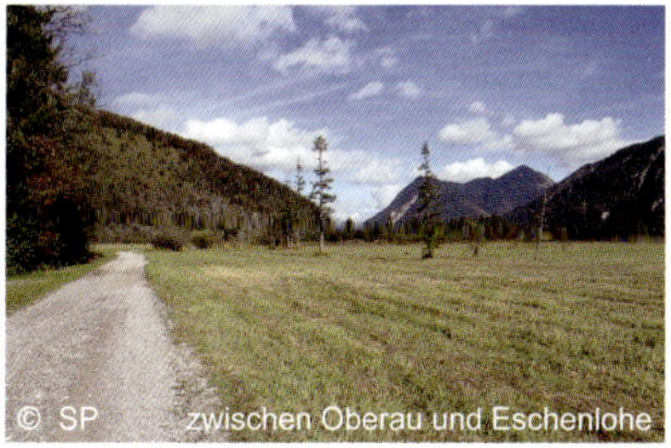
© SP zwischen Oberau und Eschenlohe

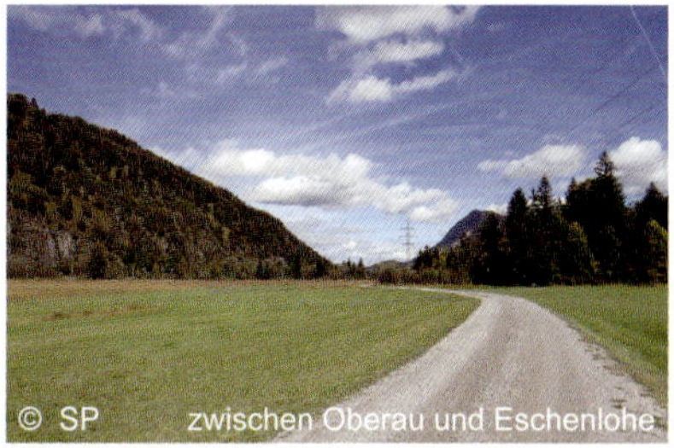
© SP zwischen Oberau und Eschenlohe

Strecke

In Farchant, vom Parkplatz in der Föhrenheide (am Sportplatz), fährt man zunächst auf der asphaltierten, aber verkehrsfreien Straße bergab durch die Föhrenheide bis nach Oberau. Bei der Loisachbrücke nach rechts, gleich danach links abbiegen und auf der asphaltierten Straße weiterfahren. Dieser Straße, links kommt noch ein Wanderparkplatz, stets geradeaus folgen. Nach ca. 1,5 km beginnt der Schotterweg, der dann im späteren Verlauf, direkt an der Loisach entlang, bis nach Eschenlohe führt. In Eschenlohe fährt man auf der HS zur Loisachbrücke. Bei der Brücke gibt es auf beiden Seiten sehr gute Einkehrmöglichkeiten. Nach Überquerung der Loisachbrücke nach links abbiegen und dem zuerst schmalen Weg (später breiter Schotterweg), direkt an der Loisach, zurück bis Oberau folgen. Der Weg führt stets an der Loisach entlang und bietet immer wieder gute Ausblicke ins Wettersteingebirge mit Alp- und Zugspitze. In Oberau, bei der Loisachbrücke, nach rechts und ein kurzes Stück auf der öffentlichen Straße fahren, bis links der Abzweig nach Farchant kommt. Diesem Weg, dem Loisachuferweg, nun bis Farchant zurück folgen. In Farchant, an der Loisachbrücke links abbiegen, nach der Kanalbrücke wieder links und zum Ausgangpunkt in der Föhrenheide zurückfahren.

Highlights der Tour

Das Highlight dieser Runde ist sicherlich die kilometerlange Fahrt, direkt an der Loisach entlang, mit abwechslungsreichen Ausblicken in die Berg- und Flußlandschaft. Das Besondere, hier gibt es flussab- und flussaufwärts einen Uferweg, das heißt die Loisach ist bei dieser Runde fast ständig „mit dabei“ und am Ufer kann man immer wieder neue schöne Rastplätze entdecken.

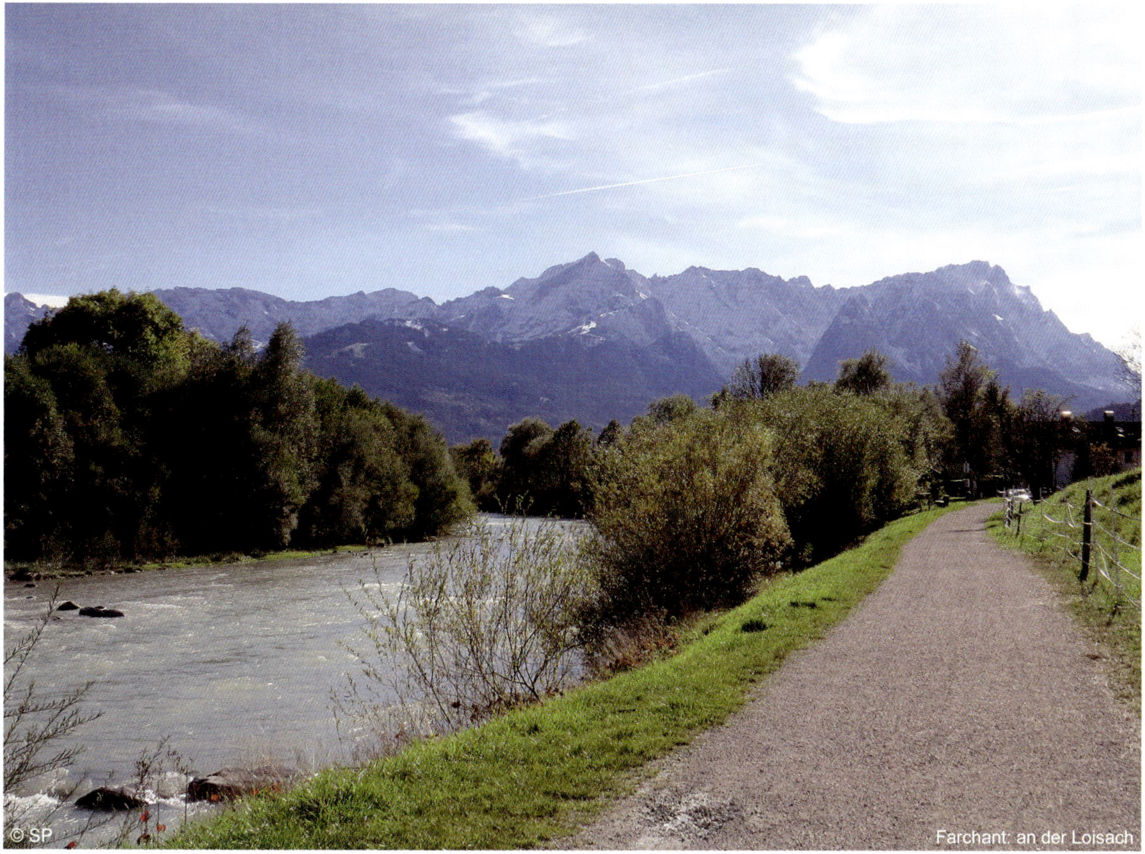

© SP Farchant: an der Loisach

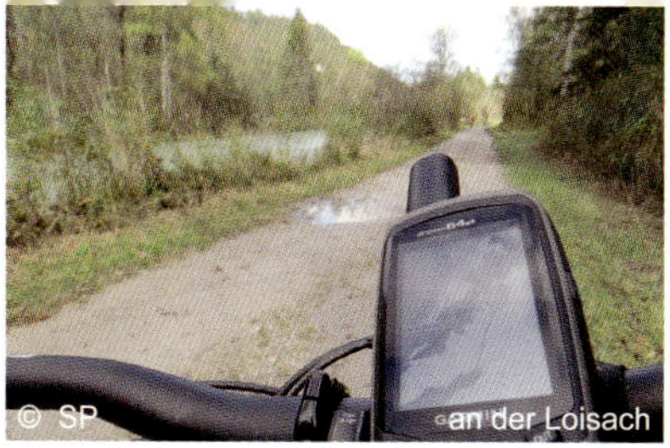

© SP an der Loisach

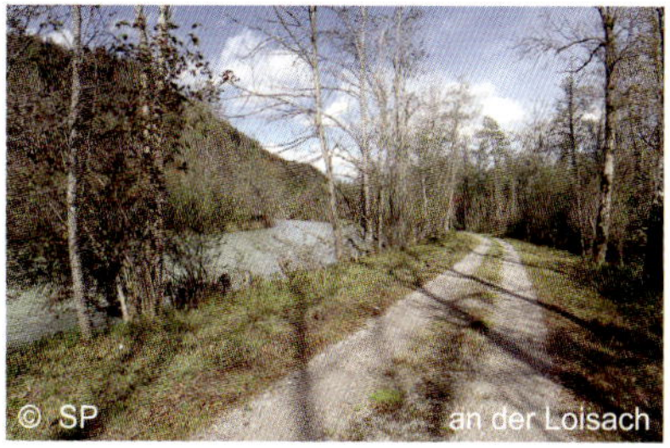

© SP an der Loisach

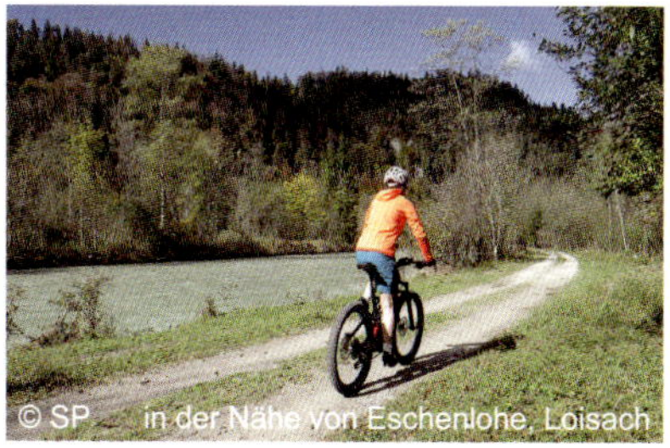

© SP in der Nähe von Eschenlohe, Loisach

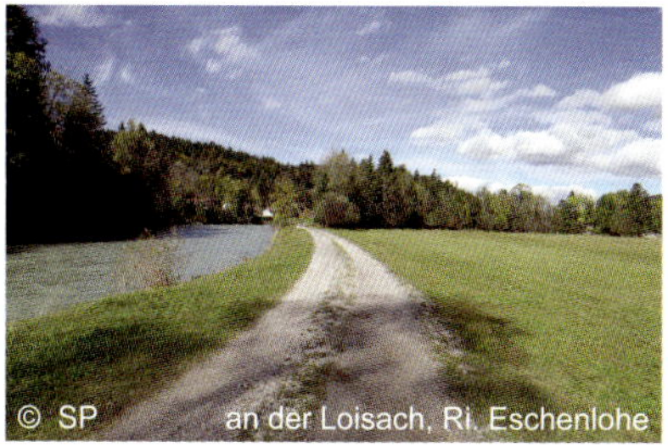

© SP an der Loisach, Ri. Eschenlohe

Tour 1 „Loisachrunde“ 1 20,98 km 1:12 Std 84 Hm

Tour 1 „Loisachrunde“ 1 20,98 km 1:12 Std 84 Hm

1 **km 0,00**/670 m Vom Parkplatz (Weiderost) **rechts** dem asphaltierten Weg nach Oberau folgen.

2 *(+3.240 m)* **km 3,24**/650 m **Oberau: Rechts** fahren und **nach 20 m links** Ri. „Eschenlohe“ abbiegen. Die nächsten ca. 6 km immer, östlich entlang der Loisach, dem Hauptweg nach Eschenlohe folgen.

3 *(+6.010 m)* **km 9,25**/643 m **Eschenlohe** (nach der Bachbrücke): **Links** weiterfahren.

(+60 m) **km 9,31**/645 m Eschenlohe: **Links** Ri. „Murnau“ abbiegen.

(+540 m) **km 9,85**/642 m **Links** über die Loisachbrücke Ri. „Radweg Murnau“ fahren und nach der Brücke **links** weiterfahren.

(+80 m) **km 9,93**/643 m **Links** auf dem Kiesweg (direkt an der Loisach) weiterfahren.

(+380 m) **km 10,31**/645 m (beim Bahnübergang der HS) **Geradeaus** dem Weg Ri. „Oberau“ folgen.

(+470 m) **km 10,78**/648 m **Links** an der Loisach weiterfahren.

(+480 m) **km 11,26**/648 m **Kreuzung, links** an der Loisach weiterfahren.

(+3.350 m) **km 14,61**/660 m **Links** über die kleine Holzbrücke Ri. „Moosgartenrundweg“ fahren.

(+930 m) **km 15,54**/664 m **Links** fahren und dann stets an der Loisach entlang weiterfahren.

4 *(+910 m)* **km 16,45**/668 m **Oberau** (an der Loisachbrücke): **Rechts** und **nach ca. 40 m links** Ri. „Farchant, Schanzweg“ abbiegen und diesem Weg folgen.

(+620 m) **km 17,07**/668 m (nach einer kurzen Abfahrt, in leichter Rechtskurve) **Links** abbiegen.

(+620 m) **km 17,69**/671 m **Links** über die Brücke Ri. „Farchant“ abbiegen.

(+670 m) **km 18,36**/675 m Zollwiesen: **Links** Ri. „Farchant, Loisachuferweg“ weiterfahren.

(+1.420 m) **km 19,78**/683 m Farchant: **Geradeaus** auf der asphaltierten Straße weiterfahren.

(+50 m) **km 19,83**/683 m **Links** der Loisachstraße weiter folgen.

(+380 m) **km 20,21**/684 m **Links** über die Loisachbrücke fahren.

(+80 m) **km 20,29**/686 m (nach der Loisachbrücke) **Links** in die Frickenstraße abbiegen und zum Ausgangspunkt zurückfahren.

Startplatz:
Farchant, Föhrenheide (Sportplatz).

Anfahrt:
In der Ortsmitte von Farchant Ri. „Sportplatz“ abbiegen und den Hinweisschildern folgen. Auf dem Parkplatz beim Sportplatz parken.

Loisach

Die Loisach ist ein Zufluss der Isar und entspringt in Österreich, in der Nähe des Fernpasses. Nördlich von Wolfratshausen fließt die Loisach dann in die Isar. Nachdem Eschenlohe beim Pfingsthochwasser 1999 sehr stark betroffen war, wurde in Eschenlohe eine lange hohe Ufermauer zum Hochwasserschutz des Ortes errichtet sowie eine neue Loisachbrücke gebaut.

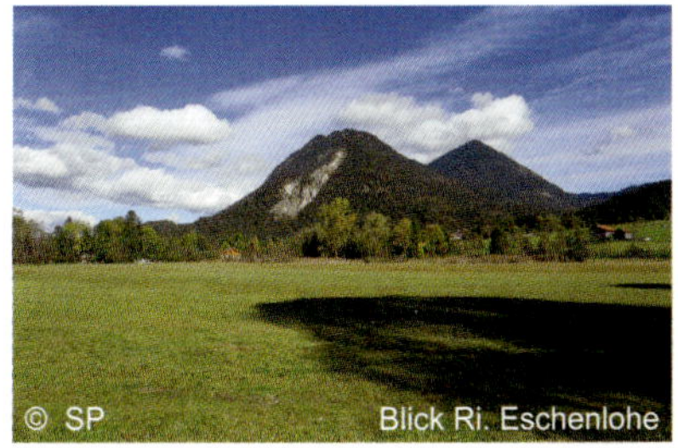
© SP Blick Ri. Eschenlohe

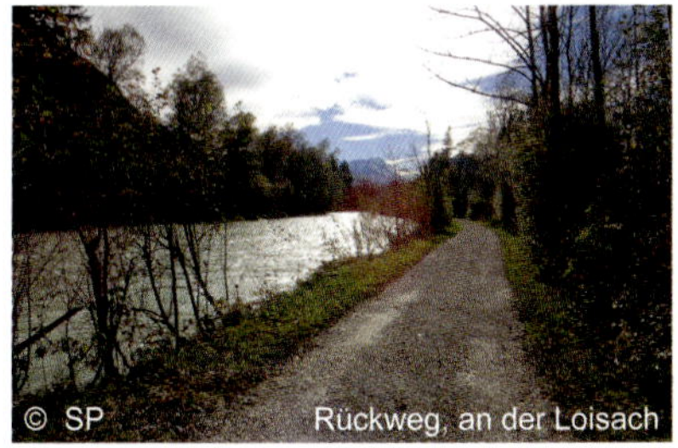
© SP Rückweg, an der Loisach

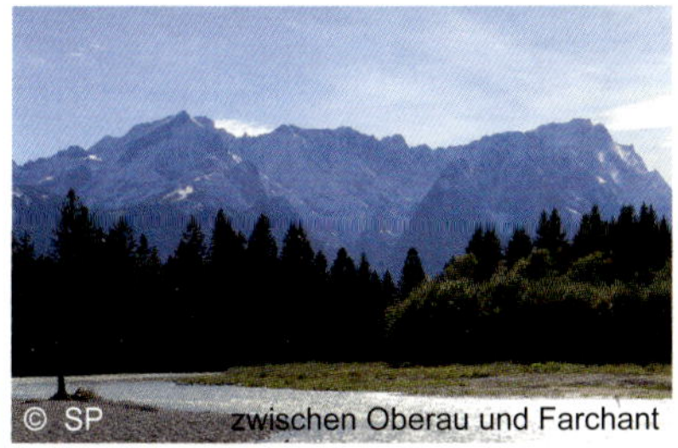
© SP zwischen Oberau und Farchant

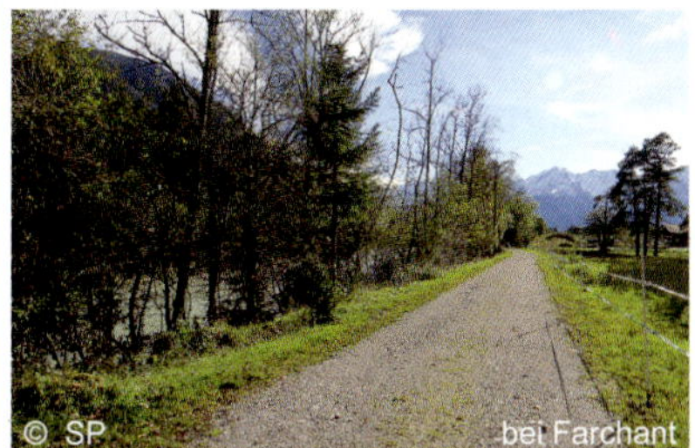
© SP bei Farchant

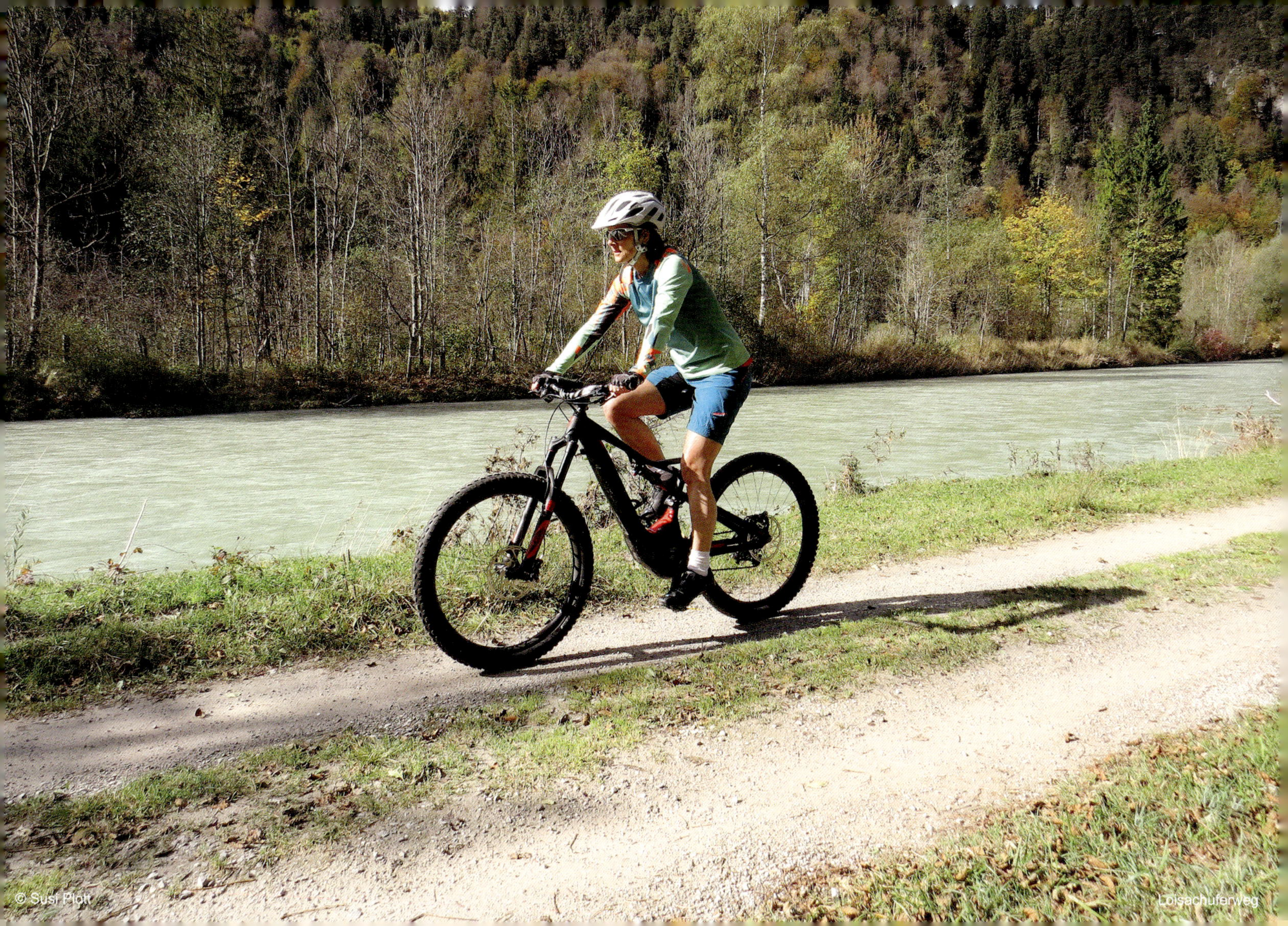

© Susi Plott

Loisachuferweg

Tour 2 „Pflegersee" | 1 | 10,84 km | 0:50 Std | 260 Hm

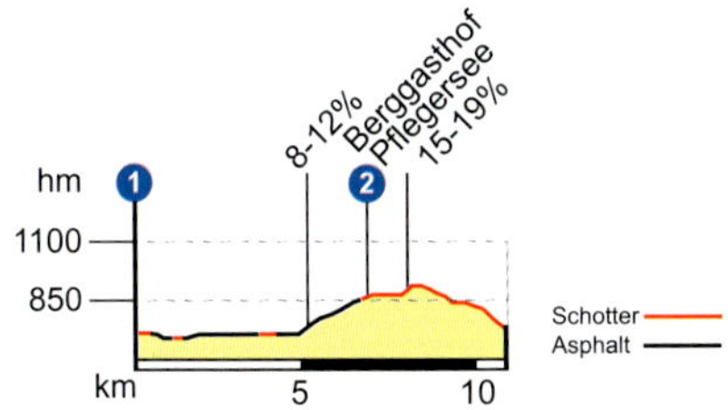

Tourencharakter

Wegbeschaffenheit

Asphalt	5,61 km
Schotter/Kies	5,23 km
Pfad/Trail	0 km
Beton/Pflastersteine	0 km
Schiebestrecke	0 km

Familienfreundlich
Ja, verkehrsarme Straßen und teilweise verkehrsfreie Wege

Einkehrmöglichkeit
Berggasthof Pflegersee und in Garmisch-Partenkirchen

Highlights
Pflegersee (Bademöglichkeit)

Fahrkönnen / Landschaft

Fahrkönnen	★★☆☆☆☆
Landschaft	★★★★☆☆

Höhe

Starthöhe	715 Meter
Höchster Punkt	915 Meter

Kurze Runde zum Pflegersee

Diese Tour ist zwar kurz, eignet sich aber sehr gut, um mit dem E-Bike mal die ersten Meter bergauf zu fahren. Anfangs geht es auf einer asphaltierten Nebenstraße bergauf bis zum Pflegersee. Hier kann man eine kulinarische Pause im Berggasthof Pflegersee einlegen und je nach Jahreszeit, auch eine Badepause im Pflegersee einplanen. Vom Pflegersee führt ein Schotterweg, erst flach, dann etwas steiler, hinauf bis zum Garmischer Stich. Von dort fährt man bergab bis zu den Reschbergwiesen und danach auf einem gut geschotterten Weg weiter bergab nach Burgrain. Prinzipiell ist die Tour für Einsteiger super geeignet, um erste Bergerfahrungen zu sammeln, aber natürlich hat auch der Fortgeschrittene oder der Profi seinen Spaß an dieser Tour. Für die Letztgenannten ist es sicher nur eine kurze Trainingseinheit in einer schönen Alpenkulisse mit Ausblicken ins Wettersteingebirge, ins Estergebirge sowie ins Ammergebirge.

Einkehrmöglichkeiten
Im Ortsteil Burgrain fährt man an der Pizzeria **San Marco** und in Garmisch-Partenkirchen am Gasthof **Königstand** vorbei. Direkt am Pflegersee befindet sich Berggasthof **Pflegersee**.

Tipp
Bade- und Einkehrpause am Pflegersee.

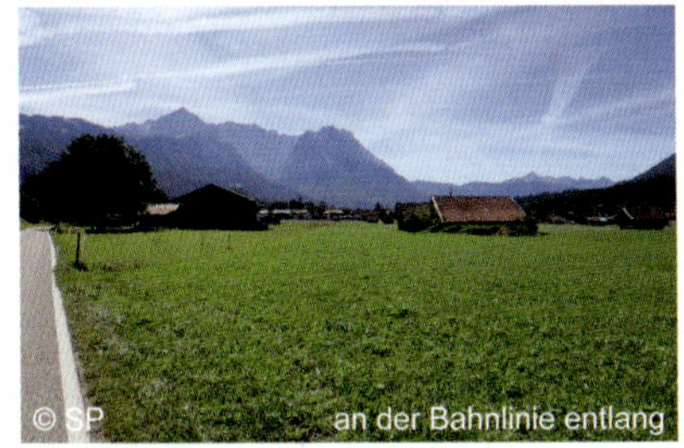
© SP an der Bahnlinie entlang

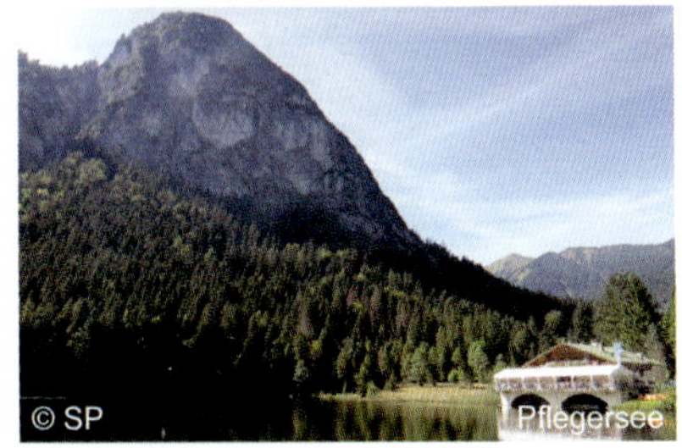
© SP Pflegersee

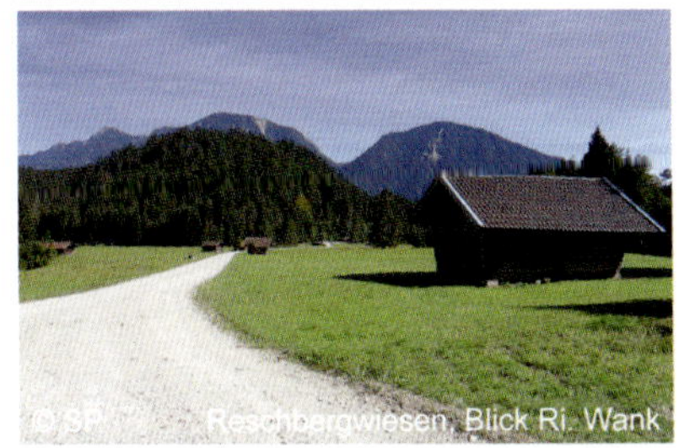
© SP Reschbergwiesen, Blick Ri. Wank

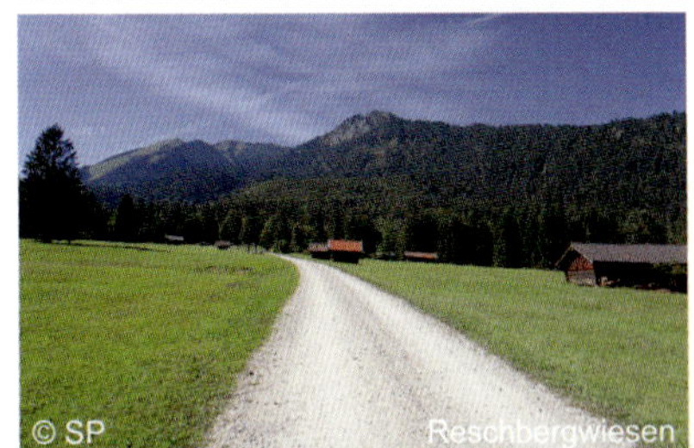
© SP Reschbergwiesen

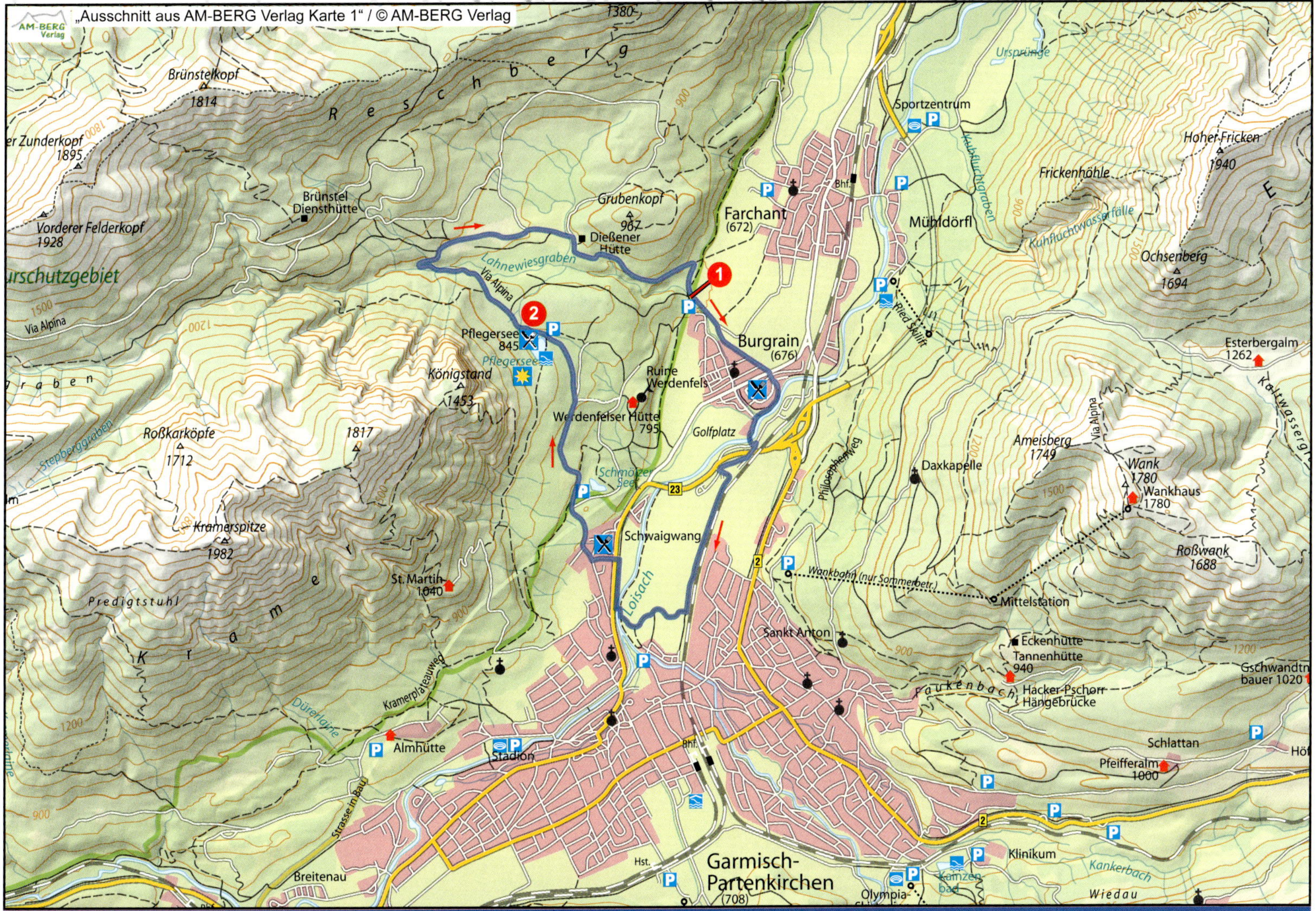

Tour 2 „Pflegersee“ 1 10,84 km 0:50 Std 260 Hm

Tour 2 „Pflegersee“ 1 10,84 km 0:50 Std 260 Hm

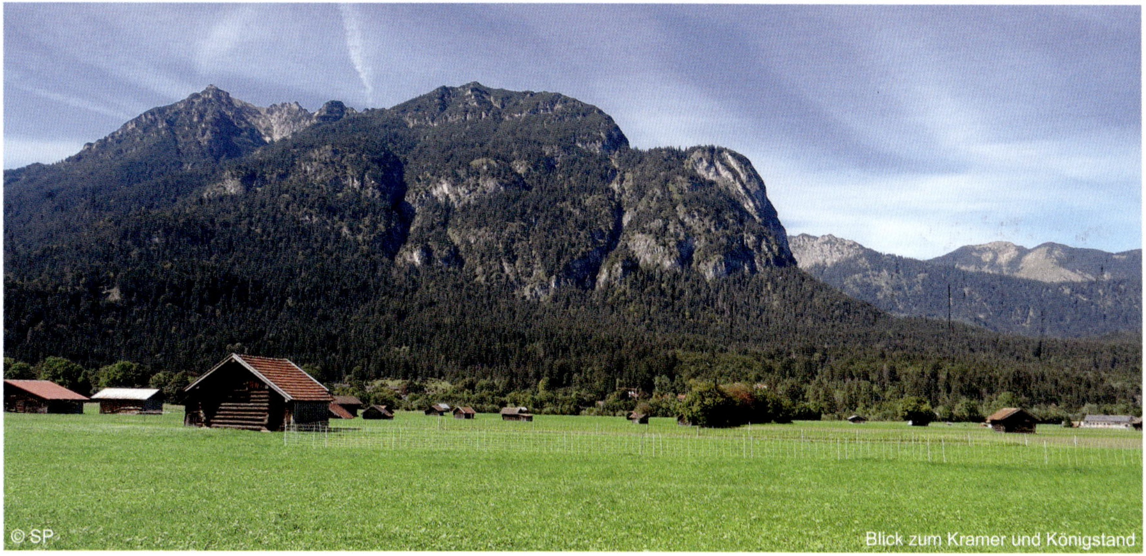
© SP Blick zum Kramer und Königstand

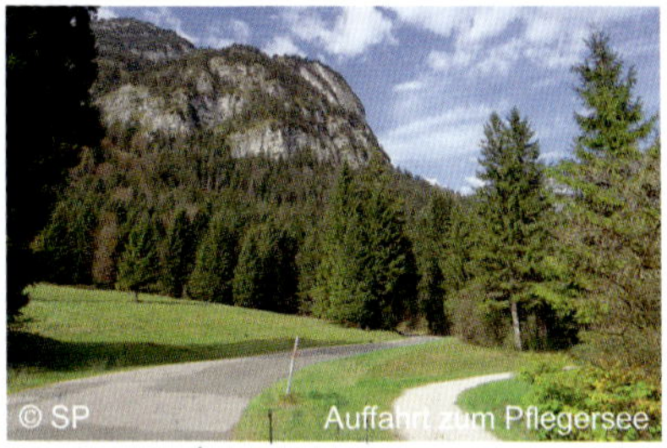
© SP Auffahrt zum Pflegersee

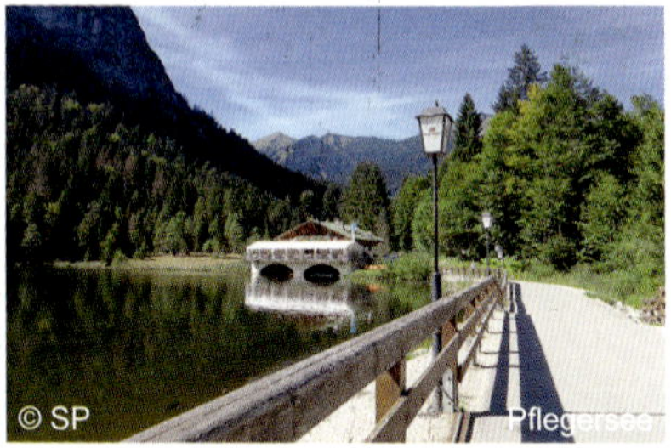
© SP Pflegersee

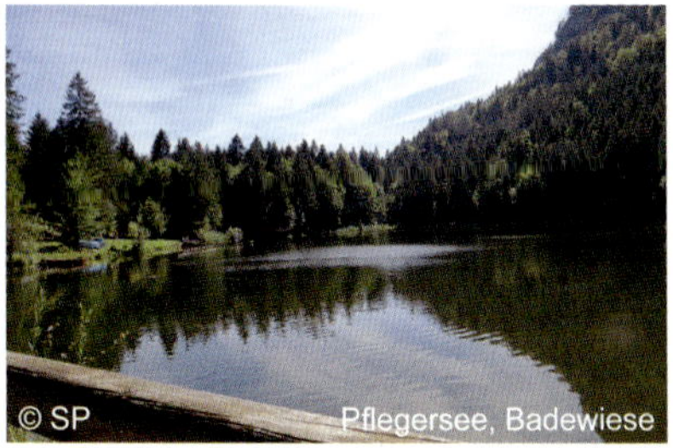
© SP Pflegersee, Badewiese

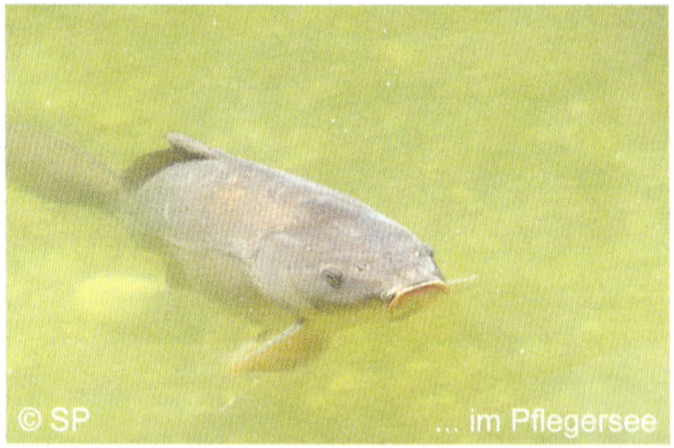
© SP ... im Pflegersee

Strecke

In Garmisch-Partenkirchen, Ortsteil Burgrain, in der Nähe der Hundeschule, beginnt die Runde. Man fährt auf einem geschotterten Weg, der im Ort dann asphaltiert ist, leicht bergab bis zur Hauptstraße in Burgrain. Diese überqueren und auf der anderen Seite, geradeaus auf der Straße zur Loisach fahren. Jetzt rechts abbiegen und auf der Uferpromenade, an der Loisach entlang, bis zu einer großen Holzbrücke und dort dem Weg über die Loisach folgen. Den Radhinweisschildern durch das Gewerbegebiet in Richtung Garmisch folgen und auf dem Weg, an der Bahnlinie entlang, weiterfahren. Kurz vor Garmisch-Partenkirchen folgt man dem Weg rechts in Richtung Loisach. Vor der Loisach dann rechts abbiegen und gleich darauf nach links und über die Holzbrücke fahren. An der Hauptstraße dann nach rechts abbiegen und auf dem Radweg (Gehsteig) bis kurz vor die Bushaltestelle „Hörmannstraße“ fahren. Hier nach links, die Hauptstraße überqueren und der Hörmannstraße bis zur Pflegerseestraße folgen. Nun geht es auf der asphaltierten Nebenstraße bergauf zum Pflegersee. Ab dem Pflegersee fährt man auf einem etwas steiler bergaufführenden Schotterweg weiter bis zum Garmischer Stich. Jetzt führt der Weg bergab zu den Reschbergwiesen und danach weiter, auf dem gut geschotterten Weg, bergab nach Burgrain.

Highlight der Tour
Der **Pflegersee** ist ein kleiner Moorsee mit Strandbad und Bootsverleih. In der warmen Jahreszeit bietet sich der See für eine Badepause an.

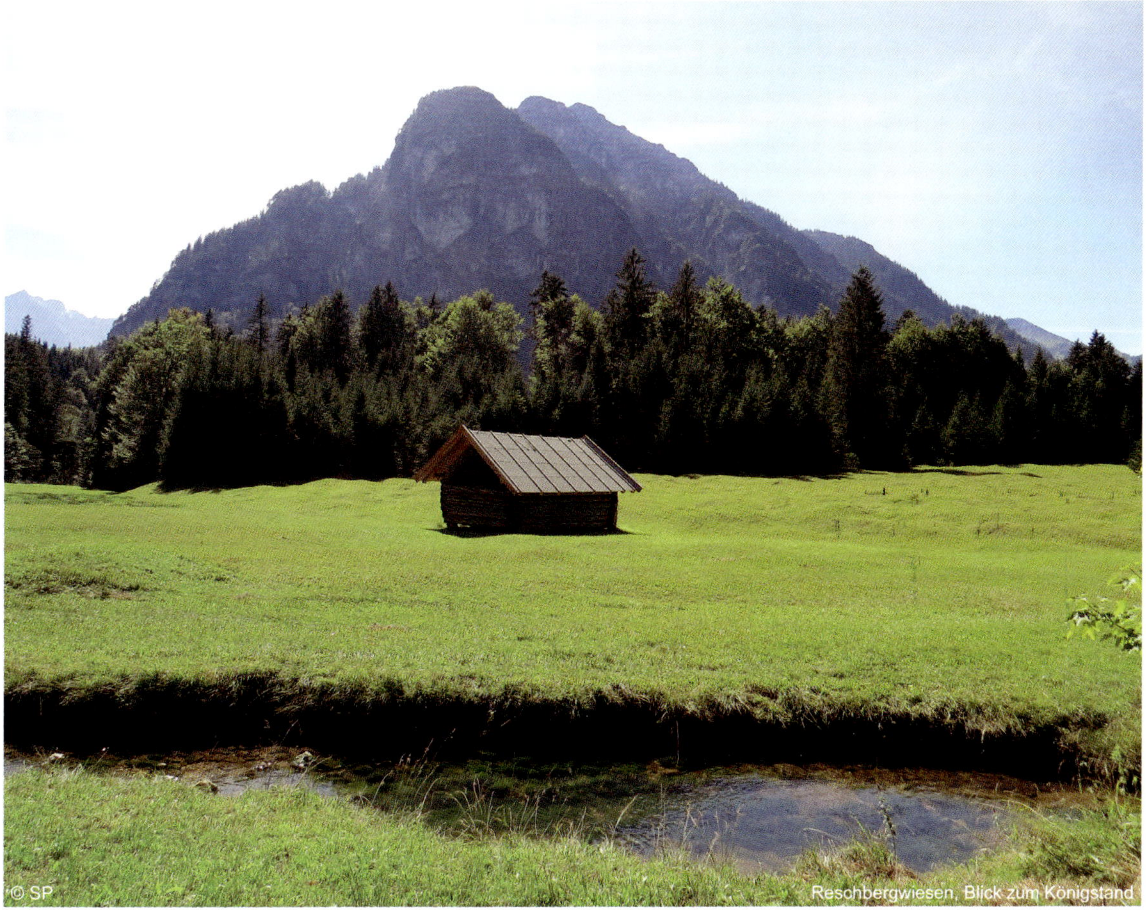
© SP Reschbergwiesen, Blick zum Königstand

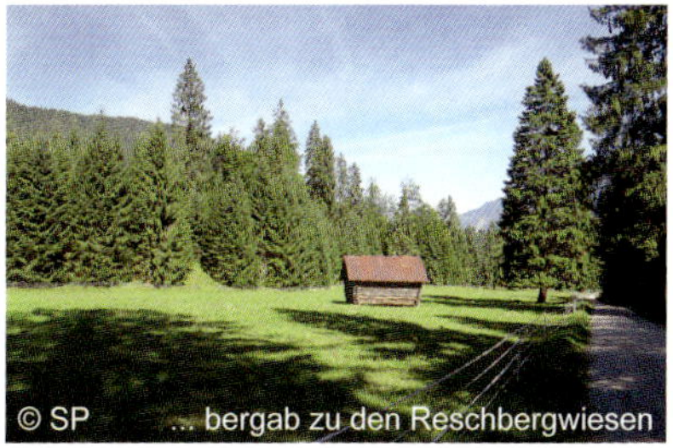
© SP ... bergab zu den Reschbergwiesen

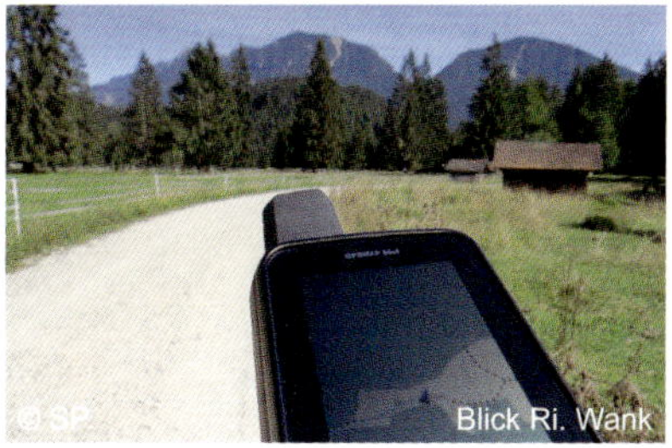
© SP Blick Ri. Wank

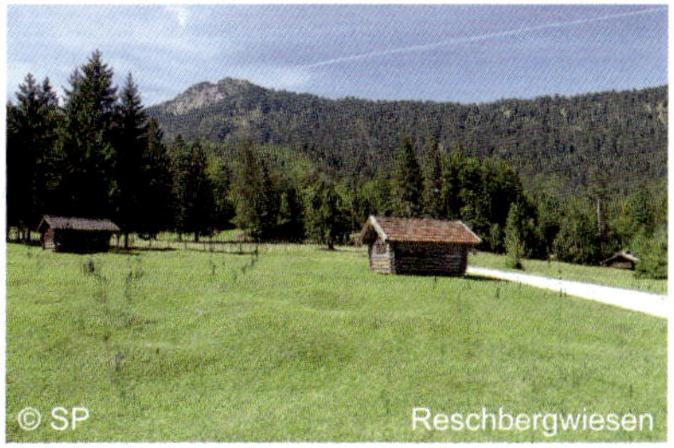
© SP Reschbergwiesen

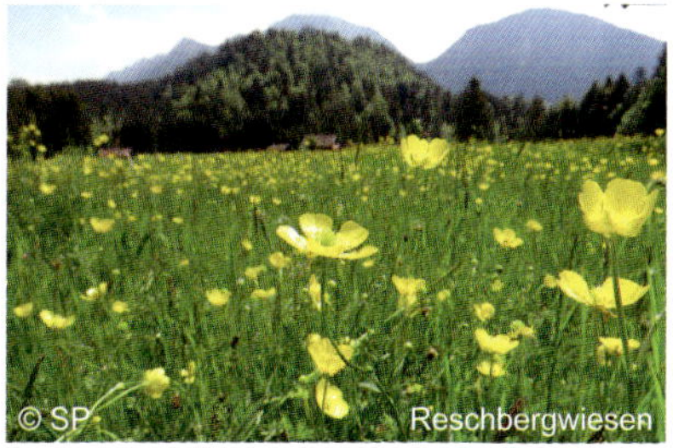
© SP Reschbergwiesen

Tour 2 „Pflegersee“ | 1 | 10,84 km | 0:50 Std | 260 Hm

1 **km 0,00**/715 m Vom Parkplatz **geradeaus** und wieder zurück in den Ortsteil Burgrain, bis zur HS fahren.

(+890 m) **km 0,89**/689 m **An der HS** (bei der Pizzeria San Marco)**, geradeaus** über die HS und bis zur Loisach fahren.

(+200 m) **km 1,09**/689 m (am Loisachufer) **Rechts** Ri. „Garmisch-Partenkirchen“ abbiegen und auf der Uferpromenade, direkt an der Loisach entlang, weiterfahren.

(+250 m) **km 1,34**/689 m **Links** über die Brücke fahren und danach **links** auf der Straße (nicht Fußweg) dem Radhinweisschild folgen. Diesem Weg über die Loisachbrücke folgen.

(+270 m) **km 1,61**/692 m (nach der Loisachbrücke) **Links** dem Radweg Ri. „Garmisch-Partenkirchen“ folgen.

(+60 m) **km 1,67**/691 m **Rechts** dem Radweg folgen.

(+410 m) **km 2,08**/693 m (vor der HS) **Links** dem Radweg, auf dem schmalen Weg und an der Gärtnerei vorbei, folgen. Dann geradeaus, entlang der Bahnlinie, weiterfahren.

(+1.290 m) **km 3,37**/702 m (nach einer leichten Rechtskurve) **Rechts** abbiegen und Ri. Loisach fahren.

(+710 m) **km 4,08**/699 m (vor der Loisach) **Rechts** dem Schotterweg folgen.

(+40 m) **km 4,12**/699 m **Links** über die Holzbrücke fahren und danach (an der HS) rechts dem Radweg (auf dem Gehsteig) folgen.

(+450 m) **km 4,57**/696 m (auf Höhe der Bushaltestelle) **Links** in die Hörmannstraße abbiegen.

(+190 m) **km 4,76**/697 m **Kreuzung, rechts** bergauf (8-12%) Ri. „Pflegersee“ fahren.

2 *(+2.070 m)* **km 6,83**/857 m (Rettungstreffpunkt „GAP-1076“) **Berggasthof Pflegersee**: **Geradeaus** Ri. „Enningalm“ fahren. Diesem Hauptweg nun stets geradeaus folgen.

(+1.410 m) **km 8,24**/915 m (Schild „Garmischer Stich“) **Rechts** Ri. „Burgrain“ fahren.

(+750 m) **km 8,99**/863 m **Rechts** bergab weiterfahren.

(+360 m) **km 9,35**/840 m (Rettungstreffpunkt „GAP-1057“) **Rechts** abbiegen und dem Weg (anfangs kurz bergauf, dann bergab) bis zum Ausgangspunkt zurück folgen.

Startplatz:
Garmisch - Burgrain, Parkplatz in der Nähe der Hundeschule.

Anfahrt:
Von München kommend über Farchant nach Burgrain fahren. Am Ortseingang, rechts in die Feldernkopfstraße abbiegen und der Straße ortsauswärts bis zum Wald folgen. Nach der Hundeschule ist links ein kostenloser Wanderparkplatz.

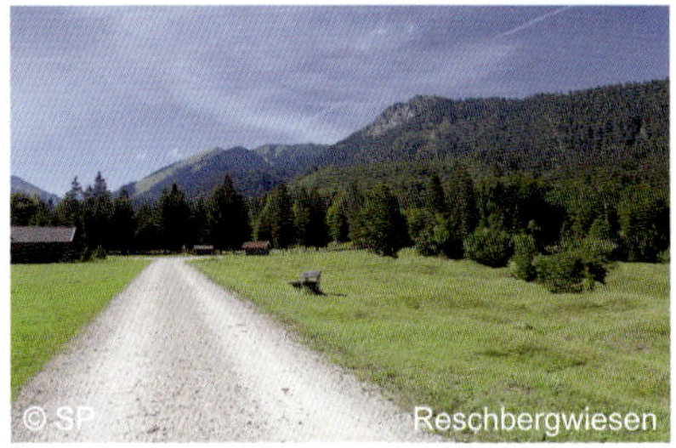
© SP Reschbergwiesen

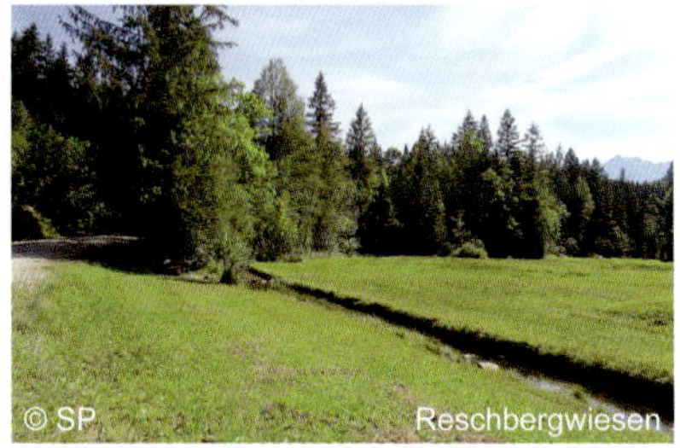
© SP Reschbergwiesen

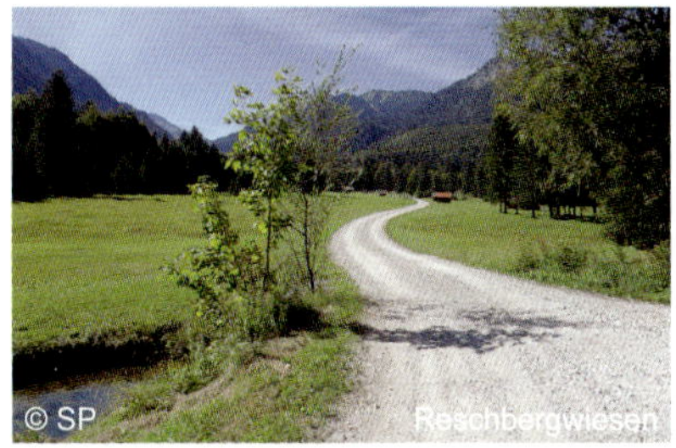
© SP Reschbergwiesen

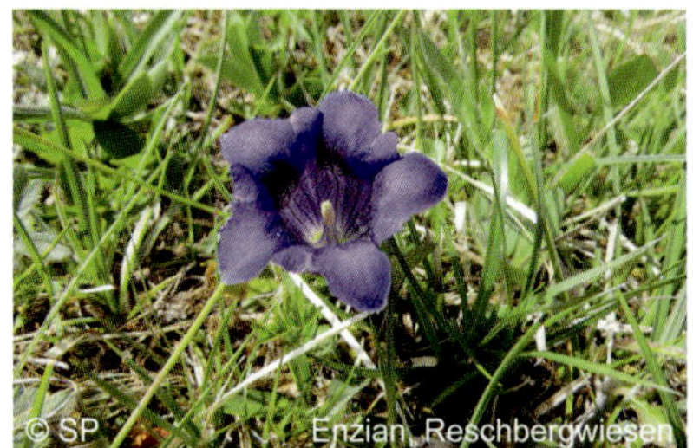
© SP Enzian, Reschbergwiesen

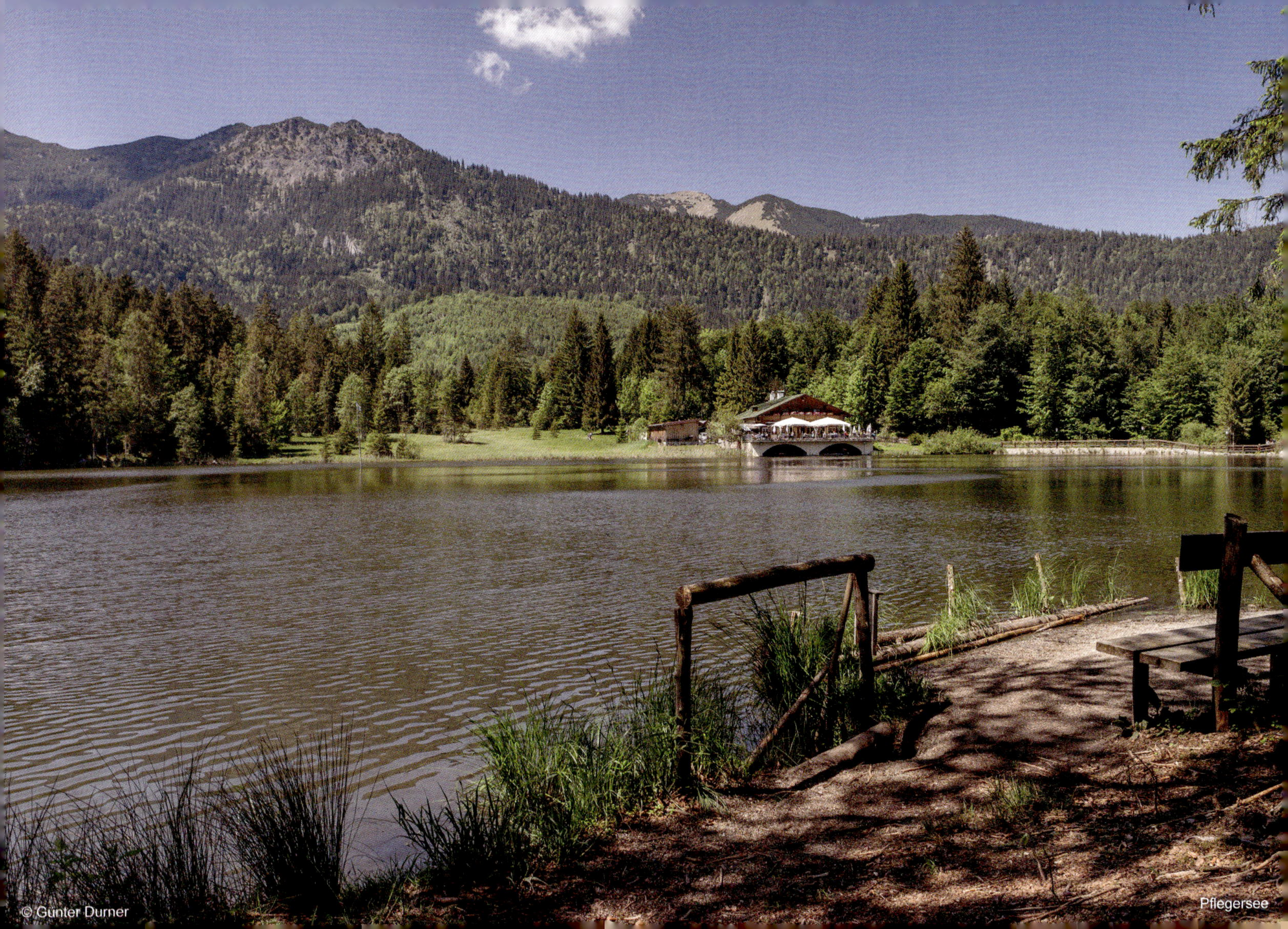

Pflegersee

Tour 3 „Katzental - 7-Quellen“ 2 24,24 km 1:28 Std 314 Hm

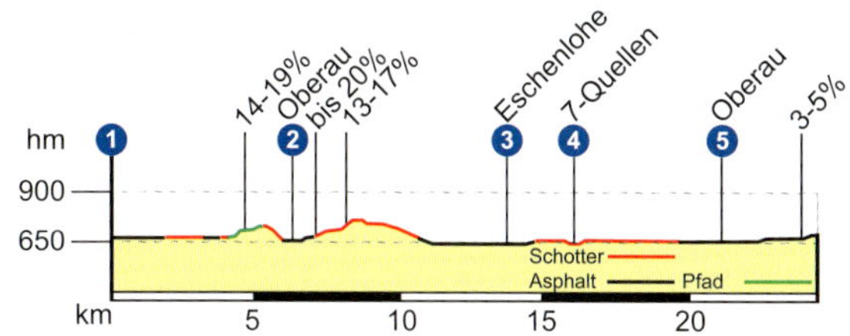

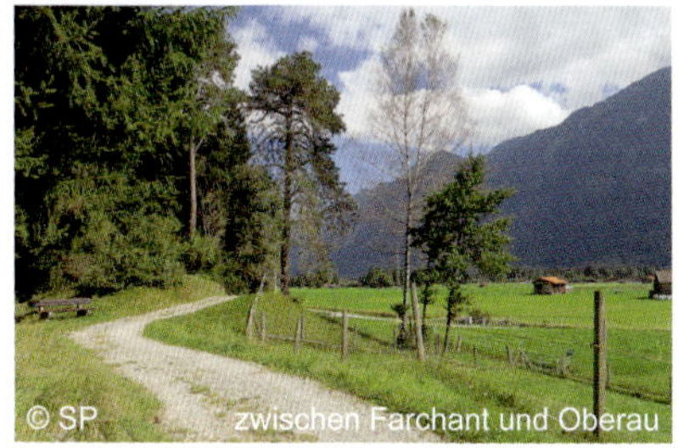
© SP zwischen Farchant und Oberau

Tourencharakter

Wegbeschaffenheit

Asphalt	12,44 km
Schotter/Kies	10,72 km
Pfad/Trail	1,18 km
Beton/Pflastersteine	0 km
Schiebestrecke	0 km

Familienfreundlich

Ja, überwiegend verkehrsfreie bzw. verkehrsarme Straßen

Einkehrmöglichkeit

in Farchant, Oberau und Eschenlohe

Highlights

„Wasserräder“, 7-Quellen

Fahrkönnen / Landschaft

Fahrkönnen	★★☆☆☆☆
Landschaft	★★★★★★

Höhe

Starthöhe	670 Meter
Höchster Punkt	753 Meter

Abwechslungsreiche Runde durch das Loisachtal

Auf dieser Runde geht es auf unterschiedlichen Wegen durch das schöne Loisachtal. In Farchant, Oberau, Eschenlohe und durch die Föhrenheide (autofrei) fährt man auf asphaltierten Nebenstraßen, ansonsten auf geschotterten Wegen. Kurz vor Oberau führt die Strecke auf einem schmalen Wanderweg bergauf zum Kirchbichl und danach auf einem Schotterweg steil bergab nach Oberau. Auf der gesamten Tour ergeben sich immer wieder faszinierende Ausblicke ins Loisachtal, ins Murnauer Moos sowie ins Wettersteingebirge. Insgesamt eine ausgewogene Runde mit vielen Rastmöglichkeiten.

Einkehrmöglichkeiten

Am Start-/Endpunkt bietet sich das **Sportlerstüberl** für eine Einkehr an. Weitere Einkehrmöglichkeiten sind in Farchant die **Pizzeria Vesuvio**, der **Gasthof Alter Wirt**, das **Ristorante da Giovanni** und das **Eiscafé Bella** und in Oberau das **Restaurant Oberauer Alm.** In Eschenlohe der **Gasthof Zur Brücke** und das griechische Restaurant **Taverne Athen**. In Oberau kann man am Golfplatz im **Ristorante Il Rifugio** einkehren.

Tipp

Für Kinder der Abenteuer Spielplatz Spielleiten in Farchant. Und eine Lourdesgrotte, nur wenige Meter vom Spielplatz entfernt.

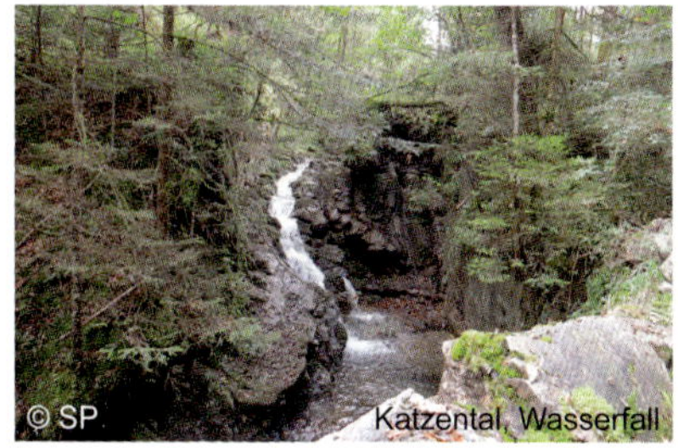
© SP Katzental, Wasserfall

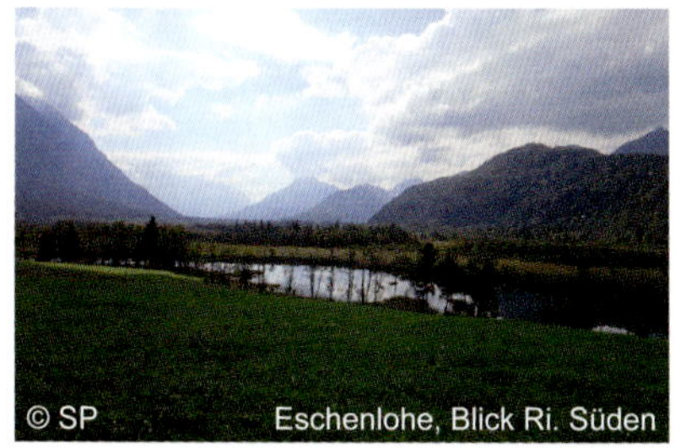
© SP Eschenlohe, Blick Ri. Süden

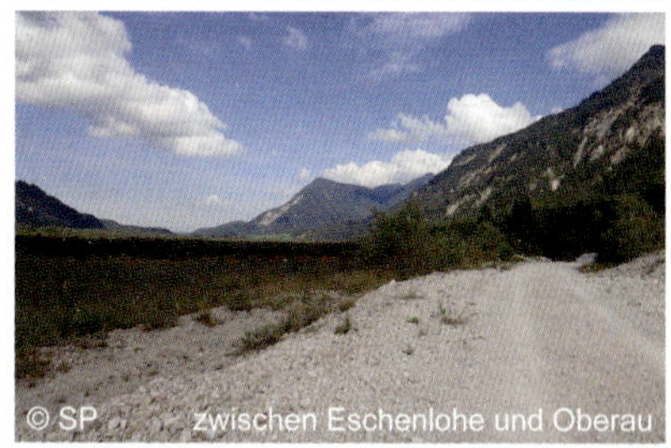
© SP zwischen Eschenlohe und Oberau

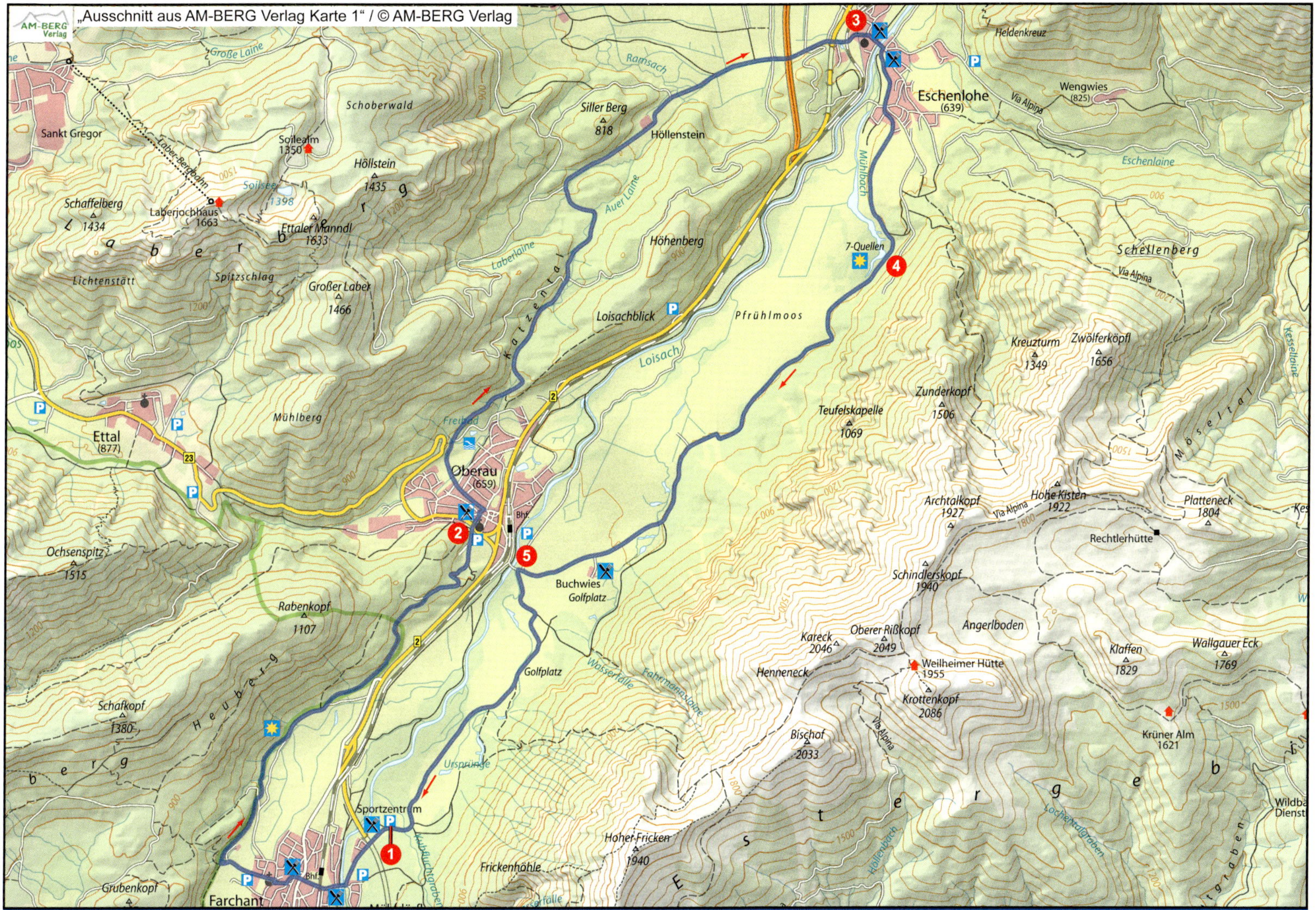

Tour 3 „Katzental - 7-Quellen“ 2 24,24 km 1:28 Std 314 Hm

Tour 3 „Katzental - 7-Quellen“ 2 24,24 km 1:28 Std 314 Hm

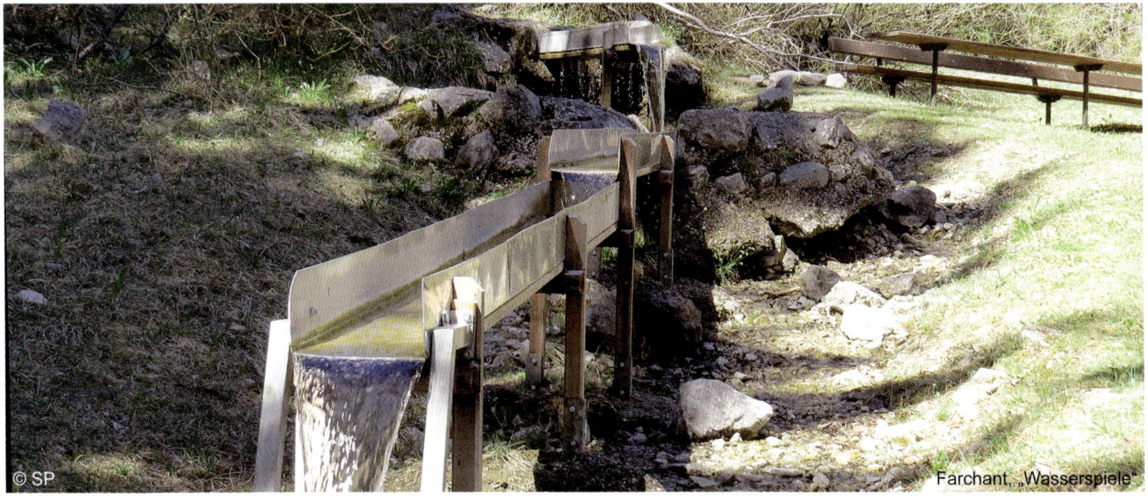
© SP Farchant, „Wasserspiele“

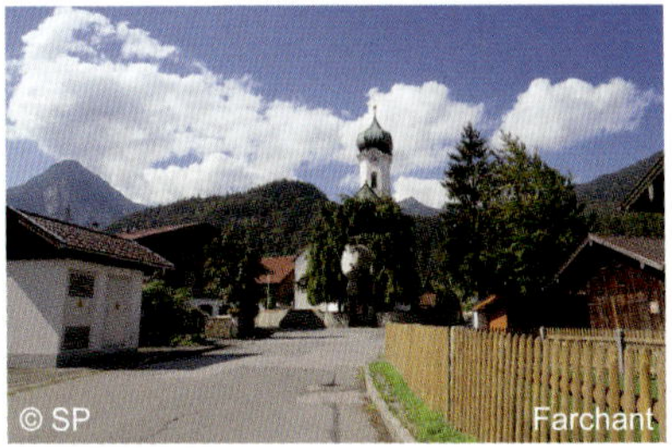
© SP Farchant

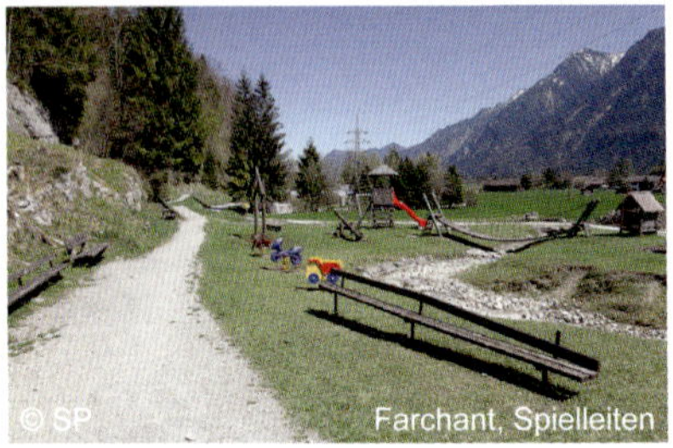
© SP Farchant, Spielleiten

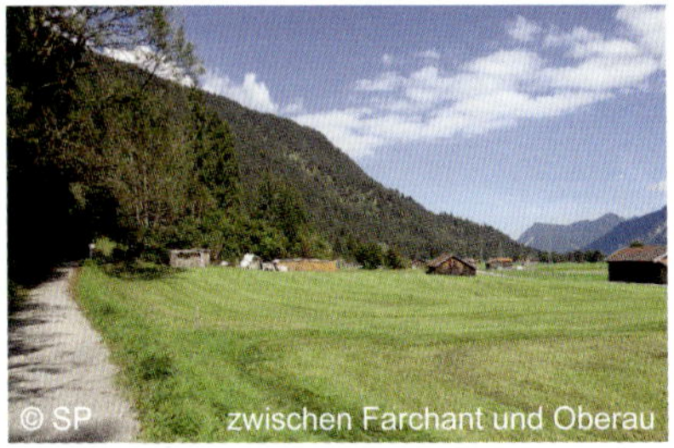
© SP zwischen Farchant und Oberau

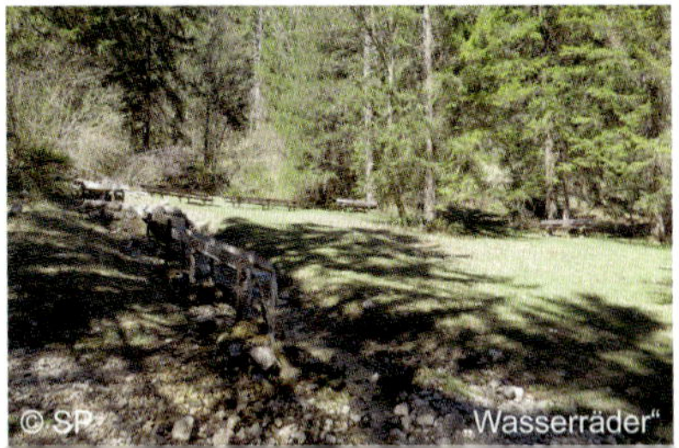
© SP „Wasserräder“

Strecke

In Farchant, vom Parkplatz in der Föhrenheide (am Sportplatz), fährt man zunächst wieder in den Ort (Ortsmitte) zurück. Hier an der Hauptstraße geradeaus dem Gernweg folgen. Man fährt an der Eisdiele Bella, der Touristinformation und der Kirche vorbei, bis zum Spielplatz Spielleiten. Hier nach rechts abbiegen und diesem Weg stets geradeaus folgen. Man überquert einen Schotterweg und kommt an den „Wasserrädern“ vorbei. An der asphaltierten Straße nach links abbiegen und vor einem Stadel links in Richtung „Oberau“ weiterfahren. Jetzt geht es auf einem schmaleren Wanderweg bergauf zum Kirchbichl und von dort stellenweise steiler hinunter nach Oberau. In Oberau bei der Ampel geradeaus der gegenüberliegenden Straße „alte Dorfstraße“ in den Ort folgen. Nach einer kurzen „Links-Rechts-Links“ Kurven-Kombination auf der Mühlstraße geradeaus weiterfahren und die Triftstraße überqueren. Danach fährt man auf einer sehr steilen asphaltierter Straße bis zu dem Schotterweg, auf dem man dann durch das sogenannte Katzental nach Eschenlohe fährt. In Eschenlohe über die Loisach fahren, danach rechts der Mühlstraße abbiegen und dem ausgeschilderten Radweg Richtung Garmisch folgen. Hinter Eschenlohe führt der Weg, vorbei an den „7-Quellen“ und am Rande des Pfrühlmooses, nach Oberau. Dort vor der Loisachbrücke links auf den asphaltierten Weg abbiegen und durch die Föhrenheide zurück zum Ausgangspunkt in Farchant fahren.

Highlights der Tour

Die „**Wasserräder**“ mit Rastplatz und überdachtem Unterstand, zwischen Farchant und Oberau, sind ein Abenteuerspielplatz für Kinder, aber auch ein idyllischer Platz, einfach zum Relaxen für alle.

Ein weiteres Highlight sind die sogenannten „**7-Quellen**“, in der Nähe von Eschenlohe. Auch hier läd eine Bank zum Verweilen ein. Im Hochsommer ein schöner schattiger Platz, an dem man die Ruhe genießen kann.

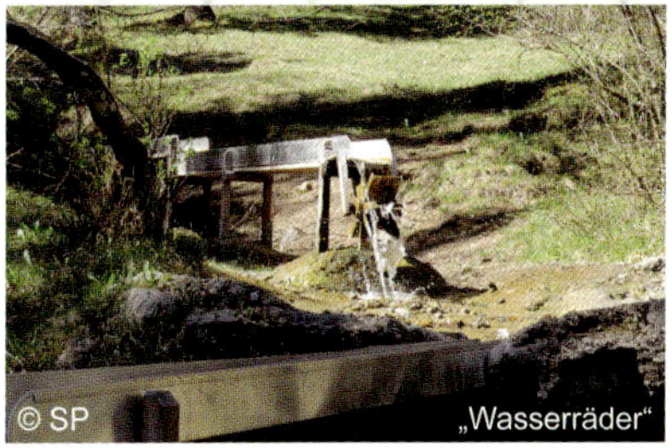

© SP „Wasserräder“

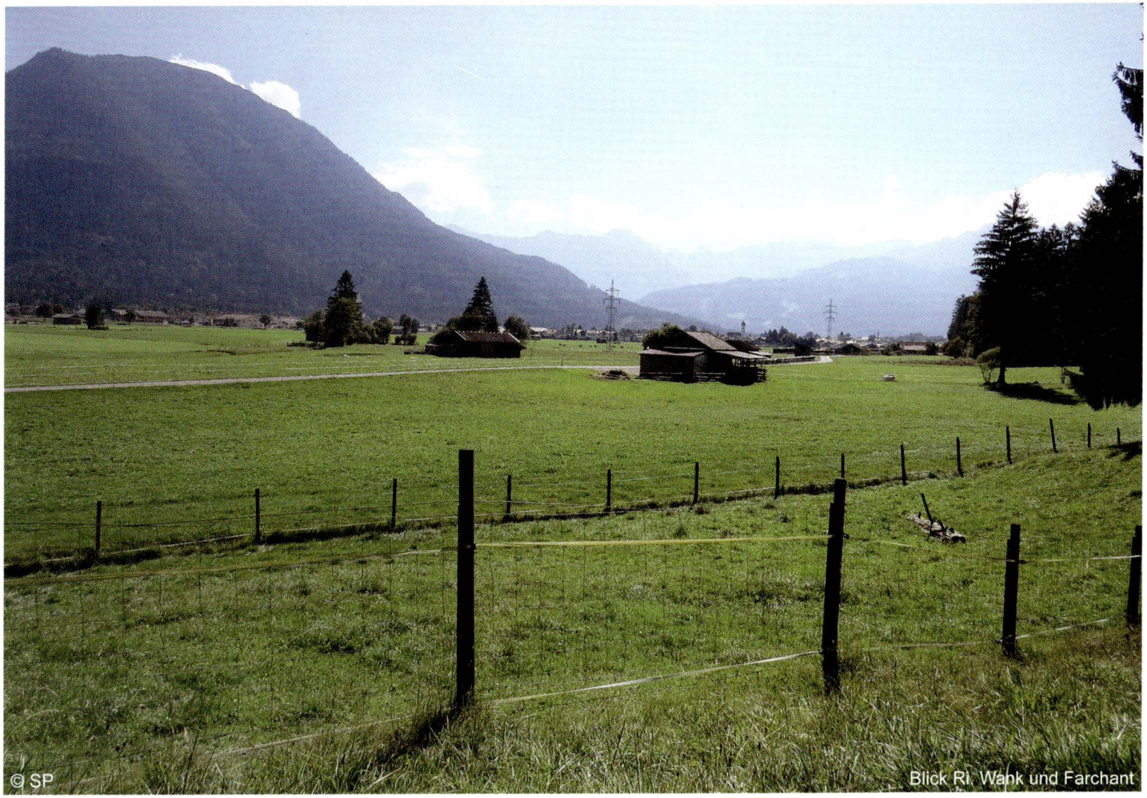

© SP Blick Ri. Wank und Farchant

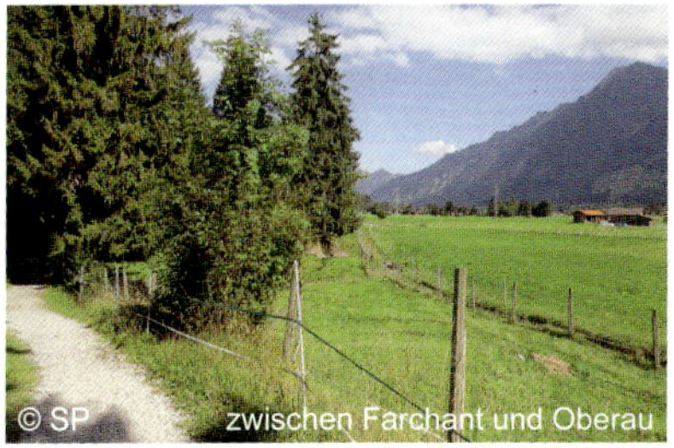

© SP zwischen Farchant und Oberau

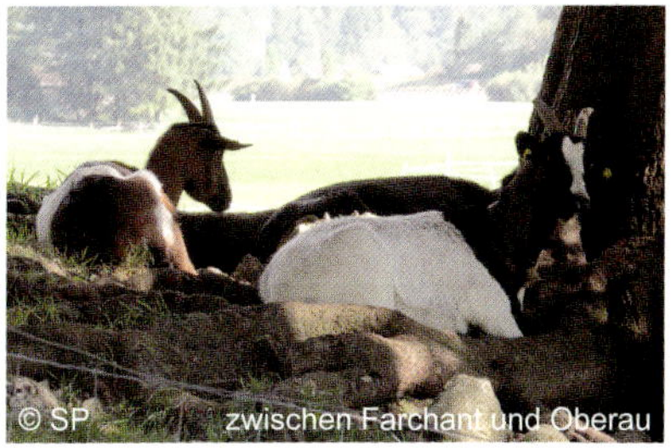

© SP zwischen Farchant und Oberau

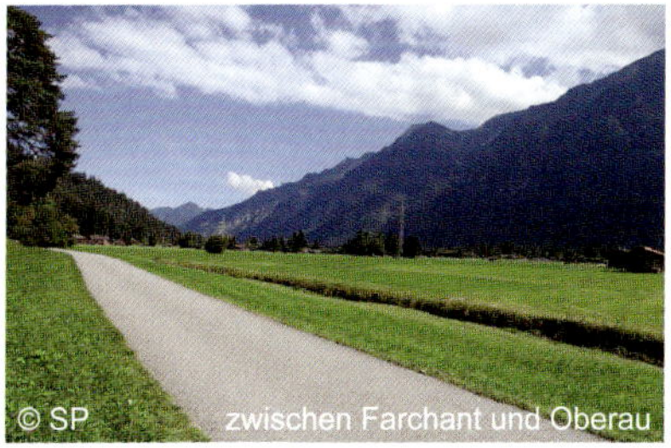

© SP zwischen Farchant und Oberau

Tour 3 „Katzental - 7-Quellen“ 2 24,24 km 1:28 Std 314 Hm

Tour 3 „Katzental - 7-Quellen“ | 2 | 24,24 km | 1:28 Std | 314 Hm

1 **km 0,00**/670 m Vom Parkplatz (Weiderost) auf der Straße zurück in den Ort fahren.

(+680 m) **km 0,68**/666 m **T-Kreuzung, rechts** in die Mühldörflstraße abbiegen.

(+220 m) **km 0,90**/666 m (beim Bahnübergang) **Geradeaus** über den Bahnübergang fahren.

(+200 m) **km 1,10**/666 m **Links** fahren und gleich danach **rechts** in den Gernweg abbiegen.

(+90 m) **km 1,19**/665 m (beim Eiscafe Bella) Schräg **links** weiterfahren.

(+70 m) **km 1,26**/666 m (bei der Touristinfo) **Rechts** Ri. „Waldsaumpfad“ fahren und diesem Weg stets geradeaus in dieser Richtung folgen.

(+580 m) **km 1,84**/670 m **Gabelung, links** dem Schotterweg zum Spielplatz folgen.

(+40 m) **km 1,88**/673 m Spielplatz Spielleiten: **Rechts** abbiegen und diesem Weg folgen.

(+530 m) **km 2,41**/669 m (Schild) „Rettungstreffpunkt GAP-1040“: **Geradeaus** weiterfahren. (nach ca. 500 m kommt auf der linken Seite ein schöner Rastplatz mit „Wasserrädern“ und einer überdachten Bank)

(+730 m) **km 3,14**/664 m **T-Kreuzung, links** der asphaltierten Straße folgen.

(+600 m) **km 3,74**/661 m (in der Rechtskurve, vor dem Stadel) **Links** auf den Schotterweg Ri. „Kirchbichl, Oberau“ abbiegen. (nach ca. 300 m beginnt der Pfad und es geht mit 14-19% bergauf)

(+1.510 m) **km 5,25**/733 m **Rechts** bergab (15-20%) auf der Forststraße weiterfahren.

(+970 m) **km 6,22**/658 m (Oberau, vor der HS): **Links** über den Parkplatz fahren.

2 *(+50 m)* **km 6,27**/658 m **Oberau: An der HS** (Ampel), **geradeaus** die HS überqueren und der Straße gegenüber („Alte Dorfstraße“) folgen.

(+120 m) **km 6,39**/657 m **Links** fahren und **nach 10 m rechts** weiterfahren.

(+40 m) **km 6,43**/656 m **Links** in die Mühlstraße abbiegen und dieser geradeaus bis zur Triftstraße folgen.

(+320 m) **km 6,75**/659 m **Kreuzung, geradeaus** der Mühlstraße folgen. (nach ca. 300 m folgt ein asphaltierter Anstieg mit bis zu 20%)

(+430 m) **km 7,18**/684 m **Rechts** über die Holzbrücke fahren.

(+10 m) **km 7,19**/686 m (am Schotterweg) **Links** bergauf (13-17%) Ri. „Eschenlohe“ abbiegen und diesem Weg durch das Katzental, vorbei am Einsiedlerhof Höllenstein und unter der Autobahn durch, bis nach Eschenlohe folgen.

3 *(+6.510 m)* **km 13,70**/636 m **Eschenlohe** (Dorfplatz): **Rechts** Richtung Loisachbrücke fahren.

(+110 m) **km 13,81**/637 m **Geradeaus** über die Loisachbrücke fahren.

(+60 m) **km 13,87**/638 m (nach der Brücke) **Rechts** in die Mühlstraße abbiegen.

(+550 m) **km 14,42**/641 m **Kreuzung, geradeaus** weiterfahren.

(+60 m) **km 14,48**/643 m **Links** bergauf (5-7%) Ri. „Radweg Garmisch“ abbiegen.

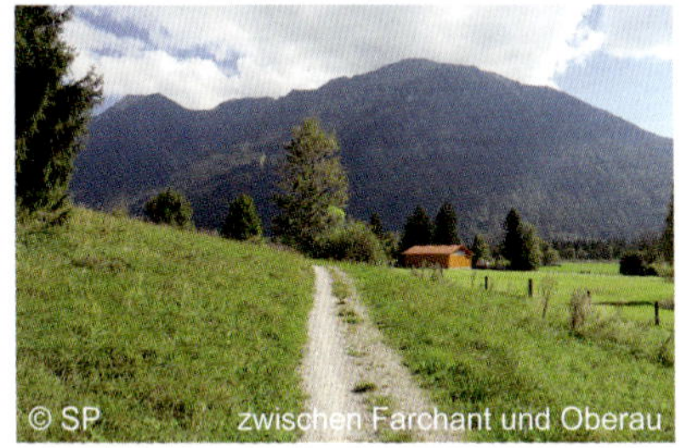
© SP zwischen Farchant und Oberau

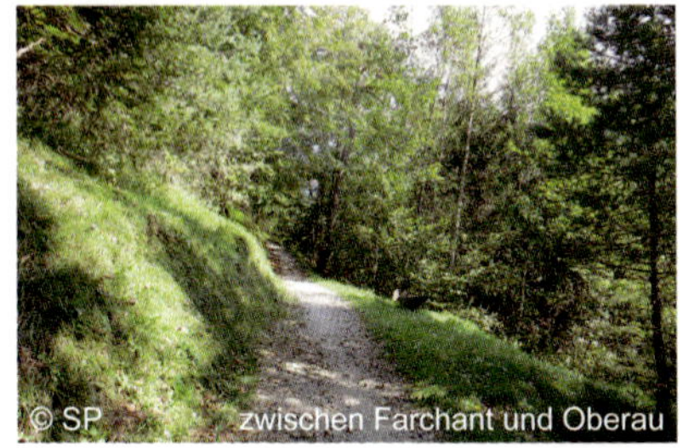
© SP zwischen Farchant und Oberau

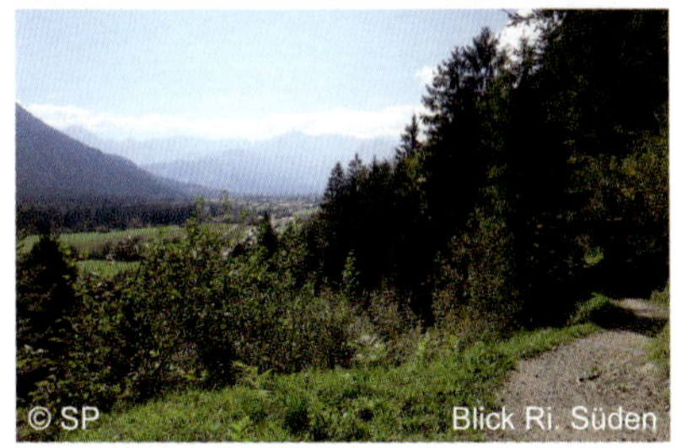
© SP Blick Ri. Süden

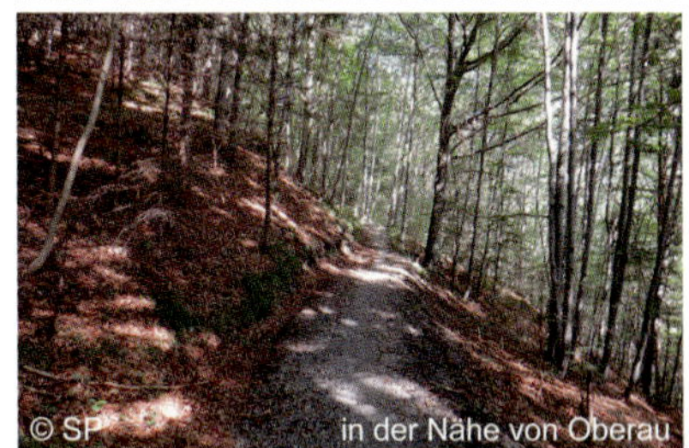
© SP in der Nähe von Oberau

4 *(+1.530 m)* **km 16,01**/639 m **7-Quellen:** Schöne Rastmöglichkeit. Dem Weg dann weiter bis nach Oberau folgen.

5 *(+5.050 m)* **km 21,06**/656 m **Oberau** (vor der Loisachbrücke): **Links** abbiegen und bis zum Ausgangspunkt in Farchant zurückfahren.

Startplatz:
Farchant, Föhrenheide (Sportplatz).

Anfahrt:
In der Ortsmitte von Farchant Ri. „Sportplatz“ abbiegen und den Hinweisschildern folgen. Auf dem Parkplatz beim Sportplatz parken.

7-Quellen

Die Karstquellen befinden sich ca. 1,5 km südlich von Eschenlohe, am nordöstlichen Rand des Pfrühlmooses, welches zu einer Moorkette gehört, die am Rand des Loisachtales verläuft. Die Quellen liegen in einem großen Quellteich, aus dem eine Wassermenge von insgesamt über 1000 l/s ausgeschüttet wird. Das Quellwasser fließt in den Mühlbach, der nach ca. 1,5 km in die Loisach mündet. Das gesamte Quellgebiet wurde vom Bayerischen Landesamt für Umwelt als besonders wertvolles Geotop (Nr.: 180Q003) ausgewiesen.

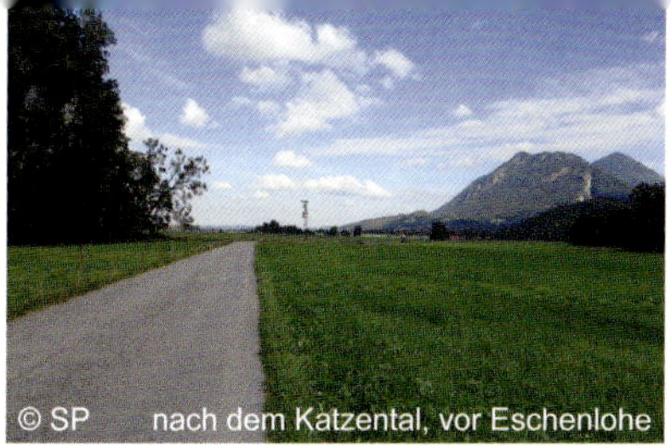

© SP nach dem Katzental, vor Eschenlohe

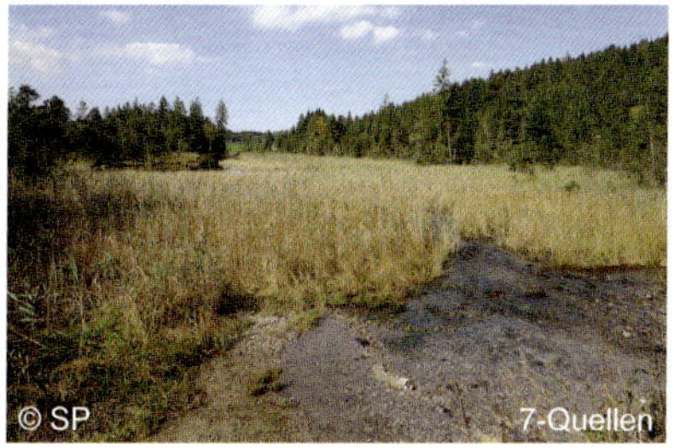

© SP 7-Quellen

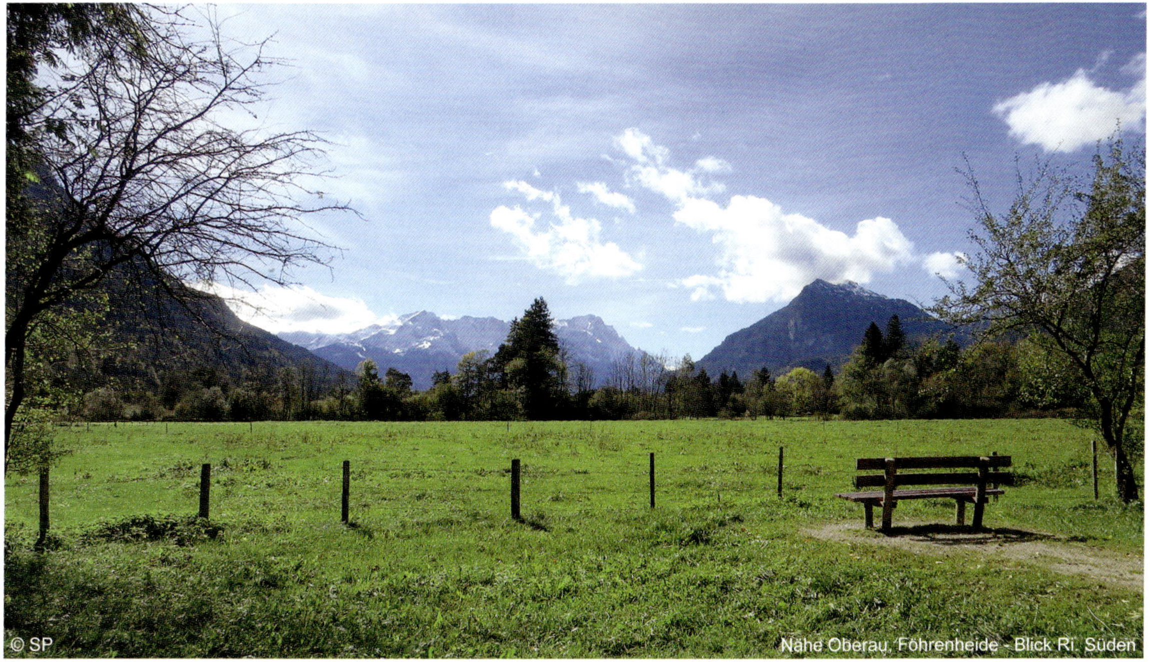

© SP Nähe Oberau, Föhrenheide - Blick Ri. Süden

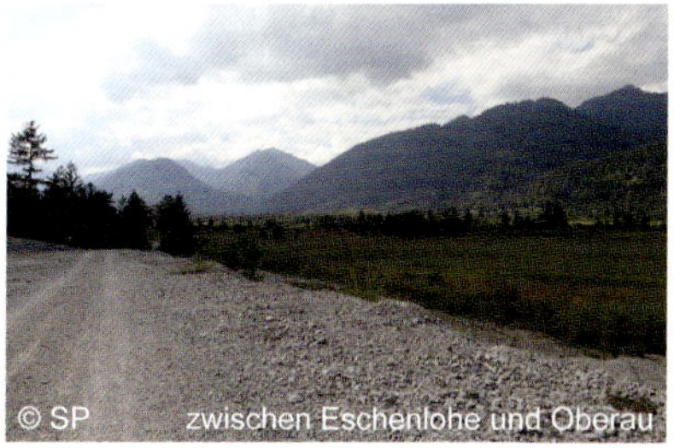

© SP zwischen Eschenlohe und Oberau

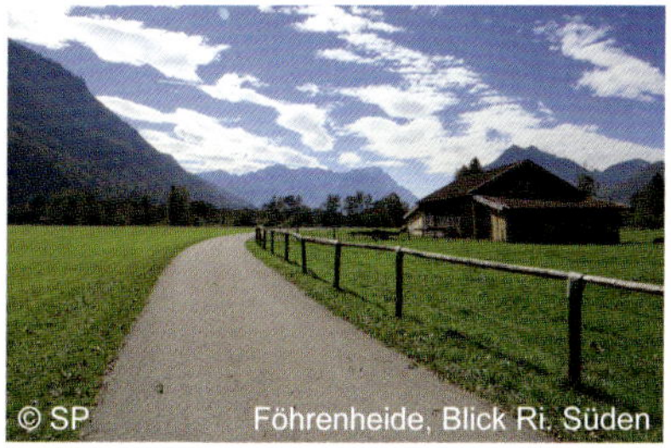

© SP Föhrenheide, Blick Ri. Süden

Tour 4 „Plansee“ 2 36,35 km 2:16 Std 365 Hm

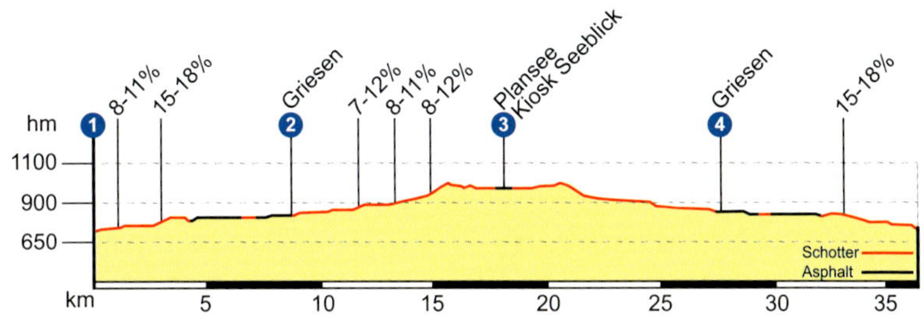

Tourencharakter

Wegbeschaffenheit

Asphalt	9,18 km
Schotter/Kies	27,17 km
Pfad/Trail	0 km
Beton/Pflastersteine	0 km
Schiebestrecke	0 km

Familienfreundlich

Ja, fast überwiegend verkehrsfreie Wege

Einkehrmöglichkeit

Kiosk Seeblick (Plansee), Grenzstüberl (Griesen)

Highlights

Plansee (Bademöglichkeit)

Fahrkönnen / Landschaft

Fahrkönnen	★★☆☆☆☆
Landschaft	★★★★☆☆

Höhe

Starthöhe	722 Meter
Höchster Punkt	1.007 Meter

Einfache Tour zum idyllisch gelegenen Plansee

Sehr schöne Tour von Grainau aus, die von Beginn an stets leicht bergauf, bis nach Griesen führt. Ab Griesen verläuft der Weg, ein gut ausgebauter Schotterweg, zunächst direkt neben dem Bach „Naidernach“ entlang. Im hinteren Teil des Tales geht es in einigen Serpentinen bergauf zum Plansee. Von hier hat man einen wunderschönen Ausblick in die Außerferner Berge. Im Sommer ist der Plansee außerdem eine gute Gelegenheit für eine Badepause.

Einkehrmöglichkeiten

Unterwegs gibt es nur eine Einkehrmöglichkeit in Griesen im **Grenzstüberl**. Am Plansee, am Ziel dieser Tour, befindet sich der **Kiosk Seeblick**. Wenn man die Straße ein paar Meter weiter fährt, gibt es noch die Möglichkeit, in dem Restaurant **Hotel Forelle** einzukehren.

Tipp

Auf jeden Fall am Plansee, auf einer der Rastbänke, die Aussicht auf den Plansee und die umliegenden Berge genießen. Das ist besonders schön, wenn auf der nahen Straße nicht so viele Motorradfahrer unterwegs sind und man die Ruhe, die vom See und von der Natur ausgeht, spüren kann.

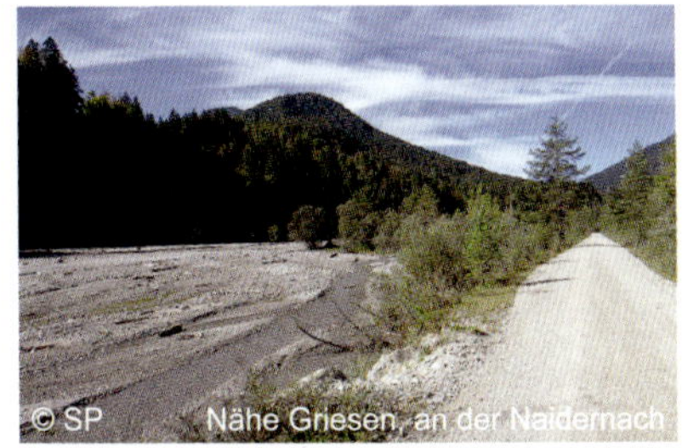
© SP Nähe Griesen, an der Naidernach

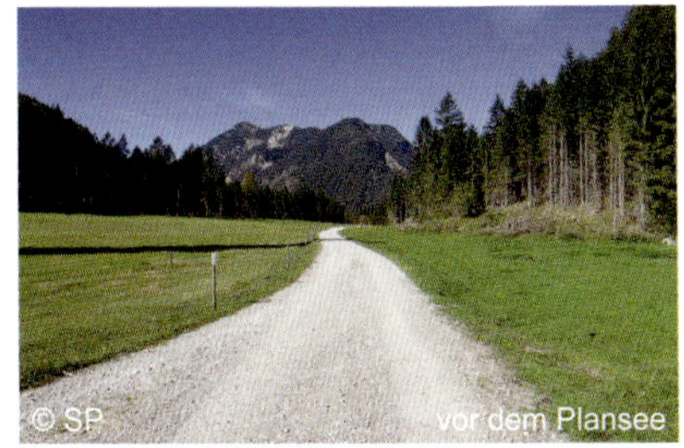
© SP vor dem Plansee

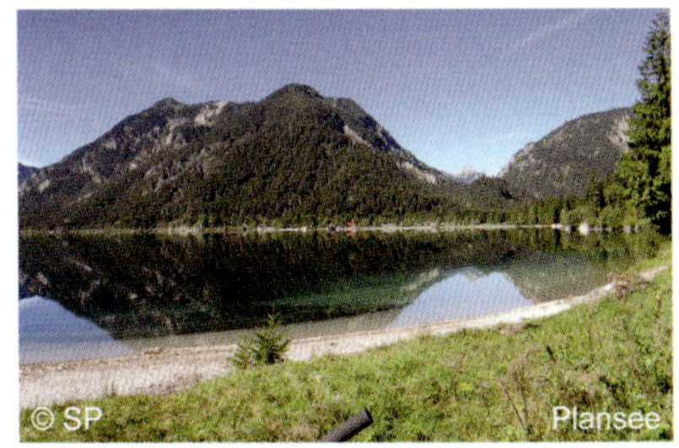
© SP Plansee

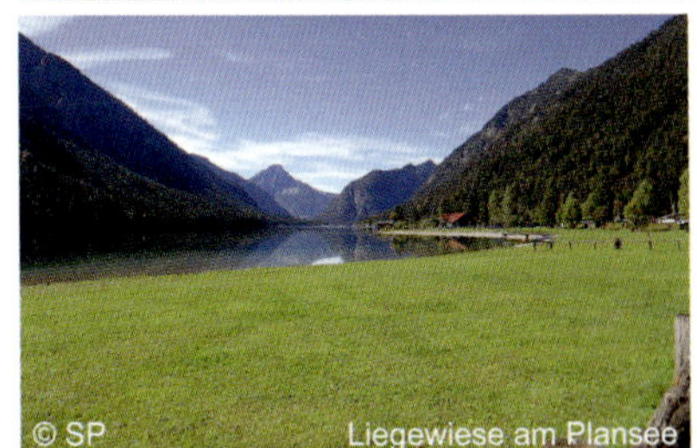
© SP Liegewiese am Plansee

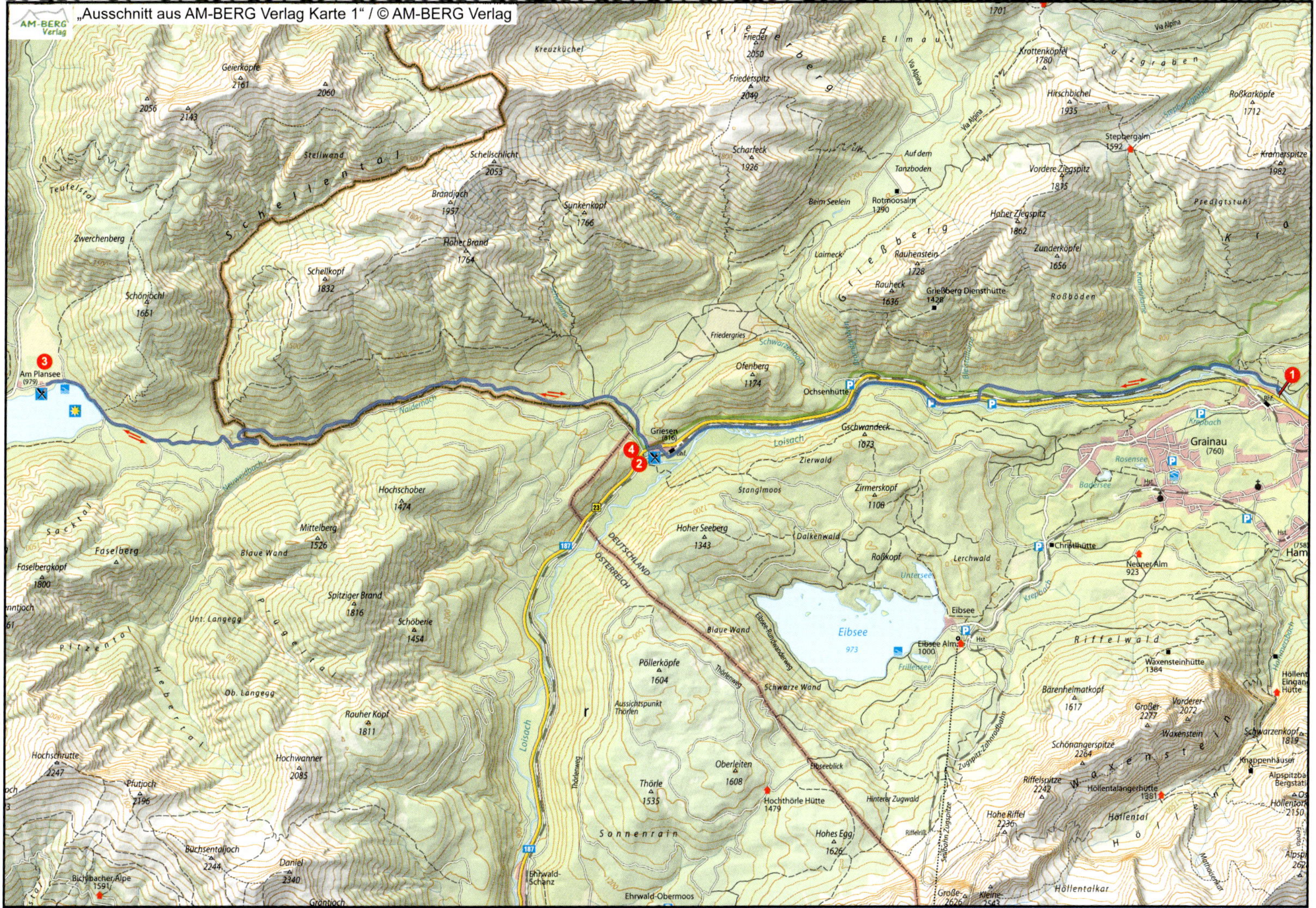

Tour 4 „Plansee“ **2** **36,35 km** **2:16 Std** **365 Hm**

Tour 4 „Plansee“ 2 36,35 km 2:16 Std 365 Hm

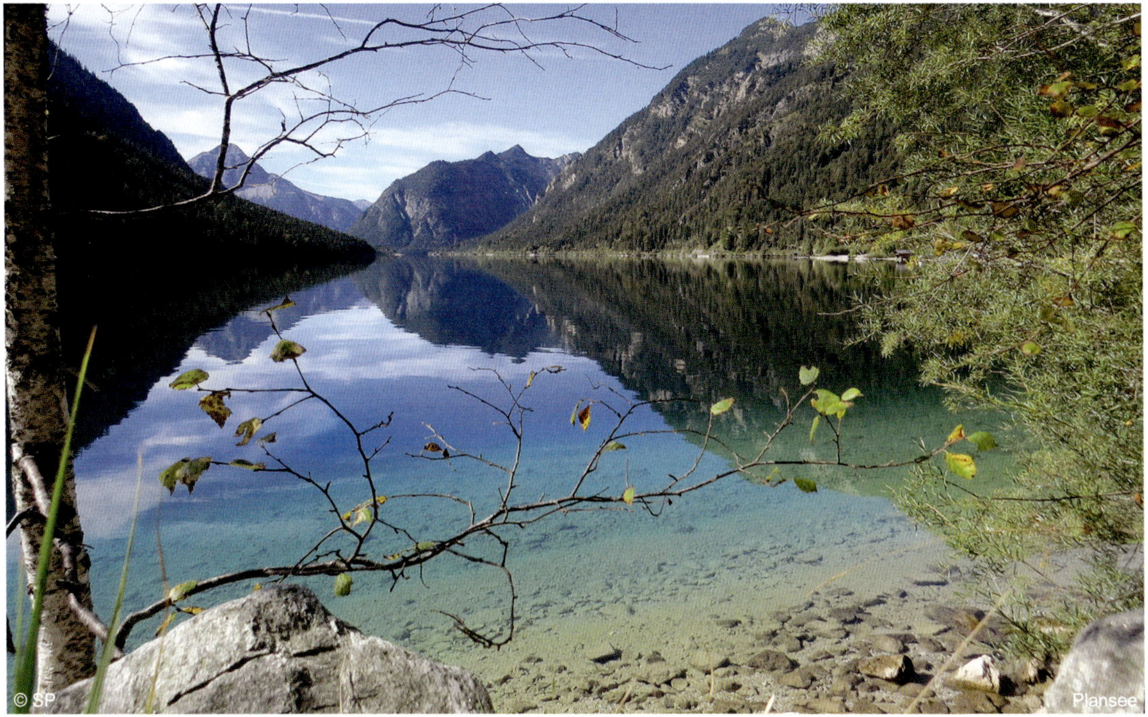
© SP Plansee

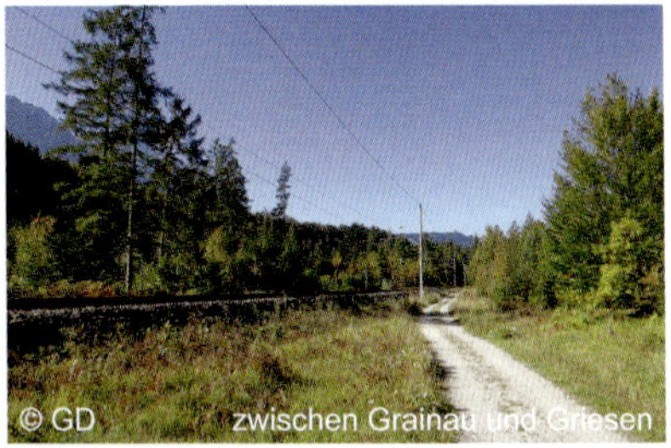
© GD zwischen Grainau und Griesen

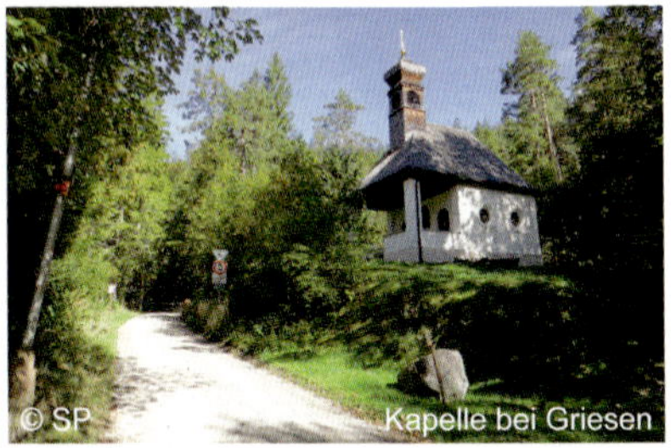
© SP Kapelle bei Griesen

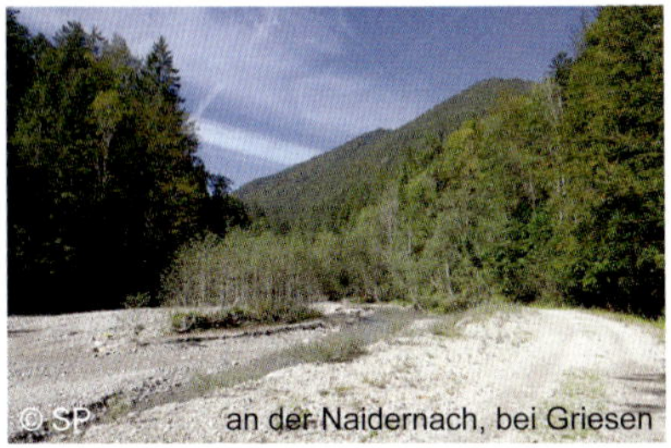
© SP an der Naidernach, bei Griesen

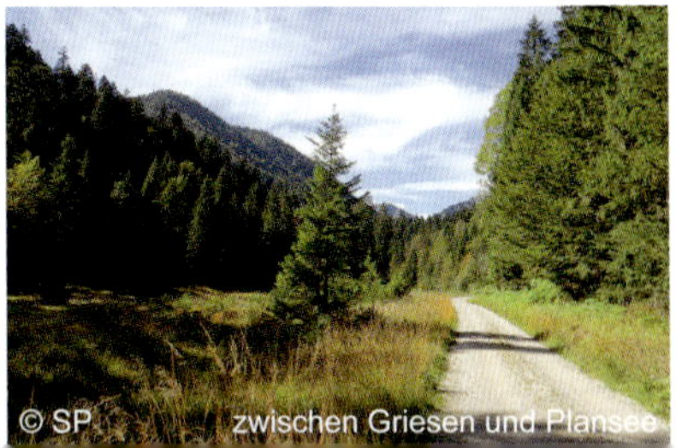
© SP zwischen Griesen und Plansee

Strecke

In Grainau, vom Parkplatz am Herrgottschrofen geht es zunächst auf die andere Seite der Loisach. Nach der Brücke dann nach links und dem Schotterweg an der Loisach und der Bahnlinie entlang folgen. Auf ungefähr halber Strecke von Grainau nach Griesen, überquert man die Bundesstraße (Garmisch-Partenkirchen nach Ehrwald) und fährt nun auf dem Radweg weiter bis nach Griesen. Am Ortsende von Griesen, überquert man wieder die Bundesstraße und folgt nun dem Weg am Bach Naidernach entlang. Der geschotterte Weg führt nach einigen Kilometern in Serpentinen zum Plansee hinauf. Dort oben angekommen, dem Uferweg bis in den Ort „Am Plansee“ folgen. Gleich am Ortsanfang befindet sich auf der linken Seite, direkt am See, eine große Liegewiese (Eintritt), die zum Relaxen und Sonnenbaden einlädt. Der Rückweg erfolgt auf der gleichen Strecke.

Highlight der Tour

Der idyllisch gelegene **Plansee,** auf knapp 1.000 m ist wirklich ein Highlight. Im Sommer sollte man auf jeden Fall die Badesachen mitnehmen. Ansonsten kann man am Plansee auch Segeln, Surfen, SUP'en, Tauchen und Angeln.

Der Plansee ist der zweitgrößte See von Tirol und liegt in der Naturparkregion Reutte. Im Südwesten schließt sich der Heiterwanger See an.

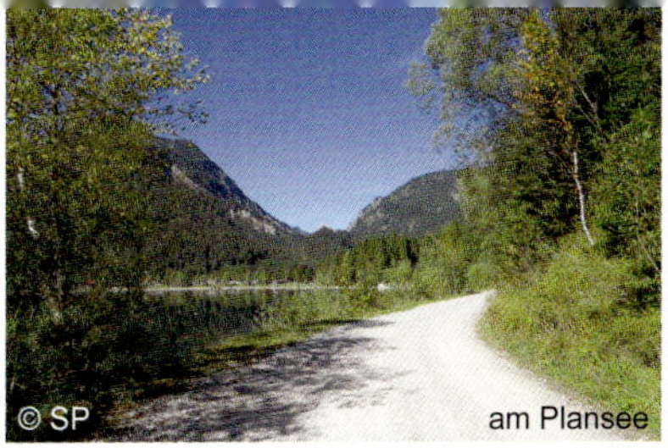

© SP am Plansee

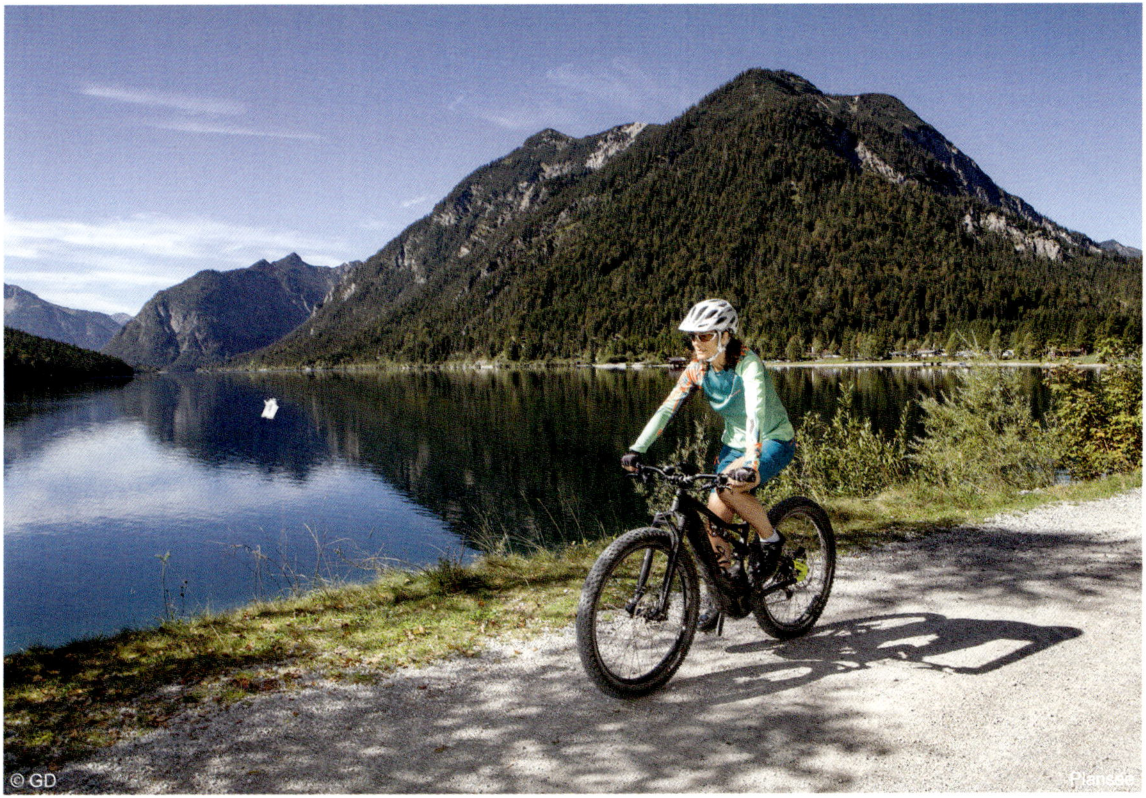

© GD Plansee

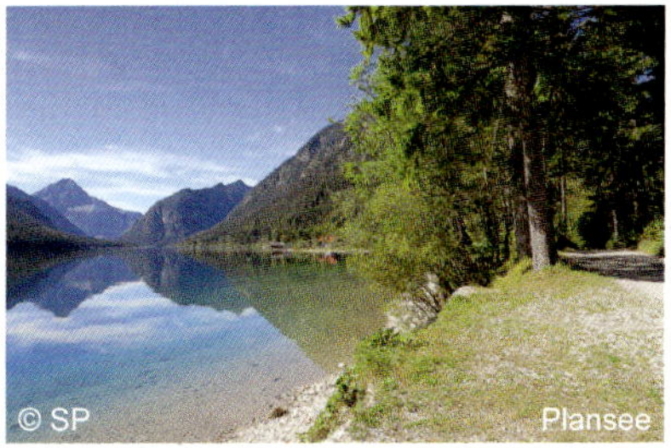

© SP Plansee

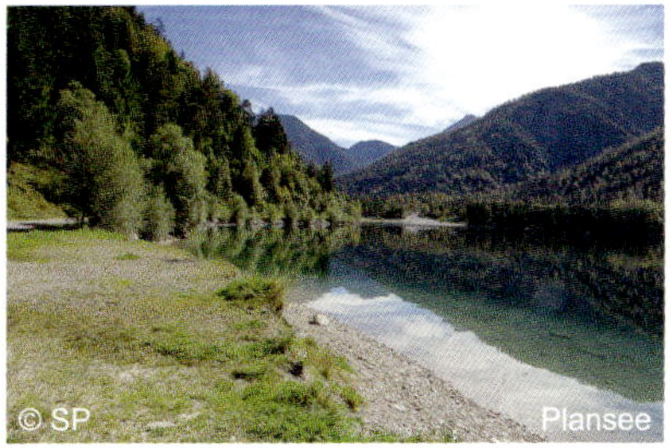

© SP Plansee

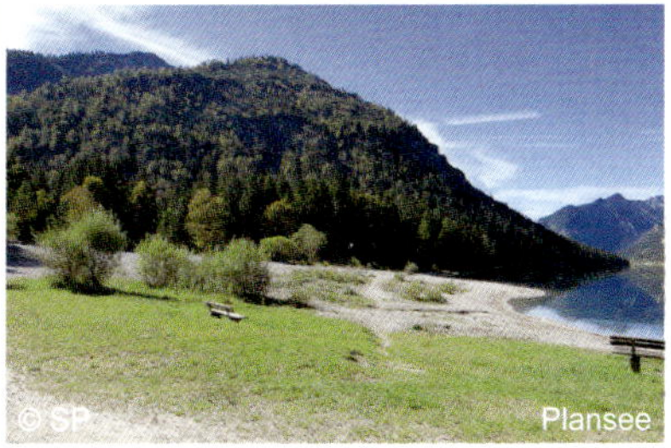

© SP Plansee

Tour 4 „Plansee" 2 36,35 km 2:16 Std 365 Hm

Tour 4 „Plansee“ 2 36,35 km 2:16 Std 365 Hm

1 **km 0,00**/722 m Am Parkplatzende dem Schotterweg **rechts** über die Loisachbrücke folgen.

(+140 m) **km 0,14**/724 m (nach der Loisachbrücke) **Kreuzung, links** Ri. „Grainau“ fahren.

(+1.660 m) **km 1,80**/750 m (nach der kleinen Holzbrücke) **Rechts bergauf** weiterfahren. (nicht geradeaus Ri. „Grainau“)

(+2.350 m) **km 4,15**/791 m **Geradeaus** (über die Bahnlinie) die HS überqueren und auf dem **Radweg** nach **rechts** weiterfahren. Diesem Radweg nun bis nach Griesen folgen.

(+4.500 m) **km 8,65**/819 m **Griesen: An der HS**, **links** dem Radweg weiter folgen.

2 (+150 m) **km 8,80**/824 m (vor der Brücke) **Rechts** die HS überqueren und **geradeaus** (an dem kleinen Parkplatz vorbei) dem Weg folgen. Nach einigen Metern beginnt der Schotterweg.

(+530 m) **km 9,33**/831 m **Geradeaus** (rechts Ri. „Frieder“) weiterfahren. Diesem Weg nun stets geradeaus (Abzweige ignorieren) folgen. Immer Ri. „Plansee“ fahren.

(+7.750m) **km 17,08**/985 m Plansee: **Rechts** und am See entlangfahren.

3 (+1.020 m) **km 18,10**/985 m **Plansee / Kiosk Seeblick.** (die Rückfahrt erfolgt auf dem gleichen Weg wie bei der Hinfahrt)

4 (+9.390 m) **km 27,49**/830 m Griesen: **Geradeaus** (HS überqueren) und dann **links** weiterfahren.

(+170 m) **km 27,66**/827 m **Griesen** (beim Kiosk): **Rechts** dem Radweg Ri. „Garmisch-Partenkirchen“ folgen.

(+4.500 m) **km 32,16**/790 m **Links** die HS überqueren, über den Bahnübergang fahren und dem Schotterweg **rechts** bergauf folgen.

(+1.380 m) **km 33,54**/749 m **T-Kreuzung, links** und dann über die kleine Holzbrücke fahren.

(+2.660 m) **km 36,20**/725 m **Rechts** abbiegen und über die Loisachbrücke zurück zum Ausgangspunkt fahren.

Startplatz:
Grainau, Parkplatz am Herrgottschrofen.

Anfahrt:
Von Garmisch-Partenkirchen Ri. „Grainau“ fahren. Ca. 100 m vor dem Abzweig zum Eibsee, rechts bergab zum Parkplatz abbiegen.

Plansee
Der Plansee ist mit knapp 3 km² Fläche der größte See im Außerfern und der zweitgrößte natürliche See in Tirol. Um Energie für die Region Reute zu gewinnen, wurde 1902 das Kraftwerk Plansee in Betrieb genommen. Einige Jahre später, im Jahr 1908, wurde der Plansee mit einem etwa 300 m langen Kanal mit dem Heiterwanger See verbunden. Beide Seen werden von den Elektrizitätswerken Reutte als Speicher genutzt.
Im Winter wird der Wasserspiegel um bis zu 5 m abgesenkt. Von Ende Mai bis in den Herbst hinein, wenn der See wieder gefüllt ist, bietet die Schifffahrtslinie, die zu den höchstgelegenen kommerziellen Schifffahrtslinien in Österreich zählt, Rundfahren an. Zustiegsstellen gibt es bei den drei Hotels „Forelle“, „Seespitze“ und „Fischer am See“ am Heiterwanger See.

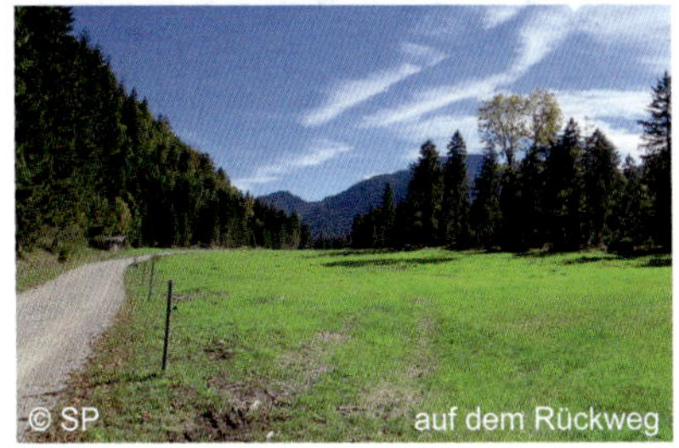
© SP auf dem Rückweg

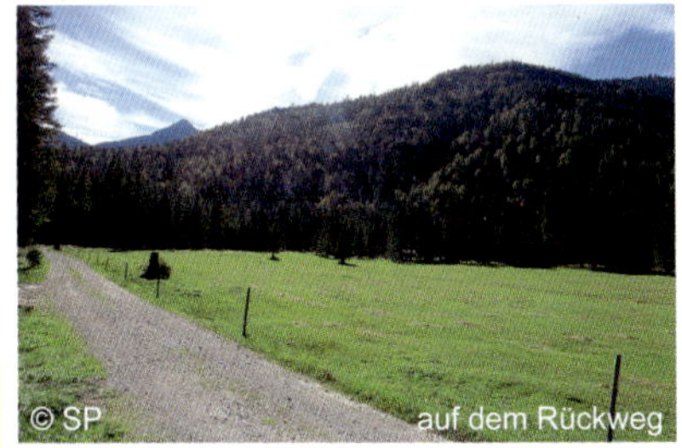
© SP auf dem Rückweg

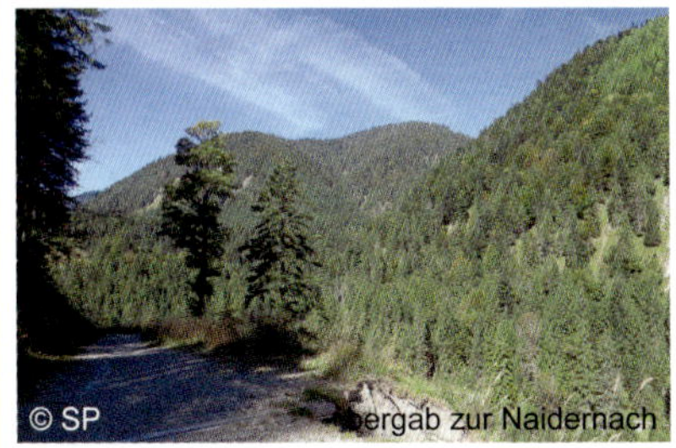
© SP bergab zur Naidernach

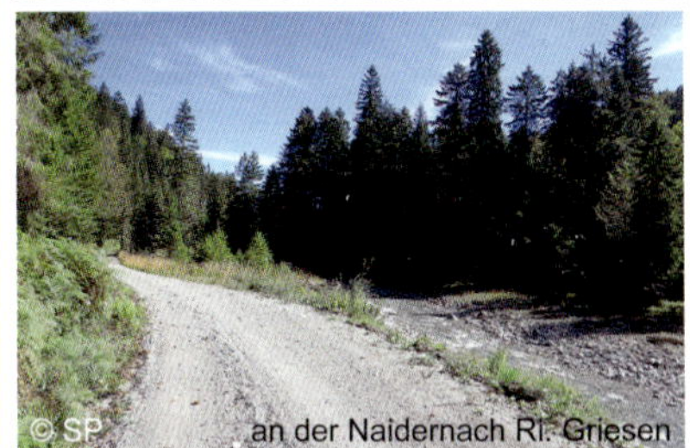
© SP an der Naidernach Ri. Griesen

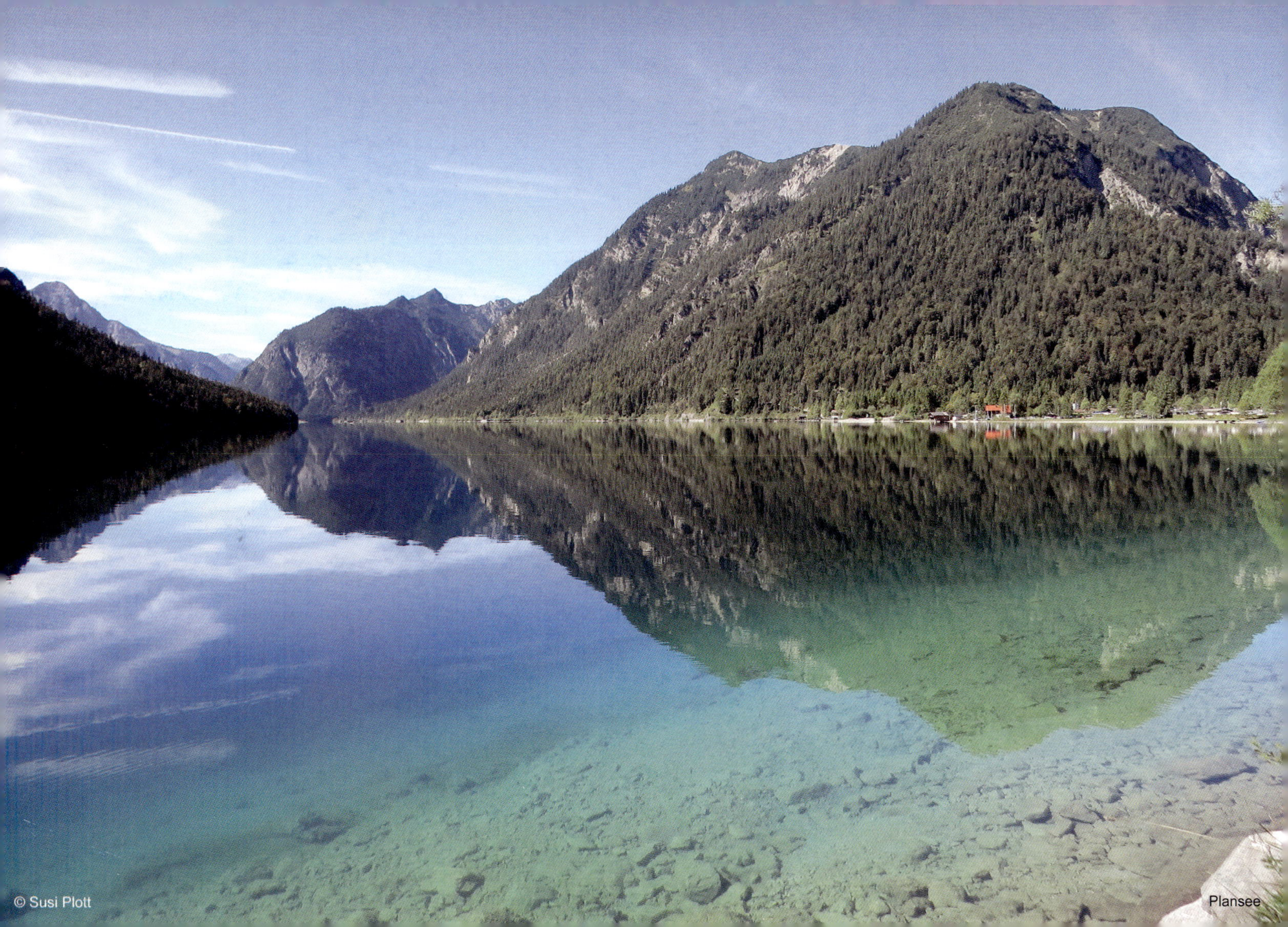

Plansee

Tour 5 „Rund um Garmisch-Partenkirchen“ 2 31,14 km 2:09 Std 586 Hm

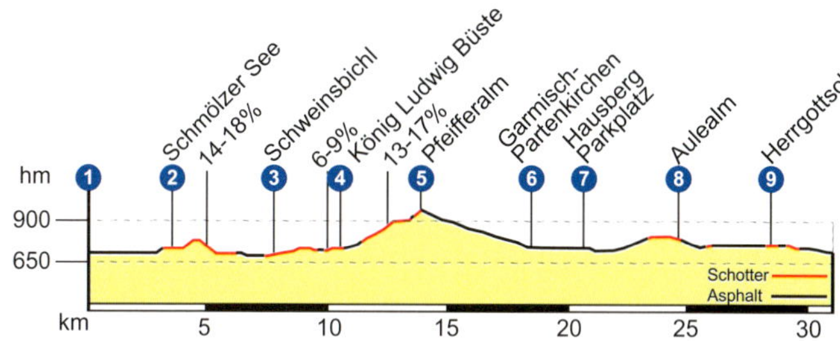

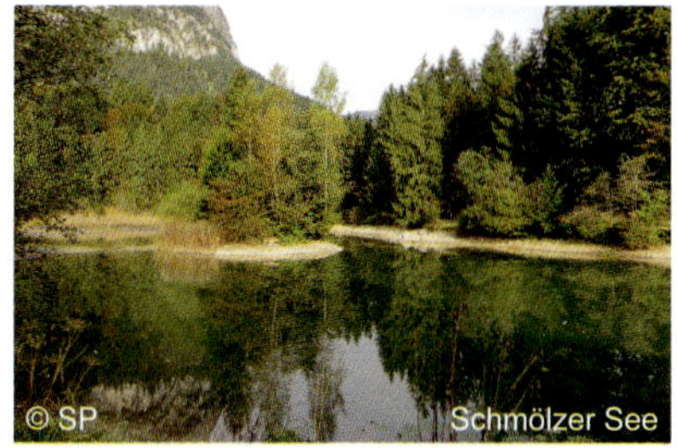

Schmölzer See

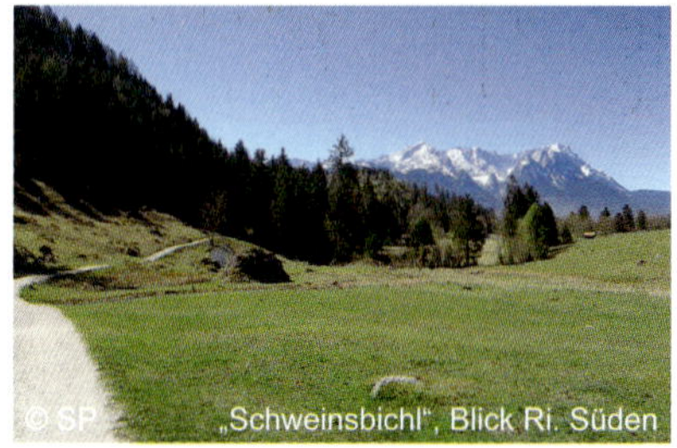

„Schweinsbichl“, Blick Ri. Süden

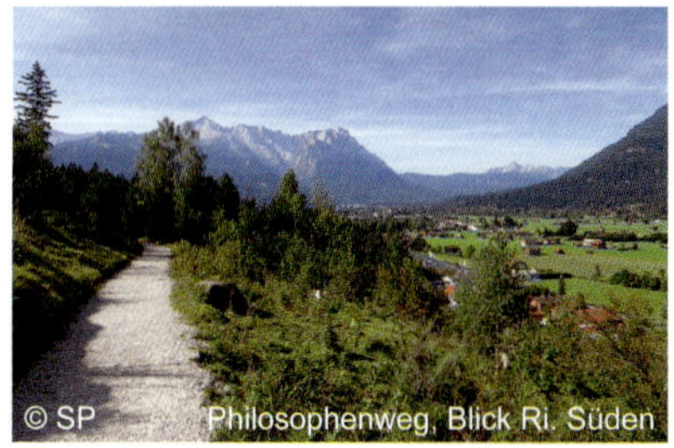

Philosophenweg, Blick Ri. Süden

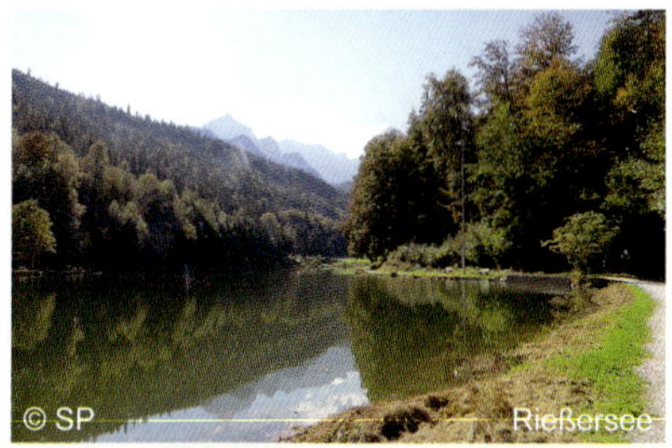

Rießersee

Tourencharakter

Wegbeschaffenheit

Asphalt	20,03 km
Schotter/Kies	11,11 km
Pfad/Trail	0 km
Schiebestrecke	0 km

Familienfreundlich
Ja, viele Wege verkehrsfrei oder verkehrsarme Strecken

Einkehrmöglichkeit
in Garmisch-Partenkirchen und Pfeifferalm

Highlights
Abstecher „Burgruine“, Philosophenweg, Rießersee

Fahrkönnen / Landschaft

Fahrkönnen	★★★☆☆☆
Landschaft	★★★★☆☆

Höhe

Starthöhe	708 Meter
Höchster Punkt	961 Meter

Abwechslungsreiche Runde um Garmisch-Partenkirchen

Diese Runde bietet viele schöne Ausblicke auf den Ort Garmisch-Partenkirchen sowie die umliegenden Berge wie Wettersteingebirge, Ammergauer Alpen und Estergebirge. Die Strecke verläuft überwiegend auf asphaltierten Nebenstraßen und teilweise auf Schotterwegen. Man kommt an zwei Seen (Schmölzer See und Rießersee) vorbei und kann unterwegs einen Abstecher zur Burgruine Werdenfels machen. Eine ausgesprochen schöne abwechslungsreiche Runde, mit vielen Abzweigungen.

Einkehrmöglichkeiten

Auf dieser Runde gibt es etliche Einkehrmöglichkeiten. Anfangs kommt man gleich am **Bräustüberl** und **Husar** vorbei. Falls man einen Abstecher zur Burgruine macht, lohnt sich auch ein Halt an der **Werdenfelser Hütte**. Im Ortsteil Burgrain fährt man an der Pizzeria **San Marco** vorbei. Am Fuß vom Wank (Westseite) befindet sich das **Schützenhaus** und später an der Südseite des Wank befindet sich die **Pfeifferalm**. Wieder in Garmisch, kommt man an **Leiners Radl Bistro, Seehaus Riessersee**, **Aulealm** und **Gungl Stubn** vorbei.

Tipp

Abstecher zur Burgruine Werdenfels.

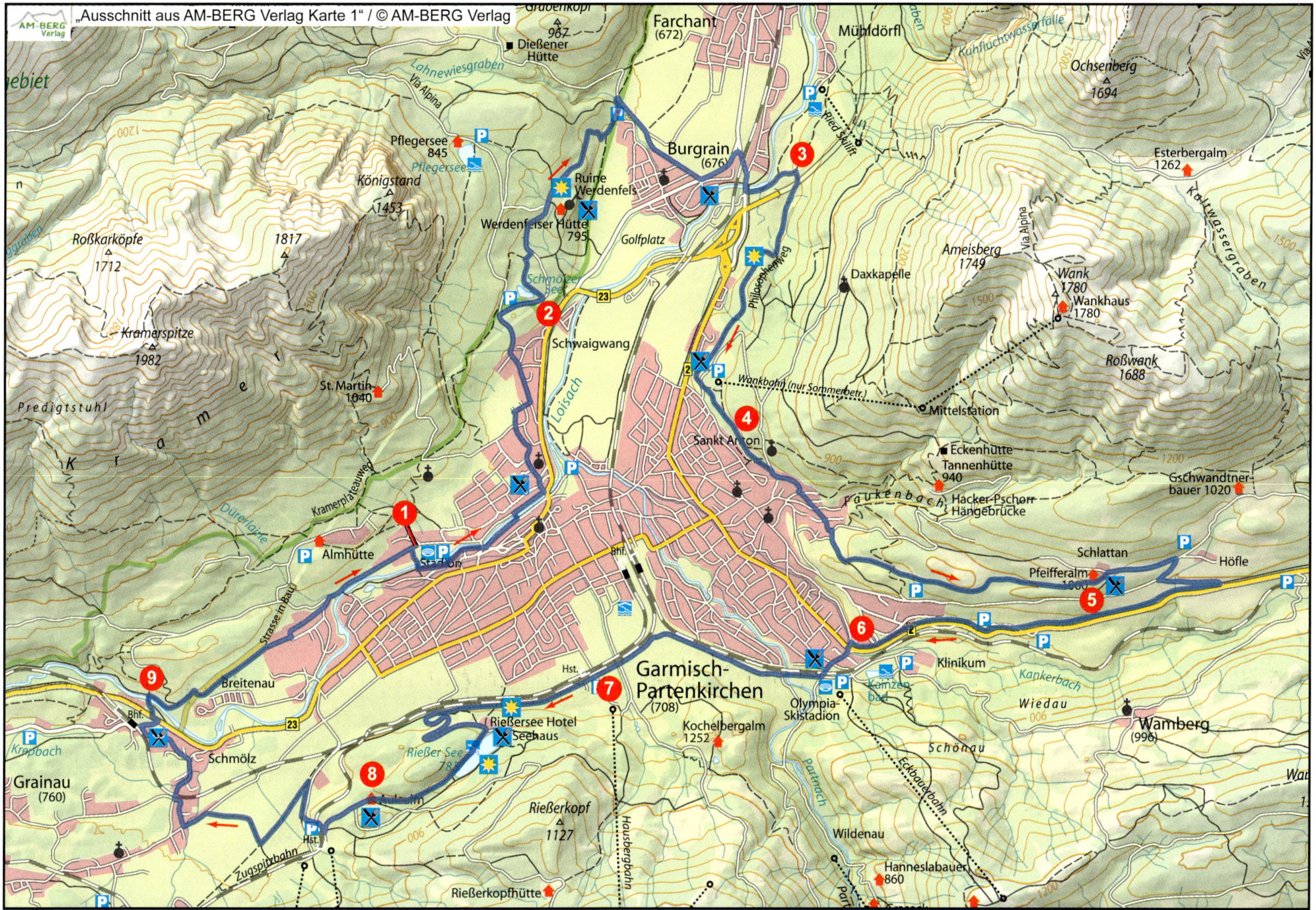

Tour 5 „Rund um Garmisch-Partenkirchen“ **2** **31,14 km** **2:09 Std** **586 Hm**

Tour 5 „Rund um Garmisch-Partenkirchen“ 2 31,14 km 2:09 Std 586 Hm

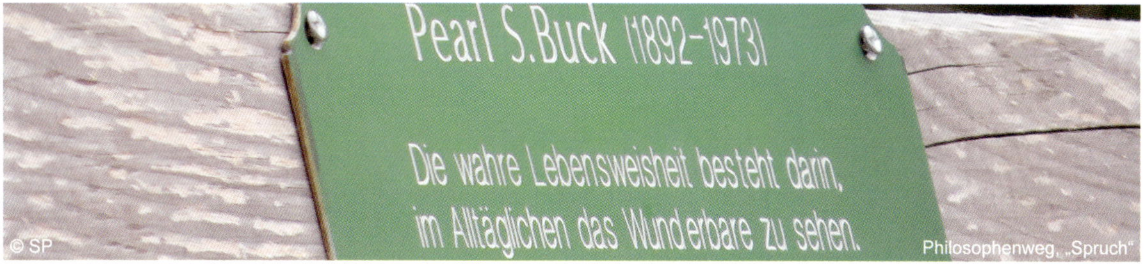

© SP Philosophenweg, „Spruch“

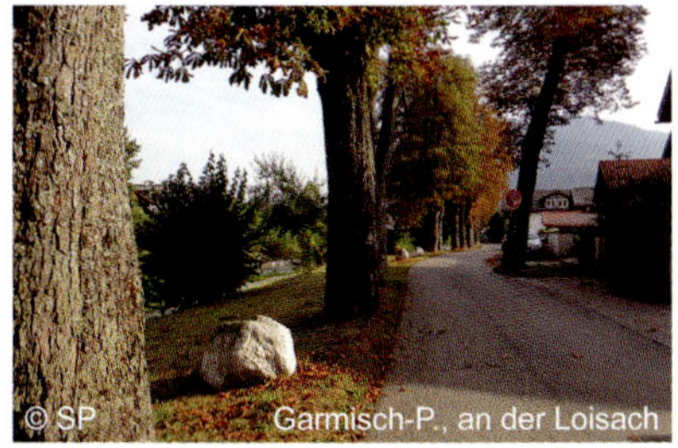
© SP Garmisch-P., an der Loisach

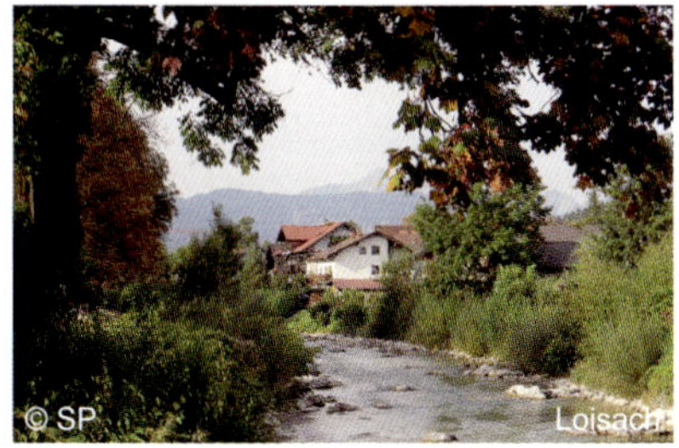
© SP Loisach

Strecke

Vom Stadion am Gröben, auf dem Radweg zur Loisach und über die Brücke fahren. Dann dem Radweg links, an der Loisach entlang, folgen. Nach ca. 600 m die Maximilianstraße überqueren und in der Alleestraße, am Loisachufer entlang, bis zum Abzweig Ri. „Farchant“ weiterfahren. Jetzt links über die Brücke und auf der anderen Loisachseite bis zur großen Kreuzung fahren. Hier, vor der Kreuzung, links in die Fürstenstraße abbiegen, weiter über die Lazarettstraße bis zum Friedhof und bei der Kirche rechts bergab zur Thomas-Knorr-Straße fahren. Dort nach links und kurz darauf auf der Pflegerseestraße bergauf Ri. „Kramer“ fahren. Gleich nach dem ersten Anstieg rechts über den Parkplatz zum Schmölzer See fahren und am Seeende links auf den Uferweg Ri. „Burgrain“ abbiegen. Am Schotterweg wieder links Ri. „Burgrain“ abbiegen und dem Weg bis zu einem Wanderparkplatz folgen. Zwischendrin gibt es die Möglichkeit nach rechts einen Abstecher zur Burgruine Werdenfels zu machen. Bei dem Parkplatz rechts nach Burgrain und bis zur HS fahren. Dann links dem Radweg folgen, unter der Bahnbrücke durchfahren und nach der Loisachbrücke links Ri. „Philosophenweg“ abbiegen. Am sogenannten „Schweinsbichl“ rechts und über den Philosophenweg zum Schützenhaus fahren. Hier die Straße überqueren und stets weiter dem Philosophenweg zur König-Ludwig-Büste folgen. Es geht weiter geradeaus und später nach links Ri. „Wandergebiet Wank“. Nach ca. 400 m rechts in die Hasentalstraße, Ri. „Pfeifferalm“, abbiegen und stets den Hinweisschildern zur Pfeifferalm folgen. Nach der Pfeifferalm auf der Straße bergab, bis zur Bundesstraße (B2) fahren. Dort rechts auf den Radweg abbiegen und nach Garmisch-Partenkirchen fahren. Am Ortseingang nach links, die HS überqueren und gegenüber der Wildenauer Straße folgen. Nach dem Bahnübergang rechts dem Radweg, direkt an der Bahnlinie entlang, Ri. „Garmisch“ folgen. Nach ca. 3,4 km links bergauf zum Rießersee fahren und am See entlang, zur Aulealm fahren. Nach der Aulealm über den Parkplatz fahren und dann der Straße folgen, bis links der Hammersbacher Fußweg abzweigt. Diesem ein kurzes Stück folgen und dann rechts auf den Weg nach Grainau (Degernau) abbiegen. Am Ortseingang rechts und vor dem alten Bahnhof links zum großen Wanderparkplatz weiterfahren. Hier rechts über die Bahnlinie und nach ca. 300 m links in „An der Wies“ abbiegen. Beim Restaurant „Gungl Stubn“ rechts bergab zur Bundesstraße (B2), dort nach links auf die HS fahren und nach 20 m, rechts bergab, auf den Weg zum Herrgottschrofen abbiegen. Nach der Loisachbrücke rechts und bis zur „Äußeren Maximilianstraße“ fahren. Dort nach links abbiegen und dann der Straße zurück zum Stadion am Gröben folgen.

Highlights der Tour

Nach dem Schmölzer See bietet sich ein Abstecher zur **Burgruine Werdenfels** an. Von dort hat man eine beeindruckende Aussicht ins Loisachtal Richtung Norden, zum Wank im Osten und ins Wettersteingebirge im Süden.

Ein weiteres „kleines“ Highlight ist der sogenannte **Philosophenweg**, der unterhalb vom Wank hinauf zum Schützenhaus führt. Auf allen der zahlreich aufgestellten Sitzbänke befinden sich Zitate berühmter Philosophen.

Auch der **Rießersee**, der idyllisch vor der Zugspitze und den Waxensteinen liegt, ist eine Augenweide. Der See ist künstlich angelegt und bietet sich im Sommer für eine Badepause an. Hier gibt es auch ein kleines Strandbad mit Bootsverleih.

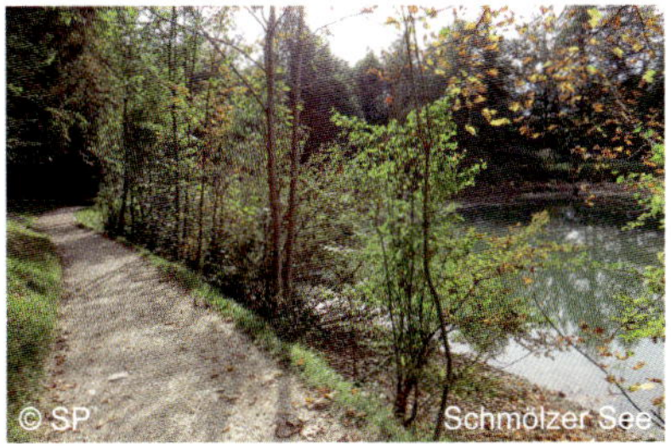

© SP Schmölzer See

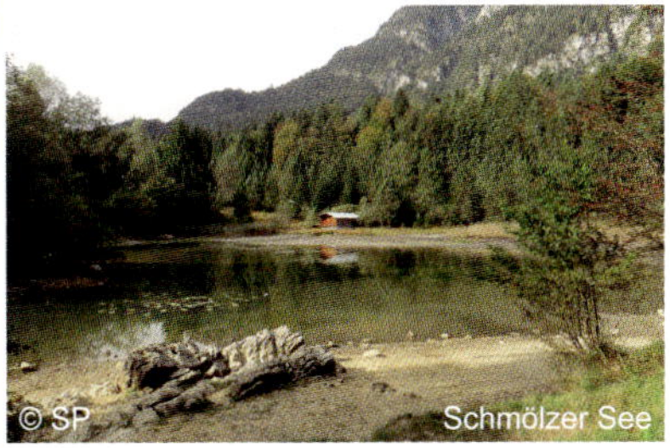

© SP Schmölzer See

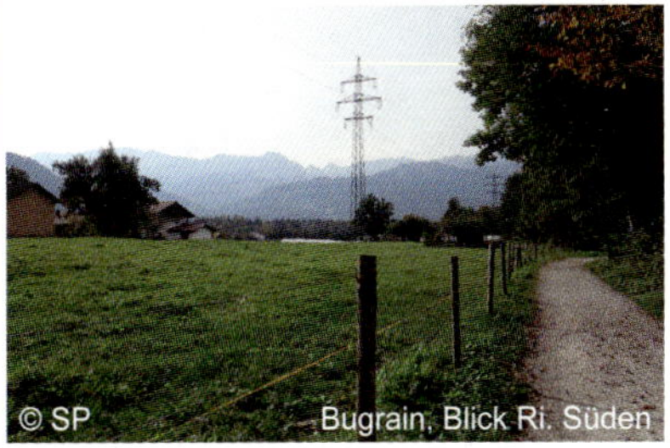

© SP Bugrain, Blick Ri. Süden

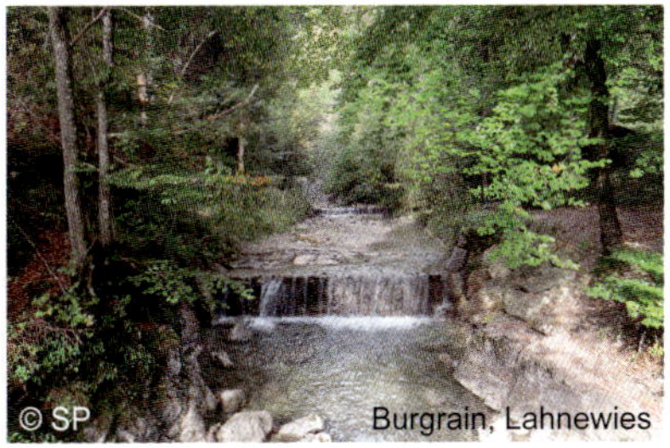

© SP Burgrain, Lahnewies

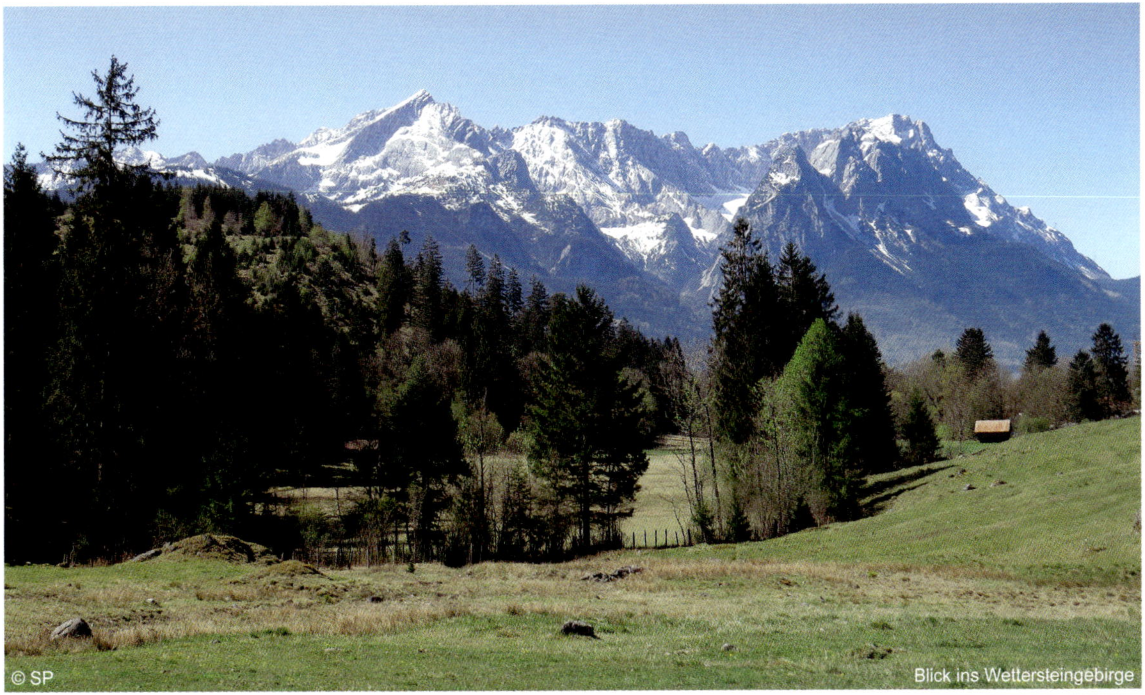

© SP Blick ins Wettersteingebirge

Tour 5 „Rund um Garmisch-Partenkirchen“ 2 31,14 km 2:09 Std 586 Hm

1 **km 0,00**/708 m (beim Abzweig zur Almhütte) **Geradeaus** der Straße folgen.

(+90 m) **km 0,09**/708 m **Links** dem Radweg zur Loisach folgen.

(+120 m) **km 0,21**/709 m **Geradeaus** über die Loisach und nach der Brücke **links** weiterfahren.

(+620 m) **km 0,83**/706 m **Geradeaus** und dann **links** in der Alleestraße weiterfahren.

(+390 m) **km 1,22**/703 m **Links** Ri. „Farchant“ abbiegen und nach der Brücke **rechts** Ri. „Radweg Murnau“ weiterfahren.

(+290 m) **km 1,51**/702 m (vor der Ampel) **Links** in die Fürstenstraße abbiegen.

(+130 m) **km 1,64**/702 m (beim Restaurant Husar) **Links** in die Lazarettstraße abbiegen.

(+180 m) **km 1,82**/703 m **Rechts** der Lazarettstraße weiter folgen.

(+320 m) **km 2,14**/701 m (vor dem Friedhof) **Rechts** bergab weiterfahren.

(+90 m) **km 2,23**/699 m (beim Friedhof) **Rechts** bergab fahren.

(+150 m) **km 2,38**/696 m **Links** in die Thomas-Knorr-Straße abbiegen.

(+280 m) **km 2,66**/695 m **Geradeaus** bergauf (8-13%) Ri. „Kramer“ fahren.

(+490 m) **km 3,15**/747 m **Rechts** abbiegen (HS verlassen) und über den Parkplatz fahren.

2 *(+320 m)* **km 3,47**/736 m **Schmölzer See:** **Links** Ri. „Burgrain“ abbiegen und dem Weg geradeaus (Ri. „Burgruine“) folgen.

(+450 m) **km 3,92**/743 m **Links** Ri. „Burgrain“ weiterfahren.

(+480 m) **km 4,40**/781 m (Abzweig zur Burgruine) **Geradeaus** weiterfahren (nach ca. 350 m geht es steil bergab, 14-18%) und dem Weg stets geradeaus (Abzweige ignorieren) Ri. „Farchant“ folgen.

(+1.290 m) **km 5,69**/711 m (beim Wanderparkplatz) **Rechts** Ri. „Burgrain“ und bis zur HS fahren.

(+910 m) **km 6,60**/689 m (an der HS) **Links** auf dem Radweg weiterfahren.

(+400 m) **km 7,00**/684 m **Rechts** dem Radweg folgen und unter der Bahnlinie durchfahren.

(+180 m) **km 7,18**/686 m (beim Fußgängerüberweg) **Links** Ri. „Radweg Partenkirchen“ (HS queren) und danach **rechts** dem Radweg weiter folgen.

(+190 m) **km 7,37**/690 m (nach der Loisachbrücke) **Links** Ri. „Philosophenweg“ abbiegen und dem Weg geradeaus folgen (Abzweig ignorieren).

3 *(+430 m)* **km 7,80**/702 m **Schweinsbichl:** **Rechts** Ri. „Philosophenweg“ und dem Weg zum Schützenhaus folgen.

(+1.950 m) **km 9,75**/721 m (beim Schützenhaus) **An der HS, rechts** bergab und **nach ca. 10 m links** Ri. „Philosophenweg“ weiterfahren. Jetzt stets geradeaus, bis zur König-Ludwig-Büste.

4 *(+810 m)* **km 10,56**/739 m **König-Ludwig-Büste.**

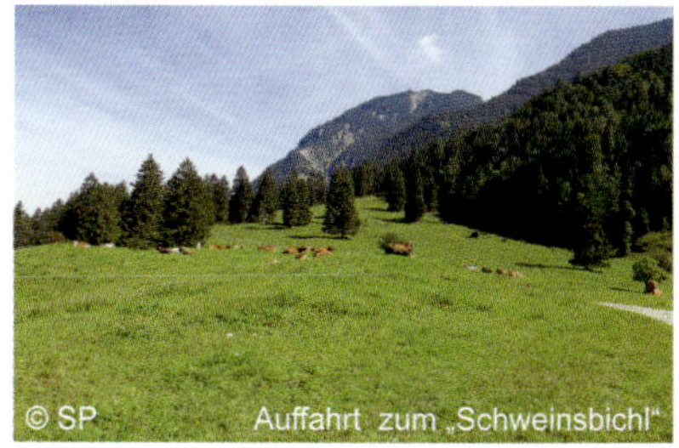

© SP Auffahrt zum „Schweinsbichl“

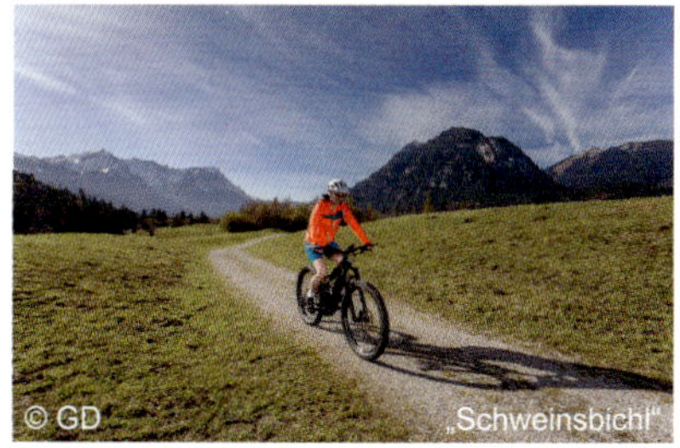

© GD „Schweinsbichl“

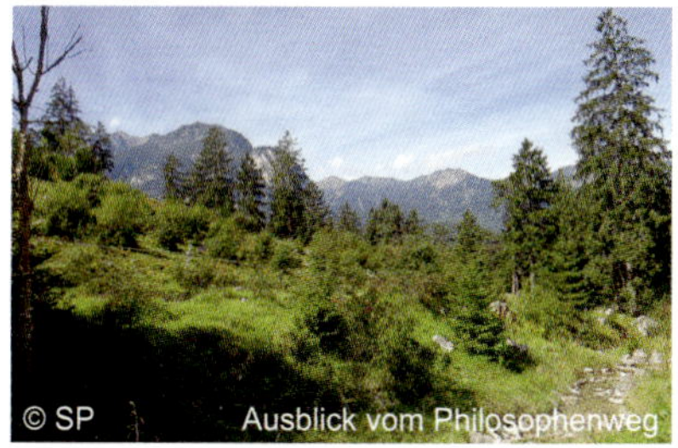

© SP Ausblick vom Philosophenweg

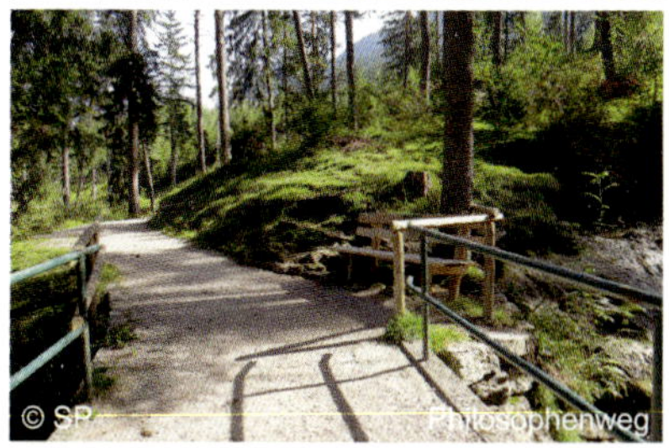

© SP Philosophenweg

(+200 m) **km 10,76**/736 m **Geradeaus** dem asphaltierten Weg folgen.

(+220 m) **km 10,98**/743 m **Links** bergauf Ri. „Wandergebiet Wank“ weiterfahren und dieser Straße geradeaus (Abzweige ignorieren) folgen.

(+420 m) **km 11,40**/773 m **Rechts** der Hasentalstraße, Ri. „Pfeifferalm“ folgen.

(+60 m) **km 11,46**/783 m **Links** auf den Schotterweg Ri. „Pfeifferalm“ abbiegen.

(+50 m) **km 11,51**/791 m **T-Kreuzung, rechts** bergauf weiterfahren.

(+180 m) **km 11,69**/811 m **Links** Ri. „Pfeifferalm“ abbiegen und dem Weg stets geradeaus bergauf (13-17%) bis zur Pfeifferalm folgen.

5 *(+2.130 m)* **km 13,82**/954 m **Pfeifferalm.**

(+60 m) **km 13,88**/961 m (nach der Pfeifferalm) **Rechts** bergab auf der Straße Ri. „Kaltenbrunn“, bis zur HS (B2) hinunterfahren.

(+1.270 m) **km 15,15**/881 m (vor der HS) **Rechts** und dem Radweg (neben der HS) bergab bis nach Garmisch folgen.

6 *(+3.220 m)* **km 18,37**/739 m **Garmisch-Partenkirchen** (Ortseingang): **Links** zur HS fahren, diese überqueren und **geradeaus** der Wildenauer Straße (an Leiners Radl Bistro vorbei) folgen.

(+320 m) **km 18,69**/740 m (nach dem Bahnübergang) **Geradeaus** und **nach 20 m rechts** dem Radweg Ri. „Garmisch“, entlang der Bahnlinie, bis zum Hausberg Parkplatz folgen.

7 *(+2.010 m)* **km 20,70**/730 m **Hausberg Parkplatz: Geradeaus** weiterfahren.

(+1.370 m) **km 22,07**/730 m **Links** bergauf (4-7%) Ri. „Riessersee“ fahren.

(+1.220 m) **km 23,29**/796 m (nach dem Hotel Riessersee) **Rechts** zum See fahren und am See entlangfahren. Stets geradeaus bis zur Aulealm weiterfahren.

8 *(+1.280 m)* **km 24,57**/789 m **Aulealm: Geradeaus** und über den Parkplatz fahren.

(+100 m) **km 24,67**/786 m (nach dem Parkplatz) **Geradeaus** bergab fahren.

(+370 m) **km 25,04**/765 m **Rechts** bergab weiterfahren.

(+200 m) **km 25,24**/751 m **Rechts** der Straße weiter folgen.

(+320 m) **km 25,56**/741 m (bei der Bushaltestelle) **Links** Ri. „Hammersbach“ abbiegen.

(+670 m) **km 26,23**/750 m **Rechts** und dem Weg geradeaus nach Grainau folgen.

(+760 m) **km 26,99**/755 m Grainau-Degernau: **Rechts** abbiegen.

(+220 m) **km 27,21**/752 m (vor dem alten Bahnhof) **Links** weiterfahren.

(+90 m) **km 27,30**/752 m (beim Wanderparkplatz) **Rechts** über die Bahnlinie fahren.

(+330 m) **km 27,63**/749 m **Links** in die Straße „An der Wies“ abbiegen.

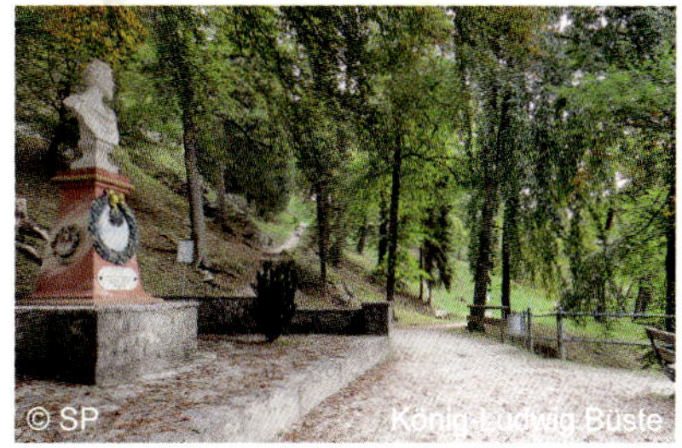
© SP König-Ludwig-Büste

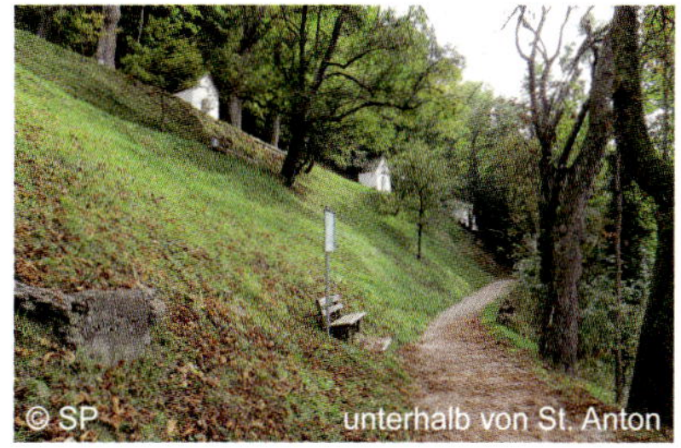
© SP unterhalb von St. Anton

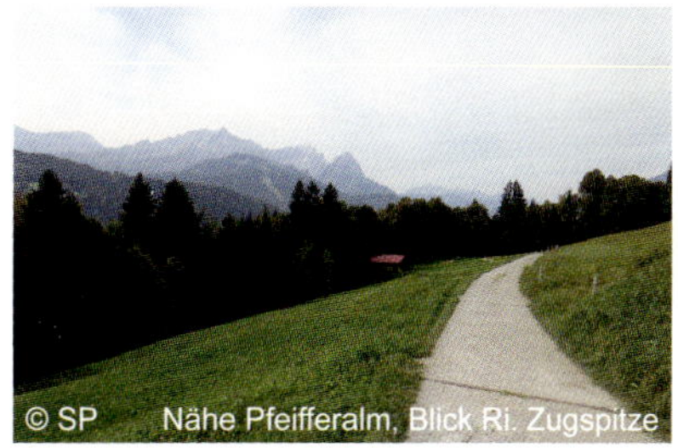
© SP Nähe Pfeifferalm, Blick Ri. Zugspitze

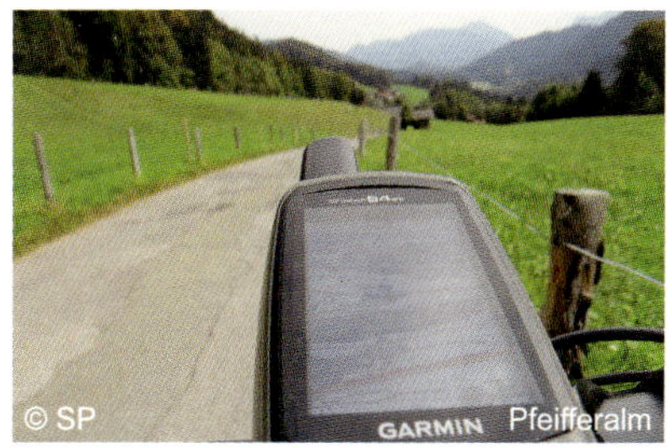

© SP Pfeifferalm

9

(+420 m) **km 28,05**/755 m (vor der Bahnlinie) **Rechts** weiterfahren.

(+70 m) **km 28,12**/754 m (beim Restaurant „Gungl Stubn“) **Rechts** bergab auf die HS abbiegen.

(+160 m) **km 28,28**/748 m (an der B2) **Links** und **nach 20 m rechts** bergab Ri. „Herrgott-schrofen“ abbiegen.

(+210 m) **km 28,49**/743 m (nach der Brücke) **Herrgottschrofen: Rechts** Ri. „Garmisch“fahren und dem Weg bis zur „Äußeren Maximilianstraße“ folgen.

(+1.710 m) **km 30,20**/734 m (an der „Äußeren Maximilianstraße“) **Links** abbiegen und bis zum Ausgangspunkt zurückfahren.

Startplatz:
Stadion am Gröben (Maximilianstraße 25).

Anfahrt:
In Garmisch-Partenkirchen von der Zugspitzstraße (B23), auf Höhe des Getränkemarktes Orterer, in die Von-Müller-Straße abbiegen. Bei der Loisachbrücke links in die Maximilianstraße abbiegen. Nach ca. 500 m erreicht man das Stadion am Gröben, hier parken.

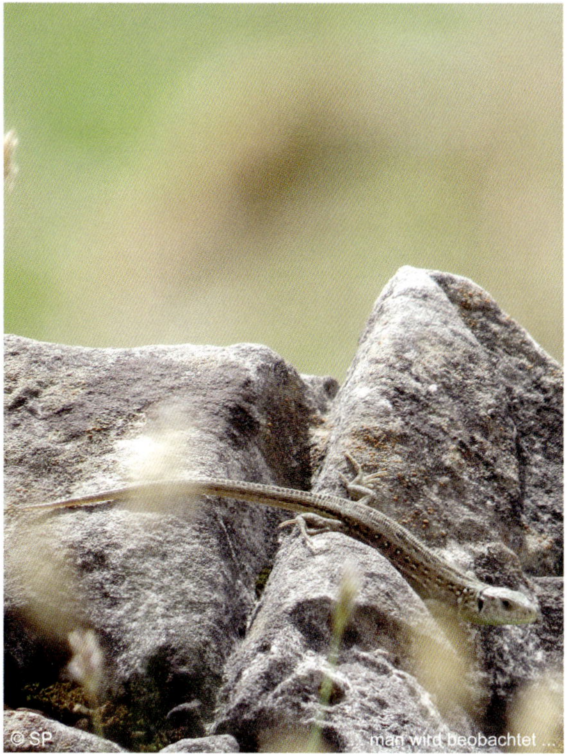
© SP ... man wird beobachtet ...

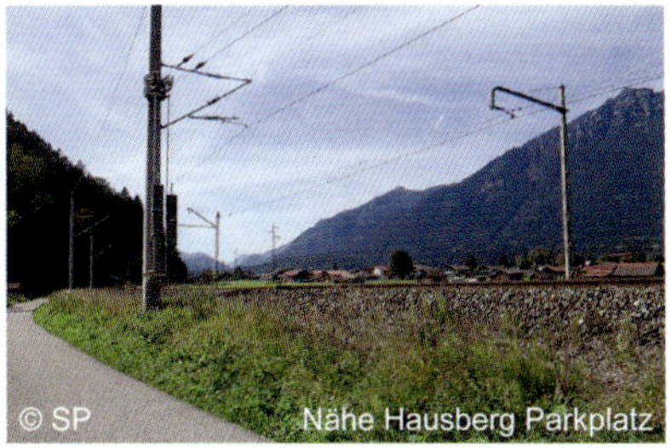
© SP Nähe Hausberg Parkplatz

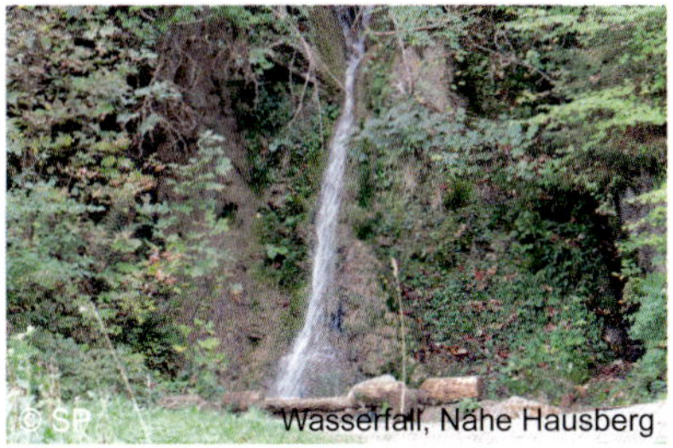
© SP Wasserfall, Nähe Hausberg

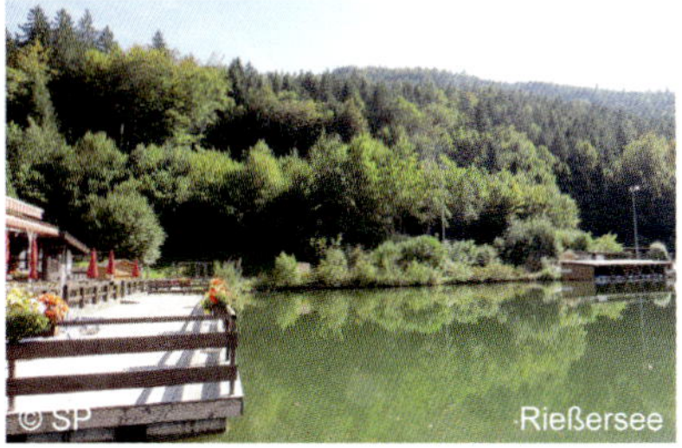
© SP Rießersee

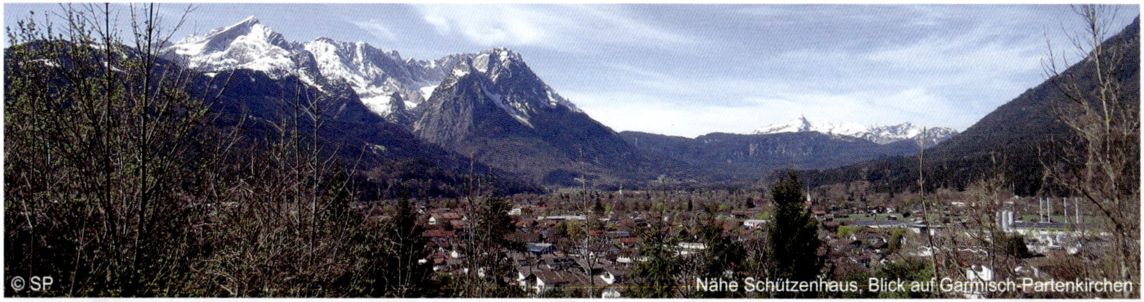
© SP Nähe Schützenhaus, Blick auf Garmisch-Partenkirchen

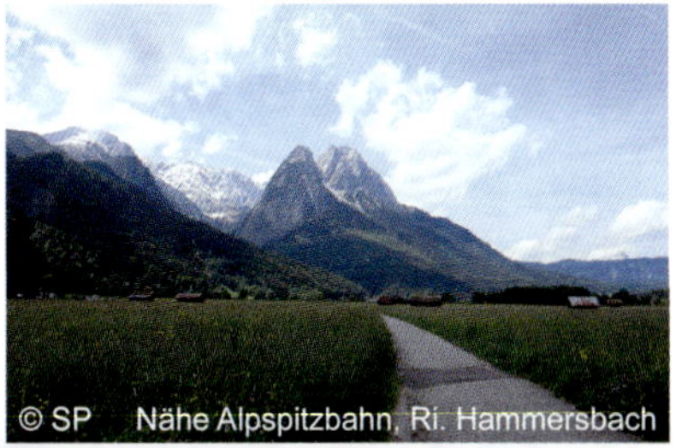
© SP Nähe Alpspitzbahn, Ri. Hammersbach

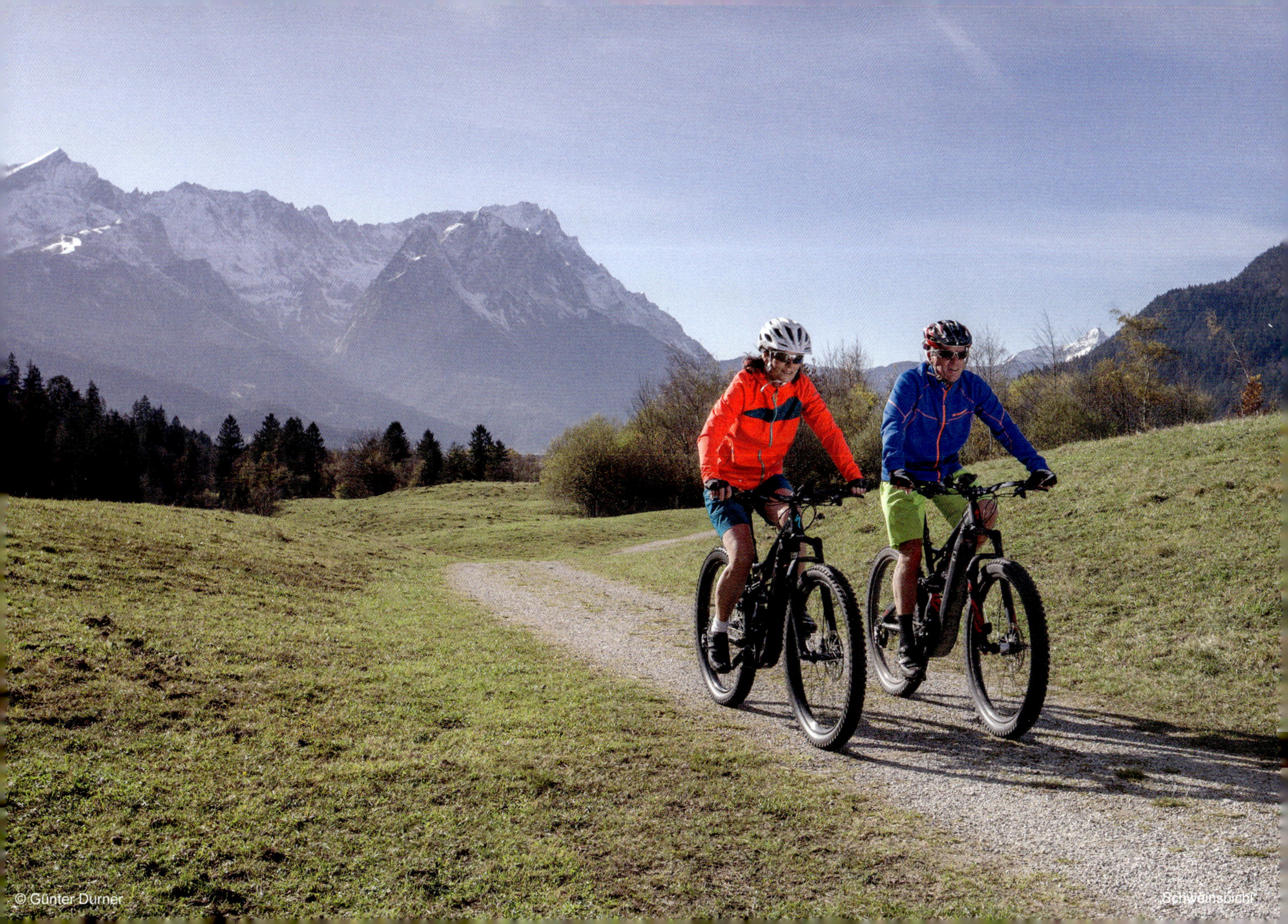

© Günter Durner

Schweinsbichl

Tour 6 „St.-Martin Hütte“ 3 5,00 km 0:45 Std 334 Hm

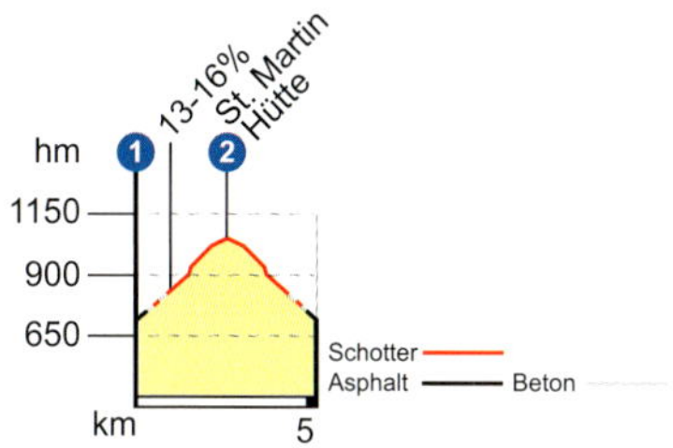

Tourencharakter

Wegbeschaffenheit

Asphalt	1,38 km
Schotter/Kies	2,66 km
Pfad/Trail	0 km
Beton/Pflastersteine	0,96 km
Schiebestrecke	0 km

Familienfreundlich
Ja, verkehrsfreie Strecke

Einkehrmöglichkeit
St.-Martin Hütte

Highlights
Ausblick von der St.-Martin Hütte und von der Felsen-Kanzel

Fahrkönnen / Landschaft

Fahrkönnen	★★★☆☆☆
Landschaft	★★★★☆☆

Höhe

Starthöhe	707 Meter
Höchster Punkt	1.041 Meter

Kurze Tour zur St.-Martin Hütte am Grasberg

Bei der Tour zur St.-Martin Hütte handelt es sich zwar nur um eine „Stichstraße“, aber die Auffahrt lohnt auf alle Fälle. Die Hütte liegt wunderschön am Südhang des Kramers hoch über Garmisch-Partenkirchen. Von der kleinen urigen Hütte, die geradezu zur Einkehr verleitet, hat man sensationelle Ausblicke bis zum Karwendel im Osten, in das Wettersteingebirge im Süden und in die Außerferner Berge im Südwesten. Die Auffahrt erfolgt anfangs auf Asphalt, dann auf einem längeren betonierten Abschnitt und im oberen Bereich ist der Weg geschottert.

Einkehrmöglichkeiten

Bei dieser sehr kurzen Tour gibt es am höchsten Punkt das Ausflugslokal **St.-Martin Hütte**. Von der Terrasse hat man einen wunderbaren 180°-Rundumblick.

Tipp / Bike & Hike

Wer einen noch besseren Ausblick genießen möchte, der wandert einfach von der St.-Martin Hütte auf dem Weg Richtung Kramer, zur 200 m höher gelegenen Felsen-Kanzel (1.238 m) hinauf. Diese wurde bereits um 1900 errichtet und bietet einen grandiosen Ausblick. Oder gleich bis zum Königstand (1.435 m): ca. 400 hm, Aufstiegszeit ca. 1 Std.

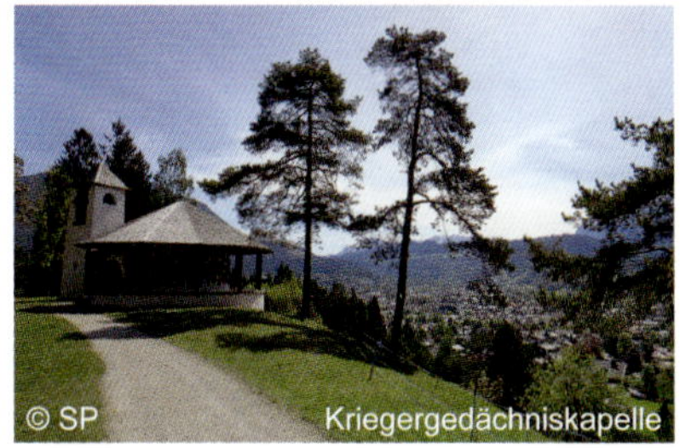
© SP Kriegergedächniskapelle

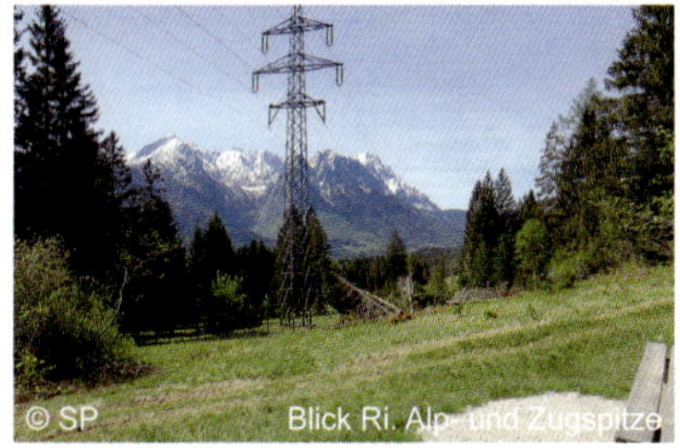
© SP Blick Ri. Alp- und Zugspitze

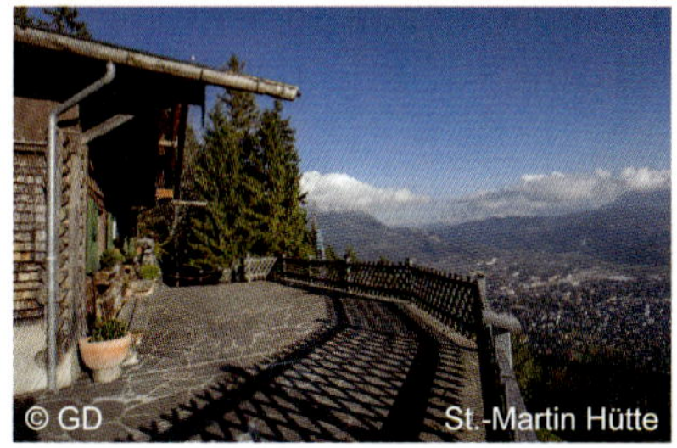
© GD St.-Martin Hütte

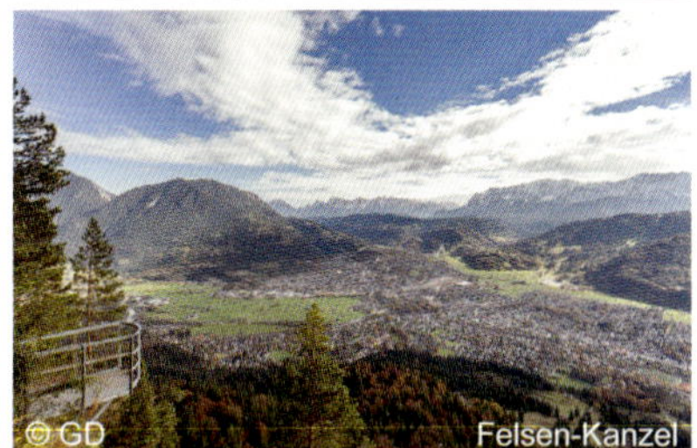
© GD Felsen-Kanzel

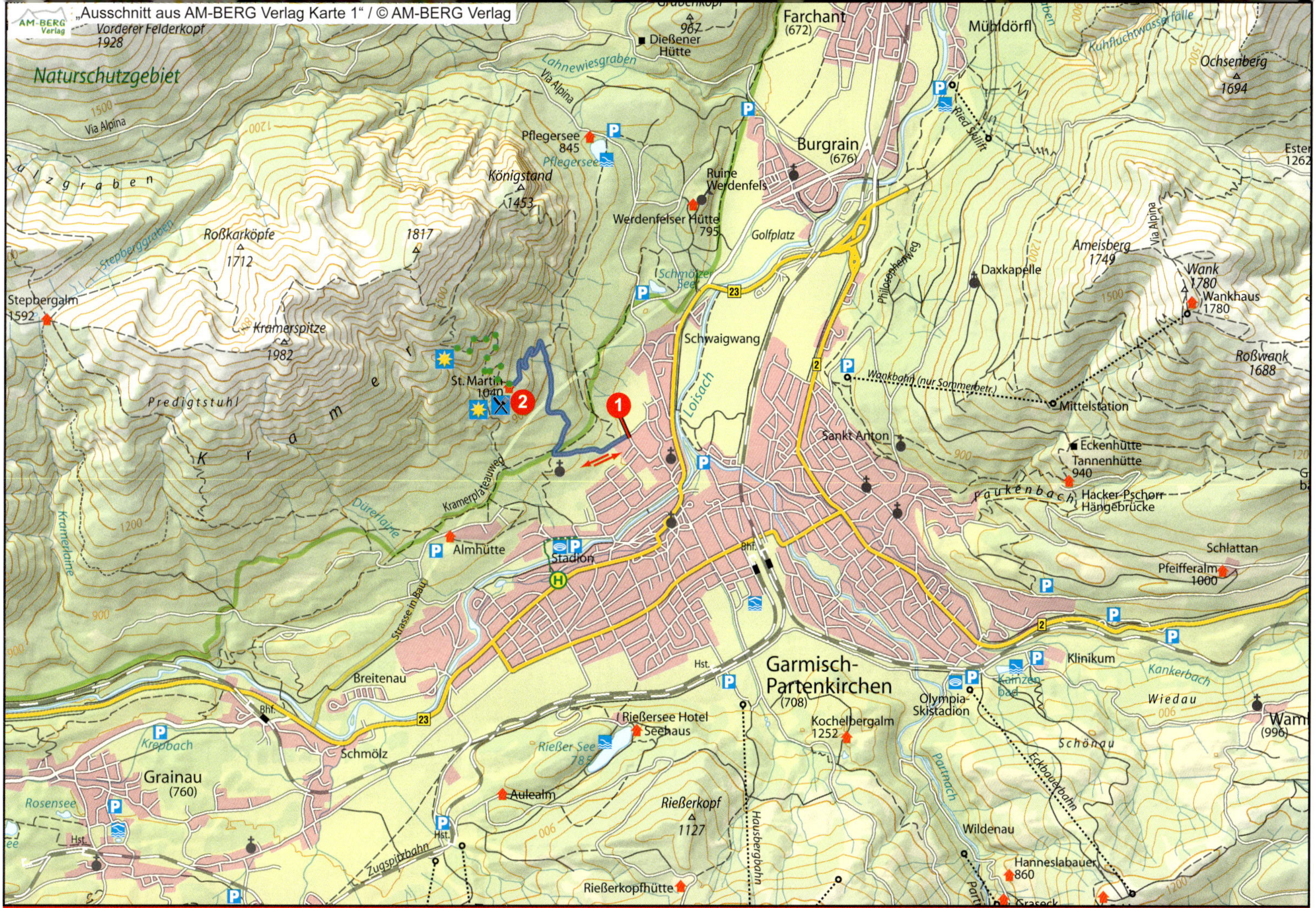

Tour 6 „St.-Martin Hütte“ 3 **5,00 km** **0:45 Std** **334 Hm**

Tour 6 „St.-Martin Hütte“ 3 5,00 km 0:45 Std 334 Hm

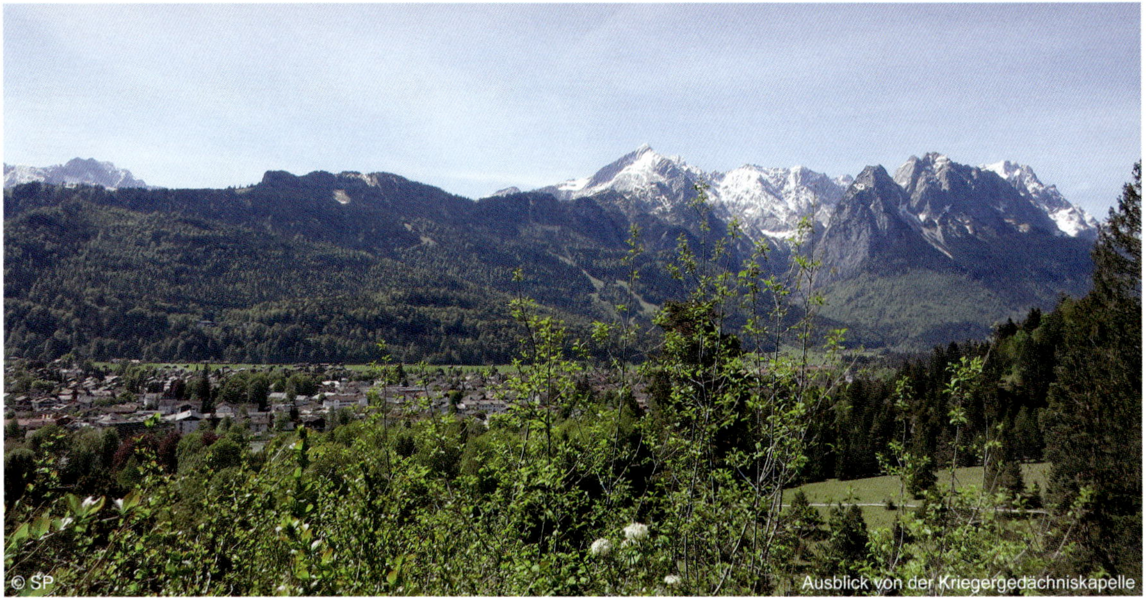

© SP Ausblick von der Kriegergedächniskapelle

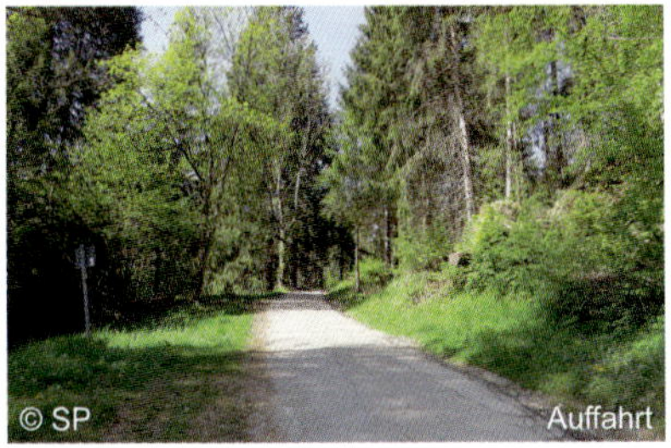

© SP Auffahrt

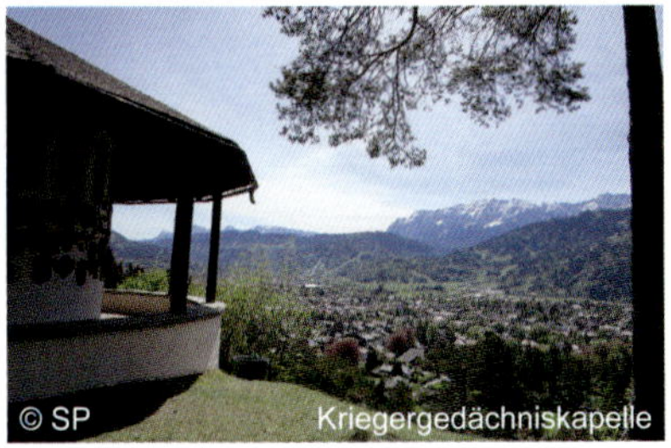

© SP Kriegergedächniskapelle

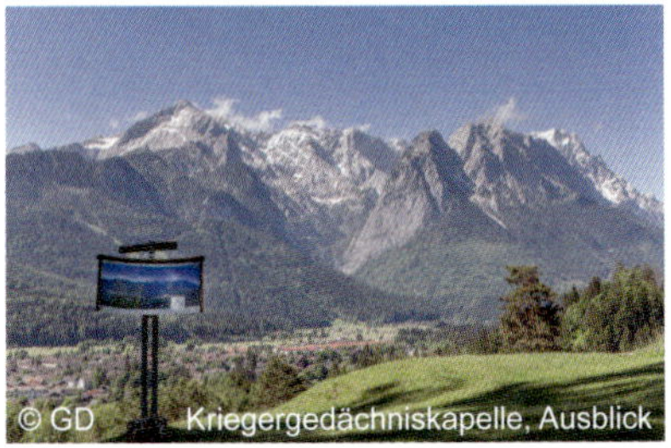

© GD Kriegergedächniskapelle, Ausblick

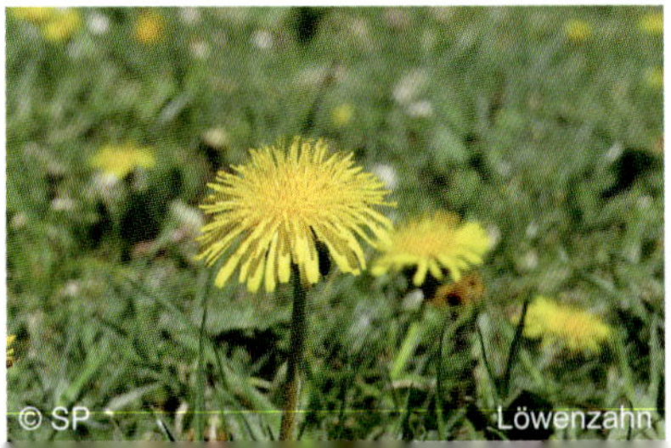

© SP Löwenzahn

Strecke

Vom Brauhaus in Garmisch-Partenkirchen folgt man der schmalen und sehr steilen Asphaltstraße (Kramerhänge) hinauf zu einer Weggabelung (Abzweig zur Kriegergedächtniskapelle). Ab hier geht es auf der geschotterten Forststraße bergauf. Der Weg führt in mehreren Kehren hinauf bis zur St.-Martin Hütte. Die Abfahrt erfolgt auf gleicher Strecke.

Bei der Weggabelung zur Kriegergedächtniskapelle, ist ein kurzer Abstecher lohnend, da man von dem kleinen Plateau, auf dem die Kriegergedächtniskapelle steht, einen prächtigen Ausblick auf den Ort Garmisch-Partenkirchen hat.

Von der St.-Martin Hütte besteht die Möglichkeit auf dem ehemaligen Reitweg zum Königstand (1.435 m) zu aufzusteigen. Die Weiterfahrt mit dem E-Bike von der St.-Martin Hütte zum Königstand, ist nicht zu empfehlen, da der Weg teilweise sehr blockig und wurzelig ist. Zudem sind auf dem Weg zum Königstand sehr oft viele Wanderer unterwegs.

Highlights der Tour

Der **Ausblick** von der **St.-Martin Hütte** ist auf jeden Fall sensationell. Die Hütte ist zu jeder Jahreszeit ein lohnendes Ziel. Auch ein eventueller Abstecher zur etwas höher gelegenen **Felsen-Kanzel** wird mit einem wunderschönen Tiefblick belohnt.

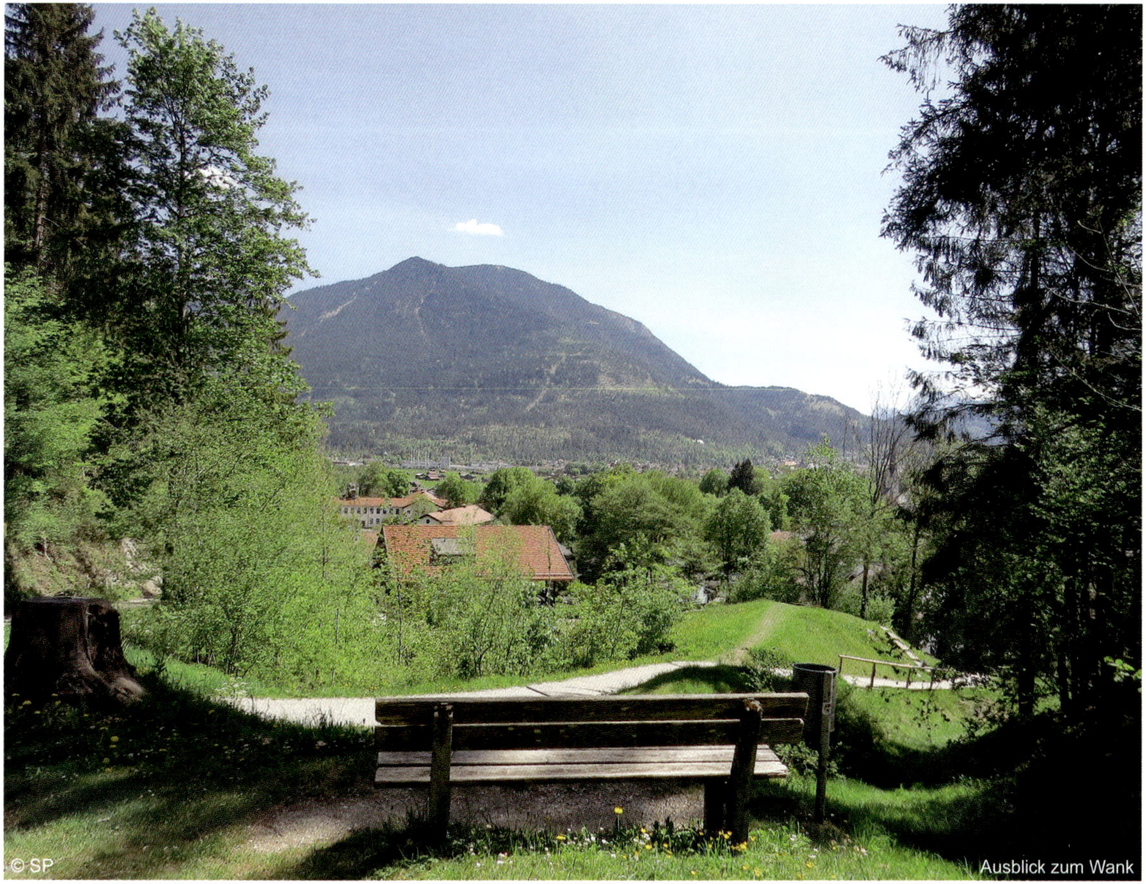

© SP Ausblick zum Wank

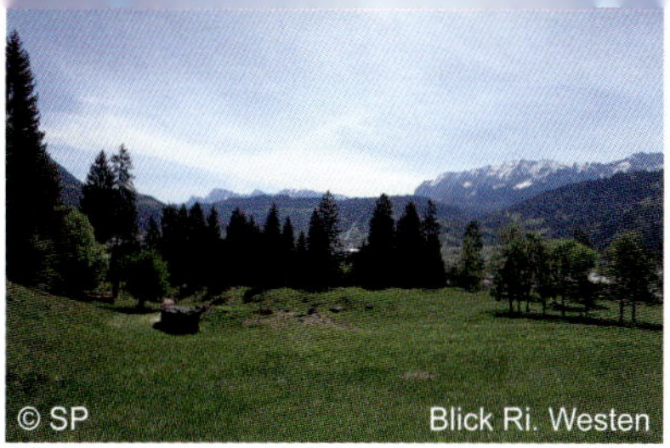

© SP Blick Ri. Westen

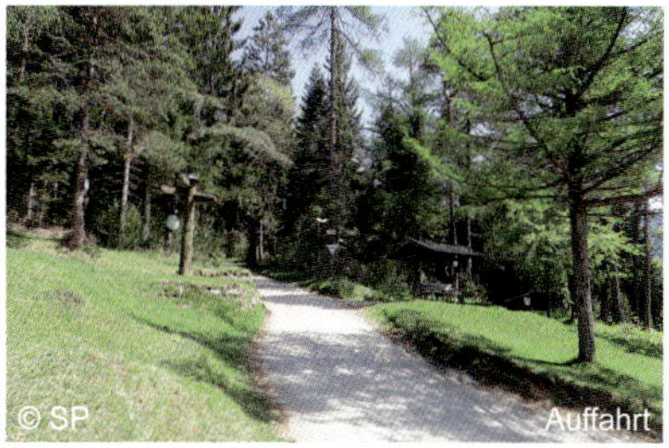

© SP Auffahrt

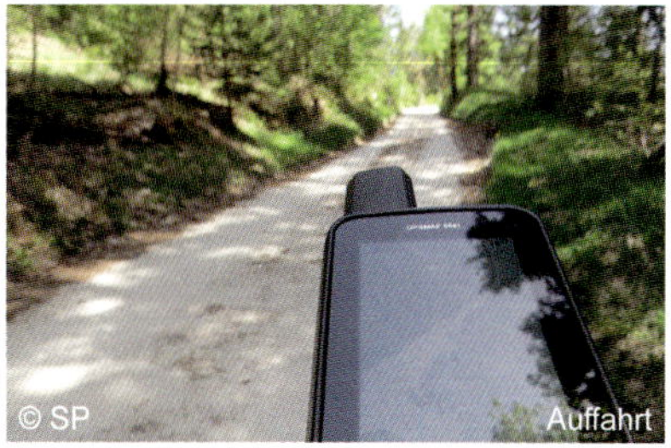

© SP Auffahrt

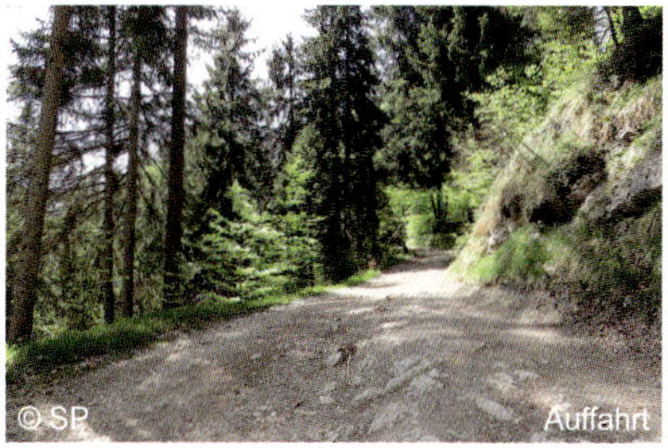

© SP Auffahrt

Tour 6 „St.-Martin Hütte“ **3** **5,00** km **0:45** Std **334** Hm

Tour 6 „St.-Martin Hütte“ 3 5,00 km 0:45 Std 334 Hm

1  **km 0,00**/707 m (beim Brauhaus) **Geradeaus** bergauf dem Weg Ri. „Kramerplateauweg“ folgen.

 *(+680 m)* **km 0,68**/792 m **Geradeaus** bergauf (13-16%) Ri. „St.-Martin Hütte“ fahren.

2 *(+1.830 m)* **km 2,51**/1040 m **St.-Martin Hütte:** Von hier dann wieder auf dem gleichen Weg bergab zum Ausgangspunkt fahren.

Startplatz:
Garmisch-Partenkirchen, Brauhaus (Nähe Brauhausstr. 19).

Anfahrt:
In Garmisch-Partenkirchen von der Burgstraße (B23) in die Thomas-Knorr-Straße abbiegen. Nach ca. 200 m links in die Friedhofstraße abbiegen und über die Lazarettstraße zur Brauhausstraße weiterfahren. Hier parken.

St.-Martin Hütte
An der Stelle, an der heute die St.-Martin Hütte steht, stand früher eine Ruhebank für König Max II. Wenn der bayerische Monarch auf seinen Jagdausflügen war, verweilte er dort. Er selbst bezeichnete den Platz als den schönsten Flecken im Werdenfelser Land. Dem kann man nicht widersprechen, er hatte einfach Recht.

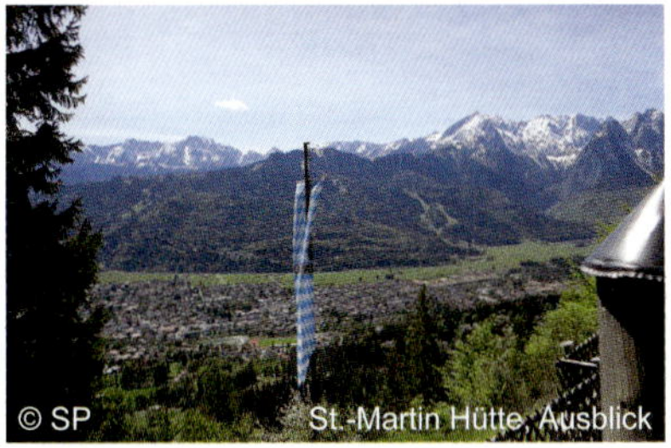
© SP St.-Martin Hütte, Ausblick

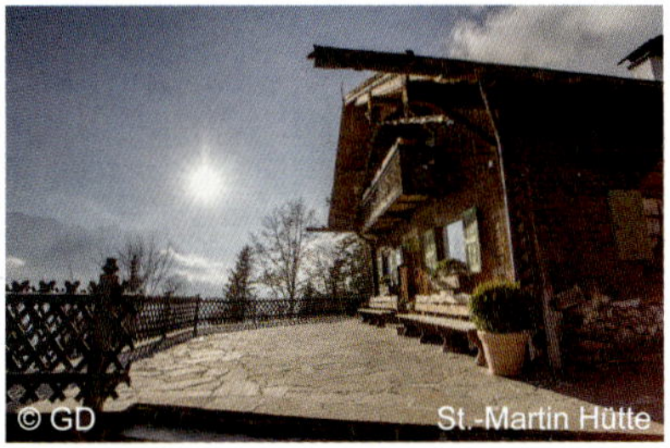
© GD St.-Martin Hütte

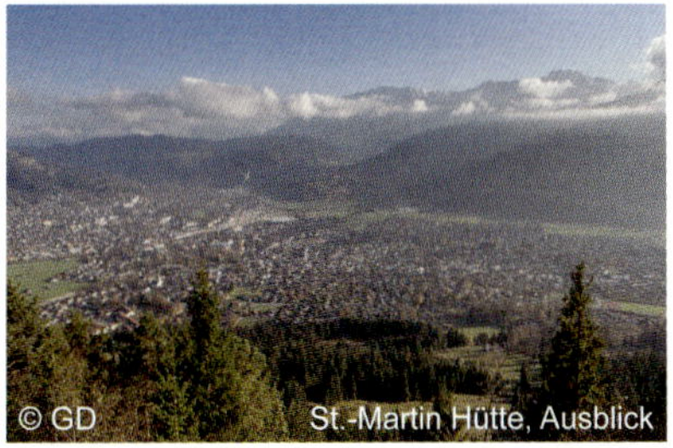
© GD St.-Martin Hütte, Ausblick

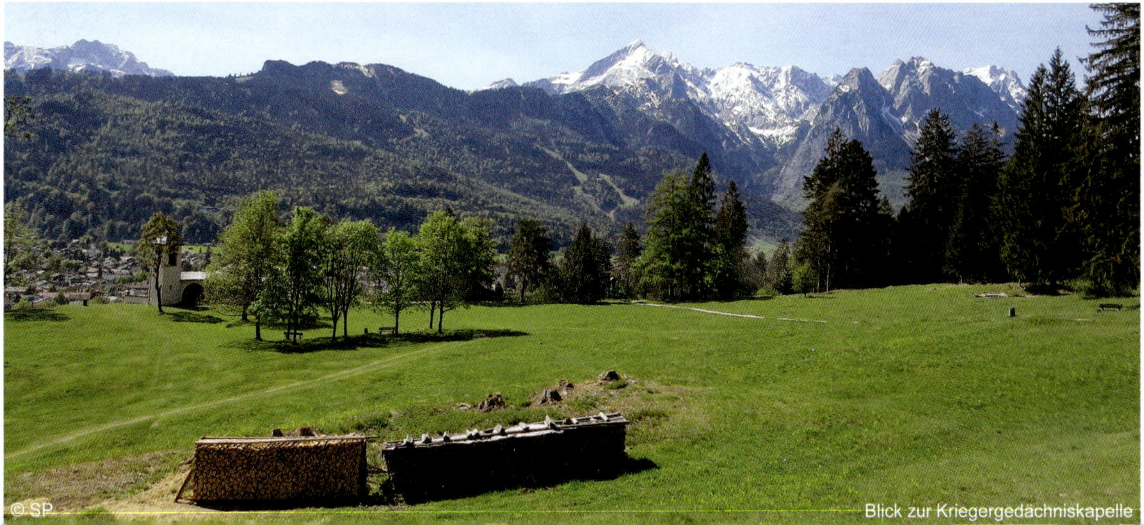
© SP Blick zur Kriegergedächniskapelle

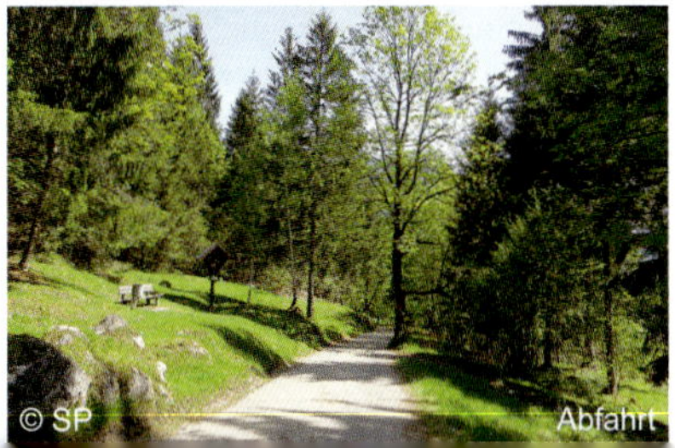
© SP Abfahrt

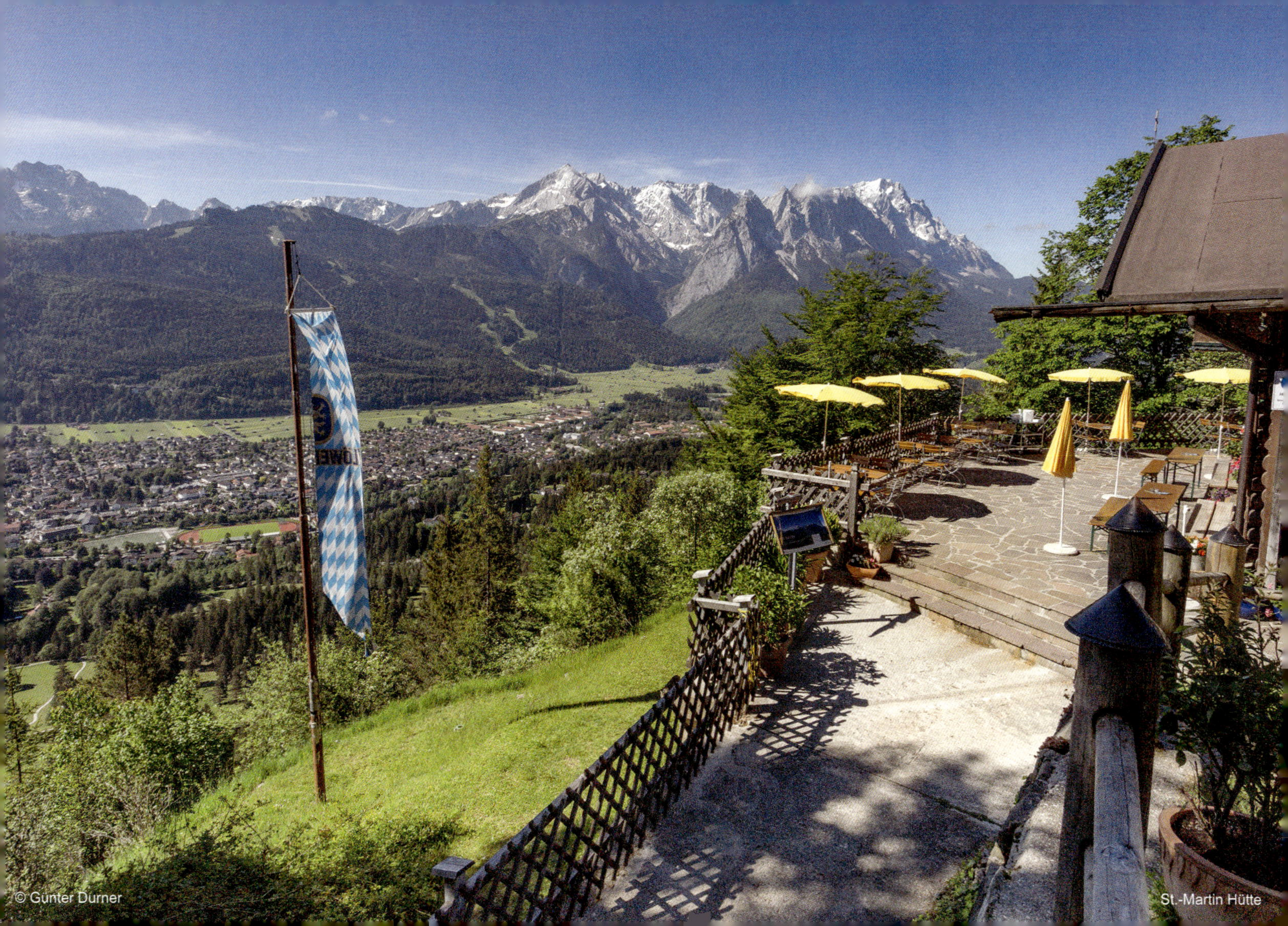

St.-Martin Hütte

Tour 7 „Enningalm“ | 3 (Trailvariante 5) | 19,76 km | 1:38 Std | 889 Hm

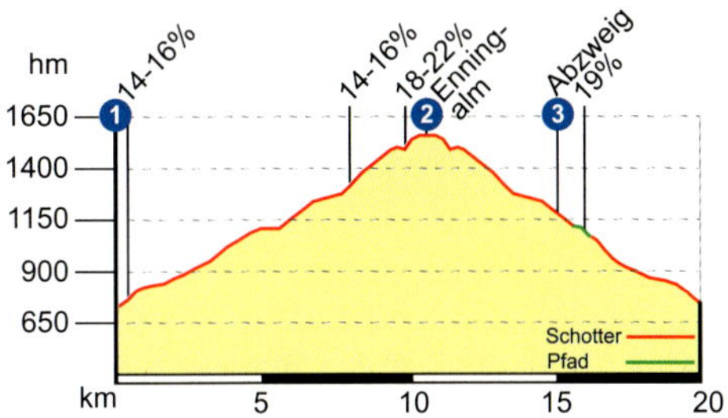

Tourencharakter

Wegbeschaffenheit

Asphalt	0 km
Schotter/Kies	19,27 km
Pfad/Trail	0,49 km
Beton/Pflastersteine	0,10 km
Schiebestrecke	0,01 km

(Trail: je nach Fahrkönnen)

Familienfreundlich
Ja, aber nur wenn die Auf- und Abfahrt auf der Forststraße erfolgt

Einkehrmöglichkeit
Enningalm (zeitweise bewirtschaftet)

Highlights
Trailvariante (je nach Fahrkönnen)

Fahrkönnen / Landschaft

Fahrkönnen	★★☆☆☆☆
Fahrkönnen (Trail)	★★★★★☆
Landschaft	★★★★☆☆

Höhe

Starthöhe	715 Meter
Höchster Punkt	1.553 Meter

Lange Forstweg Auffahrt, mit Trailvariante bei der Abfahrt

Die kleine urige Enningalm ist unter Mountainbikern eine sehr bekannte und beliebte Alm. Sie kann von Garmisch-Partenkirchen aus über eine durchwegs sehr gute Schotterpiste erreicht werden. Bei der Auffahrt hat man mit jedem Höhenmeter einen stetig besser werdenden Blick auf das Ester-, Wetterstein-, und Karwendelgebirge. Diese Tour hat die Enningalm als Ziel. Man kann entweder auf gleicher Strecke wieder hinunterfahren oder als Alternative, die hier beschriebene Trailvariante nehmen. Eine weitere Variante ist die Möglichkeit dem steilen engen Trail hinunter zur Rotmoos-Alm zu folgen und von dort weiter in das Graswangtal oder nach Griesen zu fahren.

Einkehrmöglichkeiten
In den Sommermonaten ist die **Enningalm** zeitweise bewirtschaftet.

Tipp
Die Trailvariante im unteren Bereich des Lahnewiesgrabens.

Bike & Hike:
Windstierlkopf (1.824 m), ca. 271 hm, Aufstiegzeit ca. 45 Min.

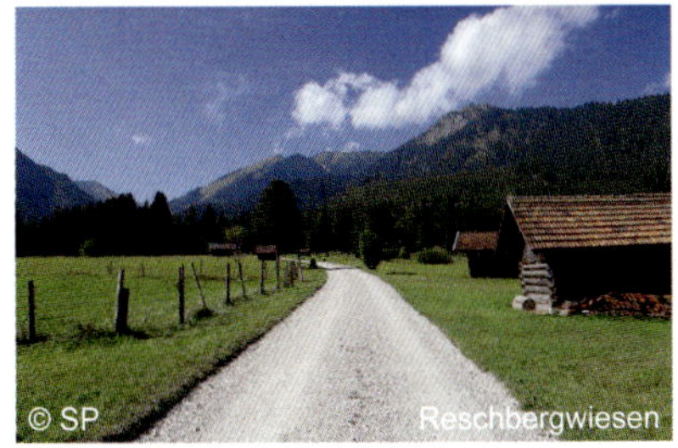
© SP Reschbergwiesen

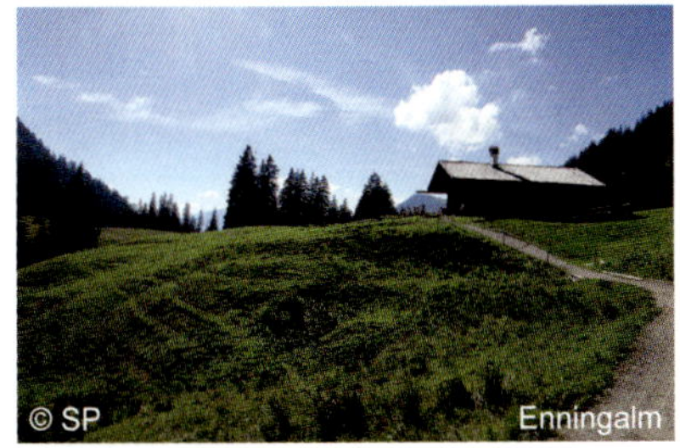
© SP Enningalm

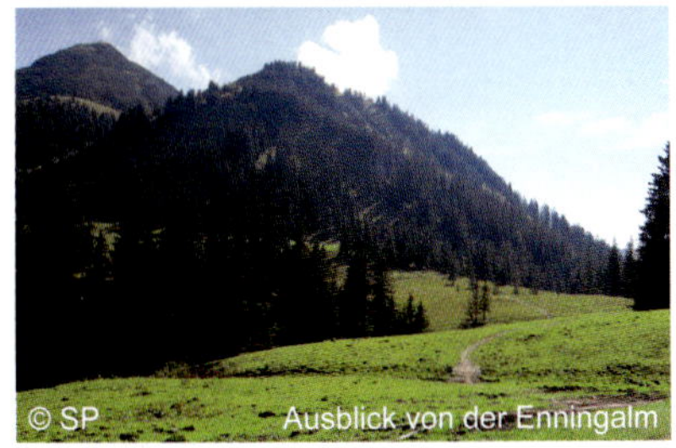
© SP Ausblick von der Enningalm

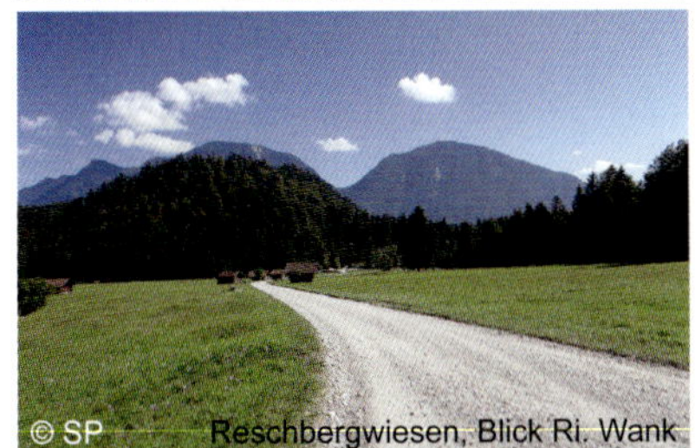
© SP Reschbergwiesen, Blick Ri. Wank

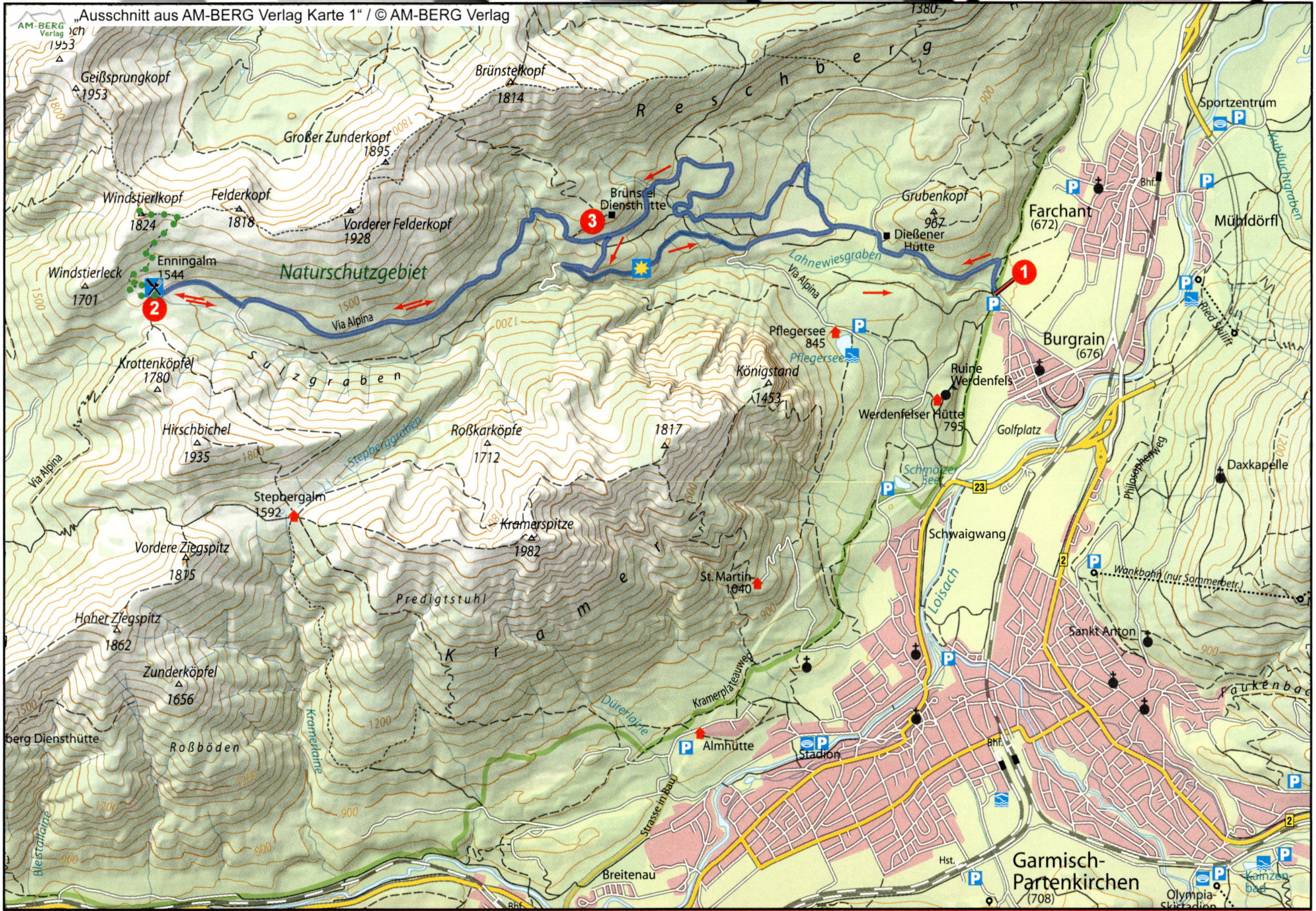

Tour 7 „Enningalm" **3 (Trailvariante 5)** **19,76 km** **1:38 Std** **889 Hm**

Tour 7 „Enningalm“ 3 (Trailvariante 5) 19,76 km 1:38 Std 889 Hm

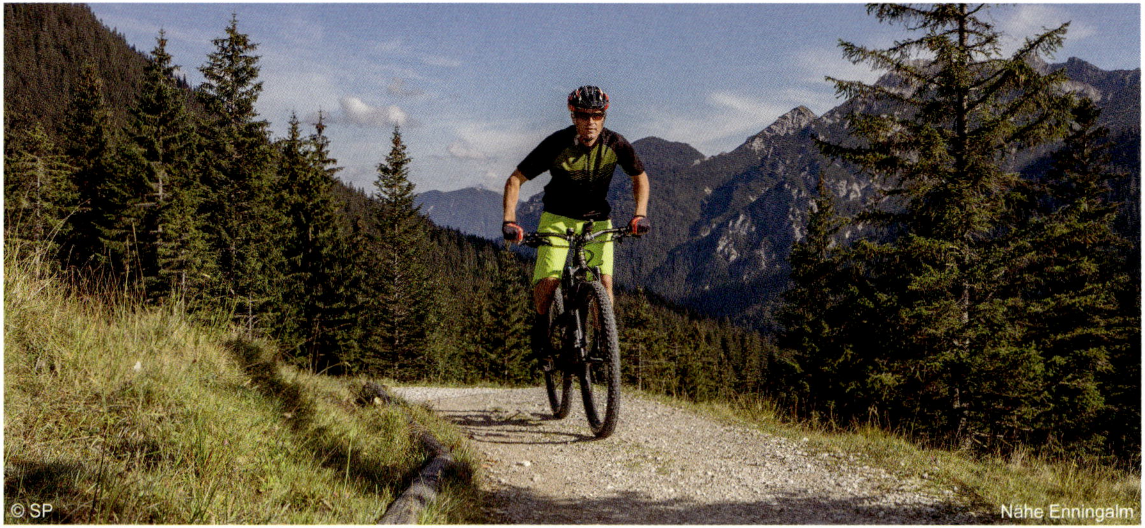

© SP Nähe Enningalm

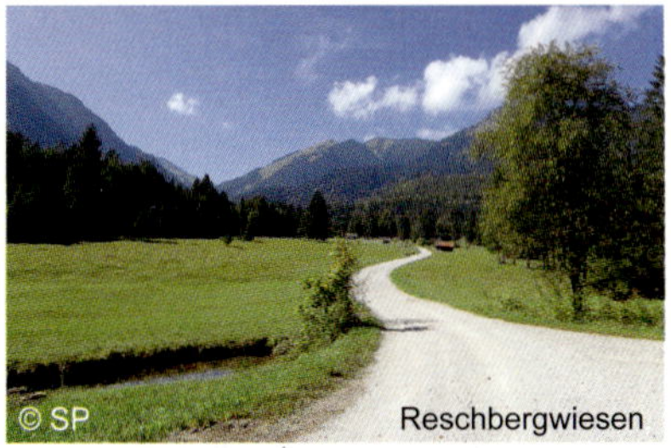

© SP Reschbergwiesen

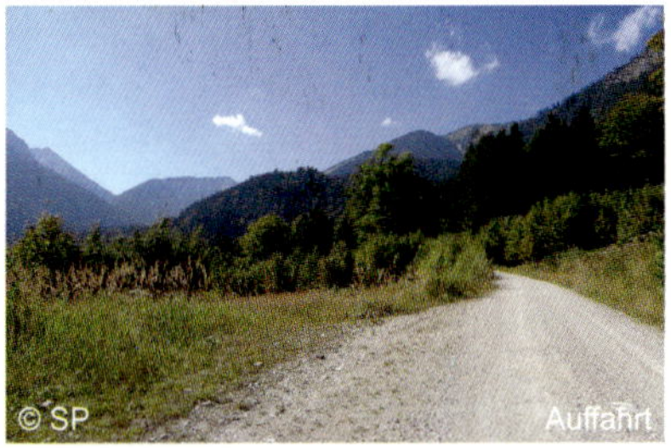

© SP Auffahrt

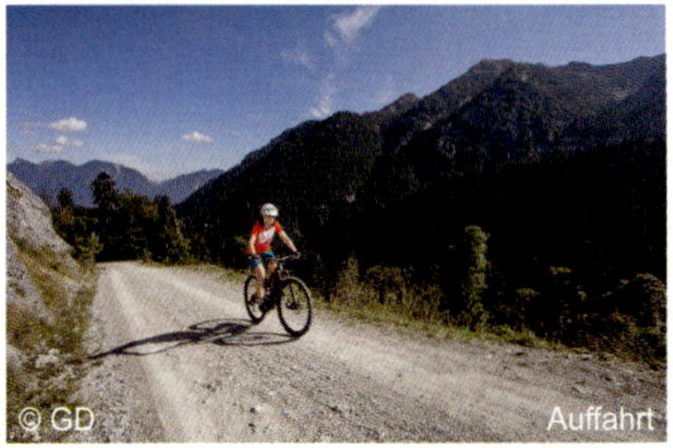

© GD Auffahrt

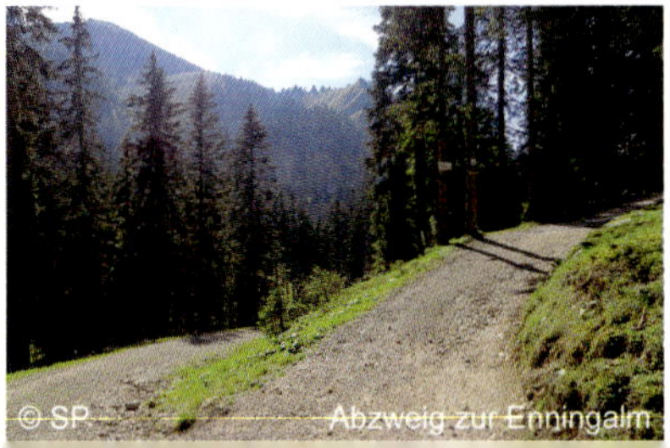

© SP Abzweig zur Enningalm

Strecke

In Garmisch-Partenkirchen, Ortsteil Burgrain, in der Nähe der Hundeschule, beginnt die Tour. Man fährt auf der geschotterten Forststraße steil bergauf, bis zu den wunderschönen Reschbergwiesen (Schild: Schussbruck). Hier links Ri. „Pflegersee“ weiterfahren. Bei der folgenden Weggabelung, hält man sich rechts und folgt den Hinweisschildern zur Enningalm. Nach ca. 8 km erreicht man den Abzweig, der rechts zur Enningalm führt. Dem Karrenweg rechts bergauf zur Enningalm folgen. Der Weg wird zunehmend steiler und nach einer extrem steilen, aber betonierten Passage, geht es auf einem etwas schmaleren Weg die letzten Meter bis zur Enningalm.

Für den Rückweg gibt es zwei Möglichkeiten. Entweder auf gleicher Strecke bergab bis zum Ausgangspunkt fahren oder man nimmt eine Trail-Passage. Für den Trail auch zuerst auf der Forststraße bis auf eine Höhe von ca. 1.160 m hinunterfahren. Dann rechts auf einen eher unscheinbaren Forstweg abbiegen und bis zu einem weiteren Abzweig bergab fahren. Hier nun links dem Trail folgen und bis zur Forststraße, oberhalb der Reschbergwiesen (Schild: Garmischer Stich), fahren. Jetzt nach links auf den Forstweg abbiegen und zu den Reschbergwiesen hinunterfahren. Von dort auf gleicher Strecke zurück zum Ausgangspunkt fahren.

Highlight der Tour

Wer gerne Trails fährt, für den ist die **Trailvariante** sicher ein Highlight. Das Befahren der Trailvariante ist vom Fahrkönnen der betreffenden Person abhängig. Am Anfang verläuft der Pfad sehr flowig dahin, wechselt dann aber in einen etwas ruppigeren steilen Karrenweg mit größeren Steinen. Nach Regen kann das teilweise rutschig und matschig werden.

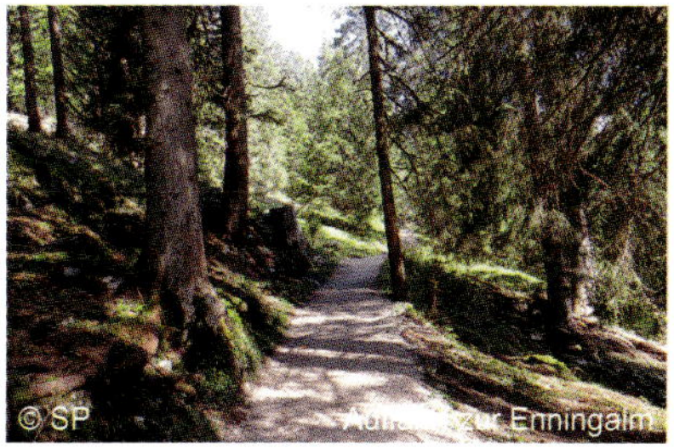

© SP Auffahrt zur Enningalm

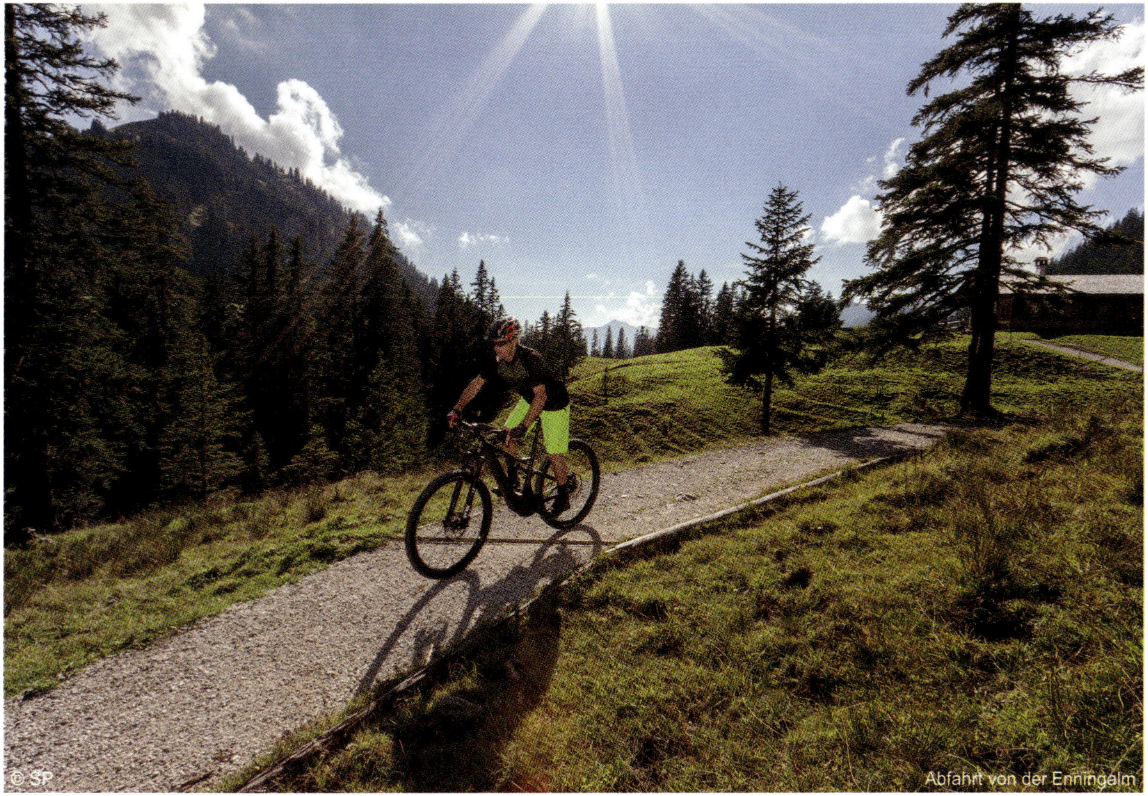

© SP Abfahrt von der Enningalm

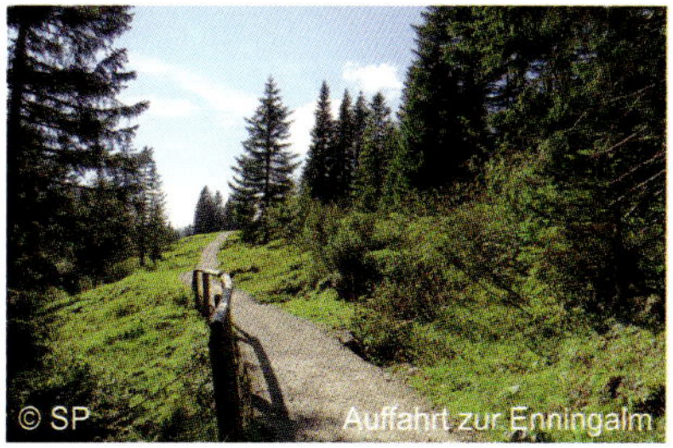

© SP Auffahrt zur Enningalm

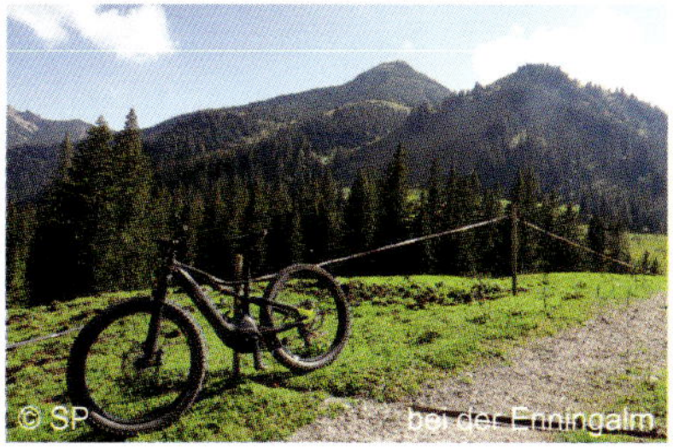

© SP bei der Enningalm

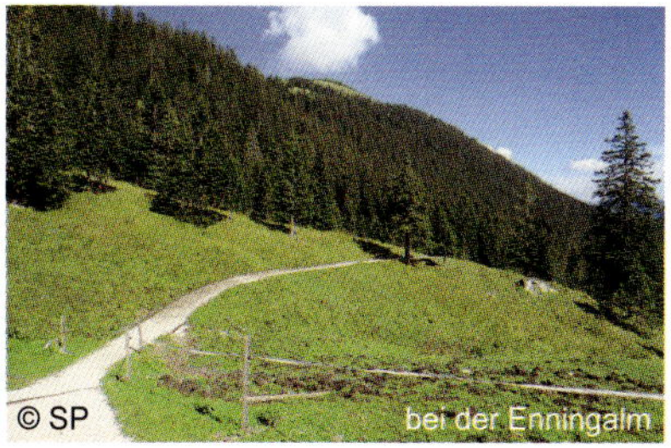

© SP bei der Enningalm

Tour 7 „Enningalm" **3** **(Trailvariante 5)** **19,76** km **1:38** Std **889** Hm

Tour 7 „Enningalm“ 3 (Trailvariante 5) 19,76 km 1:38 Std 889 Hm

1 **km 0,00**/715 m Vom Parkplatz (Infotafel), **geradeaus** bergauf (14-16%) dem Schotterweg Ri. „Enningalm“ folgen.

(+1.490 m) **km 1,49**/841 m (Schild Schussbruck + „Rettungstreffpunkt GAP-1057“) **Links** Ri. „Pflegersee“ abbiegen.

(+310 m) **km 1,86**/863 m **Rechts** Ri. „Enningalm“ weiterfahren.

(+570 m) **km 2,43**/902 m **Linkskehre** bergauf Ri. „Enningalm“ folgen.

(+7.250 m) **km 9,71**/1486 m **Rechts** bergauf (18-22%) Ri. „Enningalm“ abbiegen.

2 *(+760 m)* **km 10,47**/1553 m **Enningalm:** Von hier erstmal wieder auf dem gleichen Weg zurückfahren

(+770 m) **km 11,24**/1486 m **Links** bergab Ri. „Garmisch“ fahren.

3 *(+3.730 m)* **km 14,97**/1168 m **Trail-Abzweig, rechts** bergab (12%) weiterfahren. (alternativ: den gleichen Weg bergab fahren, wie die Auffahrt)

(+560 m) **km 15,53**/1113 m **Links** auf den Pfad abbiegen. (teilweise sehr anspruchsvoll)

(+490 m) **km 16,02**/1073 m Garmischer Stich: **Links** Ri. „Burgrain“ auf dem Schotterweg weiterfahren.

(+1.870 m) **km 17,89**/873 m **Gabelung, rechts** bergab weiterfahren.

(+360 m) **km 18,25**/850 m (Schild Schussbruck + „Rettungstreffpunkt GAP-1057“) **Rechts** fahren und dem Weg zum Startpunkt zurück folgen.

Startplatz:
Garmisch - Burgrain, Parkplatz in der Nähe der Hundeschule.

Anfahrt:
Von München kommend über Farchant nach Burgrain fahren. Am Ortseingang, rechts in die Feldernkopfstraße abbiegen und der Straße ortsauswärts bis zum Wald folgen. Nach der Hundeschule ist links ein kostenloser Wanderparkplatz.

Enningalm (1.544 m)
Die urige kleine Alm liegt auf einem Hochplateau zwischen der Kramerspitze im Süden und der Notkarspitze im Norden. Die Enningalm ist besonders bei Mountainbikern sehr beliebt. Sie ist von Anfang Juli bis Mitte September (kein Ruhetag) geöffnet.

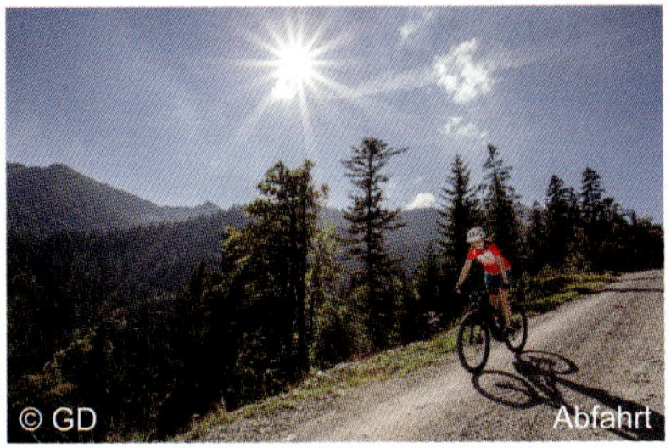
© GD Abfahrt

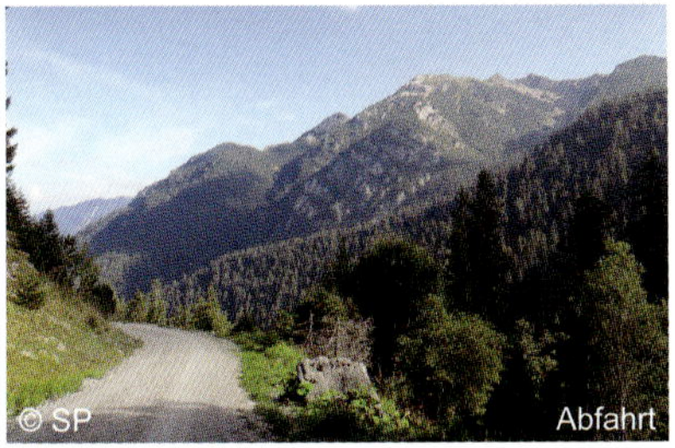
© SP Abfahrt

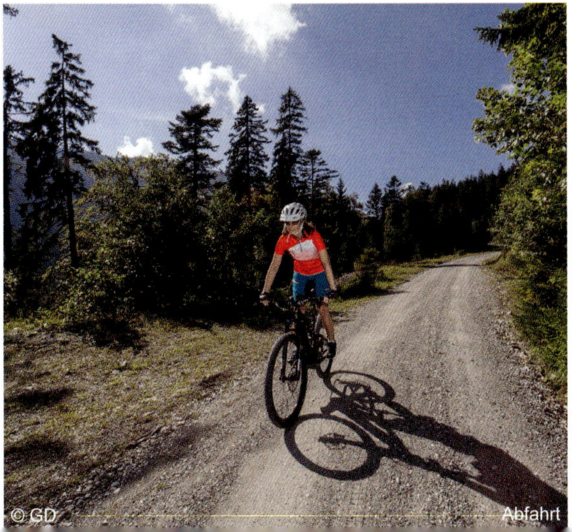
© GD Abfahrt

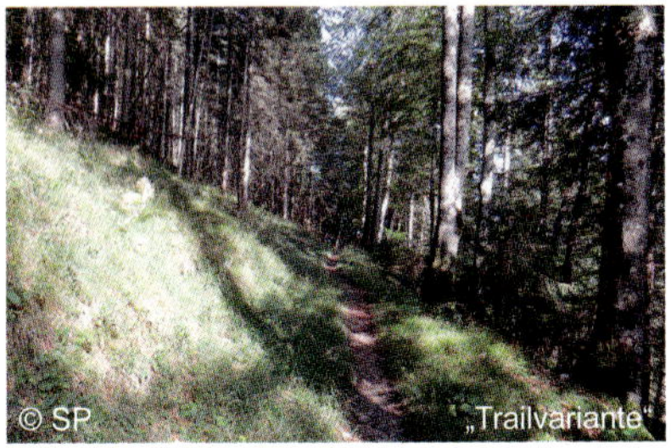
© SP „Trailvariante“

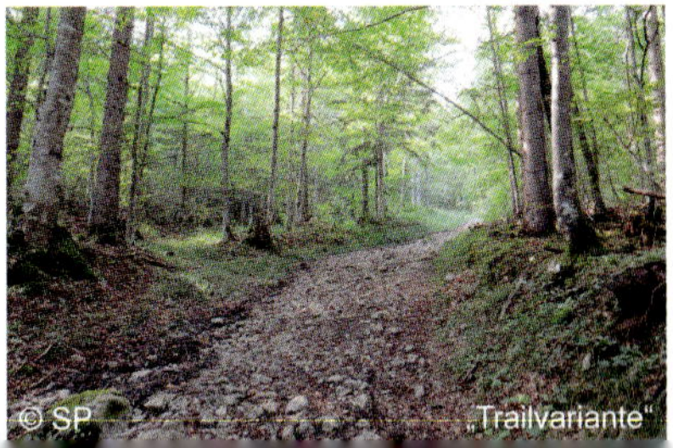
© SP „Trailvariante“

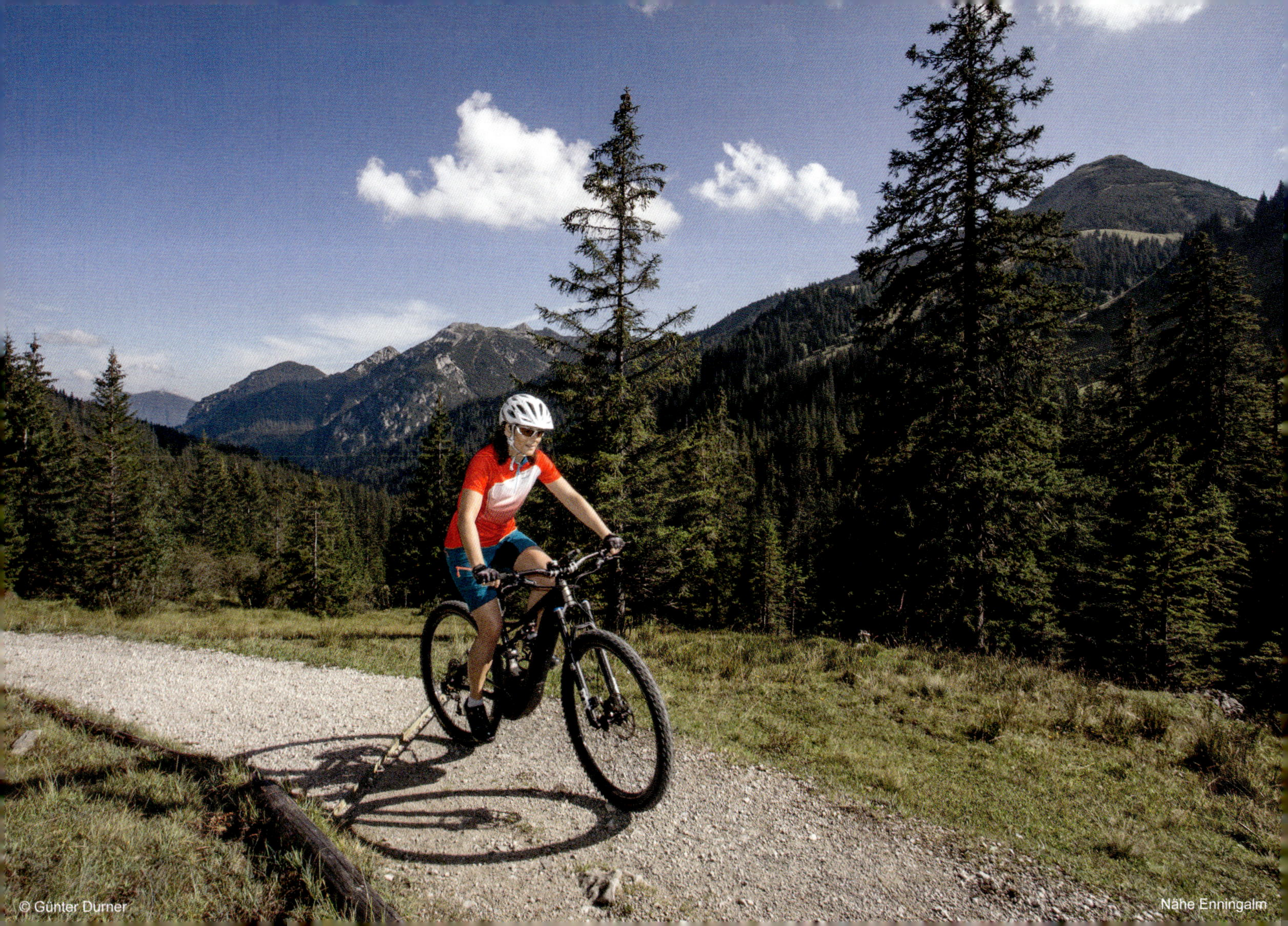

Nähe Enningalm

Tour 8 „Eibsee - Neuneralm“ 3 29,64 km 2:05 Std 645 Hm

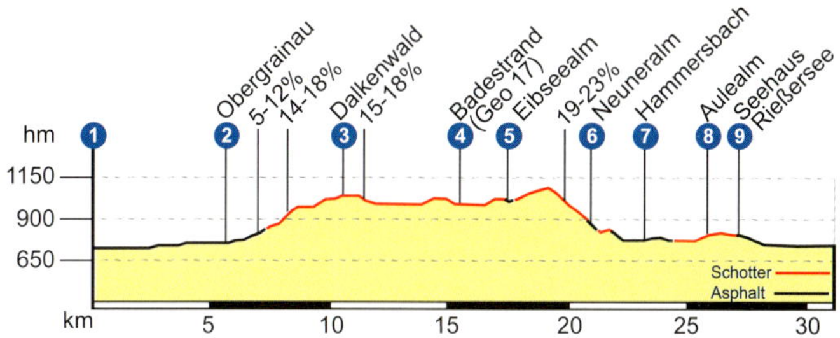

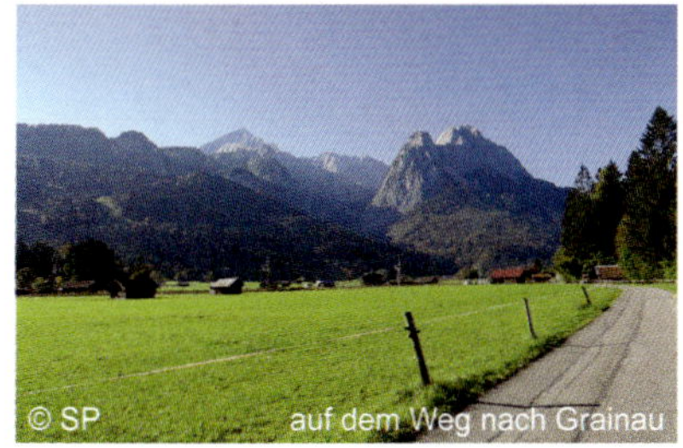

auf dem Weg nach Grainau

Tourencharakter

Wegbeschaffenheit

Asphalt	13,06 km
Schotter/Kies	16,58 km
Pfad/Trail	0 km
Schiebestrecke	0 km

Familienfreundlich
Ja, die Strecke führt meist über verkehrsarme und -freie Wege

Einkehrmöglichkeit
Eibsee Alm, Neuneralm, Berghotel Hammersbach, Aulealm und Seehaus Rießersee

Highlights
Eibsee (Bademöglichkeit), Rießersee (Bademöglichkeit), Wasserfall

Fahrkönnen / Landschaft

Fahrkönnen	★★★☆☆☆
Landschaft	★★★★★☆

Höhe

Starthöhe	720 Meter
Höchster Punkt	1.087 Meter

Landschaftlich beeindruckende Runde zum Eibsee

Sehr eindrucksvolle Tour durch die Wälder beim Eibsee und direkt am Eibsee entlang. Am romantisch gelegenen Eibsee ergeben sich viele Bademöglichkeiten. Der Rückweg erfolgt dann über die Neuneralm nach Grainau und im weiteren Verlauf die Variante am Rießersee vorbei.

Einkehrmöglichkeiten

Die erste schöne Einkehrmöglichkeit gibt es nach der Fahrt am Eibsee entlang, in der **Eibsee Alm.** Danach folgt als nächste Rastmöglichkeit die **Neuneralm,** oberhalb von Grainau, sowie in Hammersbach das **Berghotel Hammersbach**. Nach der Alpspitzbahn folgen noch die **Aulealm** und am Rießersee das **Seehaus Rießersee**.

Tipp

Auf jeden Fall im Sommer die Badesachen mitnehmen, ein erfrischendes Bad im Eibsee oder im Rießersee sollte man sich nicht entgehen lassen.

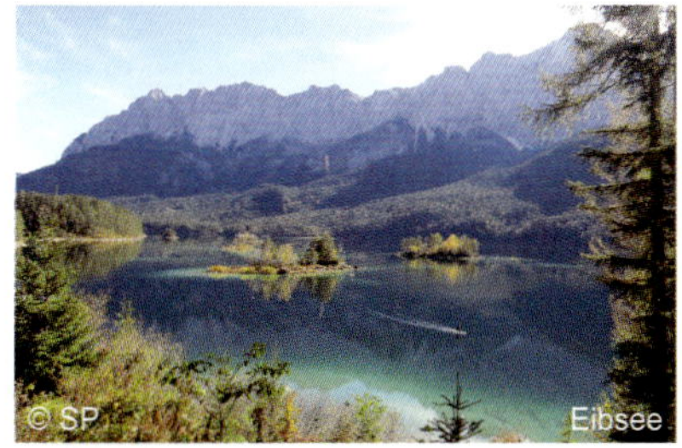

Eibsee

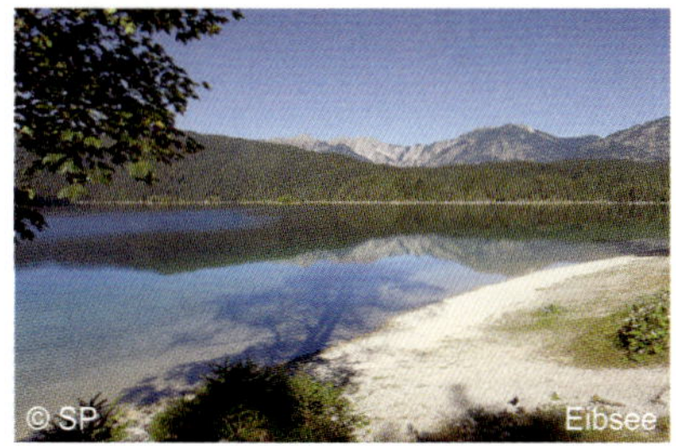

Eibsee

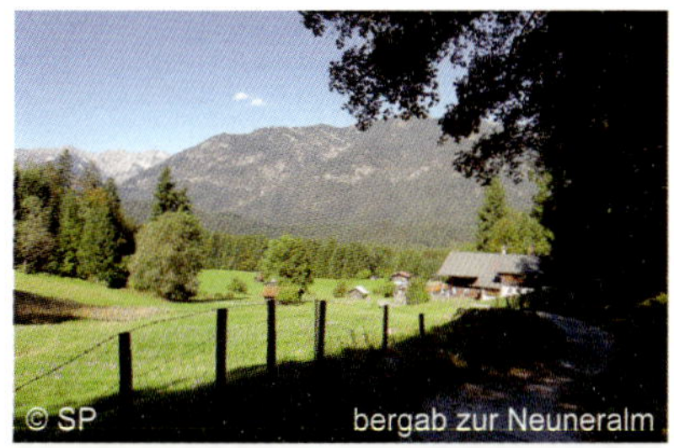

bergab zur Neuneralm

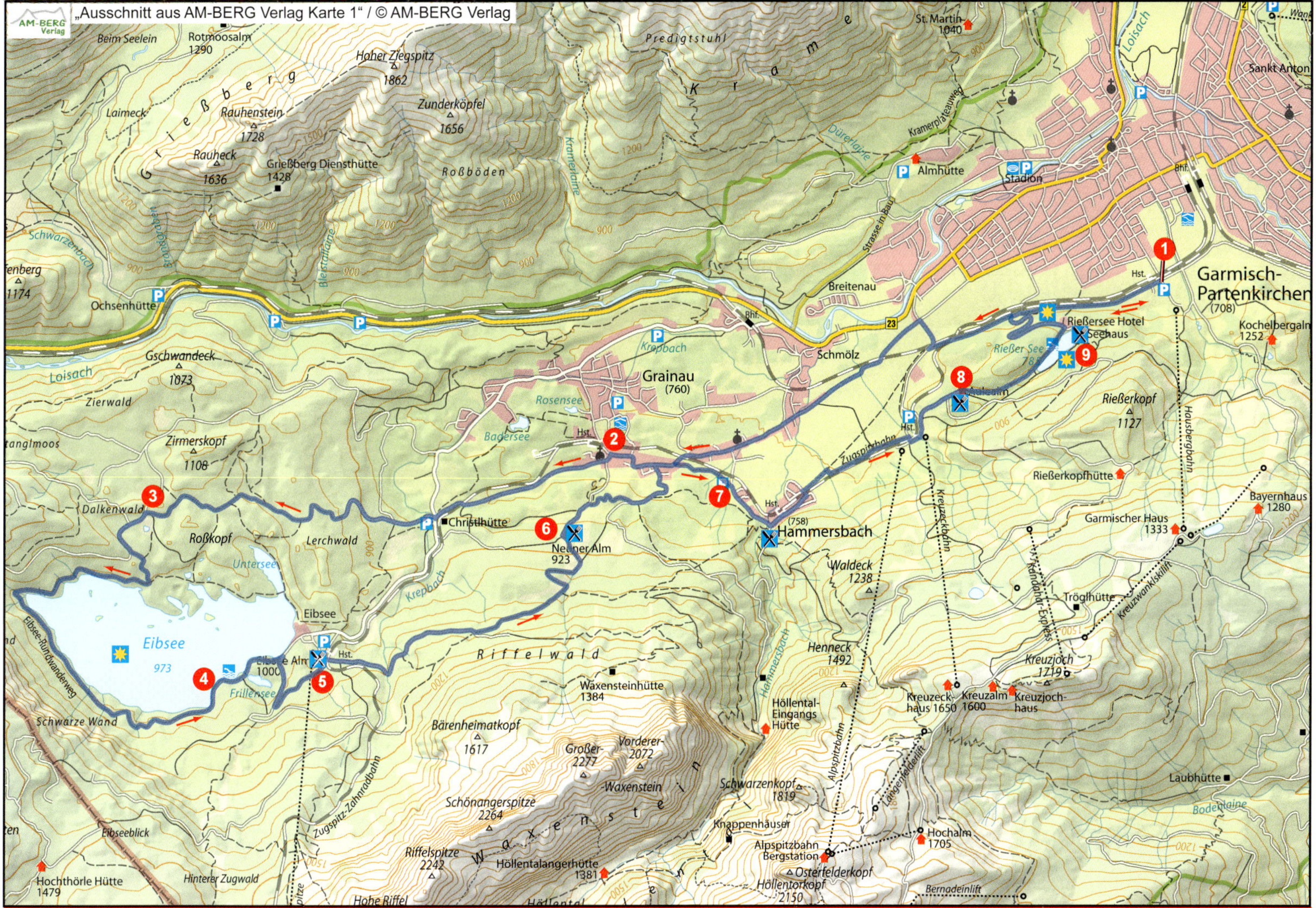

Tour 8 „Eibsee - Neuneralm“ 3 29,64 km 2:05 Std 645 Hm

Tour 8 „Eibsee - Neuneralm“ 3 29,64 km 2:05 Std 645 Hm

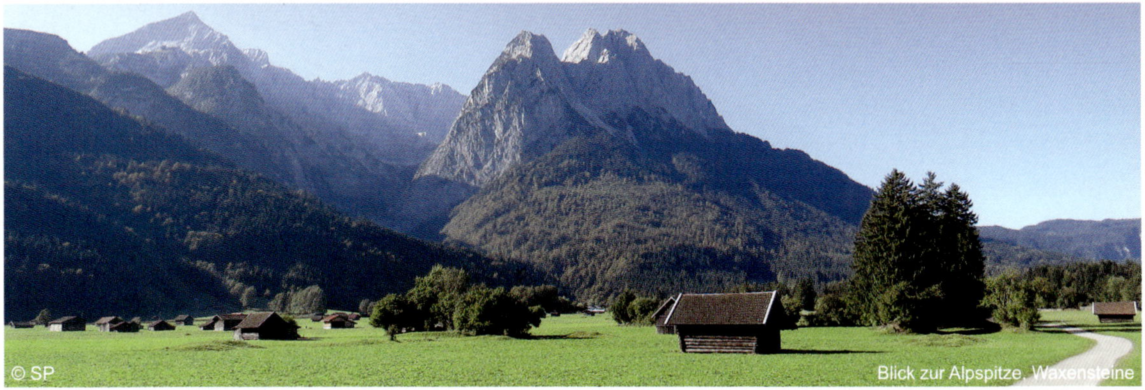
© SP Blick zur Alpspitze, Waxensteine

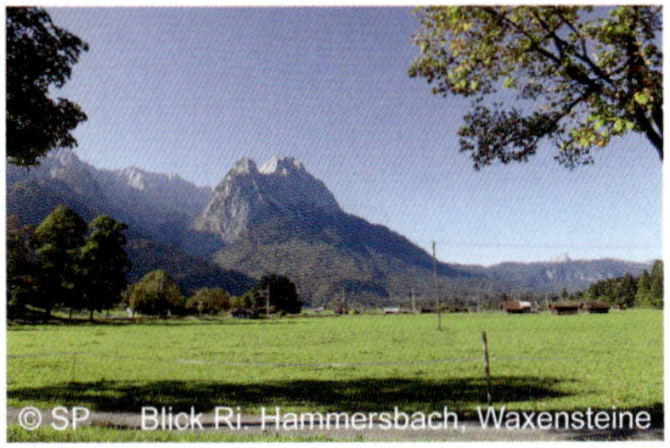
© SP Blick Ri. Hammersbach, Waxensteine

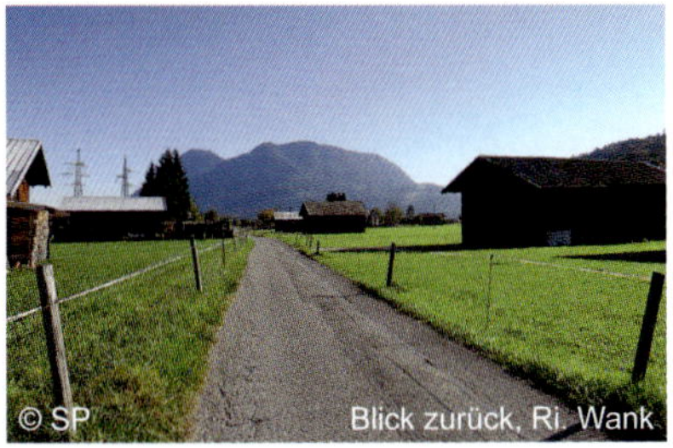
© SP Blick zurück, Ri. Wank

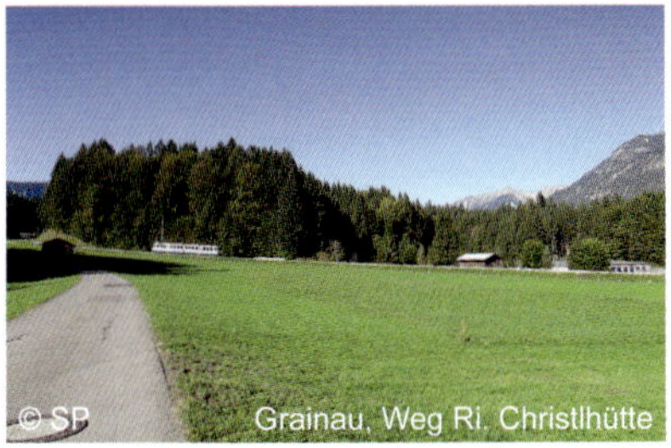
© SP Grainau, Weg Ri. Christlhütte

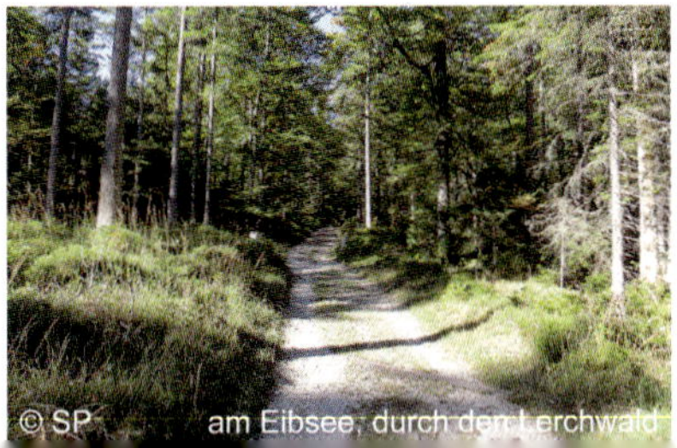
© SP am Eibsee, durch den Lerchwald

Strecke

Vom Parkplatz bei der Hausbergbahn folgt man der schmalen verkehrsarmen Asphaltstraße, die parallel zur Bahnlinie der Zugspitzbahn verläuft, bis zur Kreuzung Alpspitzbahn. Hier rechts auf der HS bis zum Linksabzweig „Wettersteinrunde“ fahren und dem Weg nach Obergrainau folgen. In der Ortsmitte, bei der Weggabelung mit dem Holzkreuz, links abbiegen und nach wenigen Metern rechts bergauf, bis zur Christlhütte weiterfahren. Bei der Christlhütte die HS zum Eibsee überqueren und rechts vom Parkplatz auf dem breiten gut ausgebauten Forstweg Ri. „Eibsee“, bis zum Dalkenwald fahren. Dort links Ri. „Eibsee“ abbiegen und den Hinweisschildern bis zum Eibsee folgen. Am Eibsee-Uferweg rechts abbiegen und (auf dem südlichen Uferweg) um den Eibsee fahren. Auf der anderen Seeseite rechts dem Weg zur Eibsee Alm folgen. Der Eibsee sollte nur auf dem südlichen Uferweg befahren werden. Der nördliche Uferweg ist den Fußgängern vorbehalten und auch meist stark frequentiert. Etwas oberhalb der Eibsee Alm befinden sich die Parkplätze der Zugspitzbahn. Dort beginnt die Forststraße, die zur Neuneralm hinunterführt. Von der Neuneralm geht es auf der asphaltierten Straße steil bergab, bis Grainau. In Grainau nach rechts auf die HS abbiegen und dann rechts, dem Rad/Fußweg (Hammersbacher Fußweg) nach Hammersbach folgen. Am Ortsende von Hammersbach die Eisenbahnlinie überqueren und rechts abbiegen. Gleich nach der ersten Brücke, rechts abbiegen und dem Weg, direkt neben der Bahnlinie, bis zum Parkplatz der Alpspitzbahn folgen. Von hier erst ein kurzes Stück Richtung Kreuzeckbahn, dann links Ri. „Aulealm“ fahren. An dieser vorbei, weiter zum Rießersee und von dort auf der asphaltierten Straße hinunter zur Bahnlinie. Ab hier dem bereits bekannten Weg zurück zum Ausgangspunkt folgen.

Highlights der Tour

Der kristallklare **Eibsee** ist mit Sicherheit das Highlight bei dieser Runde. Das türkisfarbene Wasser und die vielen kleinen Inseln lassen kurzfristig ein „Karibik-Feeling“ aufkommen. Mit dem Zugspitzmassiv im Hintergrund wird hier von der Natur eine einmalige und traumhafte Kulisse geboten.

Auch der **Rießersee** bietet sich für eine Badepause an, an der Südostseite des Sees befindet sich ein Strandbad.

Auf dem Rückweg, zwischen Rießersee und dem Hausberg Parkplatz, befindet sich auf der rechten Seite ein kleiner unscheinbarer **Wasserfall.** Hier findet man im Sommer einen kühlen Rastplatz.

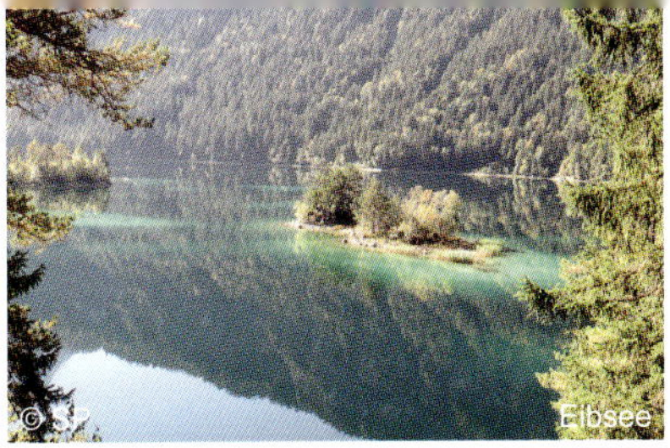

© SP Eibsee

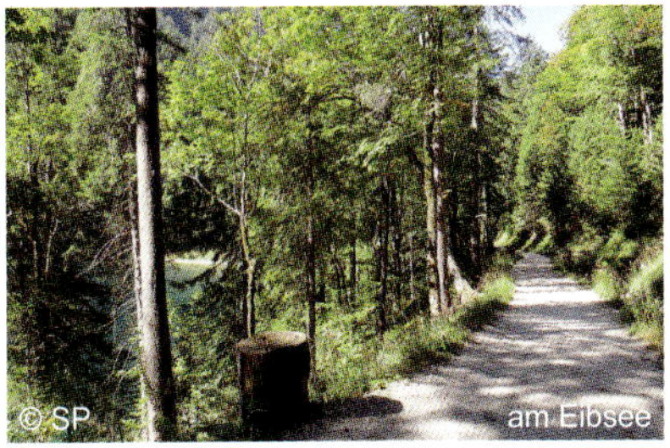

© SP am Eibsee

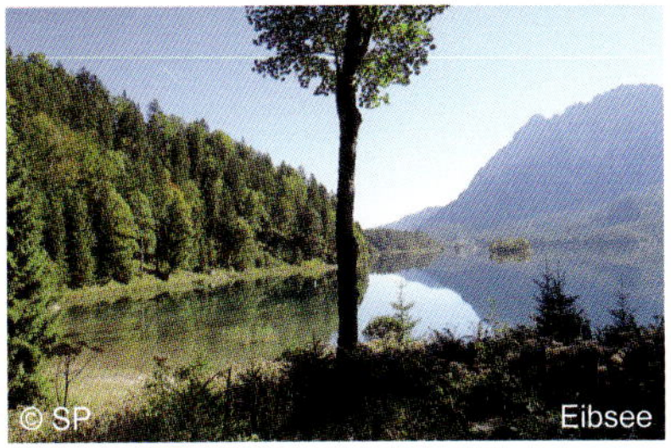

© SP Eibsee

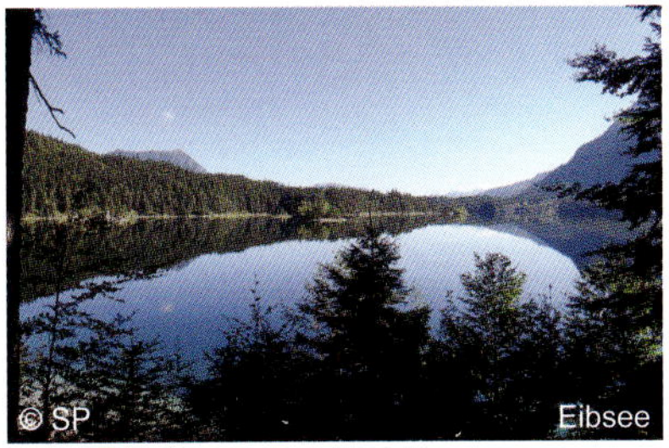

© SP Eibsee

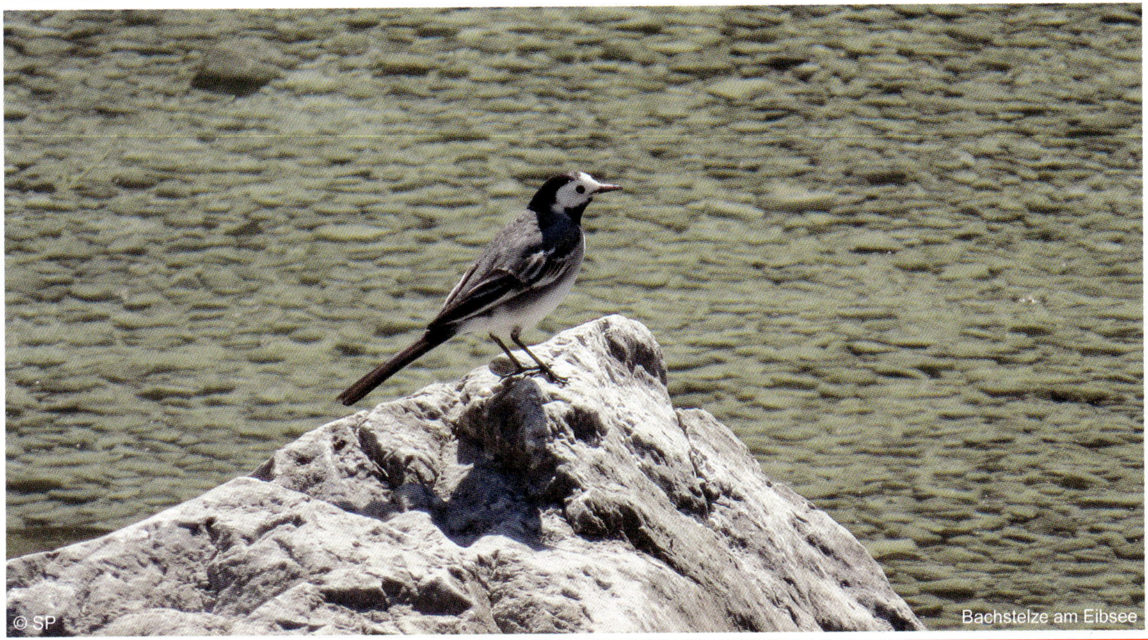

© SP Bachstelze am Eibsee

Tour 8 „Eibsee - Neuneralm“ 3 29,64 km 2:05 Std 645 Hm

1 **km 0,00**/720 m Vom Parkplatz (vor den Bahngleisen) **links** der Einbahnstraße folgen und neben der Bahnlinie entlangfahren.

(+1.350 m) **km 1,35**/719 m **Geradeaus** (Rießerseestraße überqueren) und weiter neben der Bahnlinie entlangfahren.

(+840 m) **km 2,19**/726 m **An der HS, rechts** über die Bahnlinie Ri. „Wettersteinrunde“ fahren.

(+250 m) **km 2,44**/723 m **Links** Ri. „Wettersteinrunde“ abbiegen.

(+480 m) **km 2,92**/731 m **Links** über die Bahnlinie Ri. „Grainau“ fahren und dem Weg stets geradeaus bis zur Zugspitzstraße folgen.

(+1.030 m) **km 3,95**/747 m **Geradeaus** der Zugspitzstraße folgen.

2 *(+1.700 m)* **km 5,65**/754 m **Obergrainau** (in einer leichten Rechtskurve): **Links** bergauf Ri. „Radweg Eibsee“ abbiegen.

(+80 m) **km 5,73**/760 m **Rechts** in den Thörlenweg Ri. „Radweg Eibsee“ abbiegen und diesem Weg bis zur Eibseestraße (Christlhütte) bergauf (5-12%) folgen.

(+1.590 m) **km 7,32**/844 m Christlhütte: **An der HS, geradeaus** (HS überqueren) und **rechts** dem Forstweg folgen.

(+390 m) **km 7,71**/866 m (beim Schild „Geo7 „Lärchwald“) **Geradeaus** bergauf (14-18%) Ri. „Zum Eibsee“ fahren und diesem Weg stets geradeaus bis zum Dalkenwald folgen.

3 *(+2.890 m)* **km 10,60**/1028 m **Dalkenwald: Links** Ri. „zum Eibseerundweg“ abbiegen.

(+490 m) **km 11,09**/1037 m **Gabelung, links** bergab (15-18%) dem schmaleren Forstweg Ri. „Zum Eibsee“ folgen.

(+380 m) **km 11,47**/996 m (am Eibsee-Uferweg) **Rechts** abbiegen und nach **ca. 10 m rechts** fahren und dem Weg um den Eibsee folgen.

4 *(+4.070 m)* **km 15,54**/977 m Schild „Geo17/ Schöngänge“: Links **Badestrand**.

(+780 m) **km 16,32**/979 m (Nähe Eibsee-Pavillon) **Rechts** bergauf (5-8%) weiterfahren.

(+560 m) **km 16,88**/1022 m **Abzweig, links** Ri. „Neuneralm“ abbiegen.

(+560 m) **km 17,44**/1007 m **Rechts** Ri. „zur Eibseealm“ weiterfahren.

5 *(+50 m)* **km 17,49**/1007 m **Eibseealm:** Dem Weg bis zum Bahnübergang folgen.

(+90 m) **km 17,58**/1009 m **Rechts** über die Bahngleise fahren und dann dem Weg geradeaus (Abzweige ignorieren) Ri. „Neuneralm“ folgen.

(+1.510 m) **km 19,09**/1087 m **Links** Ri. „Neuneralm“ und dem Weg bergab (15-18%) folgen.

(+820 m) **km 19,91**/990 m **Links** bergab (18%) Ri. „Neuneralm“ weiterfahren.

(+440 m) **km 20,35**/940 m **Rechtskehre** Ri. „Neuneralm“ folgen.

(+290 m) **km 20,64**/915 m **Links** steil bergab (19-23%) Ri. „Neuneralm“ abbiegen.

6 *(+240 m)* **km 20,88**/874 m **Neuneralm: Geradeaus** bergab (16%) weiterfahren.

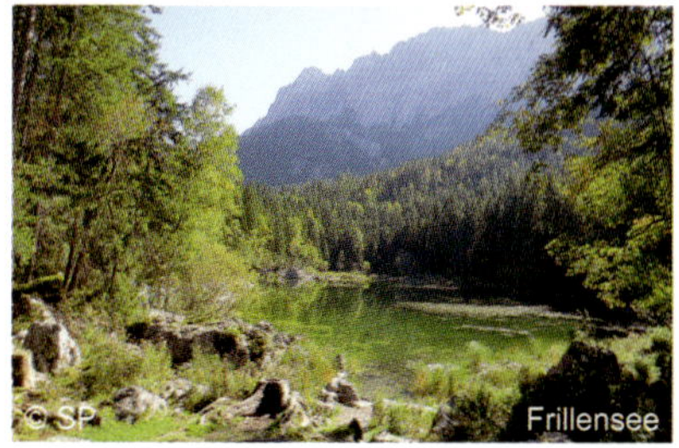

Frillensee

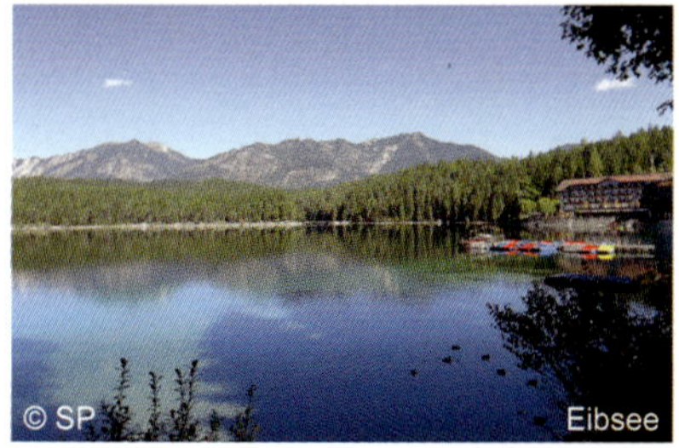

Eibsee

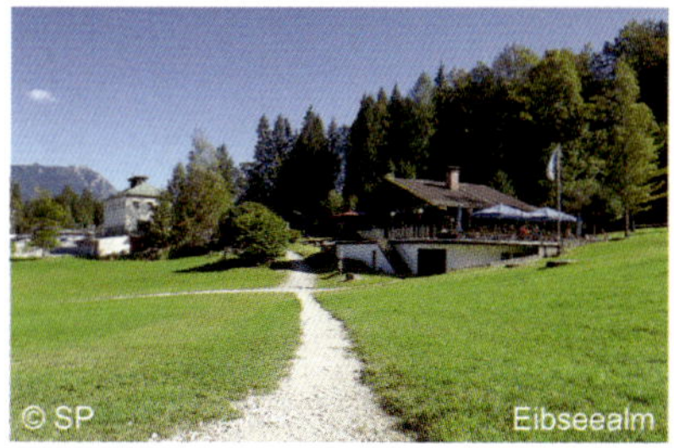

Eibseealm

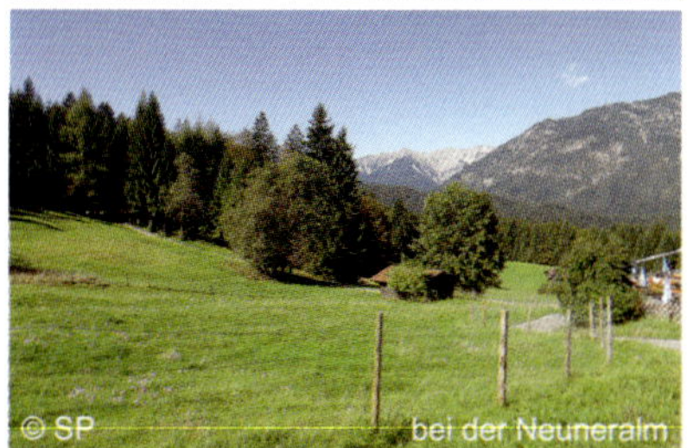

bei der Neuneralm

(+410 m) **km 21,29**/828 m **Rechts** Ri. „Obergrainau“ auf den Schotterweg abbiegen.

(+20 m) **km 21,31**/826 m **Geradeaus** Ri. „Hammersbach“ fahren.

(+450 m) **km 21,76**/831 m **Rechts** zur Straße fahren und dort **links** auf dieser bergab fahren.

(+630 m) **km 22,39**/768 m Grainau: **Rechts** abbiegen.

(+170 m) **km 22,56**/766 m **Rechts** auf den Hammersbacher Fußweg abbiegen.

7 *(+600 m)* **km 23,16**/775 m **Hammersbach: Geradeaus** auf der HS weiterfahren.

(+910 m) **km 24,07**/775 m **Links** über die Bahnlinie fahren und danach **rechts** Ri. „Kreuzeck“ abbiegen.

(+280 m) **km 24,35**/768 m (nach der Brücke) **Rechts** auf den Schotterweg abbiegen.

(+60 m) **km 24,41**/770 m (vor der Bahnlinie) **Links** dem Wiesenweg, an der Bahnlinie entlang, bis zum Parkplatz der Alpspitzbahn folgen.

(+720 m) **km 25,13**/770 m (Parkplatz Alpspitzbahn) **Rechts** über die Bahngleise, danach **links** und dann **geradeaus** Ri. „Aulealm“ weiterfahren.

(+190 m) **km 25,32**/774 m **Geradeaus** weiterfahren.

(+380 m) **km 25,70**/795 m **Geradeaus**, über den Parkplatz, zur Aulealm fahren.

8 *(+100 m)* **km 25,80**/798 m **Aulealm: Geradeaus** weiterfahren.

(+110 m) **km 25,91**/799 m **Geradeaus** weiterfahren.

(+670 m) **km 26,58**/805 m (am Rießersee) **Geradeaus** am See entlang weiterfahren.

9 *(+470 m)* **km 27,05**/806 m **Seehaus Rießersee: Links** bergab auf der Straße weiterfahren.

(+1.230 m) **km 28,28**/740 m (vor der Bahnlinie) **Geradeaus**, rechts neben der Bahnlinie weiterfahren und bis zum Ausgangspunkt zurückfahren. (nach ca. 370 m kommt rechts ein Rastplatz an einem Wasserfall)

Startplatz:
Garmisch-Partenkirchen, Parkplatz Hausbergbahn „P22“. Navi: „Am Hausberg 4“

Anfahrt:
In Garmisch-Partenkirchen den Hinweisschildern Ri. „Hausbergbahn“ folgen. Der große Parkplatz an der Hausbergbahn ist kostenlos.

Eibsee

Der Eibsee ist ca. 2,5 km lang, 1 km breit, bis zu 36 m tief und hat keinen sichtbaren Abfluss. An der Nordseite, des durch einen gewaltigen Bergsturz entstandenen Bergsees, befinden sich 7 kleine Inseln.
Der Name Eibsee ist vermutlich auf die Eibe zurückzuführen. Der dunkelgrüne Nadelbaum mit roten Beeren ist heute leider nur noch selten zu sehen.
Gespeist wird der Eibsee durch das Wasser des Kotbachs und des Weiterbachs. Beide Bäche, der eine im Nordwesten und der andere im Süden, entstehen aus Quell- und Schmelzwasser.

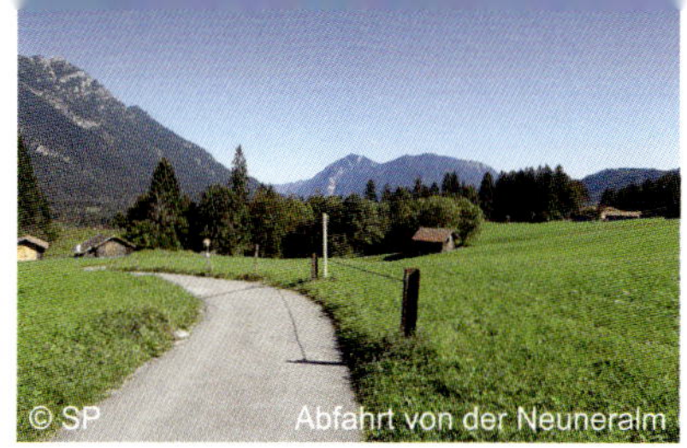

© SP Abfahrt von der Neuneralm

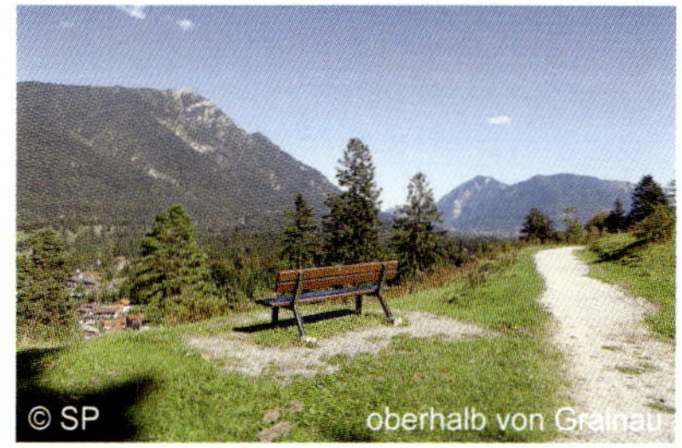

© SP oberhalb von Grainau

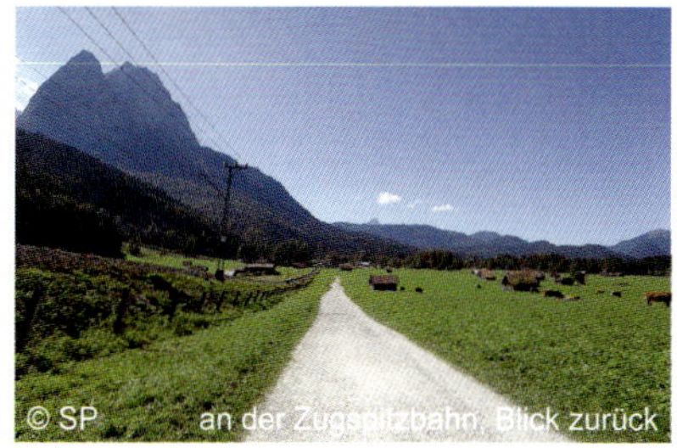

© SP an der Zugspitzbahn, Blick zurück

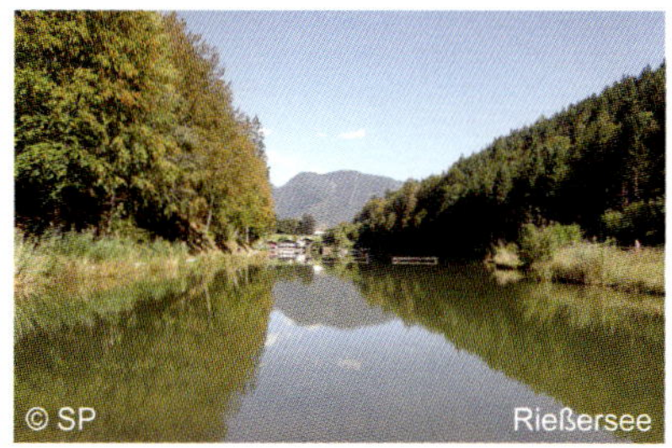

© SP Rießersee

Tour 9 „Loisachtal - Kreutalm“ 3 40,34 km 2:41 Std 541 Hm

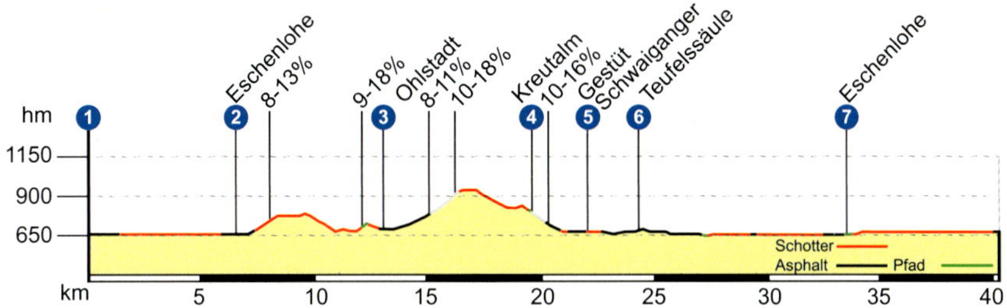

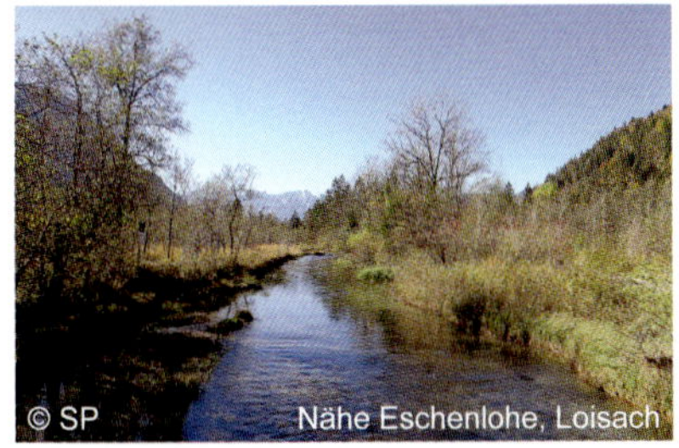

Nähe Eschenlohe, Loisach

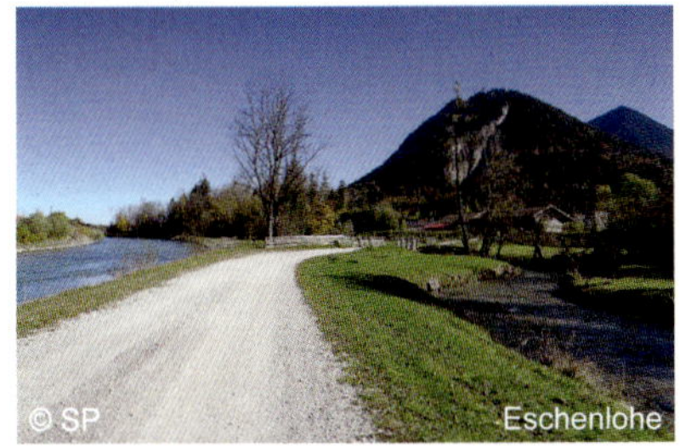

Eschenlohe

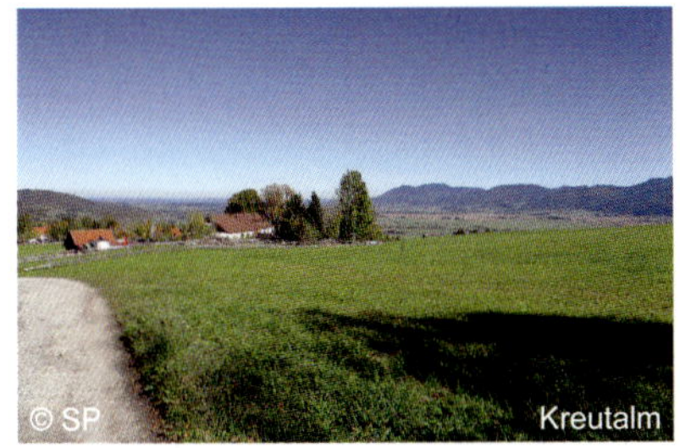

Kreutalm

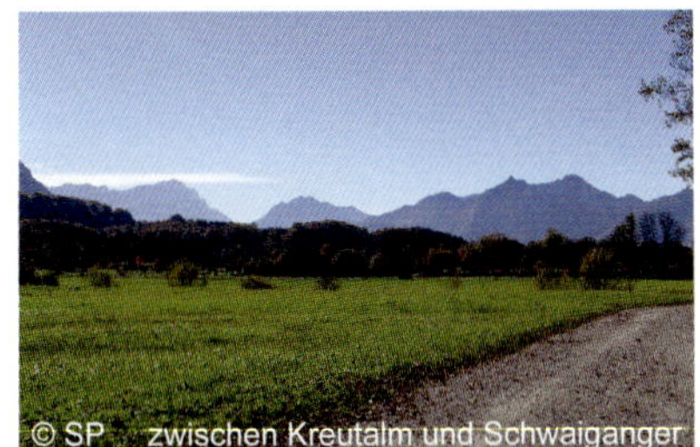

zwischen Kreutalm und Schwaiganger

Tourencharakter

Wegbeschaffenheit

Asphalt	11,96 km
Schotter/Kies	25,80 km
Pfad/Trail	0,73 km
Beton/Pflastersteine	1,85 km
Schiebestrecke	0 km

Familienfreundlich
Ja, viele verkehrsfreie Wege

Einkehrmöglichkeit
in Eschenlohe, Kreutalm, Landgasthof Herzogin Anna (Gut Schwaiganger), in Ohlstadt

Highlights
Kreutalm, Pferdegestüt Schwaiganger, Teufelssäule

Fahrkönnen / Landschaft

Fahrkönnen	★★★☆☆☆
Landschaft	★★★★★☆

Höhe

Starthöhe	659 Meter
Höchster Punkt	940 Meter

Weitläufige und abwechslungsreiche Runde

Die Rundtour führt von Oberau durch das Loisachtal, über Eschenlohe und Ohlstadt, bis hinaus ins Voralpenland zur Kreutalm. Nach Westen und Norden eröffnet sich über das flache Murnauer Moos ein weitläufiger Blick. Der Rückweg erfolgt, vorbei am Gestüt Schwaiganger und weiter am Rande des Murnauer Mooses, an der Loisach entlang.

Einkehrmöglichkeiten

In Eschenlohe, direkt an der Loisachbrücke, befindet sich das griechische Restaurant **Taverne Athen.** Hinter Ohlstadt, am „Wendepunkt“ dieser Tour, befindet sich die **Kreutalm**. Danach bietet sich der **Landgasthof Herzogin Anna,** im Gestüt Schwaiganger, als nächste Rastmöglichkeit an. Danach kommt, als letzte Einkehrmöglichkeit bei dieser Tour, in Eschenlohe noch der **Gasthof Zur Brücke**.

Tipp

In der Nähe der Kreutalm befindet sich das Freilichtmuseum Glentleiten. Wer sich für historische Gebäude und das Leben im vergangenen Jahrhundert interessiert, sollte sich etwas „Zeit nehmen“ und sich das Museumsgelände anschauen. Das Freilichtmuseum liegt nur ca. 500 m nördlich der Kreutalm.

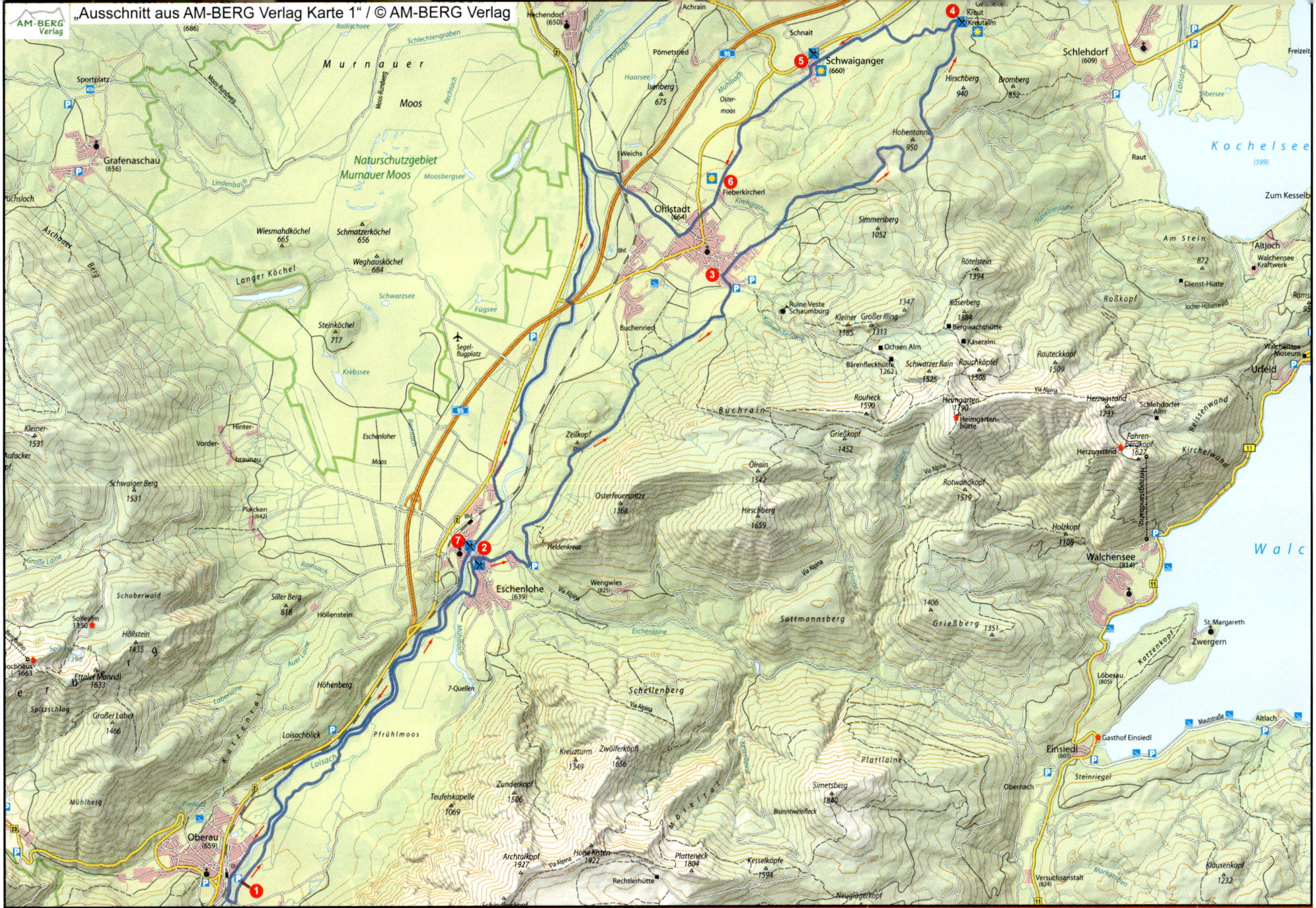

Tour 9 „Loisachtal - Kreutalm“ **3** **40,34 km** **2:41 Std** **541 Hm**

Tour 9 „Loisachtal - Kreutalm“ 3 40,34 km 2:41 Std 541 Hm

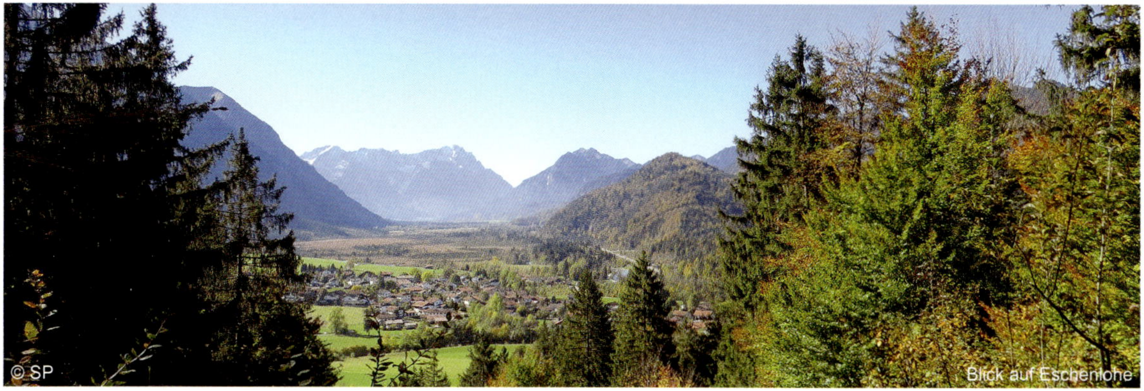
© SP Blick auf Eschenlohe

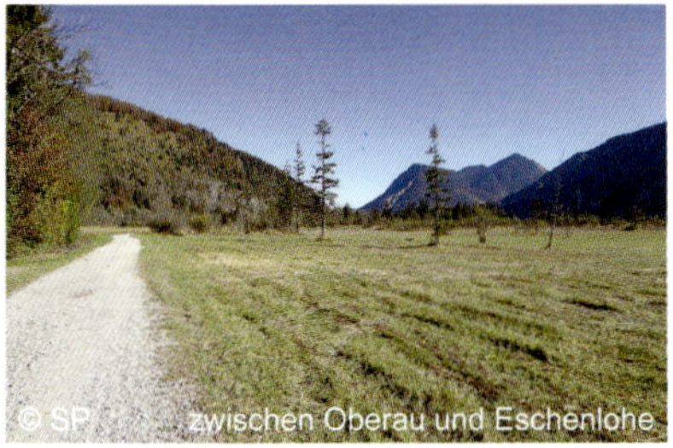
© SP zwischen Oberau und Eschenlohe

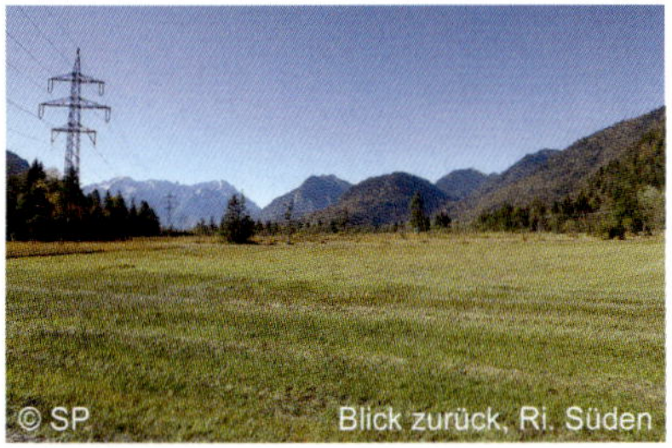
© SP Blick zurück, Ri. Süden

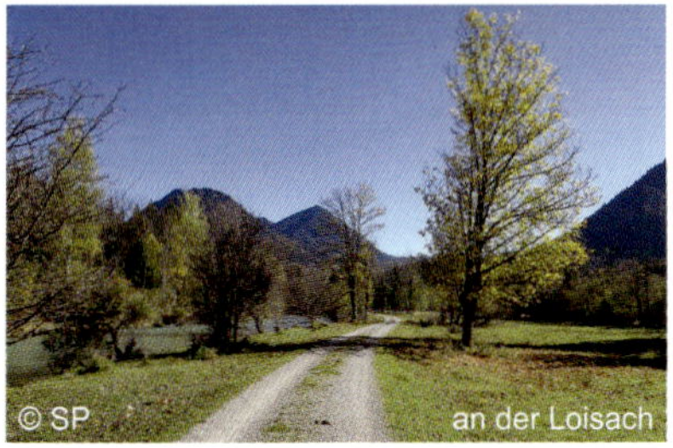
© SP an der Loisach

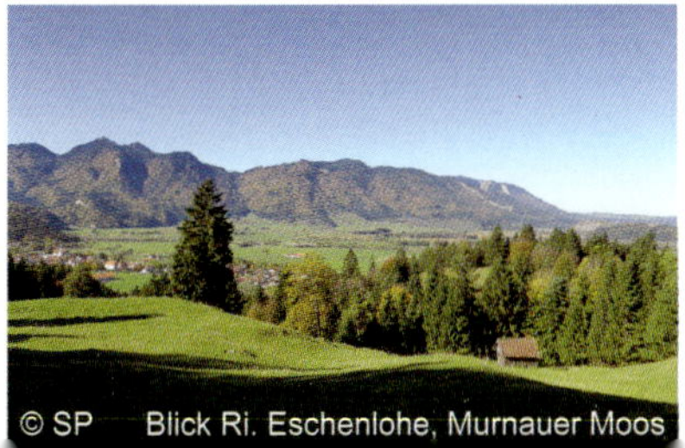
© SP Blick Ri. Eschenlohe, Murnauer Moos

Strecke

Vom Wanderparkplatz in Oberau, dem Loisachuferweg Richtung Norden, bis nach Eschenlohe folgen. In Eschenlohe bei der Loisachbrücke rechts Ri. „Walchensee“ fahren. Nach ca. 880 m erreicht man einen Parkplatz, hier links Ri. „Ohlstadt“ abbiegen. Dem Schotterweg, an der alten Grenzstation vorbei, bis zum Sportplatz von Ohlstadt folgen. Am Sportplatz rechts und nach ca. 370 m links auf dem Pfad weiterfahren. Der Pfad mündet auf eine Forststraße, auf dieser nach Ohlstadt fahren. Im Ort rechts in die Heimgartenstraße abbiegen und gleich danach dem Simmersbergweg folgen. Jetzt auf diesem Weg bis zum Ortsende weiterfahren, dann den Hinweisschildern „Um den Herzogstand“ folgen. Nun kommt eine gepflasterte Bergauffahrt (bis 18%), die oben mit einem wunderschönen Ausblick und einer Aussichtsbank belohnt wird. Danach bei einem Rettungstreffpunkt, links bergab der Forststraße folgen und später Ri. „Glentleiten“ fahren. An der Kreutalm, dann links bergab (bis 16%) auf dem gepflasterten Weg fahren. Vor der HS links auf den Radweg abbiegen und diesem Weg zum Gestüt Schwaiganger folgen. Im Gestüt links halten, dann rechts und dem Weg Ri. „Ohlstadt“ folgen. Kurz vor Ohlstadt fährt man an der Teufelssäule vorbei. In Ohlstadt die HS überqueren und über die Toni-Pensperger-Straße und die Josefstraße, auf die Weichser Straße fahren. Dieser Straße nun, über die Bahnlinie, unter der Autobahn durch und über die Loisach folgen. Vor der B2 dann links auf den Radweg nach Garmisch-Partenkirchen abbiegen und diesem bis Eschenlohe zur Loisachbrücke folgen. Hier geradeaus und gleich danach links auf dem Pfad, direkt neben der Loisach, weiterfahren. Jetzt stets auf diesem Weg, an der Loisach entlang, bis Oberau bleiben. In Oberau an der Loisachbrücke, links über die Brücke und danach links zum Parkplatz zurückfahren.

Highlights der Tour

Die **Kreutalm** befindet sich auf einer kleinen Anhöhe im Loisachtal mit sensationeller Aussicht. Eine Pause auf der Terrasse mit Blick u.a. zum Kochelsee ist schon fast Pflicht.

Auf dem Rückweg fährt man durch das **Pferdegestüt Schwaiganger**, ein Kompetenzzentrum für Pferdezucht und -haltung. Hier kann man tagsüber an einer historischen Führung teilnehmen.

Kurz vor Ohlstadt kommt man dann noch an der sogenannten **Teufelssäule** vorbei.

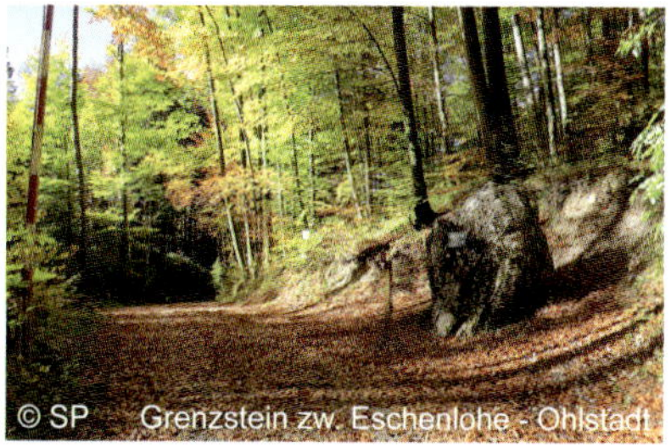
© SP Grenzstein zw. Eschenlohe - Ohlstadt

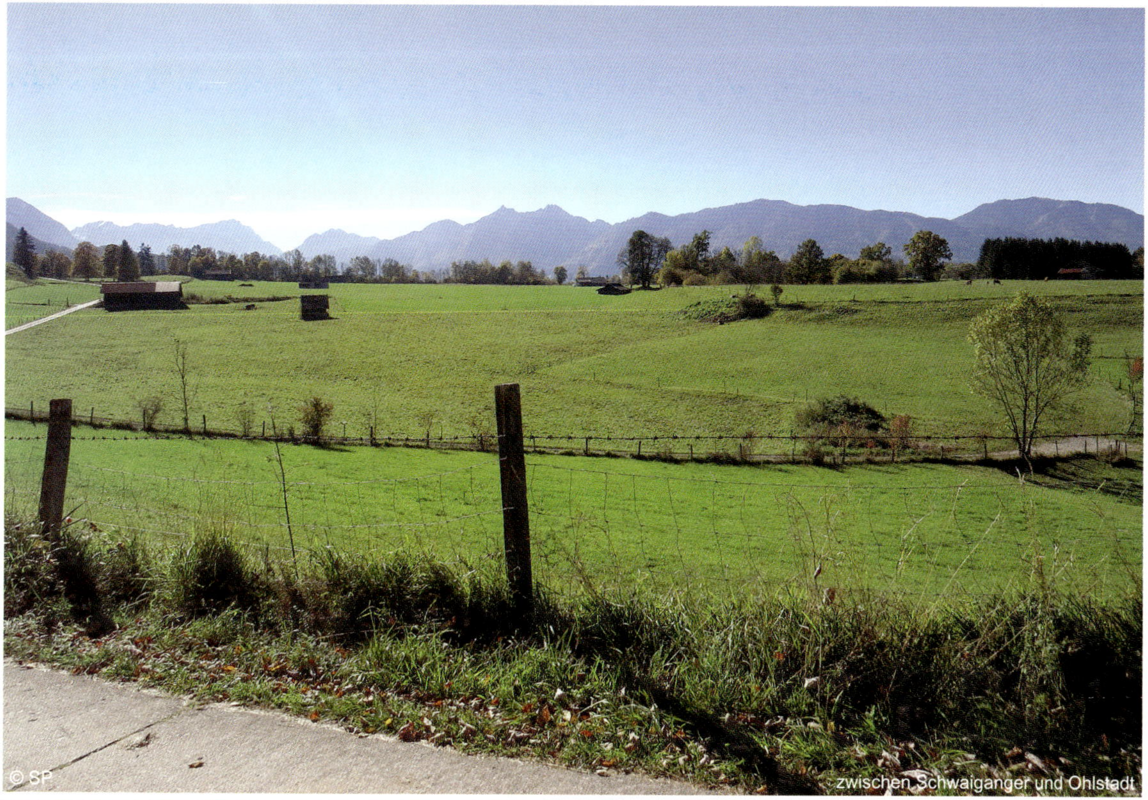
© SP zwischen Schwaiganger und Ohlstadt

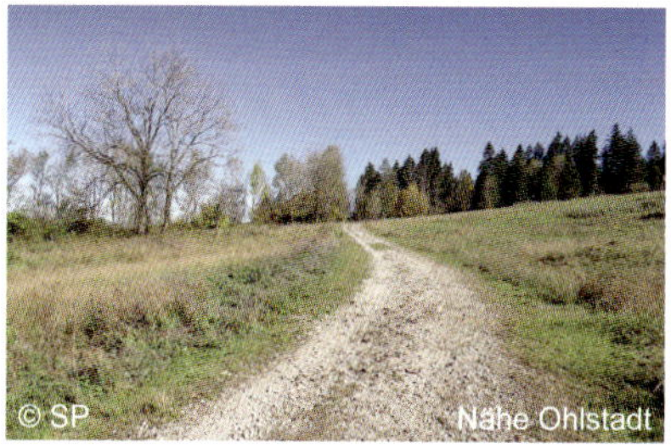
© SP Nähe Ohlstadt

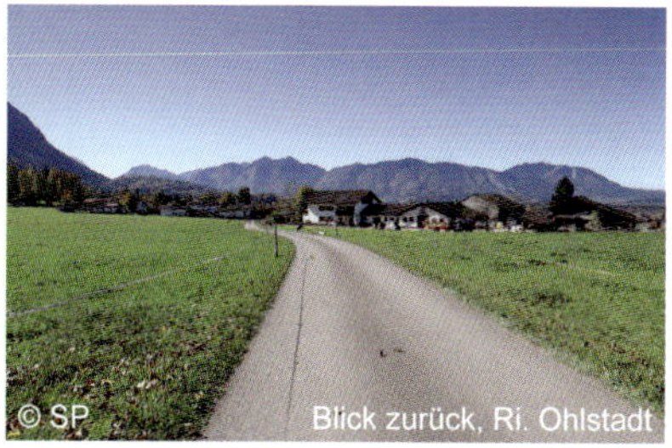
© SP Blick zurück, Ri. Ohlstadt

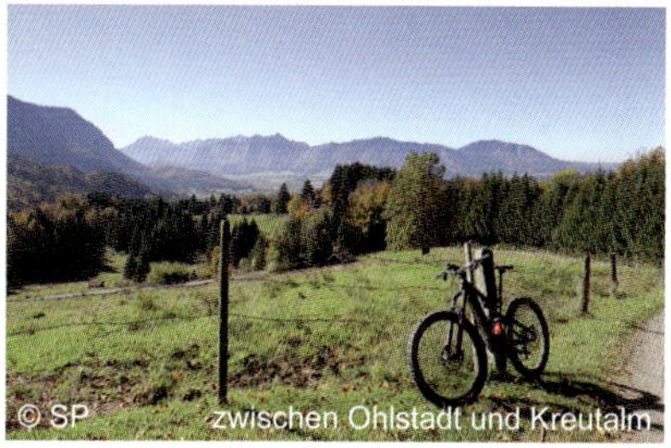
© SP zwischen Ohlstadt und Kreutalm

Tour 9 „Loisachtal - Kreutalm“ 3 40,34 km 2:41 Std 541 Hm

Tour 9 „Loisachtal - Kreutalm“ 3 40,34 km 2:41 Std 541 Hm

1 **km 0,00**/659 m (vom Anfang des Parkplatzes) **Geradeaus** der Straße Ri. Norden folgen und an der Loisach bis nach Eschenlohe fahren.

(+5.880 m) **km 5,88**/646 m Eschenlohe (nach der Brücke): **Links** weiterfahren.

(+60 m) **km 5,94**/648 m **Links** Ri. „Murnau“ abbiegen.

2 *(+560 m)* **km 6,50**/645 m **Eschenlohe** (bei der Loisachbrücke): **Rechts** und danach **links** in die Walchenseestraße Ri. „Walchensee“ abbiegen.

(+880 m) **km 7,38**/684 m (beim Parkplatz) **Links** bergauf (8-13%) Ri. „Ohlstadt über oberen Heuberg“ abbiegen. Dem Weg, an der alten Grenzstation vorbei, bis zum Sportplatz bei Ohlstadt folgen.

(+4.380 m) **km 11,76**/667 m (beim Sportplatz) **Rechts** bergauf weiterfahren.

(+370 m) **km 12,13**/697 m (bei der Bank) **Links** dem Pfad bergauf (9-18%) folgen.

(+270 m) **km 12,40**/726 m **An der Forststraße, links** bergab weiterfahren.

3 *(+650 m)* **km 13,05**/689 m **Ohlstadt: Rechts** in die Heimgartenstraße abbiegen.

(+40 m) **km 13,09**/691 m **Links** in den Simmerbergweg weiterfahren und diesem stets geradeaus bis zum Ortsende folgen.

(+930 m) **km 14,02**/711 m **Geradeaus** Ri. „Um den Herzogstand“ weiterfahren.

(+110 m) **km 14,13**/716 m **Rechts** weiterfahren.

(+2.840 m) **km 16,97**/939 m (Rettungstreffpunkt „GAP-2074“) **An der Forststraße, links** bergab (10-15%) weiterfahren.

(+670 m) **km 17,64**/887 m **Links** Ri. „Glentleiten“ abbiegen und bis zur Kreutalm fahren.

4 *(+1.860 m)* **km 19,50**/799 m **Kreutalm: Links** bergab (10-16%) Ri. „Rundweg Kreut-Alm“ fahren.

(+1.380 m) **km 20,88**/675 m (vor der HS) **Links** dem Weg Ri. „Rundweg Kreut-Alm“ folgen.

(+80 m) **km 20,96**/673 m **Geradeaus** dem Radweg folgen.

(+150 m) **km 21,11**/673 m **Geradeaus** auf dem Schotterweg weiterfahren.

(+170 m) **km 21,28**/673 m **Links** der Straße (Allee) zum Gestüt Schwaiganger folgen.

5 *(+760 m)* **km 22,04**/673 m **Gestüt Schwaiganger** (vor dem Landgasthof Herzogin Anna): **Links** dem Schotterweg folgen.

(+90 m) **km 22,13**/671 m **Abzweig, rechts** weiterfahren.

(+120 m) **km 22,25**/670 m **Geradeaus** Ri. „Ohlstadt“ weiterfahren.

(+950 m) **km 23,20**/656 m (vor der HS) **Links** Ri. „Kaffeewirtschaft“ weiterfahren.

6 *(+1.090 m)* **km 24,29**/676 m **Teufelssäule** / Rastplatz (Rad muss draußen bleiben)

(+530 m) **km 24,82**/672 m Ohlstadt (an der HS): **Geradeaus** in die Toni-Pensperger-Straße weiterfahren.

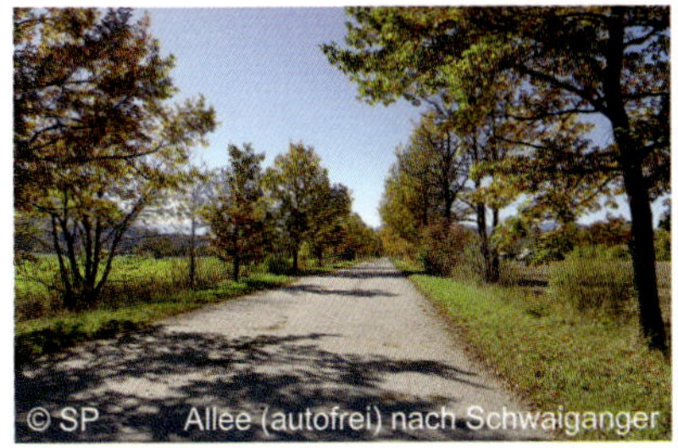
© SP Allee (autofrei) nach Schwaiganger

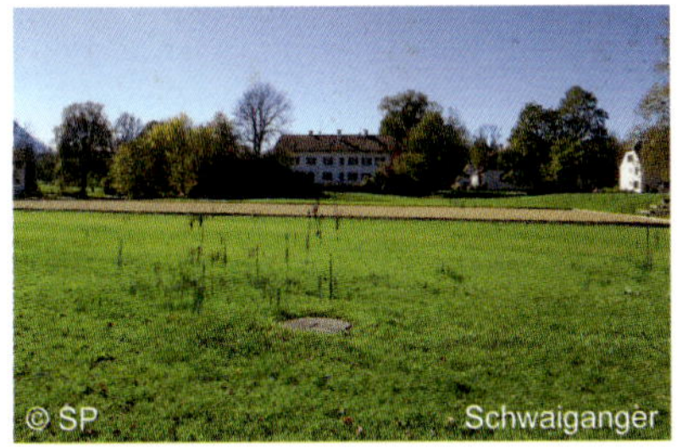
© SP Schwaiganger

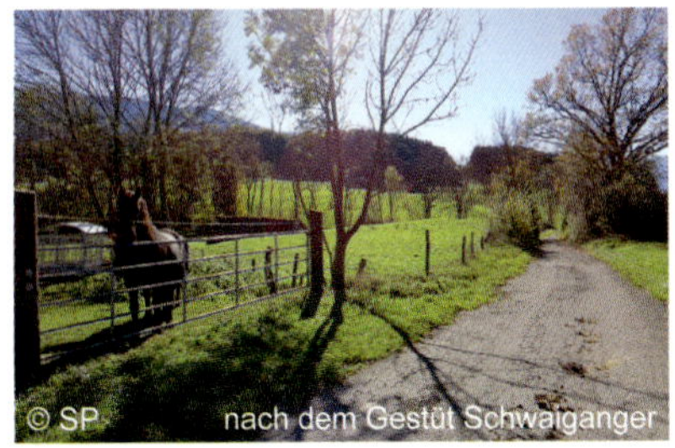
© SP nach dem Gestüt Schwaiganger

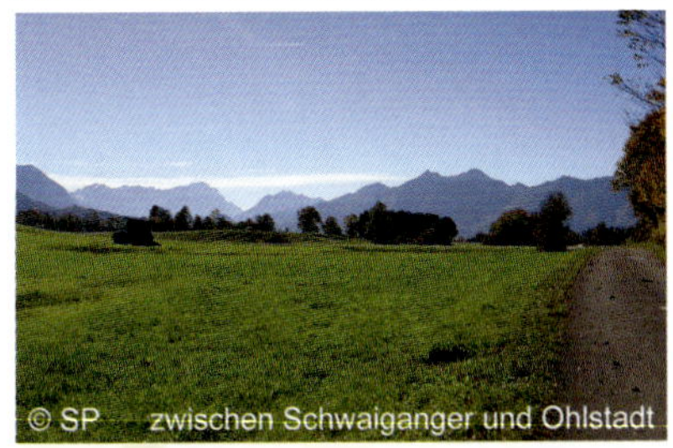
© SP zwischen Schwaiganger und Ohlstadt

(+220 m) **km 25,04**/668 m **Links** fahren, dann **rechts** über die Brücke und danach **rechts** abbiegen.

(+190 m) **km 25,23**/665 m **Rechts** weiterfahren.

(+990 m) **km 26,22**/648 m (nach dem Bahnübergang) **Rechts** der HS folgen und unter der Autobahn durchfahren.

(+810 m) **km 27,03**/644 m (nach der Brücke) **Geradeaus** weiterfahren.

(+60 m) **km 27,09**/643 m (vor der HS) **Links** dem Radweg Ri. „Garmisch-Partenkirchen“ folgen.

(+2.2400 m) **km 29,33**/648 m (an der HS) **Links** Ri. „Radweg Garmisch-Partenkirchen“ abbiegen und unter der Autobahn durchfahren. Danach **rechts** dem Radweg, an der Loisach, folgen.

(+2.300 m) **km 31,63**/654 m (Gewerbegebiet) **Links** auf der Straße weiterfahren.

(+40 m) **km 31,67**/654 m **Geradeaus** dem Radweg folgen.

(+590 m) **km 32,26**/656 m **Links** dem Weg weiter folgen.

(+190 m) **km 32,45**/655 m **Links** Ri. „Radweg GAP“ abbiegen.

7 *(+1.090 m)* **km 33,54**/657 m **Eschenlohe** (Ortsmitte): **Geradeaus** und dann gleich **links** auf dem Pfad (neben der Loisach) weiterfahren.

(+390 m) **km 33,93**/659 m (beim Bahnübergang der HS) **Geradeaus** dem Weg Ri. „Oberau“ folgen.

(+470 m) **km 34,40**/660 m **Links** an der Loisach weiterfahren.

(+500 m) **km 34,90**/659 m **Kreuzung, links** an der Loisach weiterfahren.

(+3.360 m) **km 38,26**/668 m **Links** über die kleine Holzbrücke Ri. „Moosgartenrundweg“ fahren.

(+934 m) **km 39,20**/672 m **Links** fahren und dann stets an der Loisach entlang weiterfahren.

(+910 m) **km 40,11**/675 m **Oberau: Links** über die Loisachbrücke fahren. **Nach 90 m links** abbiegen und zum Parkplatz zurückfahren.

Startplatz:
Oberau, Parkplatz „An der Loisachbrücke“.

Anfahrt:
In Oberau von der B2 Richtung Osten abbiegen, über die Bahnlinie und Richtung Golfplatz fahren. Nach der Loisachbrücke links abbiegen und auf dem Wanderparkplatz parken.

Teufelssäule

Im Jahr 1668 lag wohl ein Ohlstädter im Sterben, sodass der Mesner von Ohlstadt zum Kloster Schlehdorf gelaufen ist, um geistlichen Beistand zu holen. Der Pater, Franz Paul Alipius Miller, kam auch sofort mit. Der Weg führte beide, über die Kreut und Schwaig, nach Ohlstadt. Genau an der Stelle, wo jetzt die Teufelssäule steht, war plötzlich am Tag alles um ihn herum dunkel geworden und er sollte wohl daran gehindert werden, nach Ohlstadt zu kommen. Der Pater bat die Hl. Jungfrau Maria um Hilfe und gelobte eine Gedenksäule zu errichten. Daraufhin verschwand die Dunkelheit und er ließ zum Dank die Marmorsäule errichten.

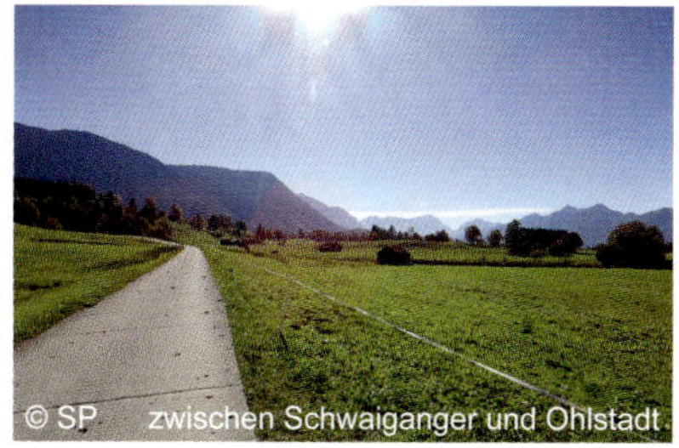
© SP zwischen Schwaiganger und Ohlstadt

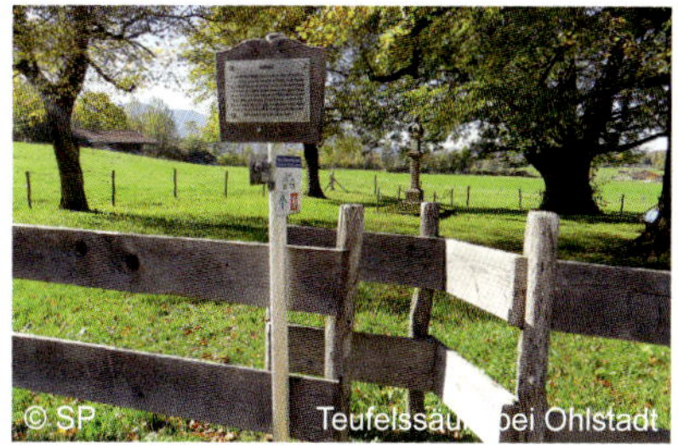
© SP Teufelssäule bei Ohlstadt

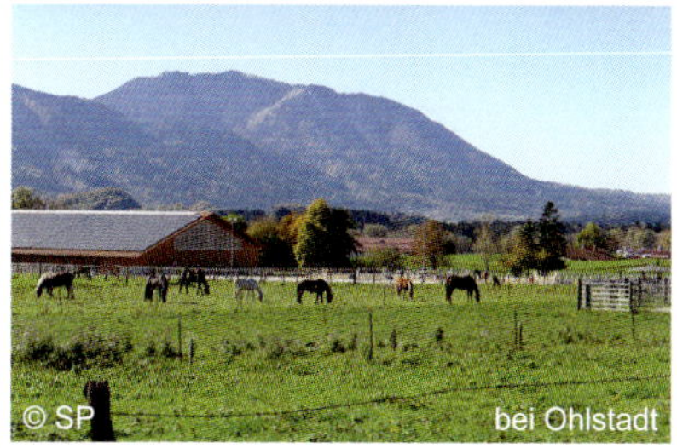
© SP bei Ohlstadt

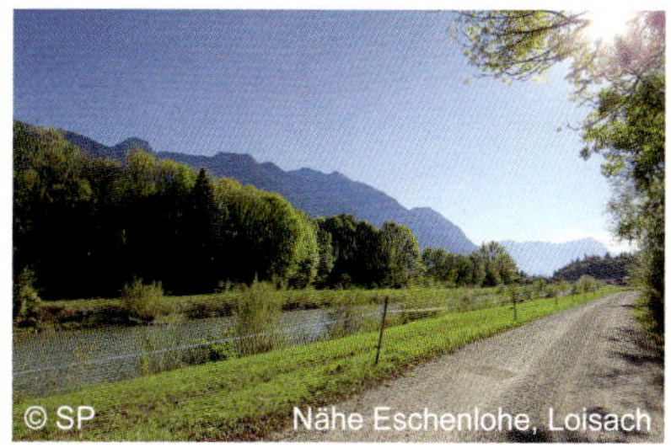
© SP Nähe Eschenlohe, Loisach

Tour 10 „Schachen“ 3 20,44 km 1:37 Std 934 Hm

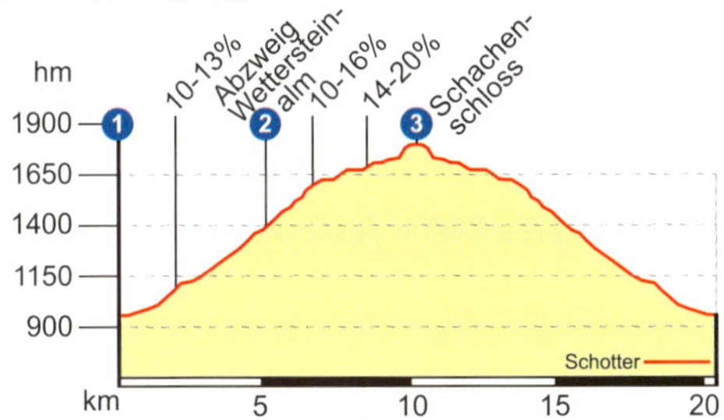

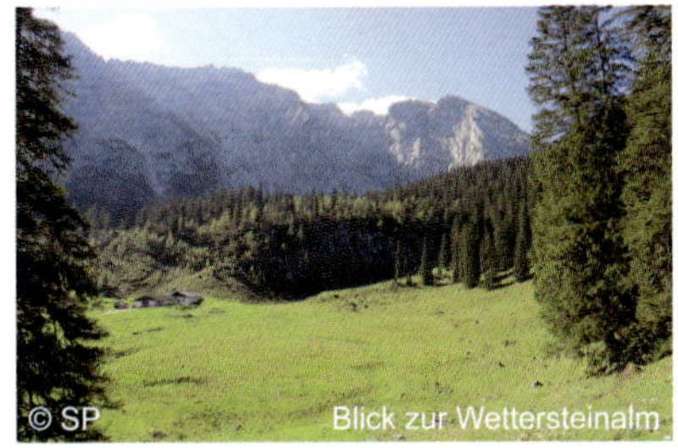

Blick zur Wettersteinalm

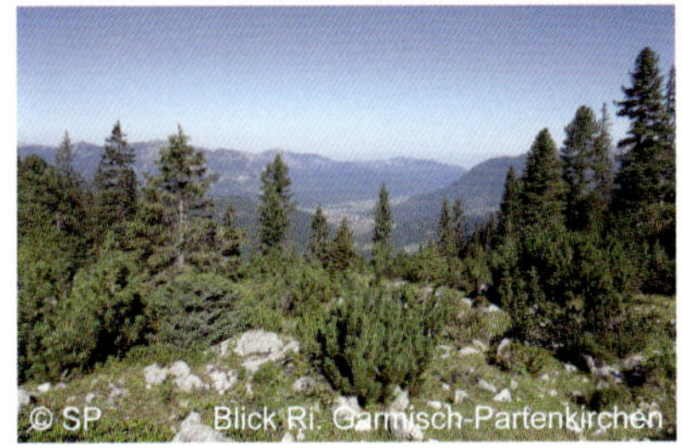

Blick Ri. Garmisch-Partenkirchen

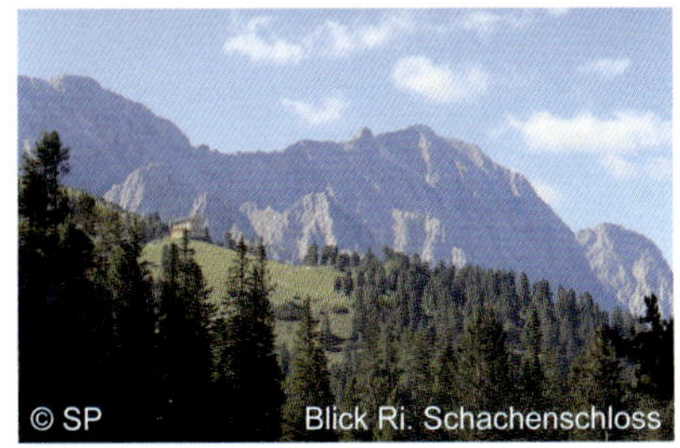

Blick Ri. Schachenschloss

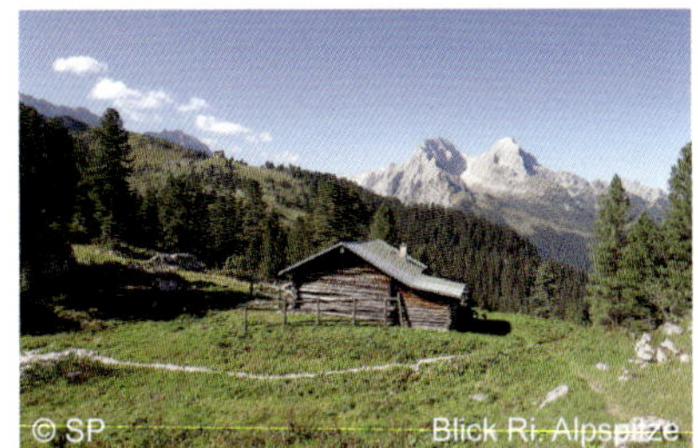

Blick Ri. Alpspitze

Tourencharakter

Wegbeschaffenheit

Asphalt	20,44 km
Schotter/Kies	0 km
Pfad/Trail	0 km
Beton/Pflastersteine	0 km
Schiebestrecke	0 km

Familienfreundlich
Ja, verkehrsfreier Weg

Einkehrmöglichkeit
Wettersteinalm, Schachenhaus

Highlights
Botanischer Alpengarten, Schachenschloss, Schachensee

Fahrkönnen / Landschaft

Fahrkönnen	★★★☆☆☆
Landschaft	★★★★★★

Höhe

Starthöhe	1.000 Meter
Höchster Punkt	1.841 Meter

Eindrucksvolle steile Auffahrt zum Jagdschloss Schachen

Bis zum Abzweig zur Wettersteinalm fährt man auf einer mäßig steilen Forststraße bergauf. Danach wird der Weg steiler und holpriger. Die Kulisse ist ziemlich beeindruckend. Das Schachenschloss meist im Blick, im Hintergrund Alp- und Zugspitze, geht es stets unterhalb der Wettersteinwand, hinauf. Dazu kommen noch die Ausblicke zur Alp- und Zugspitze. Kurz vor dem Ziel führt der Weg dann in Serpentinien hinauf zum Schachenhaus und zum Schachenschloss. Von dort oben hat man einen atemberaubenden Rundumblick.

Einkehrmöglichkeiten
Auf dieser Tour gibt es Rastmöglichkeiten in der **Wettersteinalm** und im **Schachenhaus**.

Tipp
300 m westlich vom Schachenhaus steht ein Pavillon, von dem man in das 1.000 m tiefer liegende Reintal blicken kann, an dessen Ende die Zugspitze emporragt. Oberhalb des Schachenhauses zeigt sich das imposante Gipfeltrio der Dreitorspitzen.

Bike & Hike:
Aufstieg vom Schachenhaus zur Meilerhütte (2.366 m), ca. 506 hm, Aufstiegzeit ca. 1,5 Std.

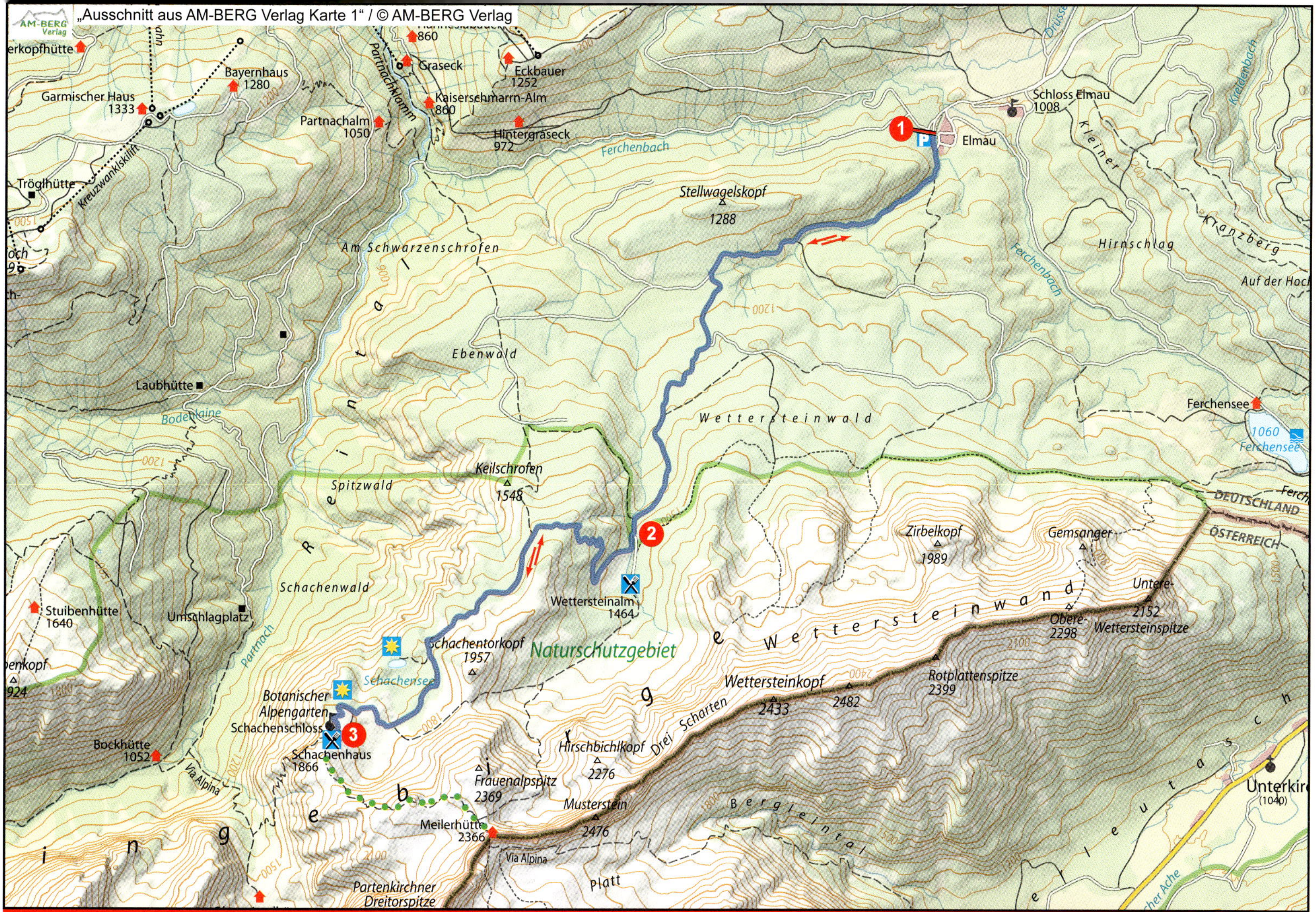

Tour 10 „Schachen“ **3** **20,44 km** **1:37 Std** **934 Hm**

Tour 10 „Schachen“ 3 20,44 km 1:37 Std 934 Hm

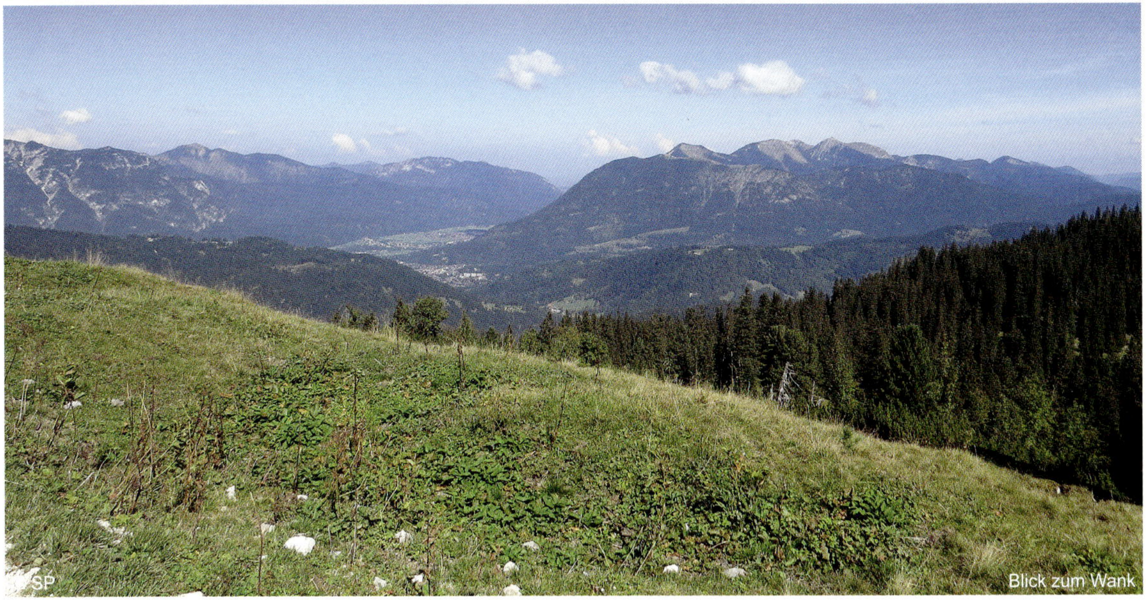
© SP Blick zum Wank

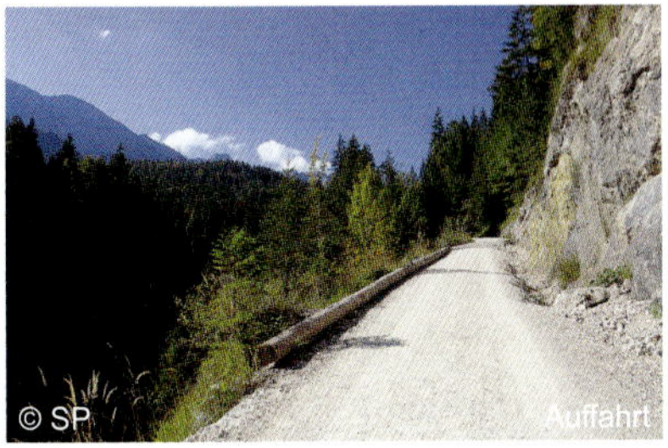
© SP Auffahrt

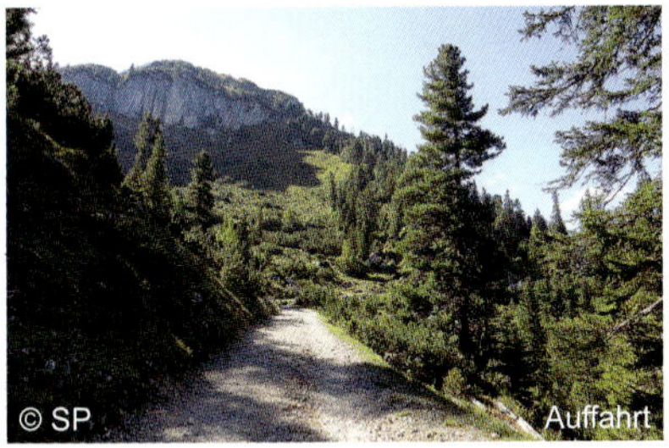
© SP Auffahrt

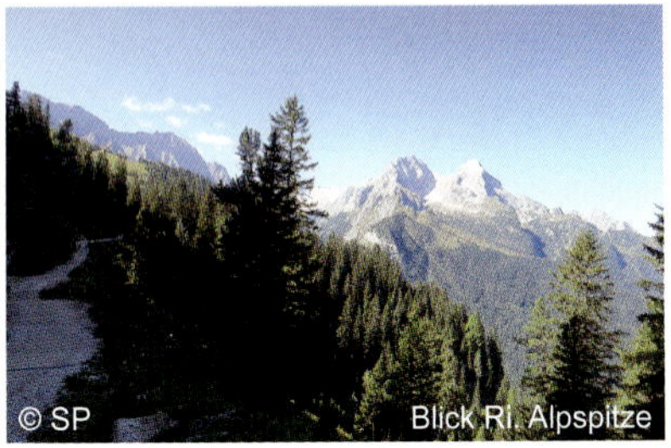
© SP Blick Ri. Alpspitze

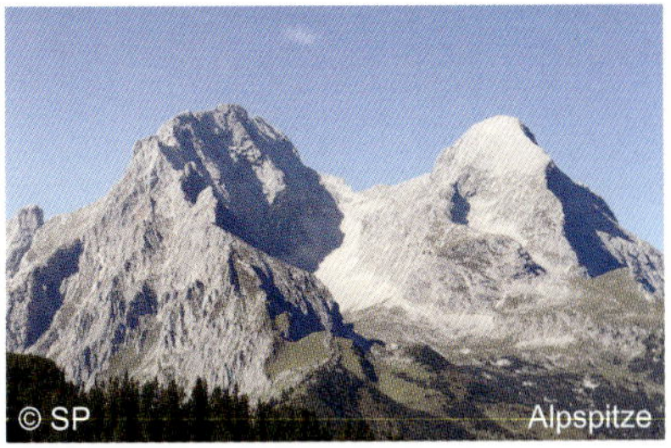
© SP Alpspitze

Strecke

Vom großen Wanderparkplatz, der sich nach dem Schloss Elmau befindet, fährt man zunächst einige Kilometer auf der Forststraße am Kaltenbach entlang. Danach steigt der Weg bis zur Wettersteinalm gleichmäßig, mit ca. 12-14%, an. Kurz vor der Wettersteinalm biegt man rechts auf den schmäleren Schotterweg ab und folgt diesem Weg bergauf. Auf dem steineübersäten, sehr holprigen Schachenweg, erreicht man nach ca. 5 km das Schachenschloss.

Auf der Fahrt hinauf zum Schachen, hat man immer wieder einen herrlichen Blick zur Alpspitze, Zugspitze und Wettersteinwand. Nach einer Einkehr im Schachenhaus sollte nicht versäumt werden, das Könighaus von König Ludwig II zu besichtigen (Achtung: Ist nur zu den offiziellen Besichtigungszeiten und nur mit Führung möglich). Sehenswert ist auch der Alpengarten auf dem Schachen mit über 1.000 Pflanzenarten der verschiedensten Hochgebirge unserer Erde.

Die Rückfahrt erfolgt auf der gleichen Strecke.

Highlights der Tour

Der **Botanische Alpengarten** auf dem Schachen, unterhalb des Schachenschlosses, ist eine Außenstelle des Botanischen Gartens in München. Hier wachsen über 1.000 alpine Pflanzen aus allen Gebirgen der Welt, teilweise seltene Arten aus dem Himalaya, aus den Karpaten oder auch aus dem Kaukasus. Der Alpengarten ist von Mitte Juni bis Anfang September geöffnet.

Ein weiteres Highlight ist natürlich das **Schachenschloss**, das König Ludwig II 1869-1872 erbauen ließ. Er pflegte immer seinen Geburtstag am 25. August im Königshaus zu feiern. Heute findet jedes Jahr am 25. August ein Gedenkgottesdienst am Schachen statt. Das Königshaus ist von Anfang Juni bis Anfang Oktober geöffnet und kann im Rahmen von Führungen besichtigt werden.

Ungefähr 200 Hm unterhalb des Schachenschlosses befindet sich der **Schachensee**, der etwas abseits, unterhalb des Hauptweges liegt. Ein kurzer Abstecher dorthin lohnt sich, um einfach die Ruhe und die Natur zu genießen.

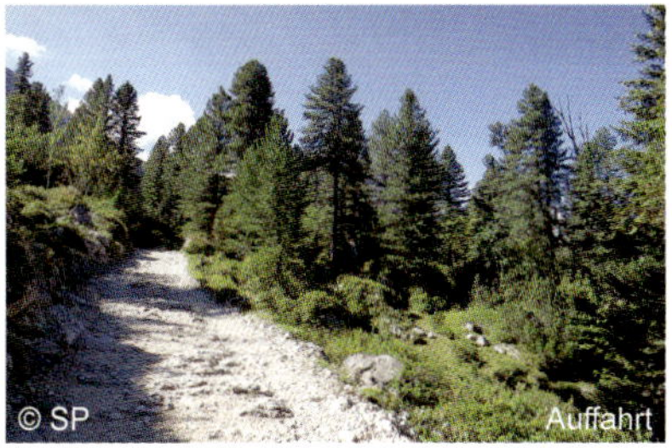
© SP Auffahrt

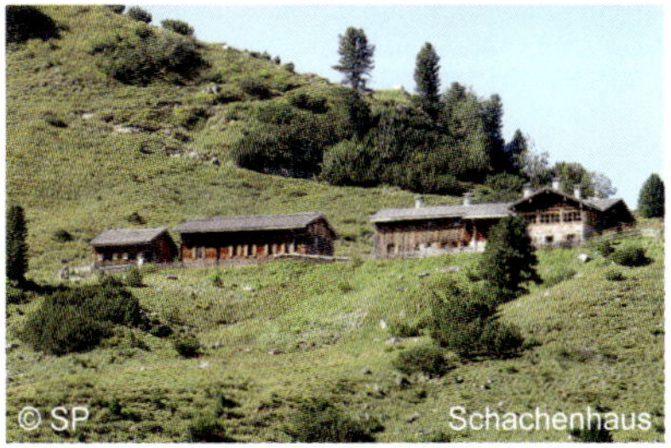
© SP Schachenhaus

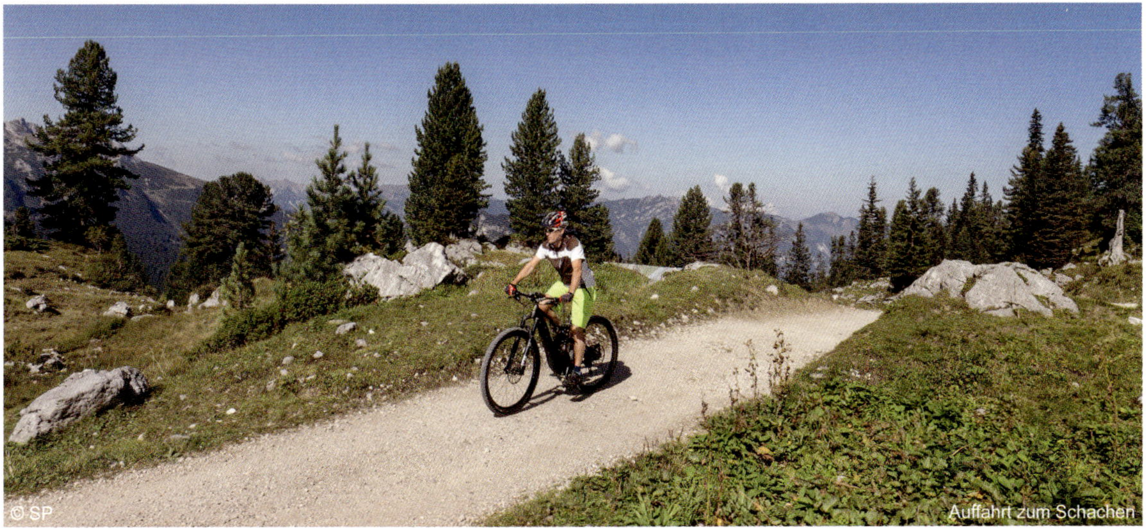
© SP Auffahrt zum Schachen

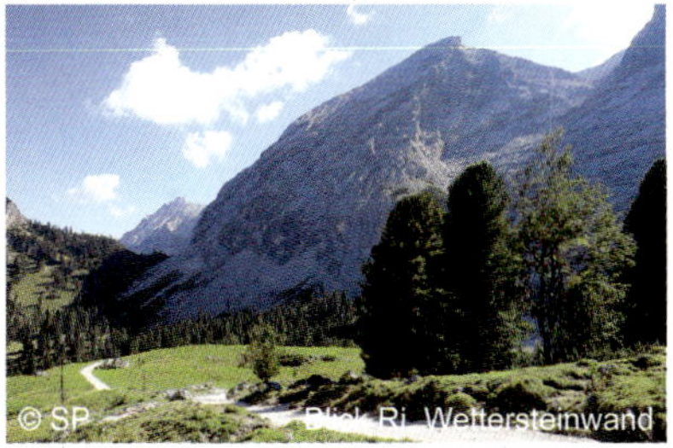
© SP Blick Ri. Wettersteinwand

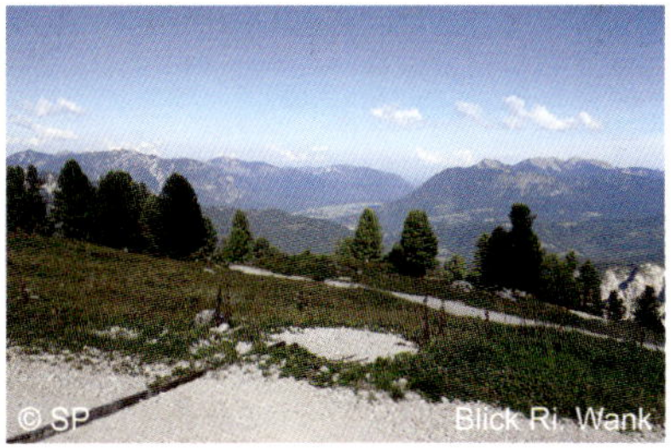
© SP Blick Ri. Wank

1 **km 0,00**/1000 m Vom Parkplatz **rechts** dem Schotterweg Ri. „Schachen, Meilerhütte“ folgen.

(+2.510 m) **km 2,51**/1156 m (Rettungstreffpunkt „GAP-1056“) **Links** bergauf Ri. „Schachen“ fahren.

(+140 m) **km 2,65**/1162 m **Rechts** dem Hauptweg bergauf folgen.

(+520 m) **km 3,17**/1218 m **Rechts** bergauf (10-12%) Ri. „Schachen“ weiterfahren.

2 *(+1.940 m)* **km 5,11**/1425 m **Abzweig Wettersteinalm: Rechts** bergauf (13-14%) Ri. „Schachen“ abbiegen. Ab hier beginnt die schlechtere Wegstrecke. (geradeaus geht es zur Wettersteinalm)

(+4.990 m) **km 10,10**/1831 m **Rechts** bergauf (17%) zum Schachenschloss fahren. (geradeaus geht es zum Schachenhaus)

3 *(+50 m)* **km 10,15**1840 m **Schachenschloss.** Der Rückweg erfolgt auf der gleichen Strecke.

Startplatz:
Elmau, Wanderparkplatz „P4“.

Anfahrt:
Von der Bundesstraße B2 „Garmisch - Mittenwald“ nach Klais abbiegen und Ri. „Elmau“ fahren. Hinter Klais beginnt die Mautstraße nach Elmau, dieser stets folgen. Am Ende befindet sich der große kostenlose Wanderparkplatz „P4“.

Schachenhaus (1.866 m)
Das Schachenhaus befindet sich auf der Schachenalpe, etwas unterhalb des Schachenschlosses. In der gemütlichen Wirtsstube des ehemaligen Versorgungshauses für das Königshaus am Schachen, gibt es eine gutbürgerliche Küche. In der unmittelbaren Nähe des Hauses befindet sich der botanische Garten sowie eine Aussichtskanzel, von der man einen sensationellen Blick hinunter, in das Reintal, das Oberreintal und zum Zugspitzplatt hat. Das Schachenhaus hat von Ende Mai bis Anfang Oktober, (kein Ruhetag) geöffnet und bietet auch Übernachtungsmöglichkeiten an.

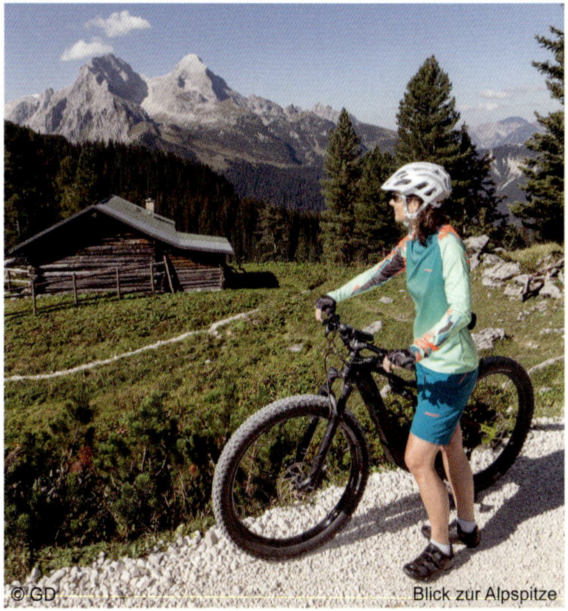
© GD Blick zur Alpspitze

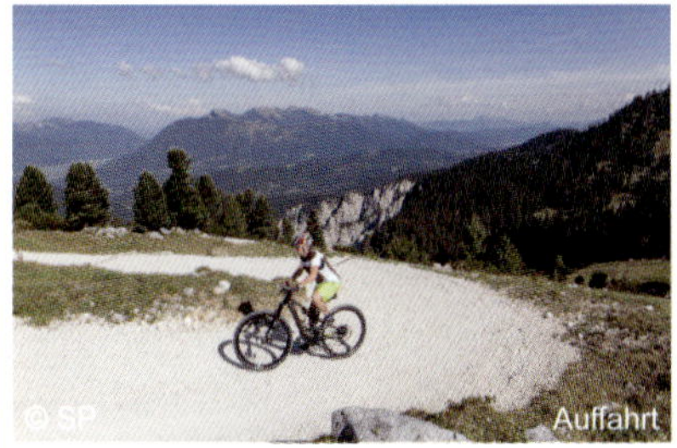
© SP Auffahrt

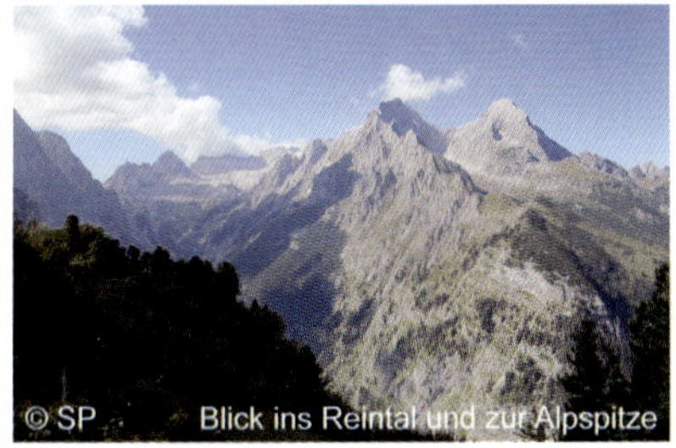
© SP Blick ins Reintal und zur Alpspitze

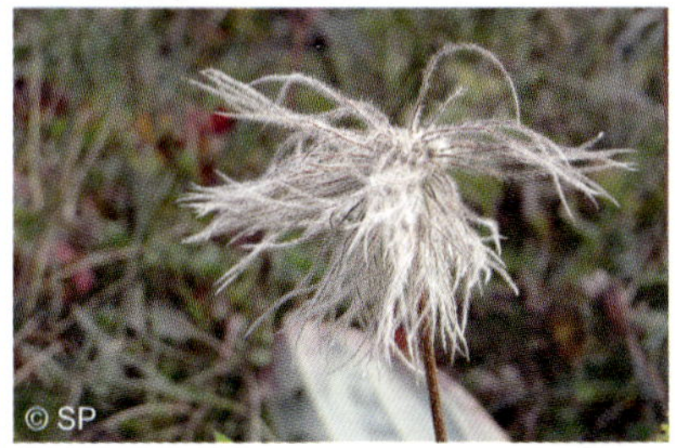
© SP

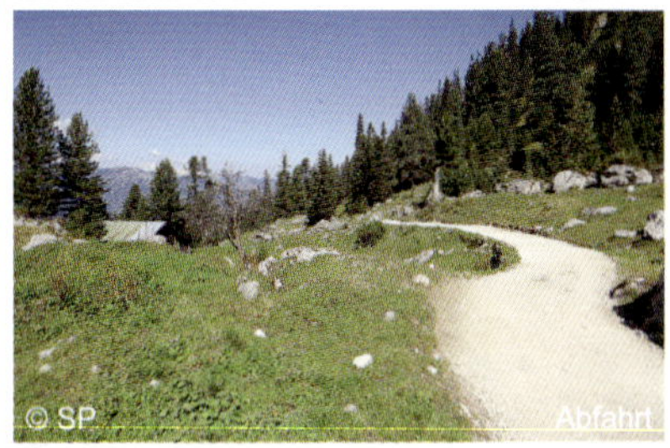
© SP Abfahrt

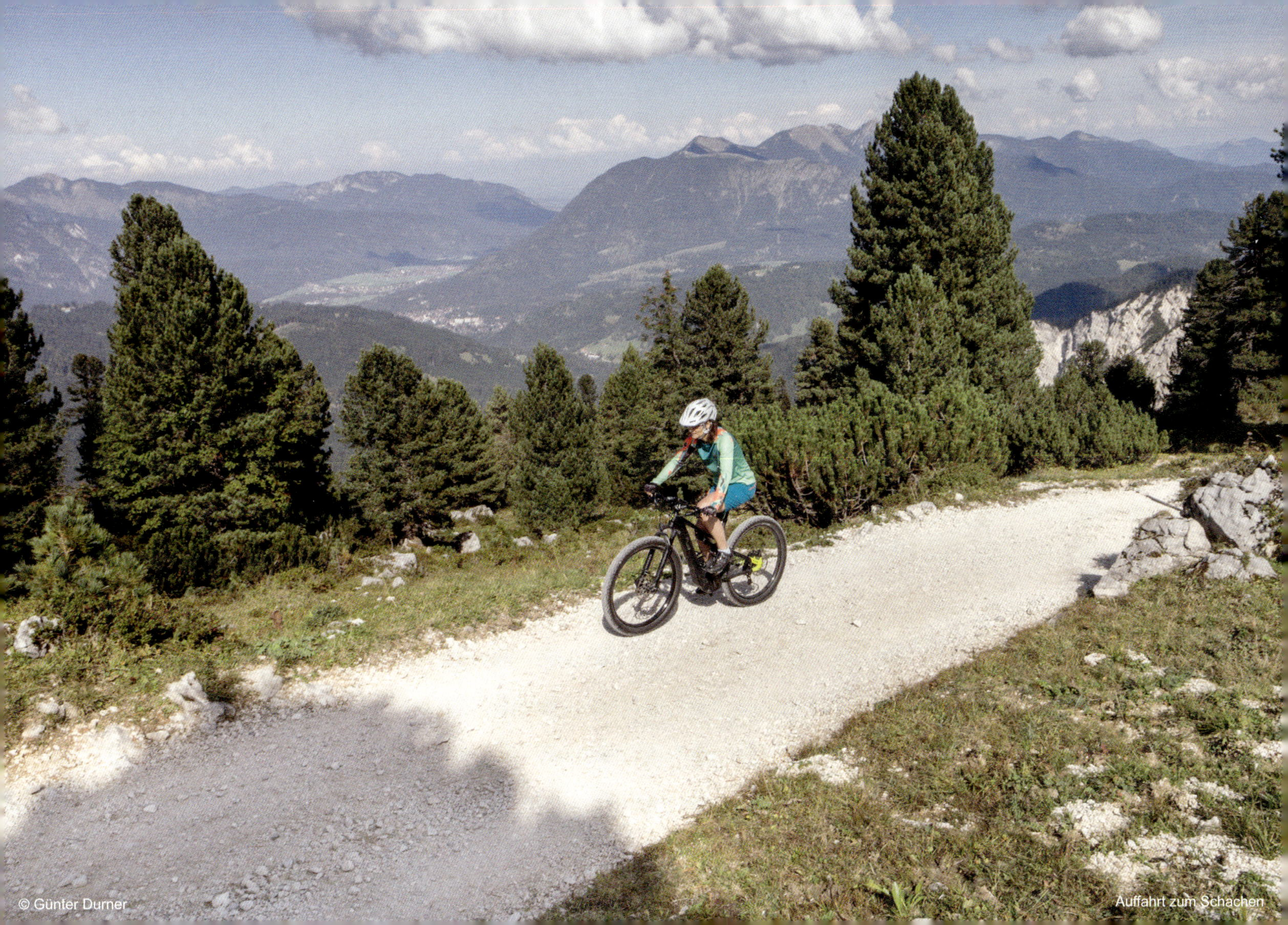

Auffahrt zum Schachen

Tour 11 „Elmaugries - Linderhof“ 3 49,42 km 2:58 Std 830 Hm

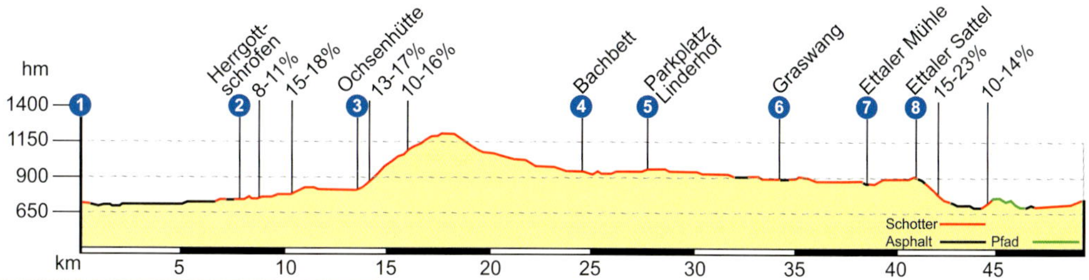

Tourencharakter

Wegbeschaffenheit

Asphalt	10,46 km
Schotter/Kies	37,45 km
Pfad/Trail	1,52 km
Beton/Pflastersteine	0 km
Schiebestrecke	0 km

Familienfreundlich

Ja, überwiegend verkehrsarme und verkehrsfreie Wege

Einkehrmöglichkeit

Kiosk Schloss Linderhof, Schlosshotel Linderhof, Ettaler Mühle

Highlights

Schloss Linderhof, „Wasserräder“ + Lourdesgrotte (Farchant)

Fahrkönnen / Landschaft

Fahrkönnen	★★★☆☆☆
Landschaft	★★★★☆☆

Höhe

Starthöhe	715 Meter
Höchster Punkt	1.205 Meter

Abwechslungsreiche Runde mit Abstecher zum Schloss Linderhof

Schöne leichte, aber etwas längere Tour, von Garmisch-Partenkirchen in die Ammergauer Alpen. Die abwechslungsreiche Runde verläuft überwiegend auf breiten Schotterwegen, die einfach zu befahren sind. Der einzige schwierige Streckenabschnitt ist die extrem steile Schotterpiste (Alte Ettaler Straße), die vom Ettaler Sattel nach Oberau hinunterführt. Bis auf wenige Abschnitte, durch Garmisch-Partenkirchen und Oberau, fährt man auf verkehrsarmen Straßen und Wegen. Besonders lohnenswert ist der Besuch des Schlosses Linderhof.

Einkehrmöglichkeiten

Anfangs kommt man gleich, im Ortsteil Burgrain, an der **Pizzeria San Marco** und in Garmisch-Partenkirchen, am Gasthof **Königstand** vorbei. Beim Schloss Linderhof gibt es einen **Kiosk** und das **Schlosshotel Linderhof** mit Biergarten. Danach gibt es, am Ende vom Graswangtal, noch eine Einkehrmöglichkeit in der **Ettaler Mühle**.

Tipp

Auf der Rückfahrt gibt es bei den „Wasserrädern“ noch einen schönen Rastplatz mit vielen Sitzbänken, eine davon ist sogar überdacht.

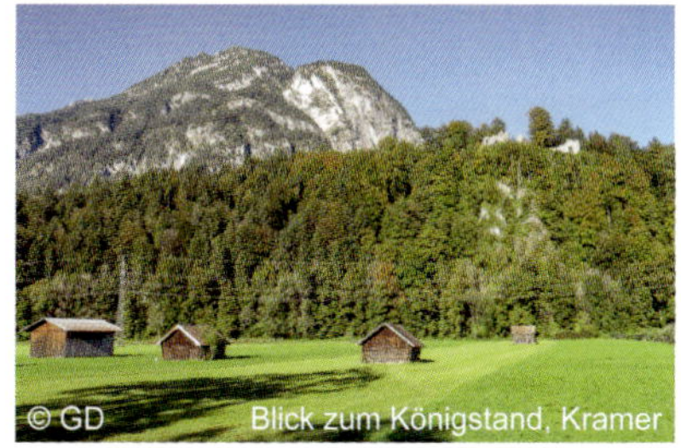
© GD Blick zum Königstand, Kramer

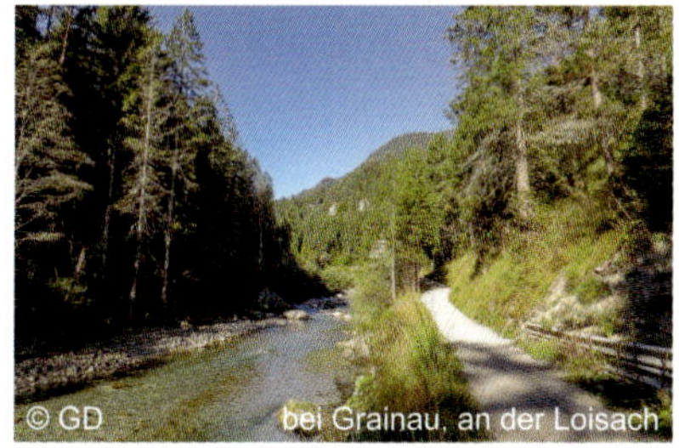
© GD bei Grainau, an der Loisach

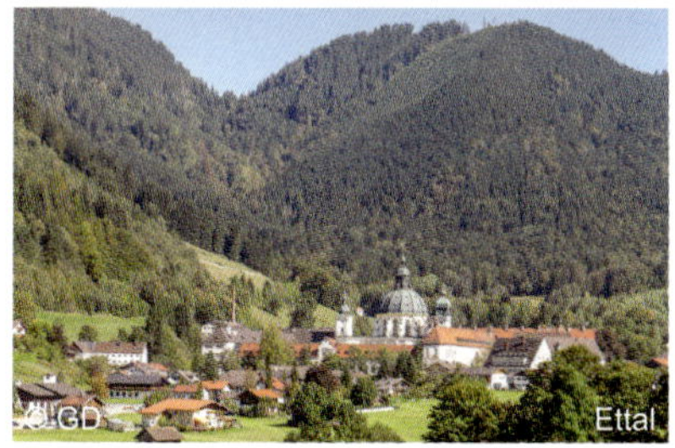
© GD Ettal

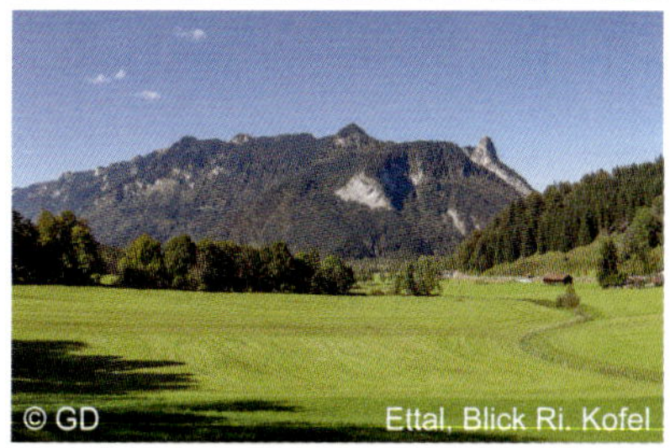
© GD Ettal, Blick Ri. Kofel

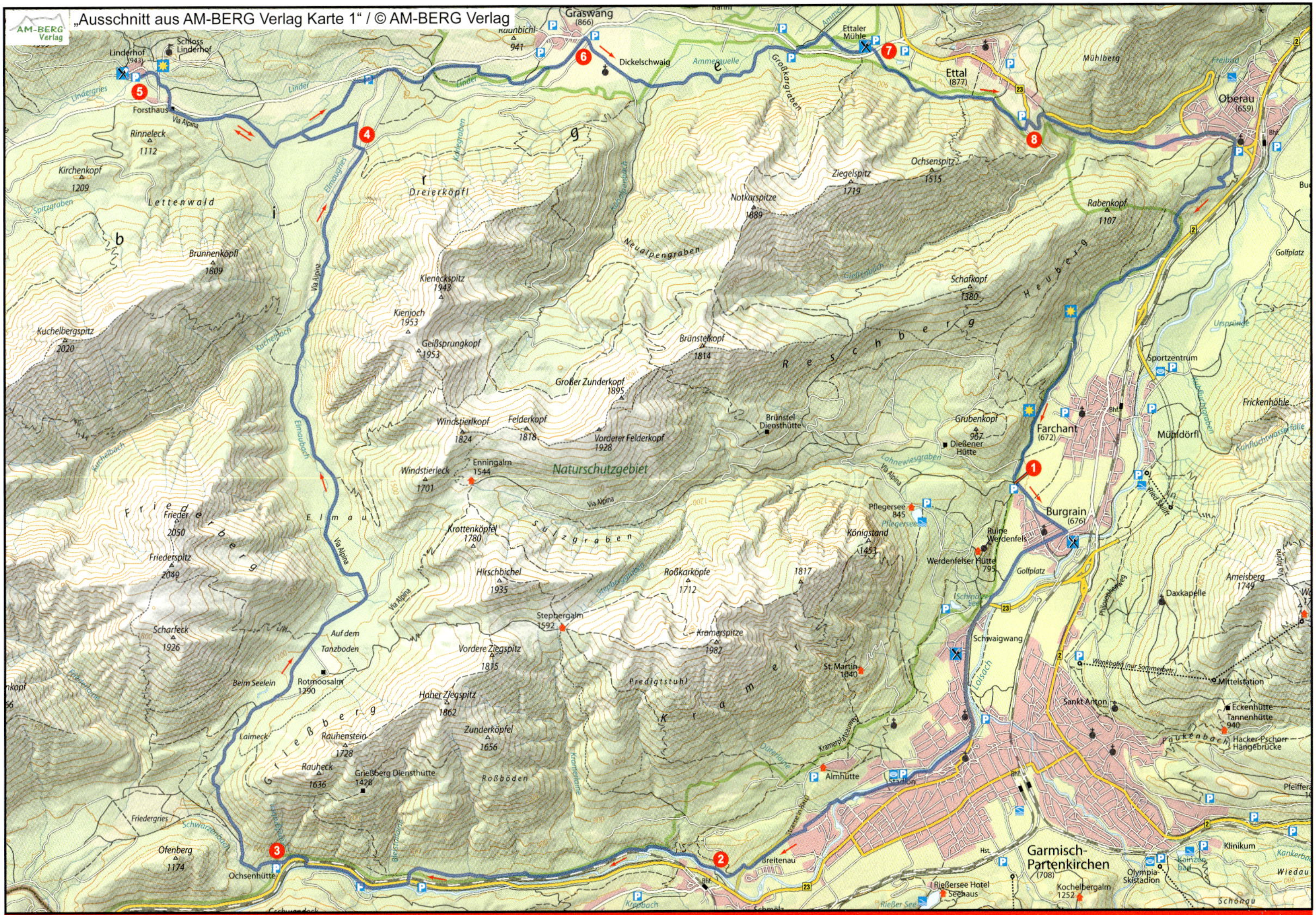

Tour 11 „Elmaugries - Linderhof“ 3 49,42 km 2:58 Std 830 Hm

Tour 11 „Elmaugries - Linderhof“ 3 49,42 km 2:58 Std 830 Hm

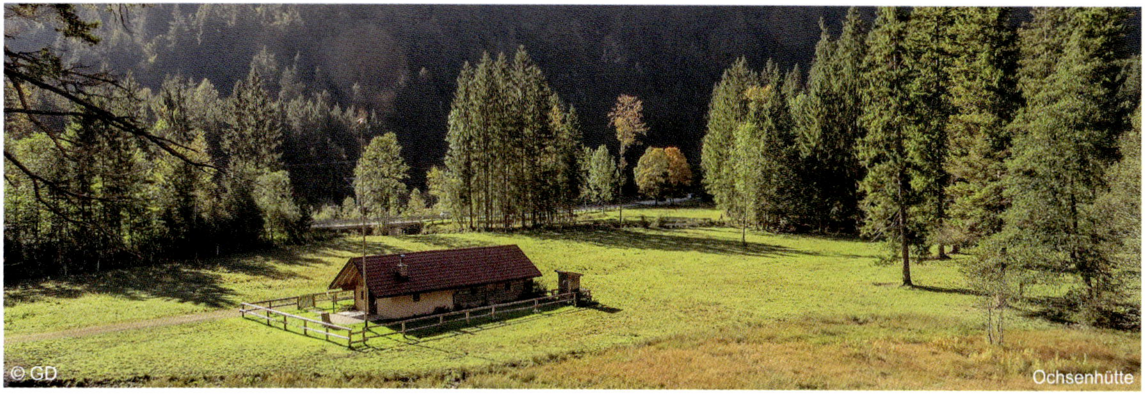
© GD Ochsenhütte

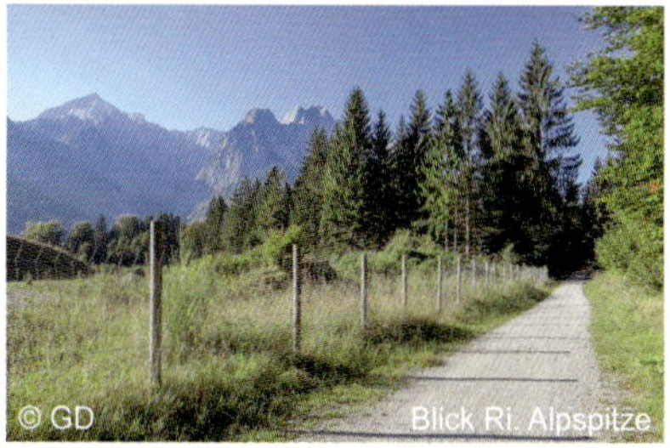
© GD Blick Ri. Alpspitze

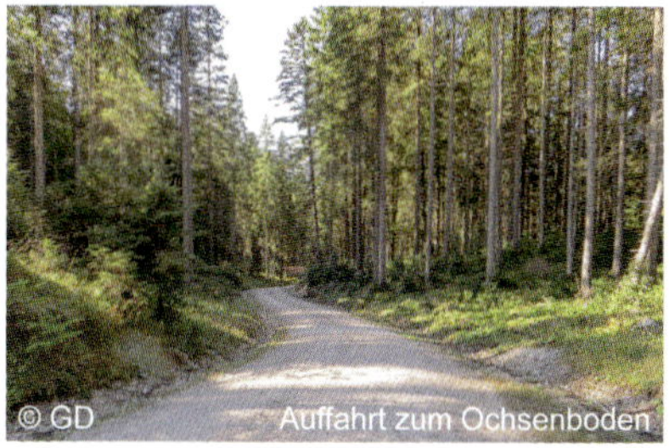
© GD Auffahrt zum Ochsenboden

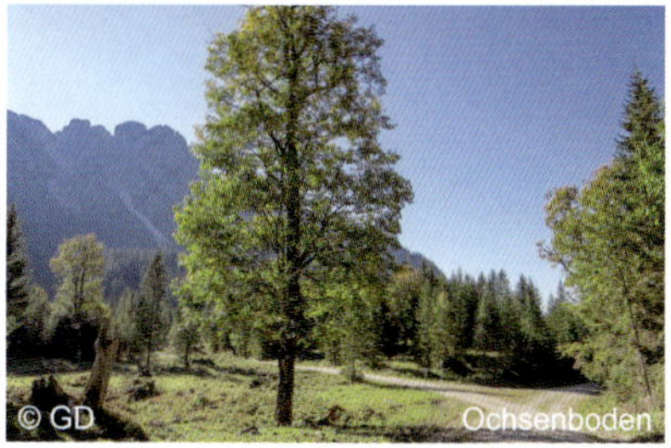
© GD Ochsenboden

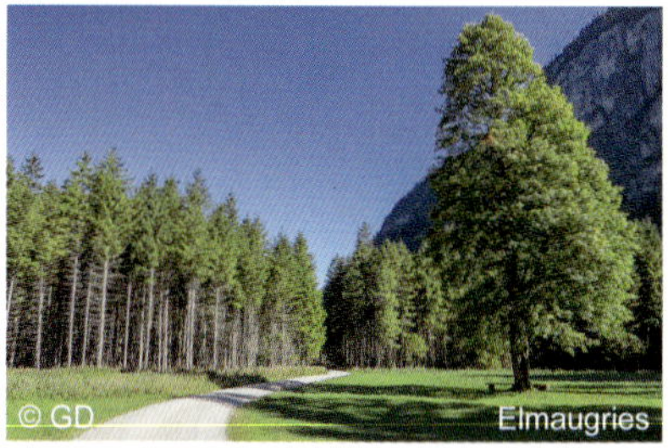
© GD Elmaugries

Strecke

Vom Parkplatz in Burgrain fährt man zur HS hinunter und biegt dort rechts auf den Radweg ab. Dem Radweg, entlang der Werdenfelser Straße und der Burgstraße bis zur Loisachbrücke folgen. Nach der Loisachbrücke rechts in die Alleestraße abbiegen und dem Loisachuferweg geradeaus, bis zu einem Steg (Archstraße), der rechts über die Loisach führt, folgen. Nach dem Steg, links auf der Maximilianstraße, bis zum Abzweig in die Breitenauer Straße fahren. Nach den letzten Häusern von Breitenau, weiter auf dem Radweg Richtung Herrgottschrofen fahren. Der Weg führt, immer entlang der Loisach zu einem Bahnübergang. Hier die Bahnlinie und Bundesstraße überqueren und auf dem Radweg nach rechts, bis zu einem weiteren Bahnübergang fahren. Jetzt nach rechts abbiegen und dem Weg bergauf, bis auf Höhe der Rotmoosalm folgen. Die Rotmoosalm rechts liegen lassen und dem breiten Forstweg, entlang des Elmaubachs, hinunter in das Graswangtal folgen. Nach mehreren Kilometern, bei einem Brunnen, nach links Ri. „Linderhof“ abbiegen und den Hinweisschildern in diese Richtung weiter folgen. Vom Schloss Linderhof zunächst auf gleicher Strecke zurück bis zum Forsthaus, danach weiter Ri. „Ettal“ fahren. Bei Graswang rechts über die Brücke und Ri. „Ettal“ weiterfahren. Dem Weg, an der Kapelle Dinkelschwaig vorbei, bis zur Bundesstraße folgen. Diese überqueren, auf dem Weg gegenüber Ri. „Ettal“ und bis zur Ettaler Mühle fahren. Gegenüber der Ettaler Mühle dem Weg nach Ettal folgen. Dieser führt am Waldrand entlang bis zum Ettaler Sattel. Nun ca. 550 m auf der Bundesstraße fahren, dann rechts abbiegen, auf der „alten“ Straße nach Oberau zur Ettaler Straße hinunterfahren. Bei der Kirche in Oberau rechts fahren und nach einem kurzen Gegenanstieg, über den Waldsaumpfad zurück zum Ausgangspunkt fahren.

Highlights der Tour

Das **Schloss Linderhof**, Lieblingsschloss von König Ludwig II, wurde in seinem Auftrag erbaut. Das Schloss und die Gartenanlagen kann man besichtigen. In den Sommermonaten muss man davon ausgehen, dass dort immer viel los sein wird. Das sollte berücksichtigt werden. Das Rad muss innerhalb der Parkanlagen geschoben werden.

Die „**Wasserräder**“ mit Rastplatz und überdachtem Unterstand, zwischen Oberau und Farchant, sind sicher ein Abenteuerspielplatz für Kinder, aber auch ein idyllischer Platz, einfach zum Relaxen für alle.

Bei Farchant, in der Nähe des Spielplatzes „Spielleiten“ wurde 1984 eine **Lourdesgrotte** errichtet. Die Madonna stand früher in der Kirche von Farchant. Aber nach der Renovierung der Kirche, in den 70er Jahren, war dort anscheinend kein Platz mehr für sie. Seit 1984 hat die Madonna wieder einen schönen Platz, den auch immer sehr viele Menschen aufsuchen.

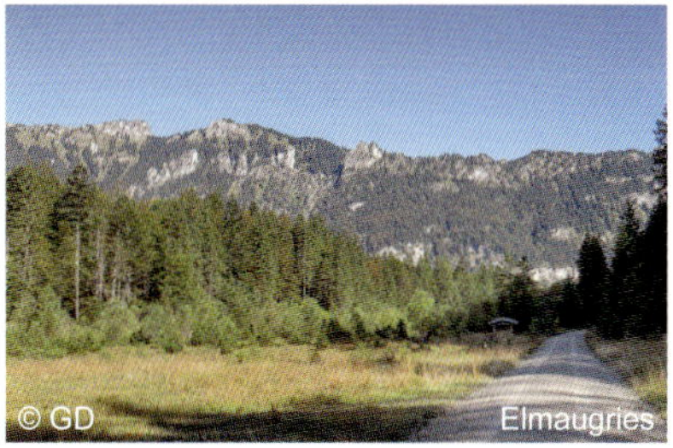
© GD Elmaugries

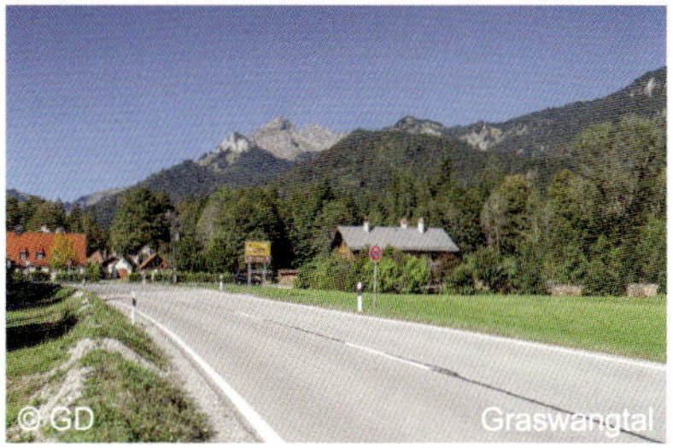
© GD Graswangtal

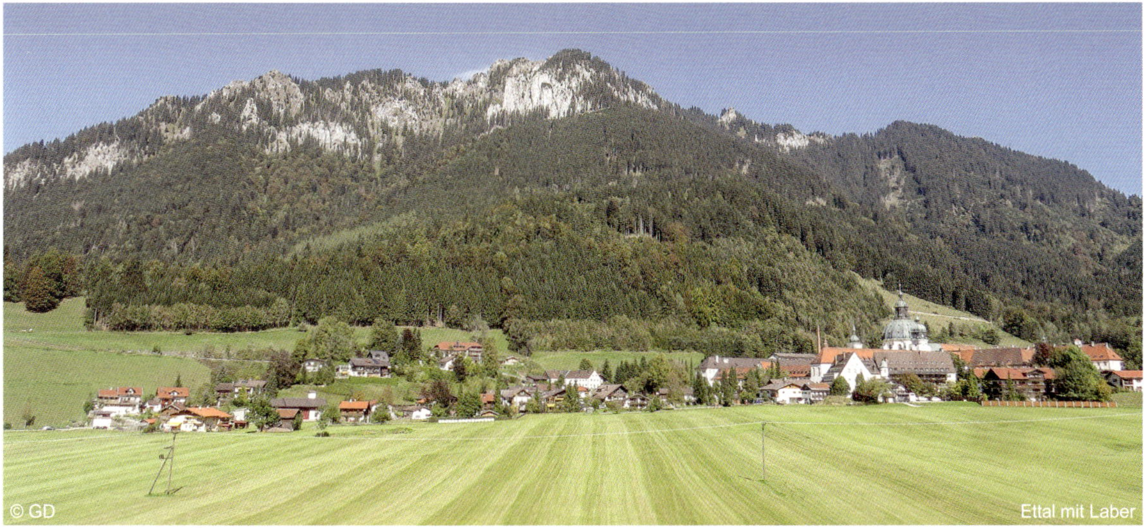
© GD Ettal mit Laber

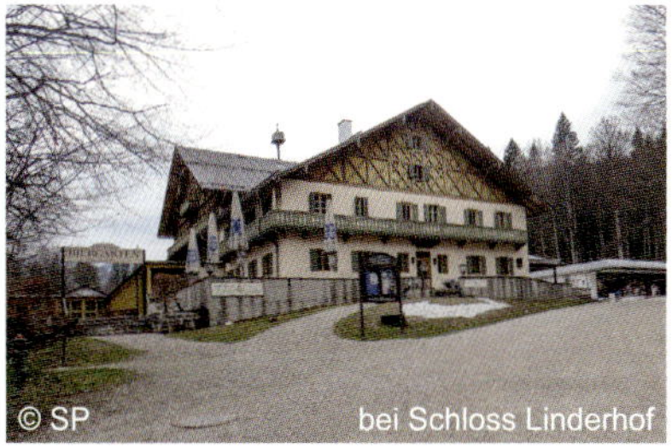
© SP bei Schloss Linderhof

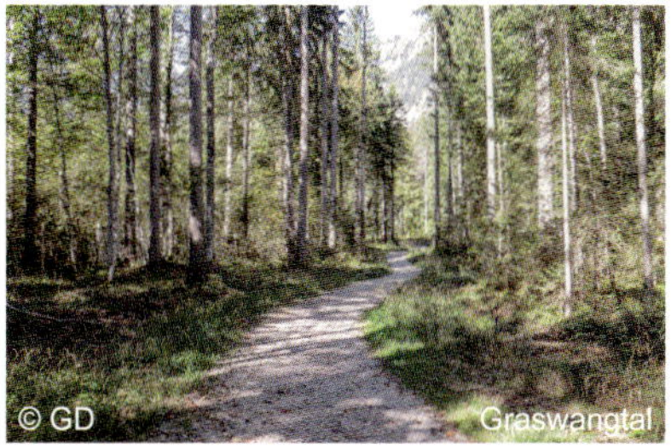
© GD Graswangtal

Tour 11 „Elmaugries - Linderhof" 3 49,42 km 2:58 Std 830 Hm

1

km 0,00/715 m Vom Parkplatz (Infotafel), **geradeaus** zurück in den Ort fahren.

(+890 m) **km 0,89**/689 m **An der HS, rechts** auf den Radweg Ri. „Garmisch" abbiegen und diesem stets bis Garmisch zur Loisachbrücke folgen.

(+3.110 m) **km 4,00**/702 m Garmisch-Partenkirchen (nach der Loisachbrücke): **Rechts** in die Alleestraße abbiegen und an der Loisach weiterfahren.

(+660 m) **km 4,66**/705 m Schräg **rechts** an der Loisach entlang weiterfahren.

(+1.150 m) **km 5,81**/713 m An der Archstraße, **rechts** und dem Loisachuferweg über die Loisachbrücke folgen. **Nach ca. 70 m** kommt man an die „Äußere Maximilianstraße", hier **links** weiterfahren.

(+340 m) **km 6,15**/724 m (nach dem Abzweig zur Almhütte) **Rechts** in die Breitenaustraße Ri. „Griesen, Herrgottschrofen" abbiegen.

2

(+1.690 m) **km 7,84**/733 m Herrgottschrofen: **Geradeaus** an der Loisach weiterfahren.

(+1.640 m) **km 9,48**/758 m (nach der kleinen Holzbrücke) **Rechts** bergauf weiterfahren. (nicht geradeaus Ri. „Grainau")

(+2.350 m) **km 11,83**/795 m **Geradeaus** (über die Bahnlinie) die HS überqueren und auf dem **Radweg** nach **rechts** weiterfahren. Diesem Radweg nun ca. 1,33 km folgen.

(+1.330 m) **km 13,16**/802 m **Rechts** auf die HS Ri. „Um den Kramer" fahren und **nach ca. 60 m rechts** dem Radweg weiter folgen.

3

(+240 m) **km 13,42**/804 m **Parkplatz Ochsenhütte: Rechts** fahren und **nach ca. 40 m rechts** bergauf (13-17%) Ri. „Linderhof" abbiegen. Nun stets dem Hauptweg geradeaus (Abzweige ignorieren) Ri. „Linderhof" folgen.

(+4.850 m) **km 18,27**/1194 m (beim Brunnen) **Links** bergab Ri. „Linderhof" abbiegen und dem Hauptweg wieder stets geradeaus (Abzweige ignorieren) Ri. „Linderhof" folgen.

4

(+6.160 m) **km 24,43**/929 m **Links** Ri. „Linderhof, Rotmoostour" abbiegen und das **Bachbett** durchqueren.

(+140 m) **km 24,57**/928 m **Rechts** Ri. „Linderhof, Rotmoostour" weiterfahren.

(+190 m) **km 24,76**/925 m **Links** Ri. „Linderhof 3 km" abbiegen.

(+740 m) **km 25,50**/920 m **Links** Ri. „Linderhof, Rotmoostour" weiterfahren.

(+1.210 m) **km 26,71**/935 m (bei der HS, nach dem Parkplatz) **Links** dem Forstweg Ri. „Linderhof" folgen.

(+650 m) **km 27,36**/942 m (beim Forsthaus) **Geradeaus** die HS überqueren, dann **rechts** und danach **links** Ri. „Schloss Linderhof Runde" weiterfahren.

5

(+390 m) **km 27,75**/944 m **Parkplatz Linderhof:** Von hier sind es ca. 250 m bis zum Eingang. Nach dem Besuch von Schloss Linderhof zunächst den gleichen Weg zurückfahren.

(+390 m) **km 28,14**/947 m **An der HS** (beim Forsthaus), **rechts** und dann nach **links** die HS überqueren. Dem Weg gegenüber folgen.

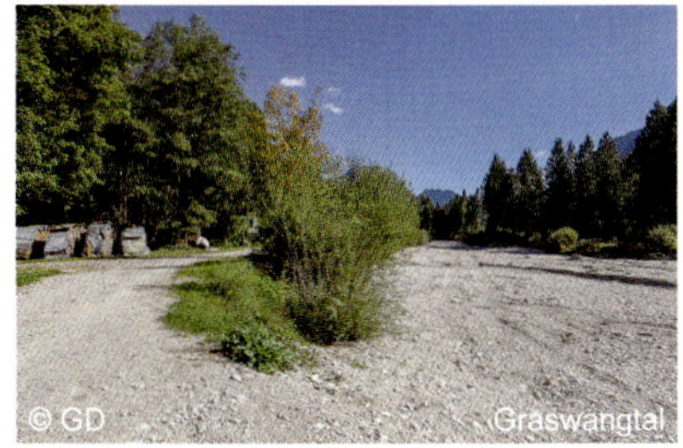
© GD Graswangtal

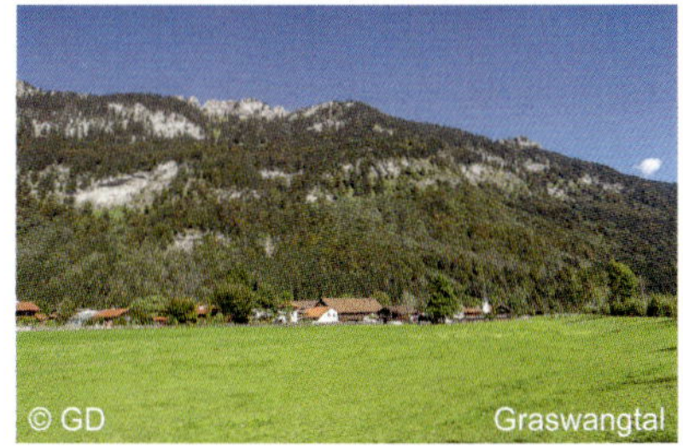
© GD Graswangtal

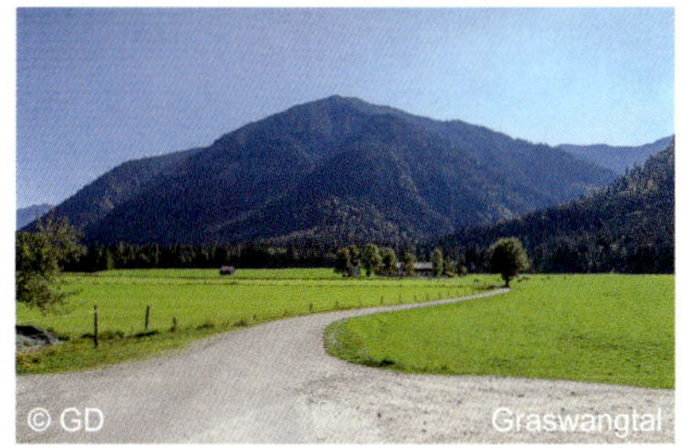
© GD Graswangtal

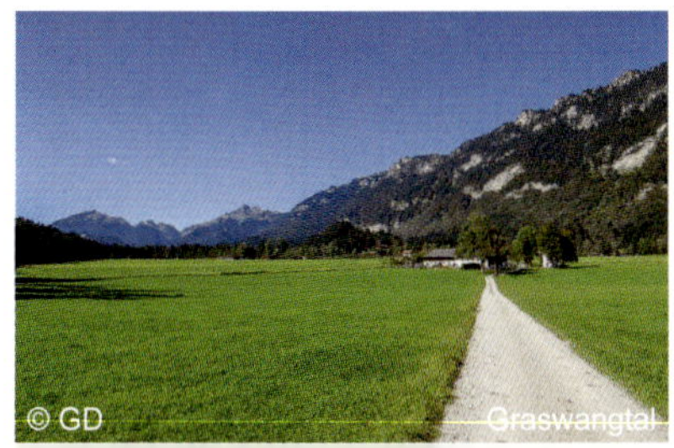
© GD Graswangtal

(+1.880 m) **km 30,02**/927 m (vorher kam man hier von rechts) **Geradeaus** Ri. „Ettal“ fahren.

(+970 m) **km 30,99**/917 m (vor der HS) **Rechts** Ri. „Ettal“ abbiegen.

(+290 m) **km 31,28**/914 m **Links** über den Parkplatz und dann **rechts** Ri. „Ettal“ weiterfahren.

(+350 m) **km 31,63**/911 m **Kreuzung, geradeaus** Ri. „Ettal“ weiterfahren.

(+1.050 m) **km 32,68**/898 m **Rechts** Ri. „Planseerunde“ abbiegen und dem Hauptweg folgen.

(+690 m) **km 33,37**/889 m **Links** Ri. „Graswang, Ettal“ und dann **rechts** dem Weg weiter folgen.

6 *(+910 m)* **km 34,28**/884 m **Graswang: Rechts** über die Brücke Ri. „Ettal“ abbiegen.

(+700 m) **km 34,98**/889 m **Gabelung, links** Ri. „Ettal“ weiterfahren.

(+2.440 m) **km 37,42**/863 m **Links** die HS überqueren und Ri. „Ettal“ weiterfahren.

(+400 m) **km 37,82**/861 m (bei der Brücke) **Rechts** Ri. „Ettal“ abbiegen.

7 *(+730 m)* **km 38,55**/858 m **Ettaler Mühle: An der HS, geradeaus** Ri. „Ettal“ weiterfahren.

(+260 m) **km 38,81**/859 m **Links** Ri. „Ettal“ weiterfahren.

(+140 m) **km 38,95**/857 m **Rechts** Ri. „Ettal“ fahren.

(+1.410 m) **km 40,36**/880 m **Abzweig, rechts** Ri. „Notkarspitze“ abbiegen.

(+600 m) **km 40,96**/896 m **Links** zur Bundesstraße fahren.

8 *(+100 m)* **km 41,06**/887 m **Ettaler Sattel** (an der B23): **Rechts** auf der HS weiterfahren.

(+440 m) **km 41,50**/870 m (nach der Links-/Rechtskurve, HS verlassen) **Rechts** auf den Schotterweg Ri. „Um das Ettaler Mandl“ abbiegen und diesem Weg, der steil bergab (15-23%) nach Oberau führt, folgen.

(+1.910 m) **km 43,41**/696 m Oberau: **Rechts** auf der HS weiterfahren.

(+550 m) **km 43,96**/684 m (beim Parkplatz) **Rechts** über den Parkplatz fahren und dann **rechts** Ri. „Farchant“ weiterfahren.

(+1.020 m) **km 44,98**/758 m **Abzweig, links** bergab dem Pfad Ri. „Farchant“ folgen.

(+1.520 m) **km 46,50**/688 m **Rechts** auf der Straße Ri. „Farchant“ weiterfahren.

(+620 m) **km 47,12**/691 m **Rechts** Ri. „Garmisch“ abbiegen und diesem Weg stets geradeaus (Abzweige ignorieren) am Wald entlang, bis zum Ausgangspunkt zurück folgen.

Startplatz:
Garmisch - Burgrain, Parkplatz in der Nähe der Hundeschule.

Anfahrt:
Von München kommend, über Farchant nach Burgrain fahren. Am Ortseingang, rechts in die Feldernkopfstraße abbiegen und der Straße ortsauswärts bis zum Wald folgen. Nach der Hundeschule ist links ein kostenloser Wanderparkplatz.

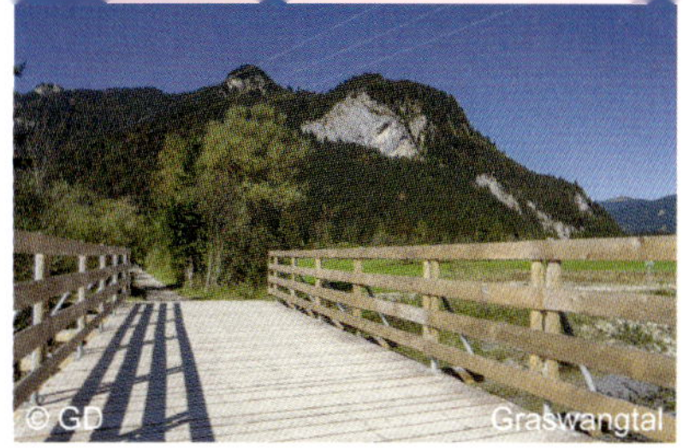
© GD Graswangtal

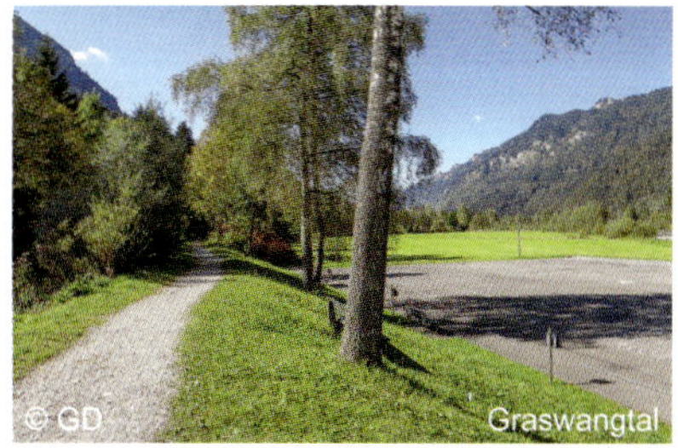
© GD Graswangtal

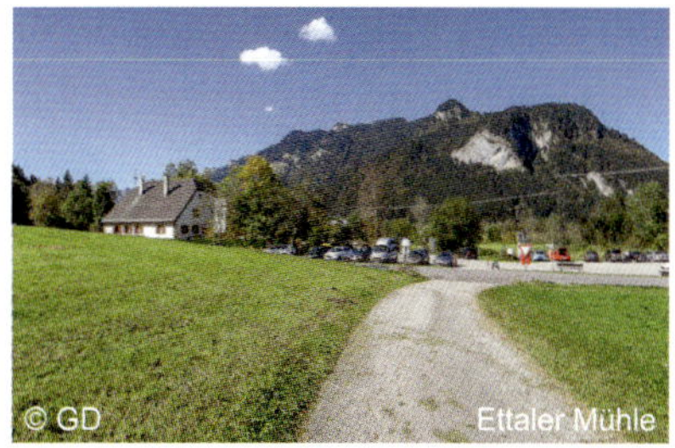
© GD Ettaler Mühle

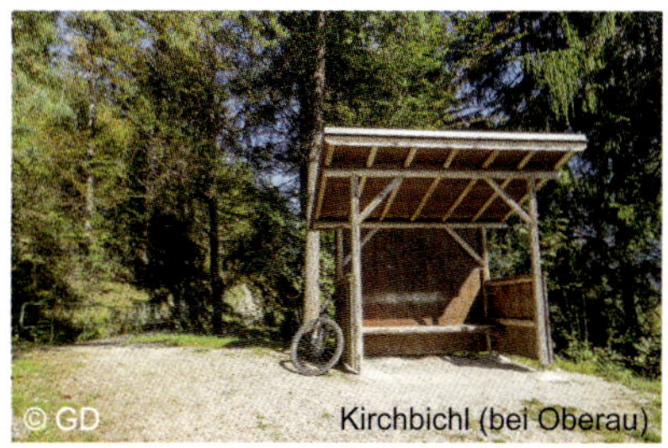
© GD Kirchbichl (bei Oberau)

Tour 12 „Um den Aufacker - Murnauer Moos“ 3 54,29 km 3:26 Std 538 Hm

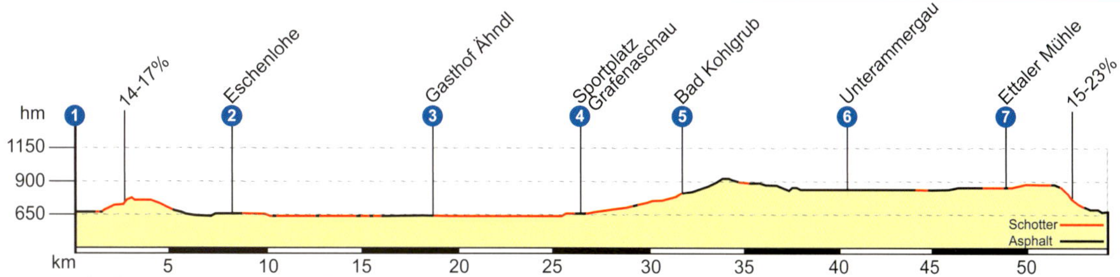

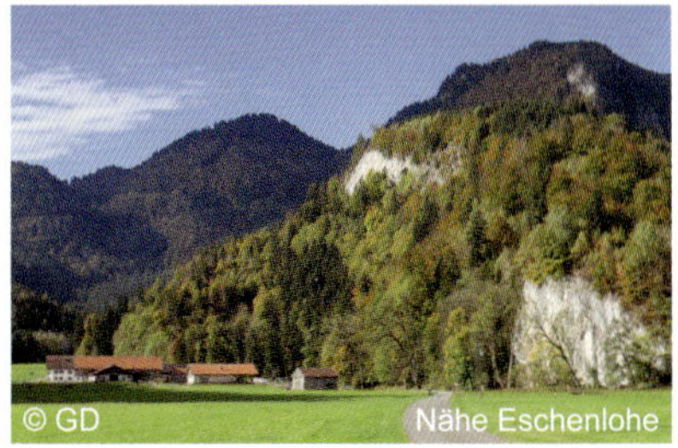

© GD Nähe Eschenlohe

Tourencharakter

Wegbeschaffenheit

Asphalt	25,56 km
Schotter/Kies	28,73 km
Pfad/Trail	0 km
Beton/Pflastersteine	0 km
Schiebestrecke	0 km

Familienfreundlich
Ja, viele verkehrsfreie Abschnitte

Einkehrmöglichkeit
in Eschenlohe, Zum Ähndl (Murnauer Moos), in Wurmansau, Unter- / Oberammergau, Ettaler Mühle

Highlights
Murnauer Moos, Ettaler Weidmoos

Fahrkönnen / Landschaft

Fahrkönnen	★★★★☆☆
Landschaft	★★★★☆☆

Höhe

Starthöhe	668 Meter
Höchster Punkt	920 Meter

Große Runde mit abwechslungsreichen Ausblicken

Die größte Steigung der Tour ist am Anfang, durch das sogenannte Katzental. Danach fährt man ganz entspannt, an der Loisach entlang, nach Murnau und weiter durch das Murnauer Moos. Von Grafenaschau, bis kurz hinter Bad Kohlgrub, geht es kontinuierlich mit mäßiger Steigung bergauf. Dann fährt man über Wurmansau, Unter- und Oberammergau zum Ettaler Sattel. Von dort geht es auf einer sehr steilen Schotterppiste wieder bergab nach Oberau. Wer dies nicht möchte, könnte auf die Bundesstraße ausweichen. Allerdings ist diese Straße sehr stark befahren. Insgesamt ist dies eine schöne ausgewogene Runde.

Einkehrmöglichkeiten

In Oberau kommt man am **Restaurant Oberauer Alm** und in Eschenlohe, bei der Loisachbrücke, am **Gasthof Zur Brücke** vorbei. Danach ergibt sich als nächste Rastmöglichkeit die **Gaststätte Zum Ähndl,** am Murnauer Moos. In Wurmansau, ein kleines Stück hinter der Kreuzung, an der man rechts nach Oberammergau abbiegt, befindet sich der **Ammertaler Hof** und in Unterammergau der **Dorfwirt**, beide laden zur Einkehr ein. Es folgen noch in Oberammergau der **Ammergauer Hof** und als letzte Rastmöglichkeit die **Ettaler Mühle**.

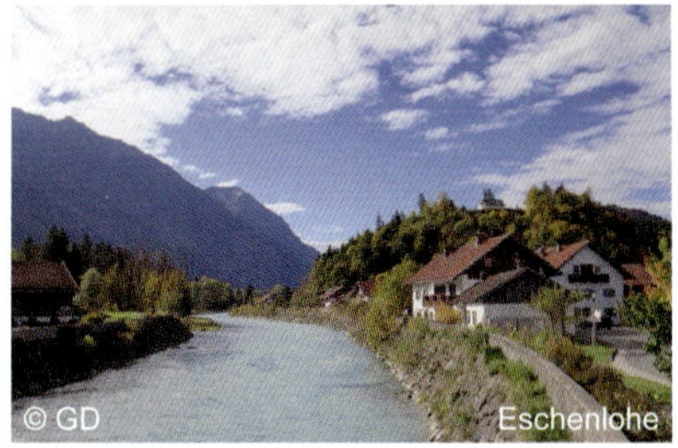

© GD Eschenlohe

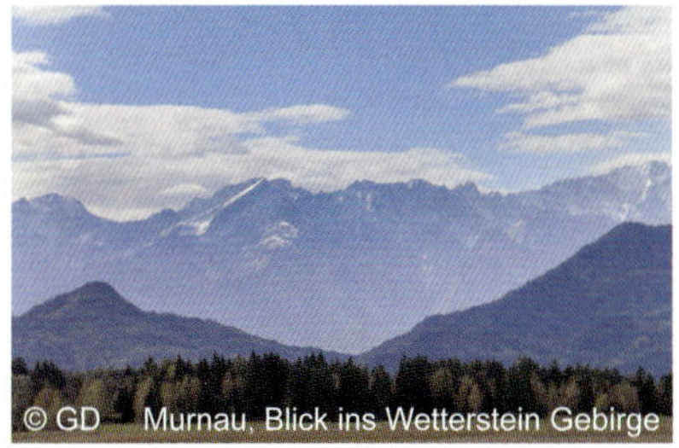

© GD Murnau, Blick ins Wetterstein Gebirge

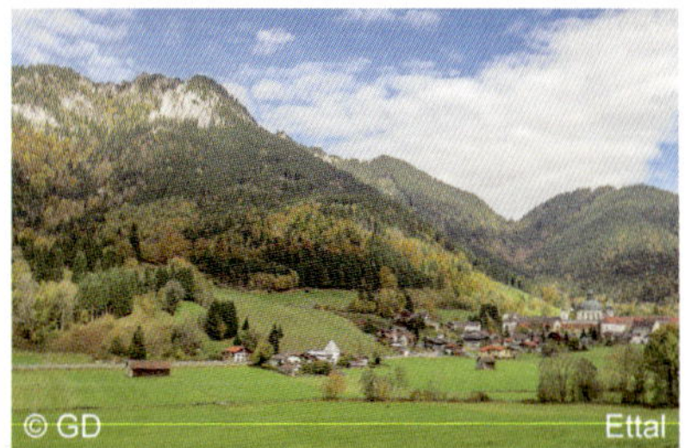

© GD Ettal

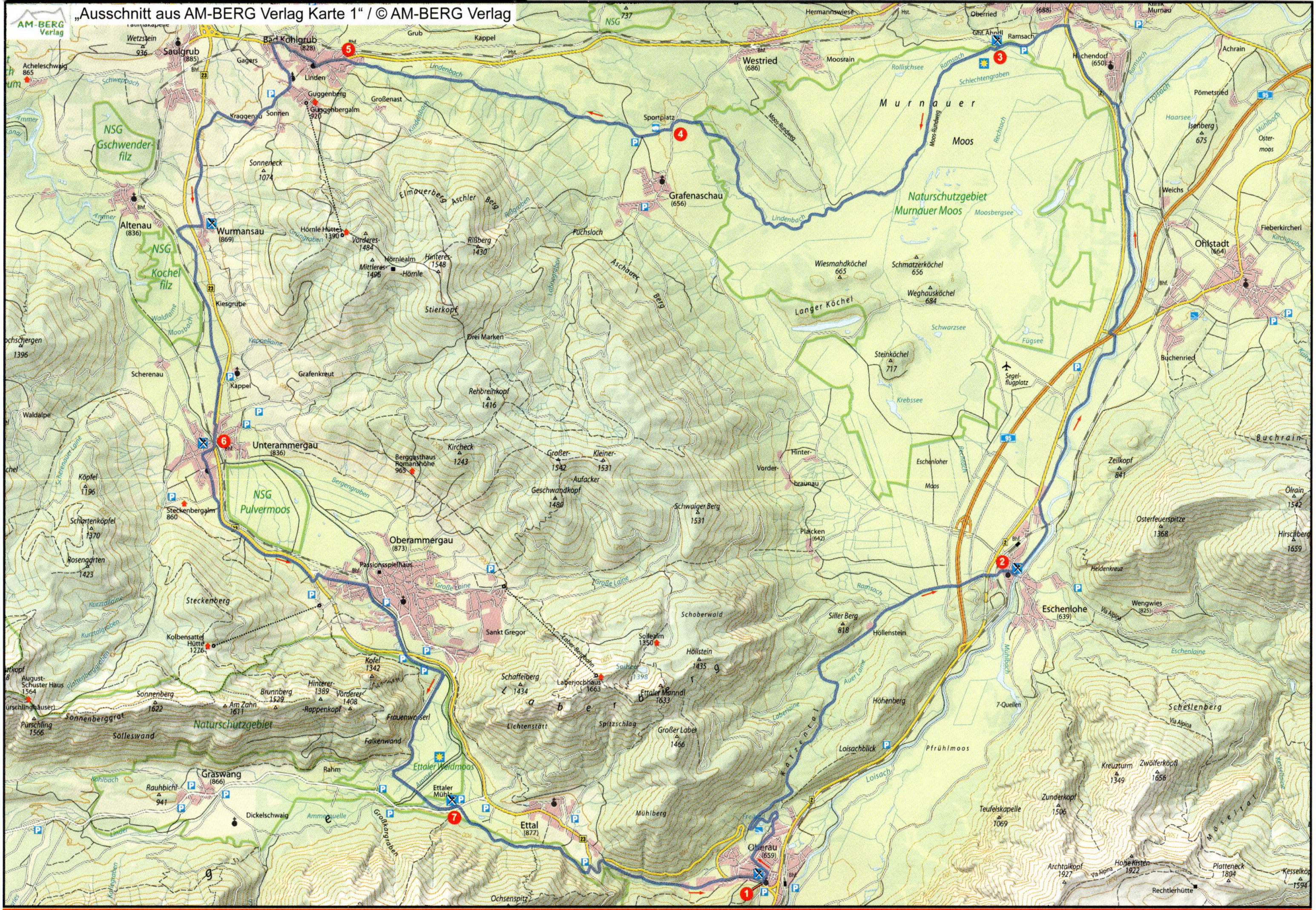

Tour 12 „Um den Aufacker - Murnauer Moos“ 3 54,29 km 3:26 Std 538 Hm

Tour 12 „Um den Aufacker - Murnauer Moos“ 3 54,29 km 3:26 Std 538 Hm

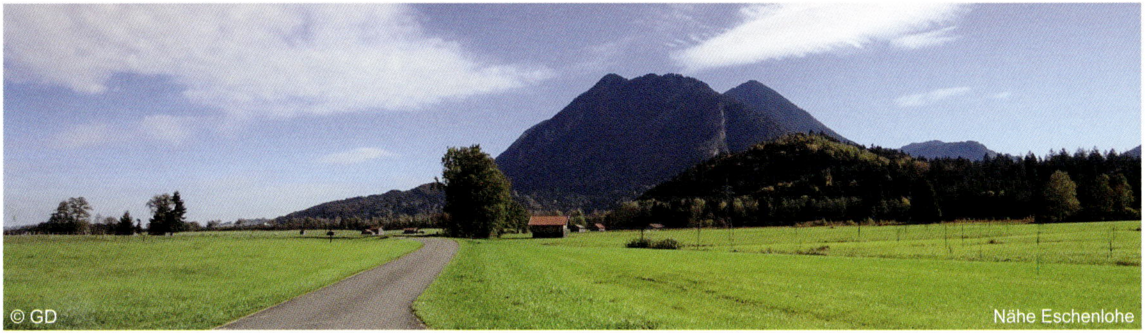
© GD Nähe Eschenlohe

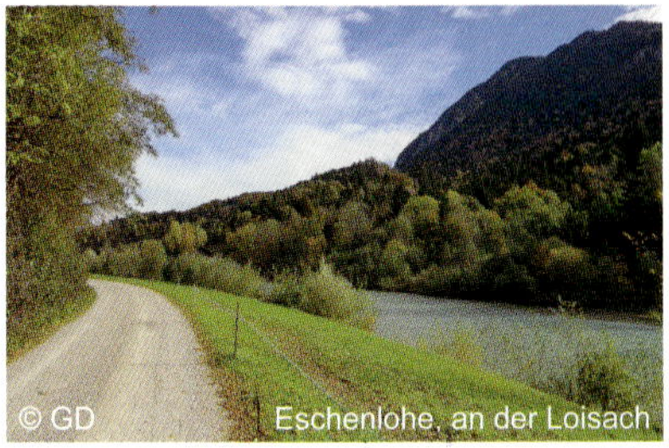
© GD Eschenlohe, an der Loisach

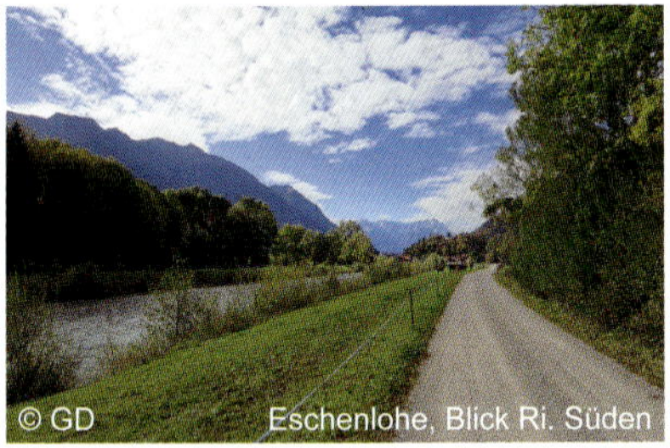
© GD Eschenlohe, Blick Ri. Süden

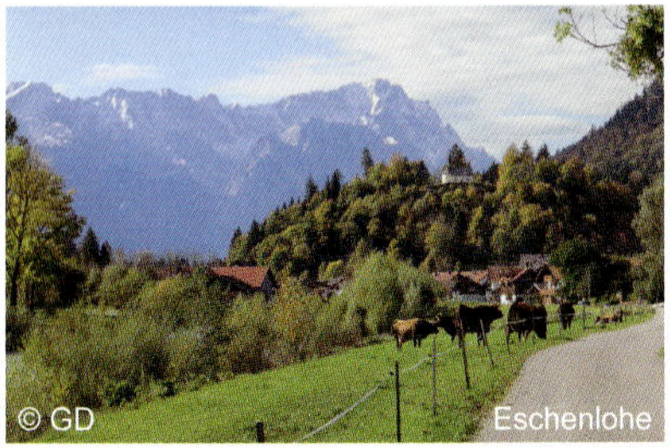
© GD Eschenlohe

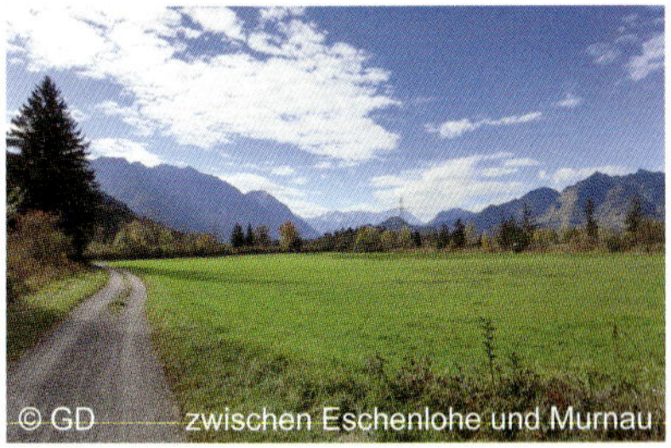
© GD zwischen Eschenlohe und Murnau

Strecke

Vom Parkplatz in Oberau der alten Dorfstraße folgen. Nach einer kurzen „Links-Rechts-Links“-Kombination auf der Mühlstraße geradeaus weiterfahren und später rechts in die Triftstraße abbiegen. Nach 500 m links in die Auwaldstraße fahren und vor der Brücke dem Weg nach rechts, am Bach entlang, folgen. An der nächsten Brücke links Ri. „Schwimmbad“ und ab dem Schwimmbad Ri. „Eschenlohe“ weiterfahren. Man fährt auf dem Schotterweg bergauf, durch das sogenannte Katzental und folgt dem Weg nach Eschenlohe. In Eschenlohe zur Loisach fahren und vor der Brücke, links auf den Radweg Ri. „Murnau abbiegen. Auf diesem Radweg nun bis Murnau fahren. Am Ortseingang von Murnau links, dem Radweg Ri. „Uffing“ folgen, die HS überqueren und gegenüber in der Ramsachstraße weiterfahren. Beim Gasthof Ähndl links fahren und den Hinweisschildern „Murnauer Moos“ folgen. Nach ca. 4 km Ri. „Grafenaschau“ weiterfahren. Dieser Weg führt zur HS (Grafenaschau/Westried). Hier links auf den Radweg abbiegen und beim Sportplatz rechts Ri. „Bad Kohlgrub“ fahren. In Bad Kohlgrub links auf die Ortsdurchgangsstraße abbiegen und dieser fast bis zum Ortsende folgen. Dann links, der Badstraße Ri. „Guggenberg“ folgen und weiter nach Kraggenau fahren. Bei der Kapelle rechts Ri. „Saulgrub“ und nach 500 m links auf den Forstweg Ri. „Oberammergau“ fahren. Vor der HS links nach Wurmansau abbiegen. Ab Wurmansau den Hinweisschildern Ri. „Oberammergau“ folgen. In Oberammergau, vor dem Parkplatz, links durch die Unterführung fahren und der Straße bis zur Ammer folgen. Vor der Brücke rechts Ri. „Kofel“ abbiegen und an der Ammer entlang fahren. Unter der B23 durchfahren und auf dem Radweg Ri. „Ettal, Ettaler Mühle“ fahren. Gegenüber der Ettaler Mühle, dem Weg nach Ettal folgen. Dieser führt am Waldrand entlang bis zum Ettaler Sattel. Nun etwa 550 m auf der Bundesstraße fahren, dann rechts abbiegen und auf der „alten“ Straße nach Oberau, zur Ettaler Straße hinunterfahren.

Highlight der Tour
Das **Murnauer Moos** ist das größte zusammenhängende naturnahe Moor in Mitteleuropa. In der Nähe der Gaststätte Ähndl, gibt es einen Informations-Stadl, der täglich besichtigt werden kann. Hier erfahren Sie alles Wissenswerte über das Moorgebiet. Ein Teil der beschriebenen Tour führt durch das Murnauer Moos.
Nach Oberammergau fährt man durch das **Ettaler Weidmoos,** ein sogenanntes Kalkflachmoor. 1982 wurde das Moorgebiet unter Natuschutz gestellt.

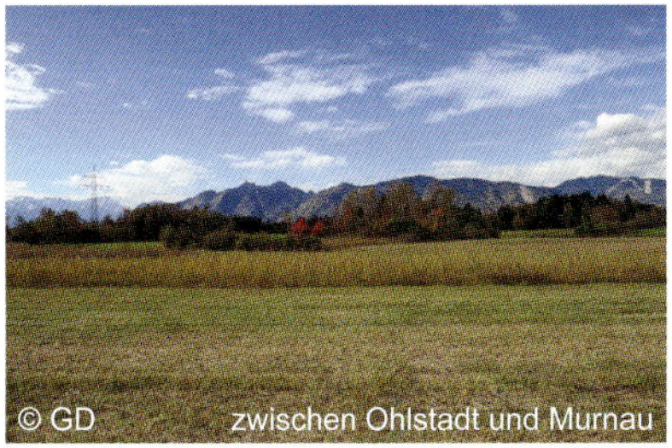
© GD zwischen Ohlstadt und Murnau

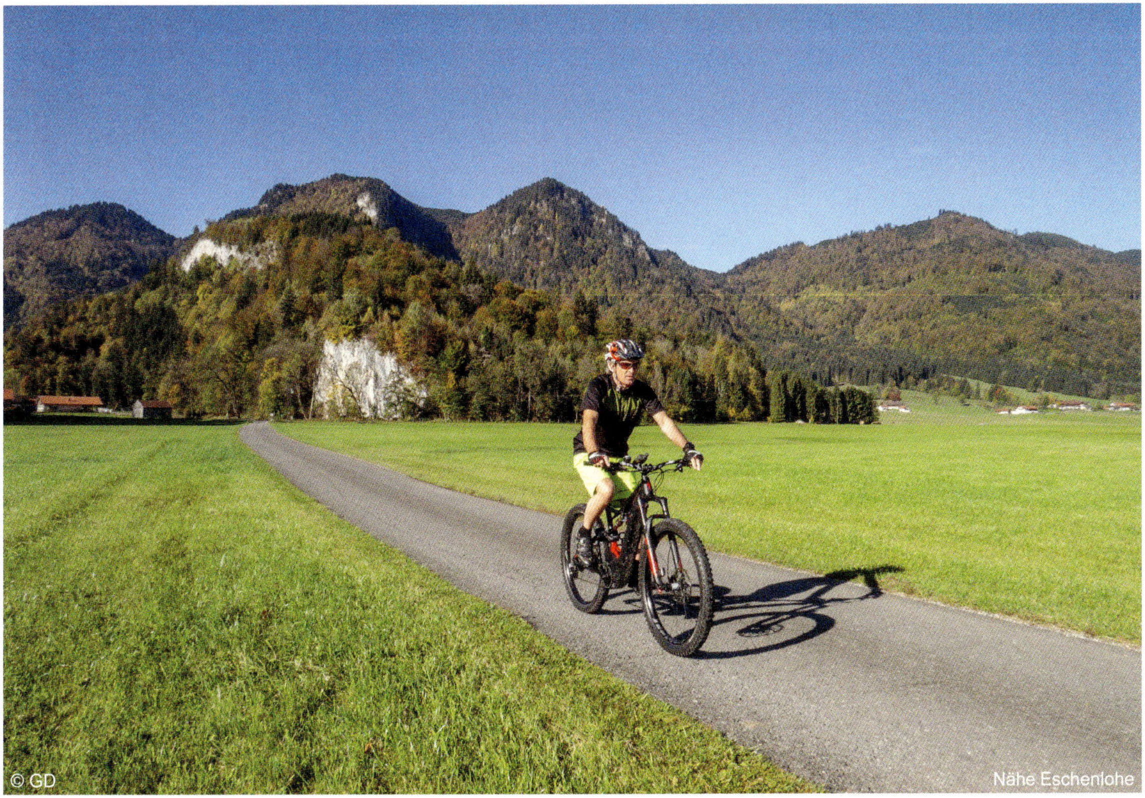
© GD Nähe Eschenlohe

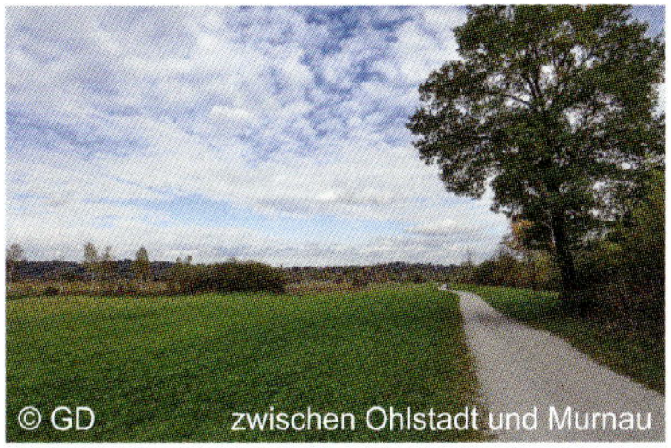
© GD zwischen Ohlstadt und Murnau

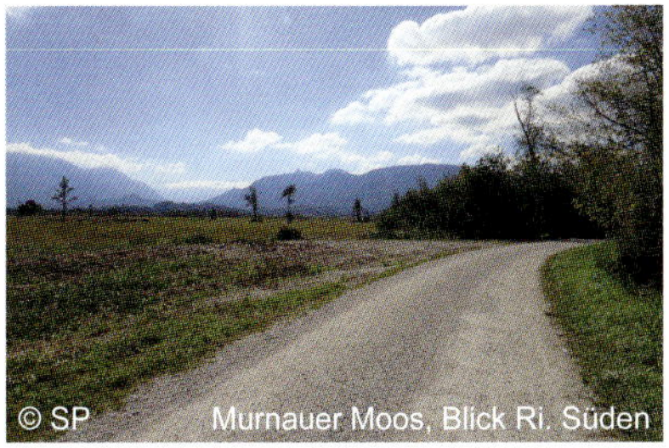
© SP Murnauer Moos, Blick Ri. Süden

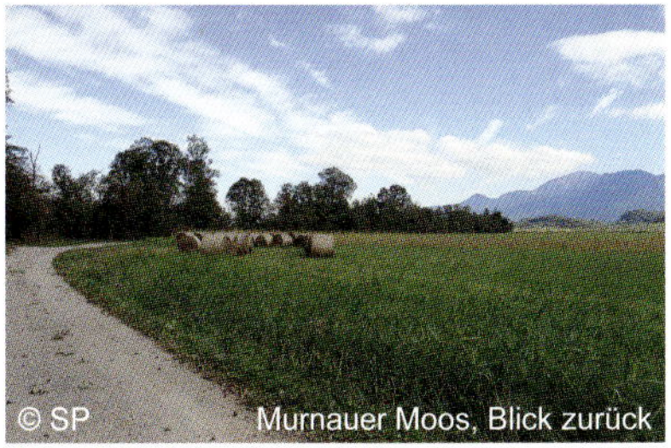
© SP Murnauer Moos, Blick zurück

Tour 12 „Um den Aufacker - Murnauer Moos“ 3 54,29 km 3:26 Std 538 Hm

Tour 12 „Um den Aufacker - Murnauer Moos“ 3 54,29 km 3:26 Std 538 Hm

1 **km 0,00**/668 m Vom Parkplatz (Ampel), **geradeaus** (HS überqueren) und gegenüber der „Alten Dorfstraße“ folgen.

(+120 m) **km 0,12**/666 m **Links** fahren und **nach 10 m rechts** weiterfahren.

(+40 m) **km 0,16**/666 m **Links** in die Mühlstraße abbiegen und dieser geradeaus bis zur Triftstraße folgen.

(+320 m) **km 0,48**/670 m **Kreuzung, rechts** der Triftstraße folgen.

(+500 m) **km 0,98**/663 m **Links** in die Auwaldstraße, Ri. „Am Gießenbach“ abbiegen.

(+110 m) **km 1,09**/663 m (vor der Brücke) **Rechts** am Bach entlang weiterfahren.

(+120 m) **km 1,21**/663 m **Links** Ri. „Schwimmbad“ abbiegen und bis dorthin fahren. Hier dem Schotterweg bergauf (13-17%) Ri. „Eschenlohe“ folgen, weiter durch das Katzental, vorbei am Einsiedlerhof Höllenstein und unter der Autobahn durch, bis nach Eschenlohe fahren.

2 *(+7.040 m)* **km 8,25**/642 m **Eschenlohe** (Dorfplatz): **Rechts** Richtung Loisachbrücke fahren.

(+110 m) **km 8,36**/642 m (vor der Loisachbrücke) **Links** dem Radweg Ri. „Murnau“ folgen.

(+1.130 m) **km 9,49**/642 m **Rechts** dem Radweg Ri. „Murnau“ folgen.

(+180 m) **km 9,67**/643 m **Rechts** dem Radweg folgen.

(+590 m) **km 10,25**/640 m (Gewerbegebiet) **Geradeaus** weiterfahren.

(+30 m) **km 10,28**/640 m **Rechts** dem Radweg Ri. „Murnau“ weiter folgen.

(+2.190 m) **km 12,47**/636 m **An der HS**, **links** Ri. „Radweg Murnau“ abbiegen.

(+80 m) **km 12,55**/636 m (nach Unterquerung der Autobahn) **Rechts** dem Radweg Ri. „Murnau“ folgen.

(+2.150 m) **km 14,70**/629 m **Rechts** der Straße folgen.

(+110 m) **km 14,81**/629 m (vor der Loisachbrücke) **Links** Ri. „Murnau“ fahren und dem Radweg bis nach Murnau folgen.

(+1.150 m) **km 15,96**/628 m **Links** Ri. „alle Richtungen“ und **nach 10 m rechts** weiterfahren.

(+190 m) **km 16,15**/631 m (Ortsschild Hechendorf) **Links** dem Radweg Ri. „Murnau“ folgen.

(+60 m) **km 16,21**/635 m (vor der HS) **Rechts** bergauf (3-5%) dem Radweg (vorbei an der Tankstelle, nach ca. 1 km) bis nach Murnau folgen.

(+1.370 m) **km 17,58**/647 m Murnau: **Links** dem Radweg Ri. „Uffing“ folgen, **nach 10 m** die **HS überqueren** und gegenüber in der Ramsachstraße weiterfahren.

3 *(+1.110 m)* **km 18,69**/625 m **Gasthof Ähndl:** **Links** über den Bach und dann **rechts** Ri. „Murnauer Moos“ fahren.

(+3.950 m) **km 22,64**/633 m **Links** Ri. „Grafenaschau, Cafe Habersetzer“ weiterfahren.

(+3.600 m) **km 26,24**/649 m **Links** auf den Radweg abbiegen.

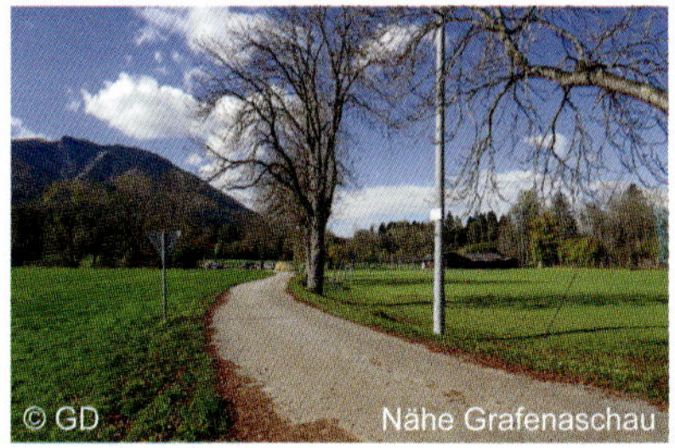
© GD Nähe Grafenaschau

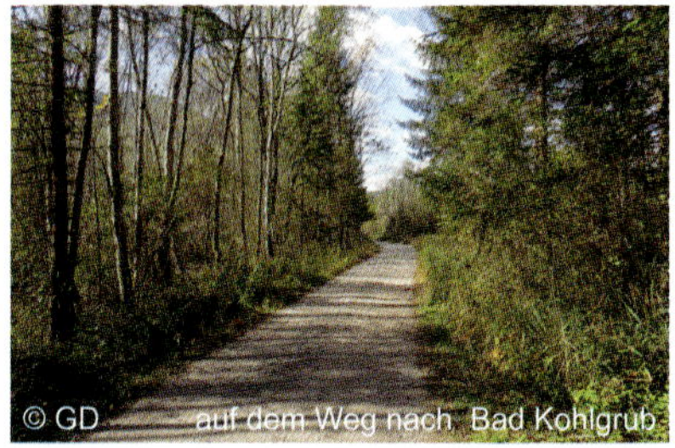
© GD auf dem Weg nach Bad Kohlgrub

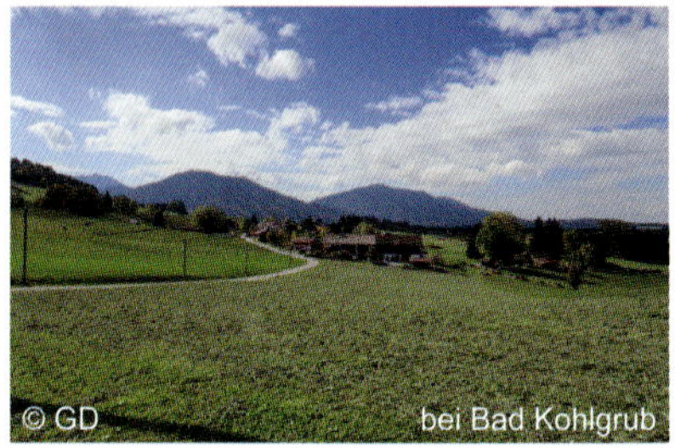
© GD bei Bad Kohlgrub

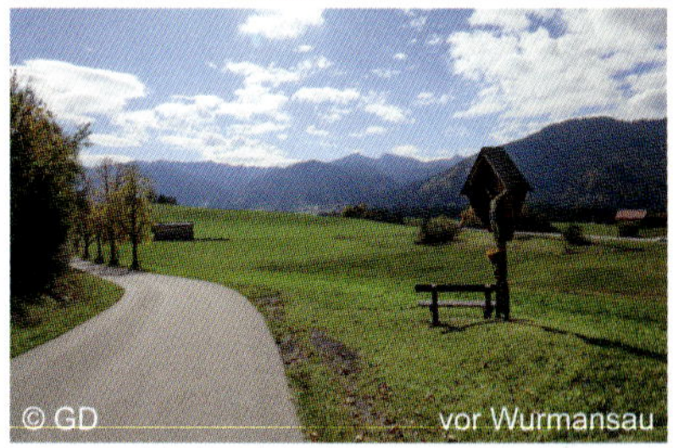
© GD vor Wurmansau

4 *(+120 m)* **km 26,36**/650 m (am **Sportplatz**) **Rechts** Ri. „Bad Kohlgrub“ abbiegen.

(+440 m) **km 26,80**/659 m **Rechts** Ri. „Bad Kohlgrub“ abbiegen.

(+2.830 m) **km 29,63**/725 m (Rettungstreffpunkt „GAP-2045“) **Links** Ri. „Bad Kohlgrub“

5 *(+1.970 m)* **km 31,60**/809 m **Bad Kohlgrub: Links** auf die HS abbiegen und dieser durch den Ort folgen (fast bis zum Ortsende).

(+1.120 m) **km 32,72**/858 m **Links** in die Badstraße Ri. „Guggenberg“ abbiegen.

(+720 m) **km 33,44**/887 m **Rechts** in die Baumgartenstraße Ri. „Sonnen, Kraggenau“ fahren.

(+300 m) **km 33,74**/916 m Kraggenau: **Rechts** Ri. „Oberammergau“ fahren.

(+510 m) **km 34,25**/910 m (bei der Kapelle) **Rechts** Ri. „Saulgrub“ abbiegen.

(+500 m) **km 34,75**/896 m **Links** auf den Forstweg Ri. „Oberammergau“ fahren.

(+510 m) **km 35,26**/896 m (vor der HS) **Links** Ri. „Aura Hotel“ abbiegen.

(+1.380 m) **km 36,64**/874 m Wurmansau: **Rechts** Ri. „Oberammergau“ und unter der Bundesstraße durchfahren.

(+350 m) **km 36,99**/859 m **Links** Ri. „Oberammergau“ und dem Radweg folgen.

6 *(+3.400 m)* **km 40,39**/832 m **Unterammergau** (nach dem Bahnübergang): **Rechts** der Dorfstraße Ri. „Oberammergau“ folgen.

(+260 m) **km 40,65**/835 m **Links** in der Dorfstraße Ri. „Oberammergau“ weiterfahren und dem Radweg bis nach Oberammergau folgen.

(+2.560 m) **km 43,21**/842 m Oberammergau (vor dem Parkplatz): **Links** dem Radweg durch die Unterführung Ri. „Ettal“ folgen. Nach der Unterführung **rechts** und bis zur Ammer fahren.

(+840 m) **km 44,05**/837 m (vor der Ammer) **Rechts** Ri. „Kofel“ abbiegen.

(+710 m) **km 44,76**/838 m **Geradeaus** dem Malensteinweg, an der Ammer entlang, folgen. Unter der „B23“ durchfahren und stets dem Radweg folgen.

(+1.160 m) **km 45,92**/841 m **Rechts** dem Radweg Ri. „Ettal, Graswang“ folgen.

(+1.710 m) **km 47,63**/848 m **Links** dem Schotterweg Ri. „Ettal über Ettaler Mühle“ folgen.

(+510 m) **km 48,14**/847 m **Kreuzung, geradeaus** Ri. „Ettaler Mühle“ weiterfahren.

7 *(+730 m)* **km 48,87**/844 m **Ettaler Mühle: An der HS, geradeaus** Ri. „Ettal“ fahren.

(+260 m) **km 49,13**/844 m **Links** Ri. „Ettal“ weiterfahren.

(+140 m) **km 49,27**/844 m **Rechts** Ri. „Ettal“ fahren.

(+1.410 m) **km 50,68**/866 m **Abzweig, rechts** Ri. „Notkarspitze“ abbiegen.

(+600 m) **km 51,28**/881 m **Links** zur Bundesstraße fahren.

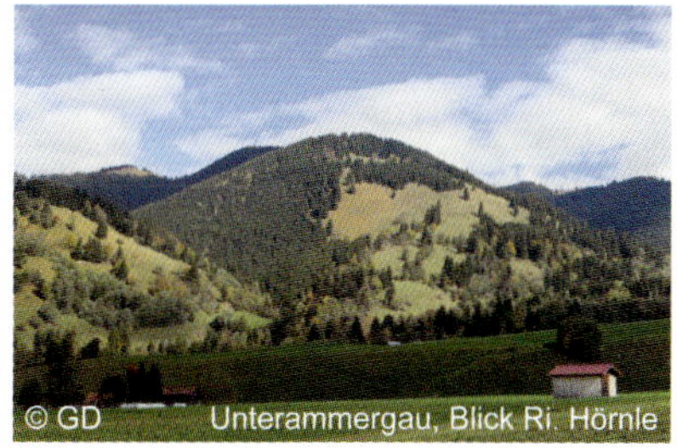

© GD Unterammergau, Blick Ri. Hörnle

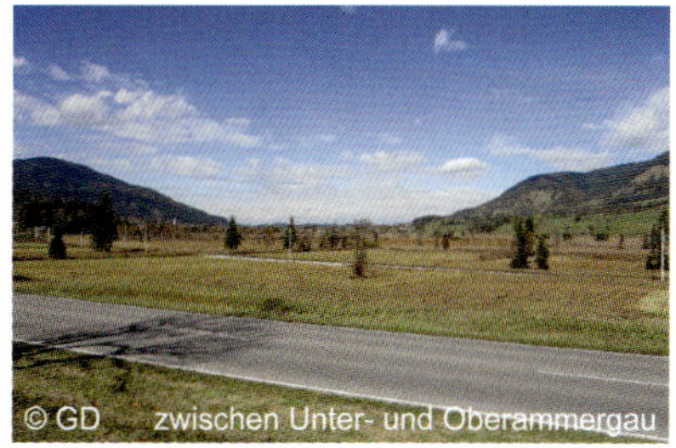

© GD zwischen Unter- und Oberammergau

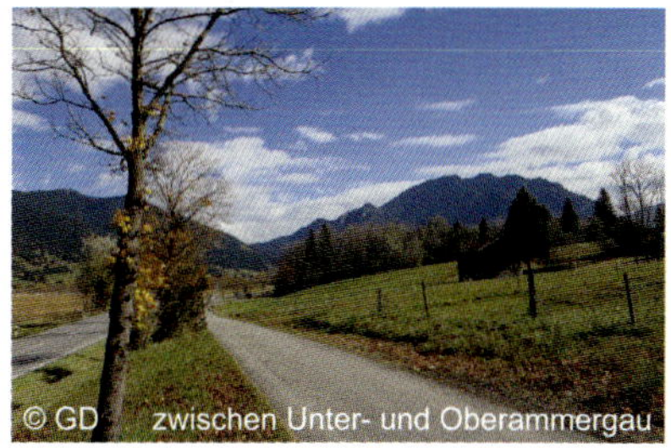

© GD zwischen Unter- und Oberammergau

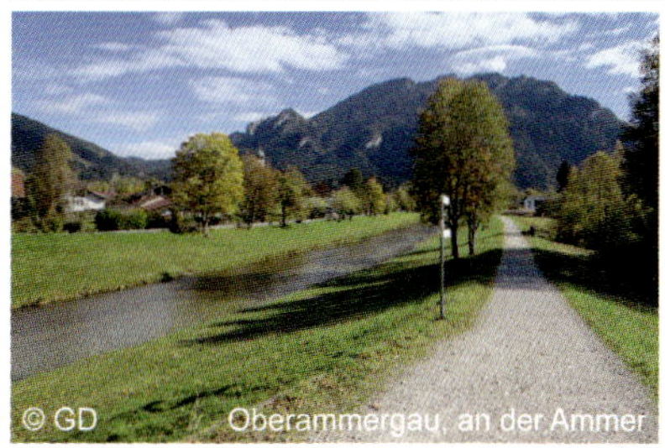

© GD Oberammergau, an der Ammer

Tour 12 „Um den Aufacker - Murnauer Moos“ 3 54,29 km 3:26 Std 538 Hm

(+100 m) **km 51,38**/880 m Ettaler Sattel (an der B23): **Rechts** auf der HS weiterfahren.

(+440 m) **km 51,82**/852 m (nach der Links-/Rechtskurve, HS verlassen) **Rechts** Ri. „Um das Ettaler Mandl“ abbiegen und diesem Weg, der steil bergab (15-23%), nach Oberau führt, folgen.

(+1.910 m) **km 53,73**/682 m Oberau: **Rechts** auf die HS abbiegen und bis zum Ausgangspunkt zurückfahren.

Startplatz:
Oberau, Parkplatz bei der Heilandkirche (Am Kirchbichl 8).

Anfahrt:
In Oberau Ri. „Ettal“ abbiegen. Es folgt links der Parkplatz am Kirchbichl, hier parken.

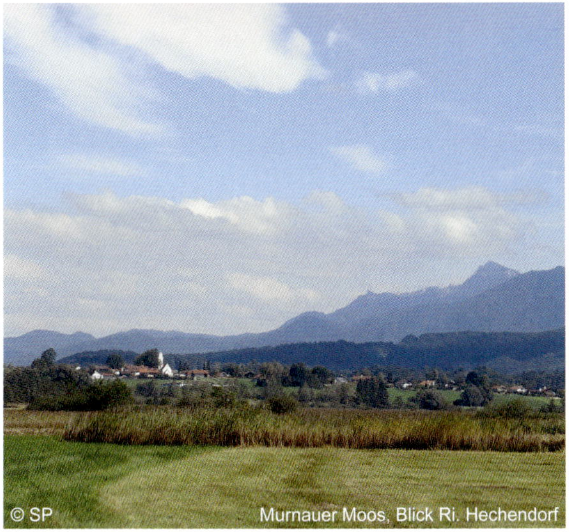

© SP Murnauer Moos, Blick Ri. Hechendorf

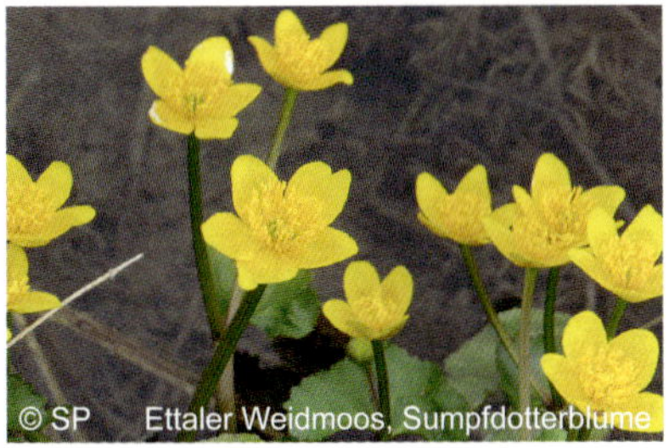

© SP Ettaler Weidmoos, Sumpfdotterblume

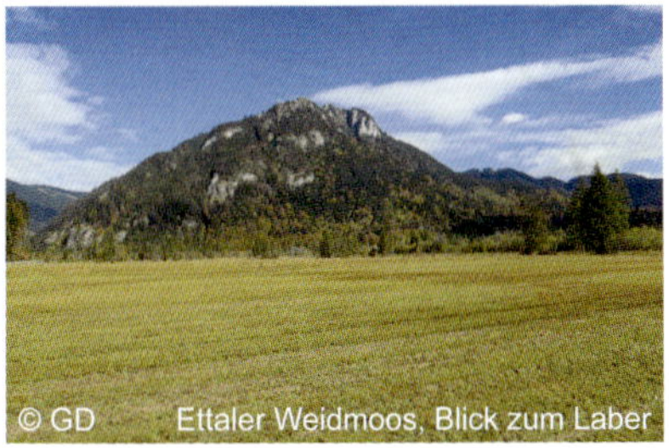

© GD Ettaler Weidmoos, Blick zum Laber

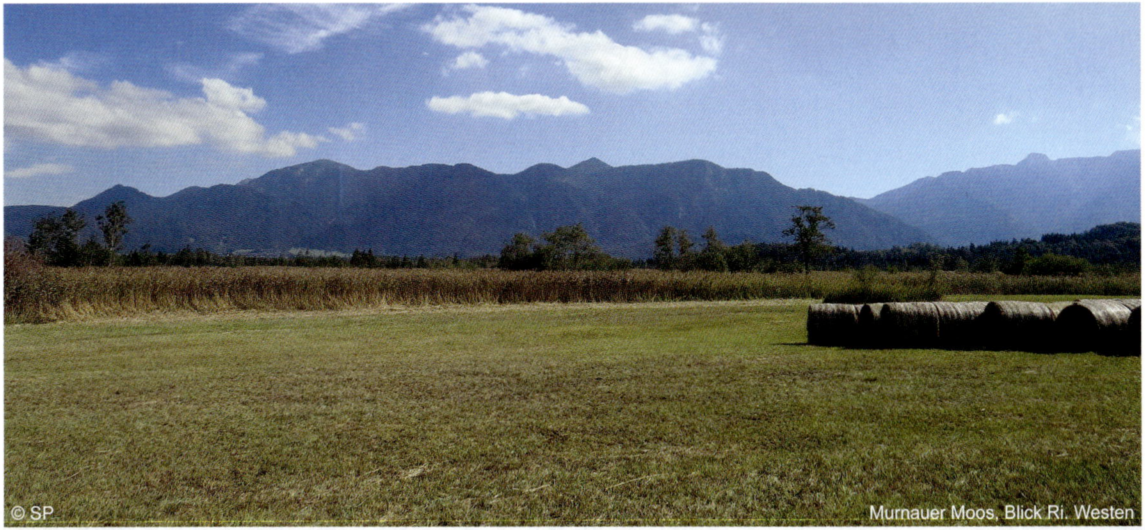

© SP Murnauer Moos, Blick Ri. Westen

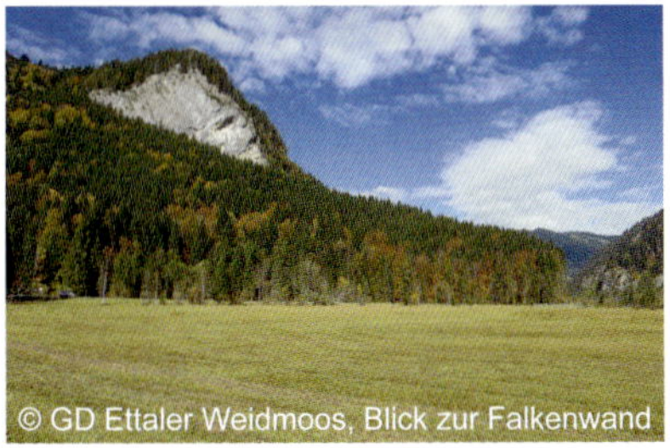

© GD Ettaler Weidmoos, Blick zur Falkenwand

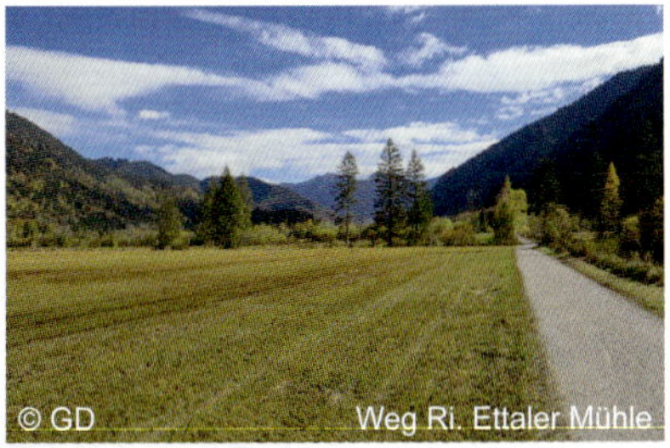

© GD Weg Ri. Ettaler Mühle

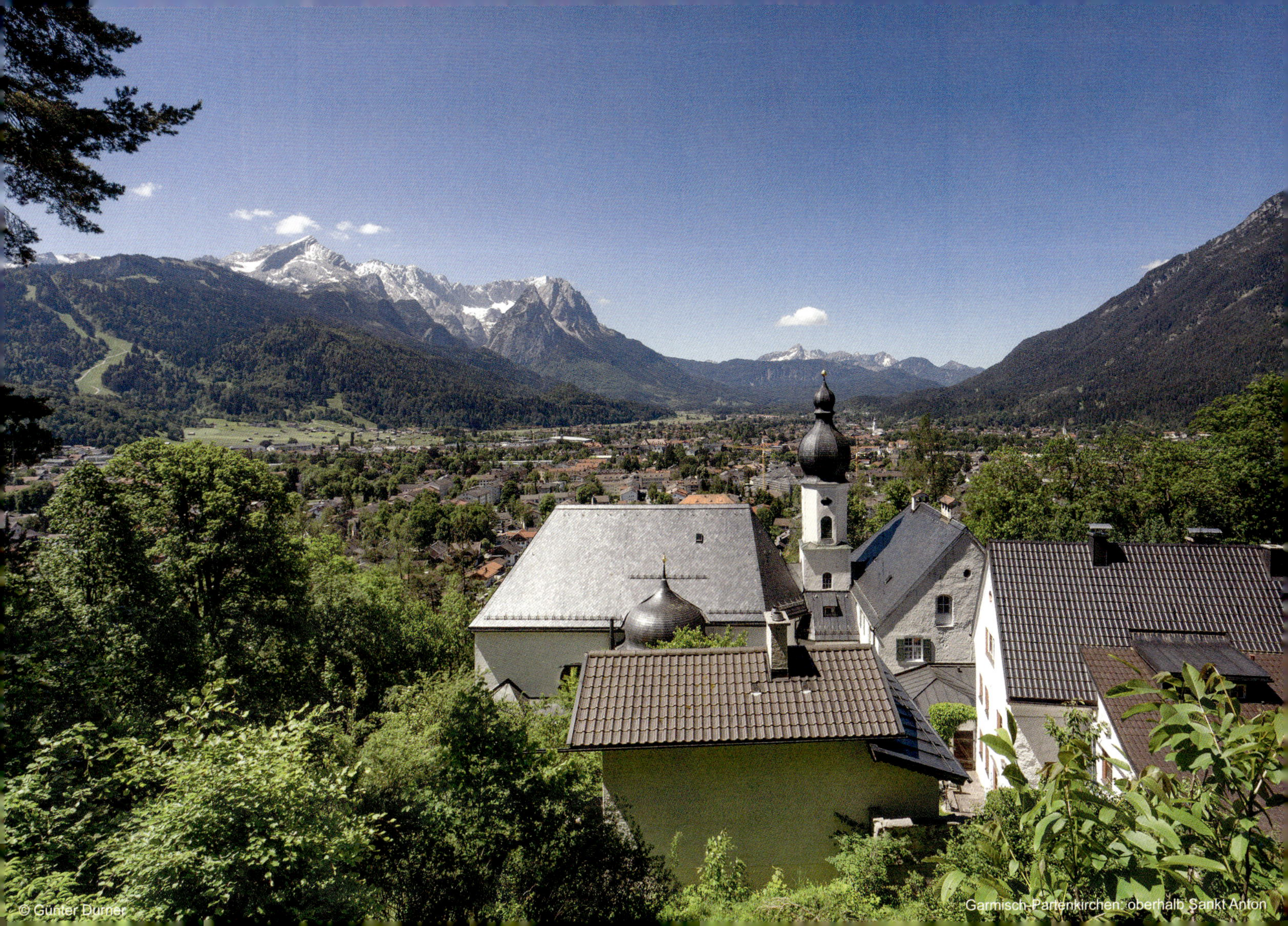

Garmisch-Partenkirchen: oberhalb Sankt Anton

Tour 13 „Um den Daniel und zur Tuftlalm“ 3 49,91 km 3:15 Std 950 Hm

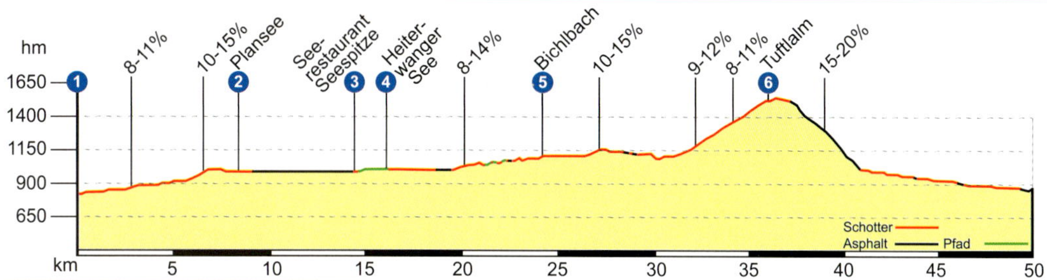

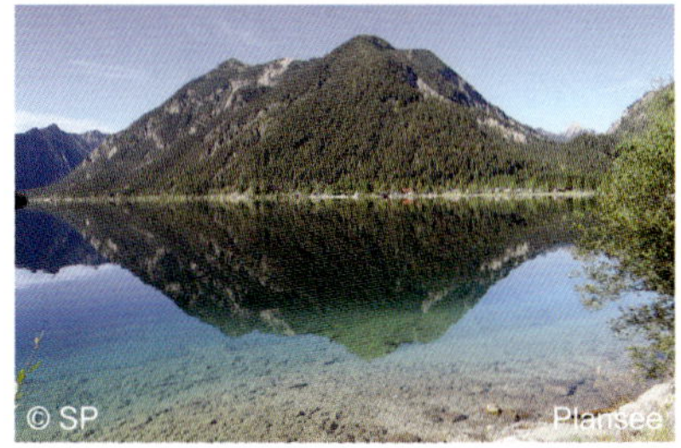
© SP Plansee

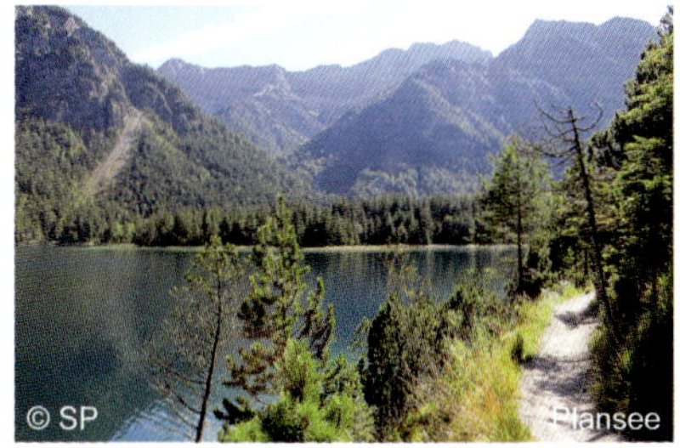
© SP Plansee

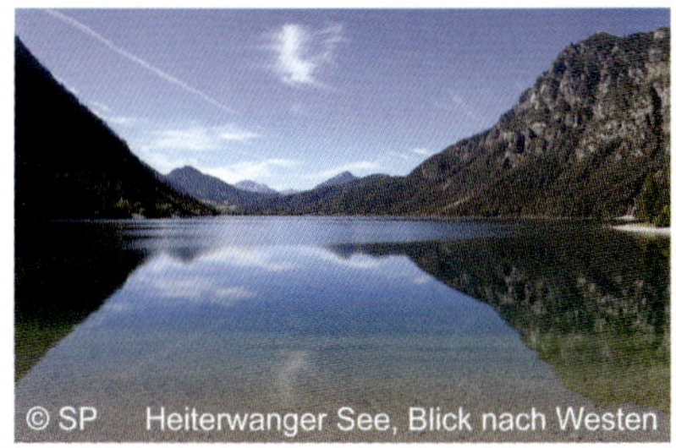
© SP Heiterwanger See, Blick nach Westen

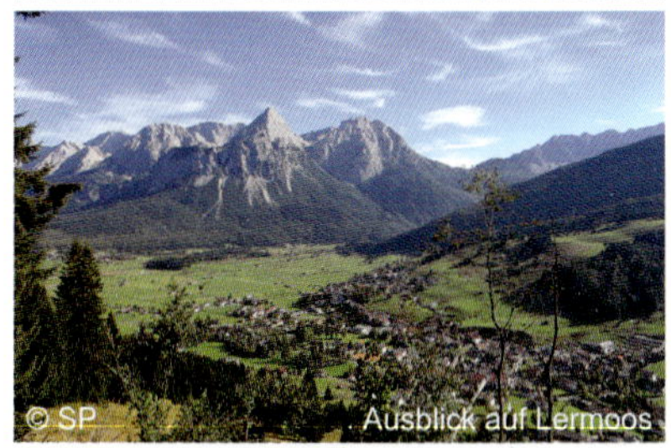
© SP Ausblick auf Lermoos

Tourencharakter

Wegbeschaffenheit

Asphalt	11,45 km
Schotter/Kies	36,46 km
Pfad/Trail	1,99 km
Beton/Pflastersteine	0,01km
Schiebestrecke	1,10 km

(Fußweg am Westufer vom Plansee)

Familienfreundlich
Ja, viele verkehrsfreie Wege

Einkehrmöglichkeit
am Plansee, Tuftlalm

Highlights
Bademöglichkeit (Plansee, Heiterwanger See); Aussichtsplattform (Tuftlalm); Wasserfall (Ehrwald)

Fahrkönnen / Landschaft

Fahrkönnen	★★★★★★
Landschaft	★★★★★★

Höhe

Starthöhe	824 Meter
Höchster Punkt	1.534 Meter

Großartige aussichtsreiche Berg- und Seen Rundtour

Der Daniel (2.340 m) ist der höchste Gipfel der Ammergauer Alpen, auf seiner Nordwestseite befinden sich der Plan- und Heiterwanger See. Bei dieser Runde fährt man von der ehemaligen Grenzstation Griesen zum fjordartigen Plansee, der malerisch zwischen Daniel und Zwieselberg eingebettet ist. Von Heiterwang, das mitten im Außerfern liegt, geht es durch das Zwischentorental über Bichlbach Lähn/Wengle nach Lermoos. Von hier fährt man hinauf zur wunderschön gelegenen Tuftlalm, die sich bei dieser Tour ideal für eine Pause anbietet. Bei der anschließenden Abfahrt, hinunter nach Ehrwald, sind gute Bremsen gefragt. Die Straße ist zwar durchwegs asphaltiert, aber mit 20% Gefälle extrem steil.

Einkehrmöglichkeiten

Die erste Einkehrmöglichkeit gibt es am Plansee beim **Kiosk Seeblick** und im **Restaurant Hotel Forelle** sowie am westlichen Ufer im **Restaurant Seespitze**. Danach folgt noch die **Tuftlalm**.

Tipp / Bike & Hike

Wer noch Power hat, kann von der Tuftlalm (1.496 m) zum Daniel (2.340 m) aufsteigen. Aufstieg ca. 2 1/4 Std., ca. 844 hm.

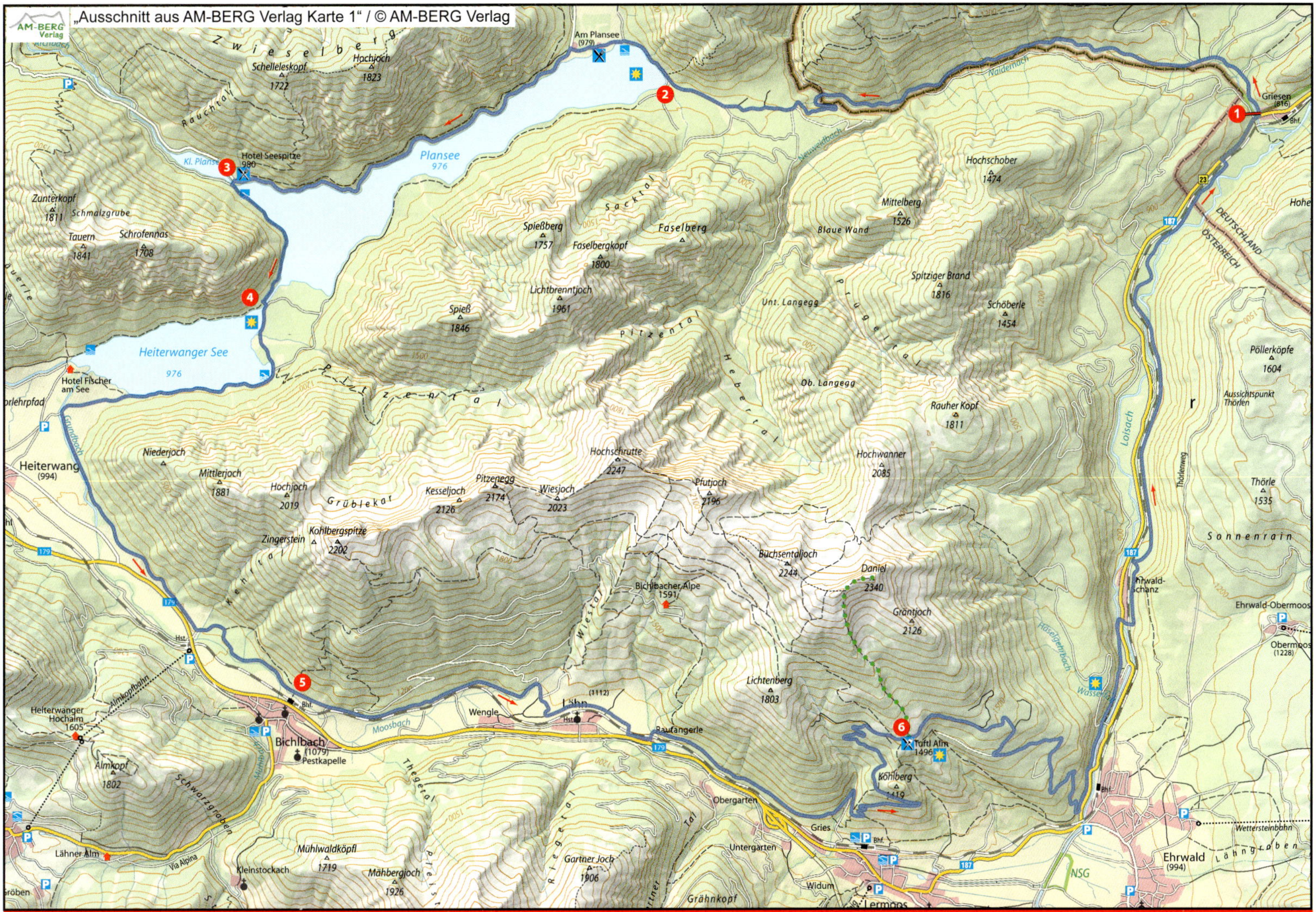

Tour 13 „Um den Daniel und zur Tuftlalm" 3 49,91 km 3:15 Std 950 Hm

Tour 13 „Um den Daniel und zur Tuftlalm“ | 3 | 49,91 km | 3:15 Std | 950 Hm

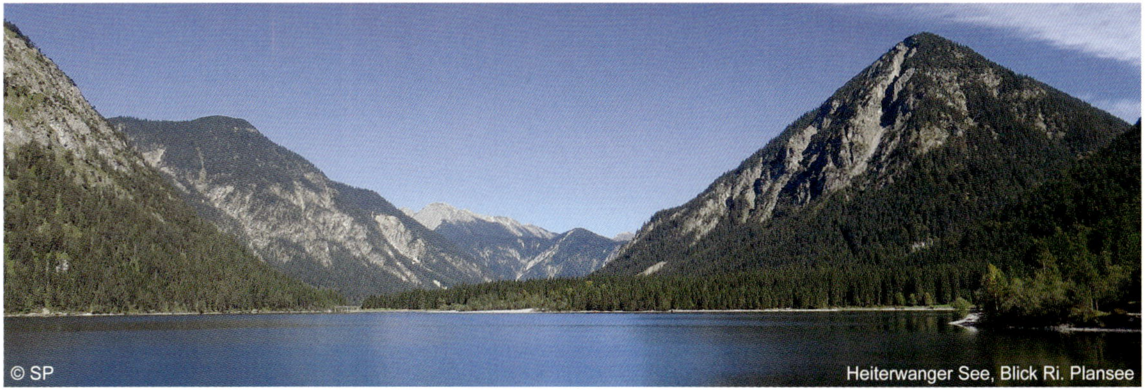
© SP Heiterwanger See, Blick Ri. Plansee

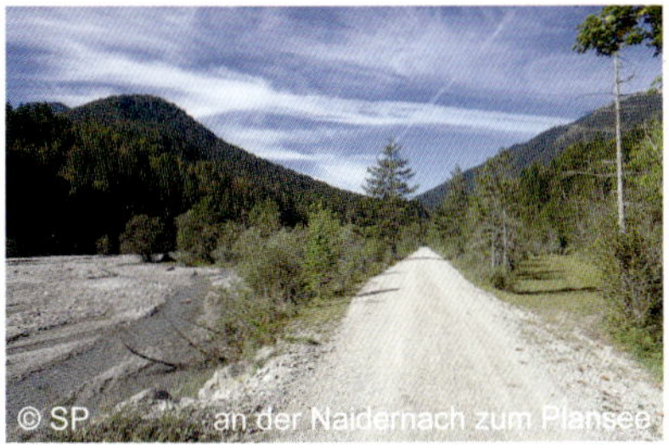
© SP an der Naidernach zum Plansee

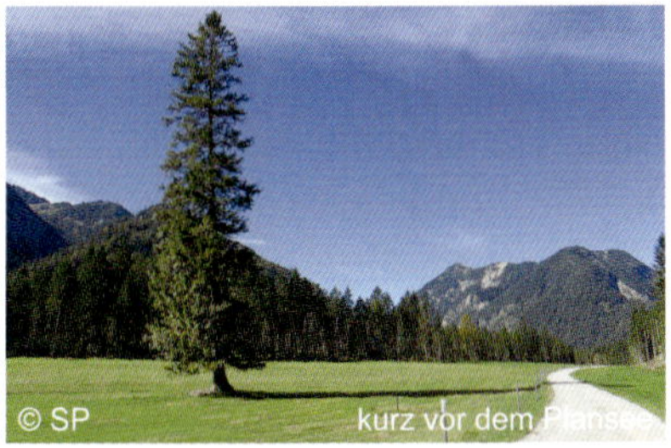
© SP kurz vor dem Plansee

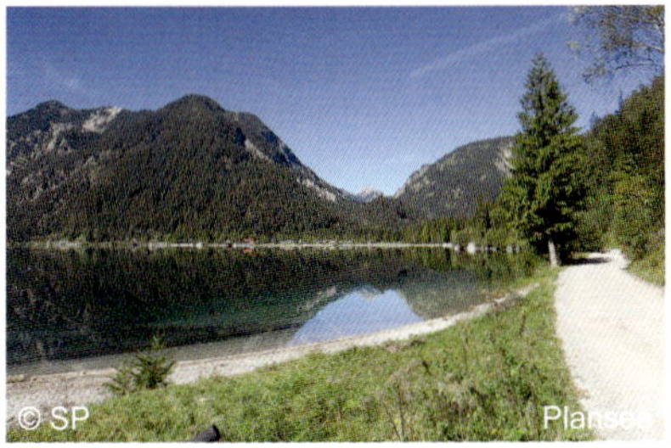
© SP Plansee

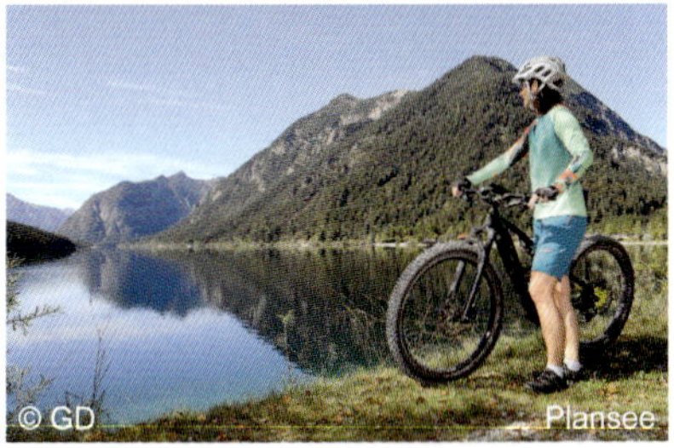
© GD Plansee

Strecke

Vom Parkplatz in Griesen, dem Weg an der Kapelle vorbei und am Bach Naidernach entlang folgen. Der geschotterte Weg führt nach einigen Kilometern in Serpentinen zum Plansee hinauf. Dort oben angekommen, auf dem Uferweg bis in den Ort „Am Plansee“ fahren. Gleich am Ortsanfang befindet sich auf der linken Seite, direkt am See, eine große (Liege-) Wiese (Eintritt), die zum Relaxen und Sonnenbaden einlädt. Nun der HS direkt am See entlang bis zum Westende des Sees folgen. Nach dem Restaurant Seespitze links über die Brücke fahren, danach wieder links und dem schmalen Uferweg Ri. „Heiterwanger See“ folgen. Dieser Abschnitt ist als „MTB Schiebestrecke“ ausgeschildert. Es muss unbedingt auf die vielen Fußgänger Rücksicht genommen werden. Am Heiterwanger See dann links über die Brücke Ri. „Um den Daniel“ abbiegen und den Hinweisschildern in diese Richtung, am Heiterwanger See entlang, weiter folgen. Am Seeende geradeaus und danach (vor einer kleinen Brücke) links Ri. „Um den Daniel“ abbiegen. Nach ca. 1,7 km, direkt vor einer Stromleitung, links auf dem Wiesenweg Ri. „Bichlbach“ weiterfahren und auf diesem Weg bis Bichlbach bleiben. Ab Bichlbach Ri. „Panoramaweg Lermoos“ weiterfahren. Der Weg führt teilweise an der Bahnlinie entlang. Nach dem Ort Lähn, vor der Bundesstraße, links Ri. „Panoramaweg Lermoos“ fahren und nach ca. 1,4 km geradeaus bergauf weiterfahren. Nach weiteren ca. 1,6 km der Rechtskehre Ri. „Tuftlalm“ folgen und über den Fahrweg bergauf zur Tuftlalm fahren. Von dort geht es dann geradeaus Ri. „Ehrwald“ weiter. Der Weg führt anfangs noch etwas bergauf, aber später auf einer Asphaltstraße sehr steil bergab (bis 20%). Kurz vor der Bundesstraße, geradeaus auf dem Radweg Ri. „Schanz“ weiterfahren und dem Radweg stets Ri. „Garmisch“ bis nach Griesen folgen.

Highlights der Tour

Der idyllisch gelegene **Plansee** sowie der **Heiterwanger See,** auf knapp 1.000 m sind auf jeden Fall ein Highlight. Im Sommer bieten sich jede Menge Bademöglichkeiten an. Ansonsten kann man an beiden Seen auch Segeln, Surfen, SUP'en, Tauchen und Angeln. Der Plansee ist der zweitgrößte See von Tirol und liegt in der Naturparkregion Reutte.

Die nächste Attraktion wartet etwas unterhalb der Tuftlalm, eine **Aussichtsplattform**. Diese ragt etwa 10 m über den Berghang hinaus und ermöglicht einen herrlichen Blick auf das Talbecken zwischen Ehrwald, Lermoos und Biberwier sowie die umliegenden Berge wie das Zugspitzmassiv, Ehrwalder Sonnenpsitze und Grubigstein.

Am Rückweg, auf dem Radweg zwischen Ehrwald und Ehrwald-Schanz kommt man am Häselgehr **Wasserfall** vorbei. Es lohnt sich, eine kurze Rast einzulegen und den imposanten Wasserfall anzuschauen.

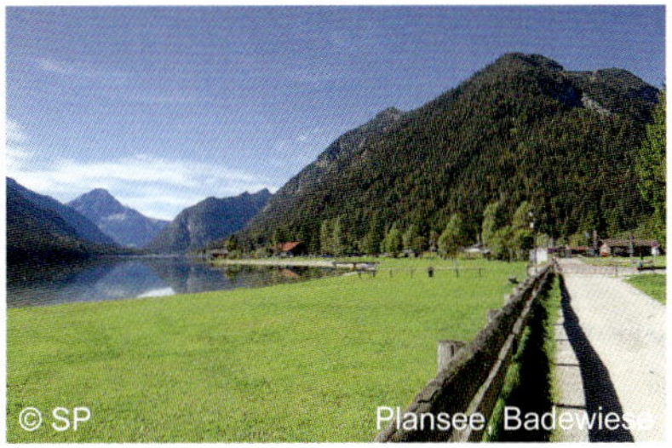
© SP Plansee, Badewiese

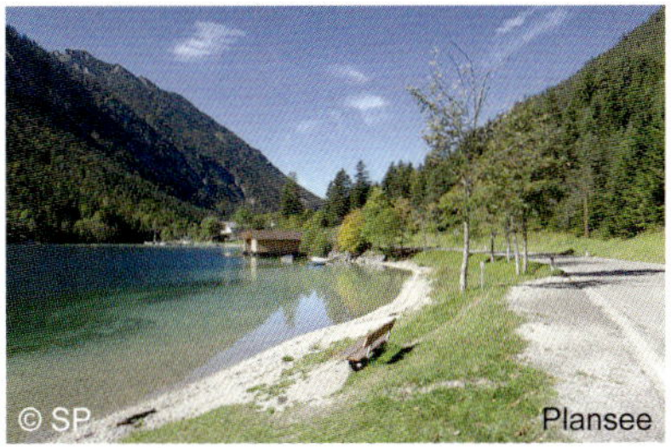
© SP Plansee

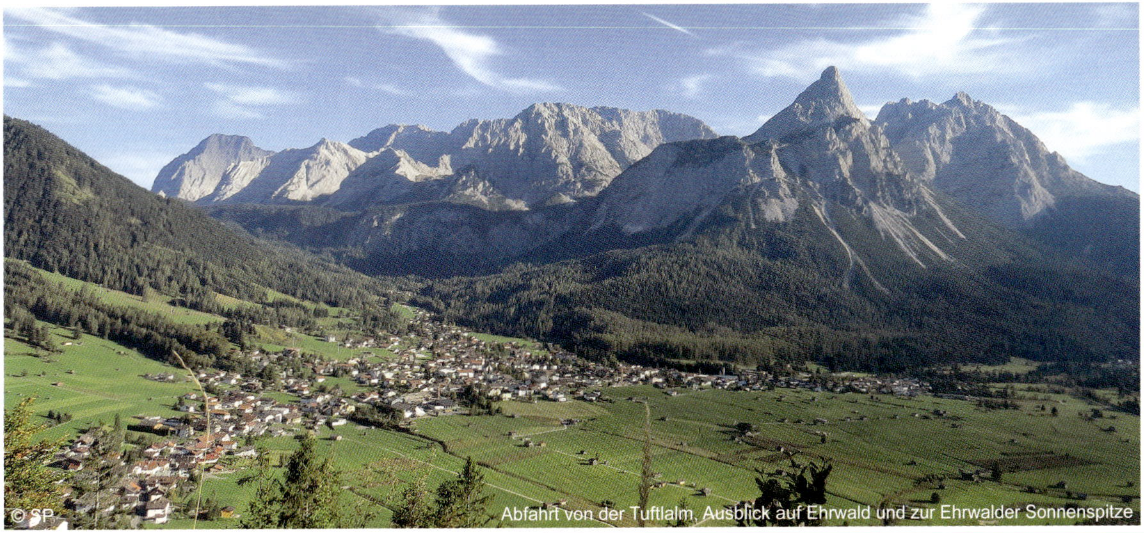
© SP Abfahrt von der Tuftlalm, Ausblick auf Ehrwald und zur Ehrwalder Sonnenspitze

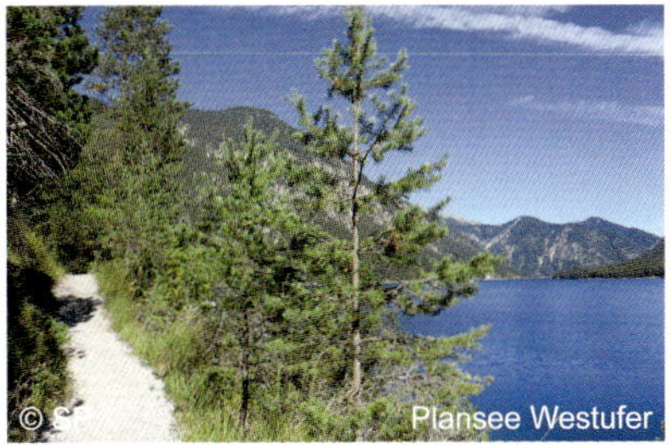
© SP Plansee Westufer

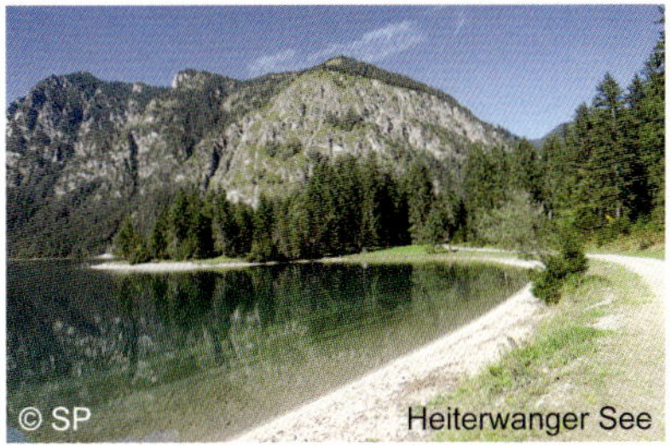
© SP Heiterwanger See

Tour 13 „Um den Daniel und zur Tuftlalm“ 3 49,91 km 3:15 Std 950 Hm

1 **km 0,00**/824 m Von der Einfahrt des Parkplatzes, **geradeaus** dem Weg Ri. „Plansee“, an der kleinen Kapelle vorbei, folgen. Auch im weiteren Verlauf diesem Weg immer geradeaus (Abzweige ignorieren) folgen. Stets Ri. „Plansee“ fahren.

2 *(+8.370 m)* **km 8,37**/981 m **Plansee: Rechts** und am See entlang, bis in den Ort „Am Plansee“, fahren.

(+1.290 m) **km 9,66**/988 m Plansee (im Ort): **An der HS, links** Ri. „Reutte“ abbiegen und auf der HS weiterfahren.

3 *(+4.710 m)* **km 14,37**/991 m (nach dem **Seerestaurant Seespitze**) **Links** über die Brücke fahren und danach **links** Ri. „Heiterwanger See / MTB Schiebestrecke“ abbiegen.

4 *(+1.710 m)* **km 16,08**/997 m **Heiterwanger See: Links** über die Brücke Ri. „Um den Daniel“ und nach der Brücke **rechts** weiterfahren. Dem Weg am See entlang stets geradeaus (Abzweige ignorieren) folgen.

(+2.540 m) **km 18,62**/999 m (am Seeende) **Geradeaus** Ri. „Panoramaweg Bichlbach“ weiterfahren.

(+870 m) **km 19,49**/1007 m **Links** Ri. „Um den Daniel“ auf den Feldweg abbiegen.

(+1.720 m) **km 21,21**/1038 m (direkt vor der Stromleitung / Achtung, leicht zu übersehen) **Links** auf den Wiesenweg Ri. „Radweg Bichlbach“ abbiegen. Diesem Weg, entlang der Stromleitungstrasse folgen.

(+1.260 m) **km 22,47**/1070 m **Geradeaus** bergab (neben der HS) Ri. „Bichlbach“ fahren.

(+140 m) **km 22,61**/1065 m **Abzweig, links** Ri. „Bichlbach“ abbiegen.

(+370 m) **km 22,98**/1077 m **Gabelung, rechts** Ri. „Bichlbach“ weiterfahren.

5 *(+1.210 m)* **km 24,19**/1092 m **Bichlbach: Geradeaus** Ri. „Panoramaweg Lermoos“ fahren.

(+730 m) **km 24,92**/1098 m **Geradeaus** Ri. „Lermoos“, neben der Bahnlinie, weiterfahren.

(+1.730 m) **km 26,65**/1111 m **Links** bergauf (10-15%) Ri. „Um den Daniel“ fahren.

(+580 m) **km 27,23**/1163 m **Rechts**, durch den Bach, bergab weiterfahren.

(+150 m) **km 27,38**/1154 m **Kreuzung, geradeaus** bergab und dem Weg Ri. „Panoramaweg Lermoos“ stets folgen. (nicht links Ri. „Tuftlalm“)

(+450 m) **km 27,83**/1131 m **Links** fahren, gleich danach **rechts** Ri. „Panoramaweg Lermoos“ abbiegen und dem Weg neben der Bahnlinie weiter folgen.

(+900 m) **km 28,73**/1125 m **Rechts** über die Bahnlinie Ri. „Panoramaweg Lermoos“ fahren.

(+50 m) **km 28,78**/1125 m (vor der Bundesstraße) **Links** Ri. „Panoramaweg Lermoos“ fahren.

(+1.050 m) **km 29,83**/1116 m **Rechts** bergab Ri. „Panoramaweg Lermoos“ fahren.

(+340 m) **km 30,17**/1084 m **Geradeaus** bergauf weiterfahren.

(+1.620 m) **km 31,79**/1154 m **Geradeaus** fahren und dann der Rechtskehre Ri. „Tuftlalm“ folgen.

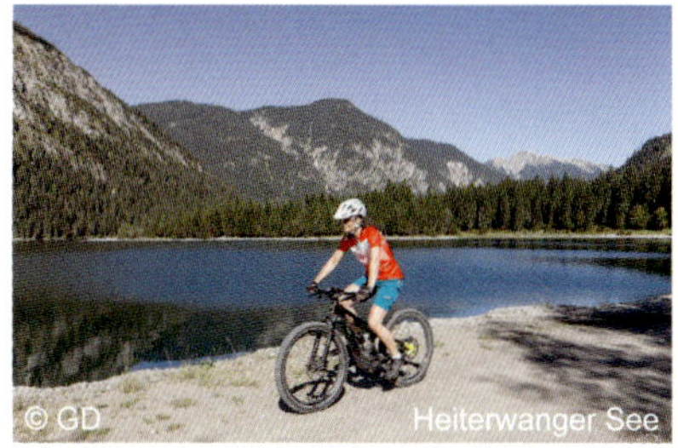
© GD Heiterwanger See

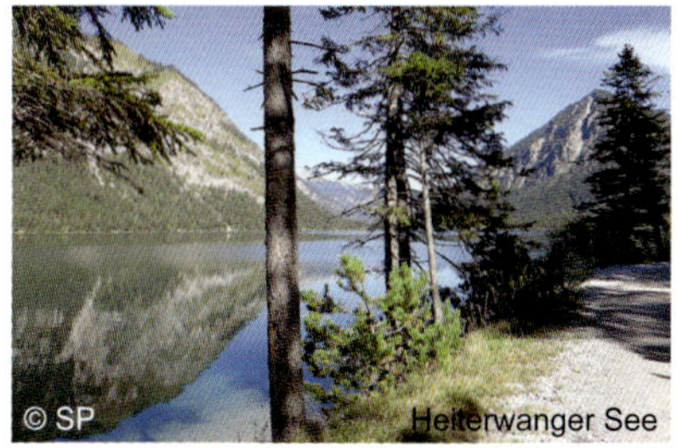
© SP Heiterwanger See

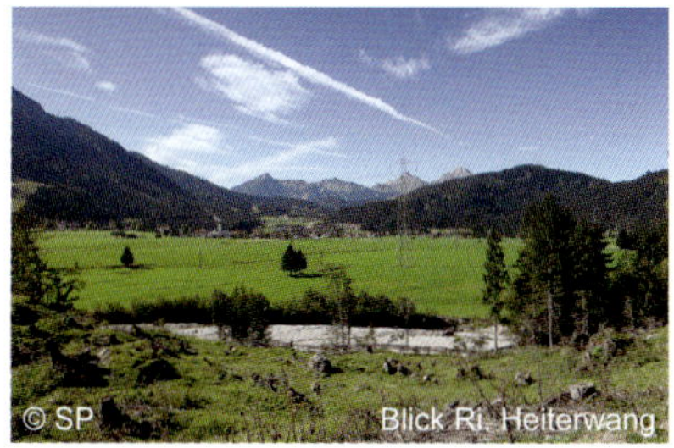
© SP Blick Ri. Heiterwang

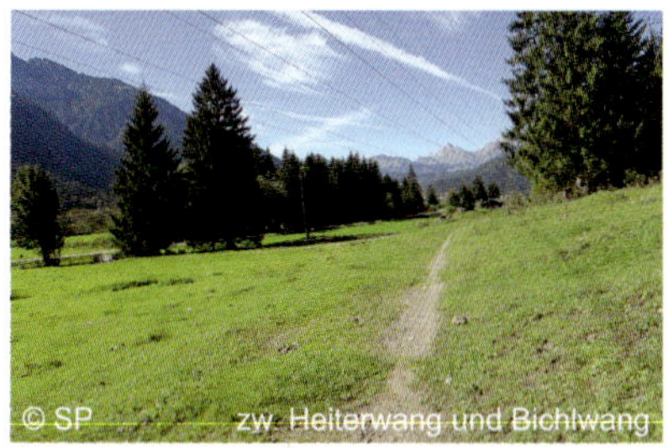
© SP zw. Heiterwang und Bichlwang

(+2.460 m) **km 34,25**/1381 m **Geradeaus** bergauf (8-11%) Ri. „Fahrweg Tuftlalm" weiterfahren.

6 (+1.660 m) **km 35,91**/1509 m **Tuftlalm:** (Tipp: Etwas unterhalb der Alm befindet sich eine Aussichtsplattform) **Geradeaus** bergauf Ri. „Ehrwald" fahren. Später führt der Weg sehr steil (15-20%) auf einer asphaltierten Straße bergab.

(+5.030 m) **km 40,94**/1001 m (kurz vor der Bundesstraße) **Geradeaus** Ri. „Schanz" weiterfahren.

(+1.110 m) **km 42,05**/979 m **Geradeaus** weiterfahren. Nach ca. 250 m kommt auf der linken Seite der „Häselgehr Wasserfall".

(+1.040 m) **km 43,09**/953 m (nach der Holzbrücke) **Rechts** dem Radweg (unter der HS durchfahren) folgen. Nach ca. 110 m durch die Bahnunterführung dem Weg bergauf und dann an der Bahnlinie entlang folgen.

(+890 m) **km 43,98**/941 m (Nähe der Bahnunterführung) **Rechts** dem Weg weiter folgen.

(+1.950 m) **km 45,93**/904 m (nach der Bahnunterführung) **Rechts** dem asphaltiertem Weg Ri. „Garmisch" folgen.

(+3.340 m) **km 49,27**/860 m (nach dem Bahnübergang, vor der HS) **Rechts** dem Radweg, bis zum Ausgangspunkt zurück, folgen.

Startplatz:
Griesen, Wanderparkplatz.

Anfahrt:
Von Garmisch-Partenkirchen kommend Ri. „Ehrwald, Fernpass" fahren. Nach ca. 8,6 km erreicht man Griesen. Am Ortsende, vor der Brücke, auf der rechten Seite parken..

Zwischentorental

Als Zwischentorental wird das Tal südlich der Ammergauer Alpen, zwischen Heiterwang und Lermoos, bezeichnet.
Es gibt drei Tore des Zwischentorentals. Das erste ist der Loisachdurchbruch zwischen der Zugspitze (Wetterstein) und dem Daniel (Ammergauer Alpen), das zweite zwischen dem Thaneller (Lechtaler Alpen) und Heiterwang und das dritte Tor ist der Fernpass (zwischen den Lechtaler Alpen im Westen und dem Mieminger Gebirge im Osten).

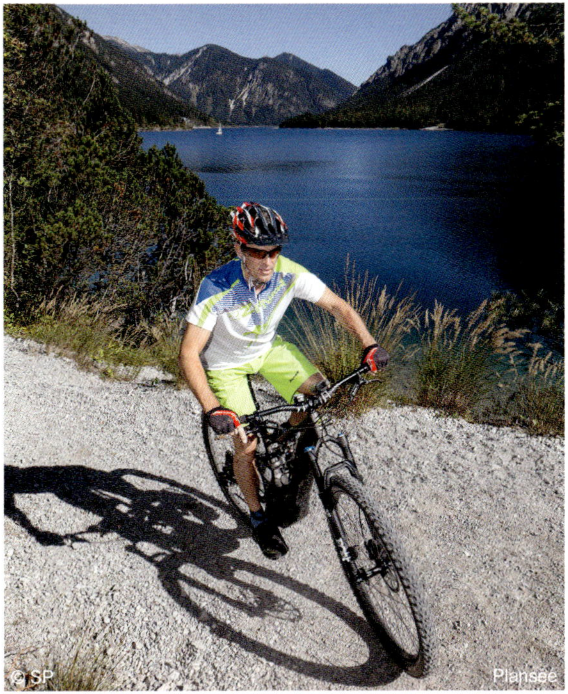
© SP Plansee

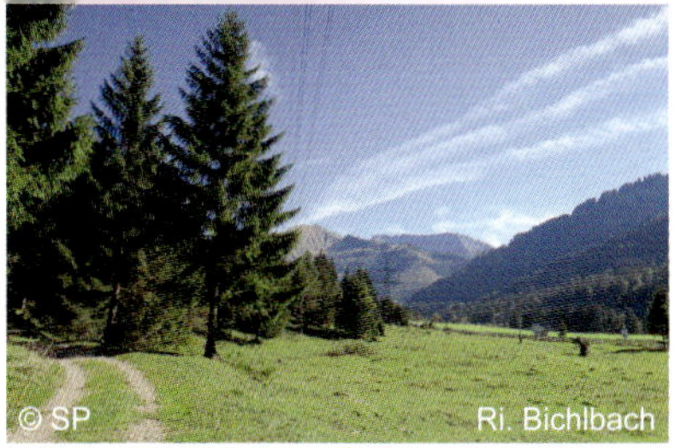
© SP Ri. Bichlbach

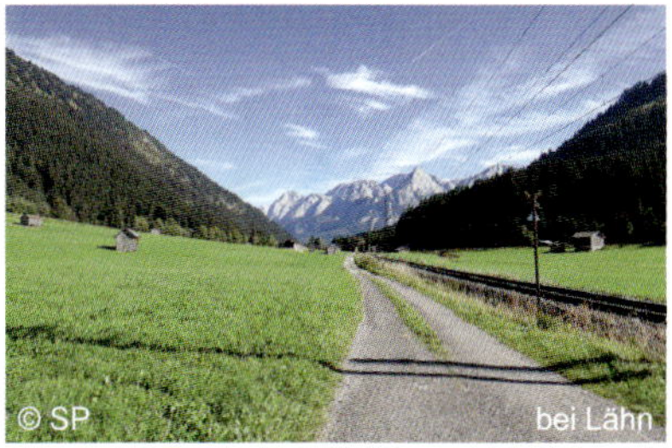
© SP bei Lähn

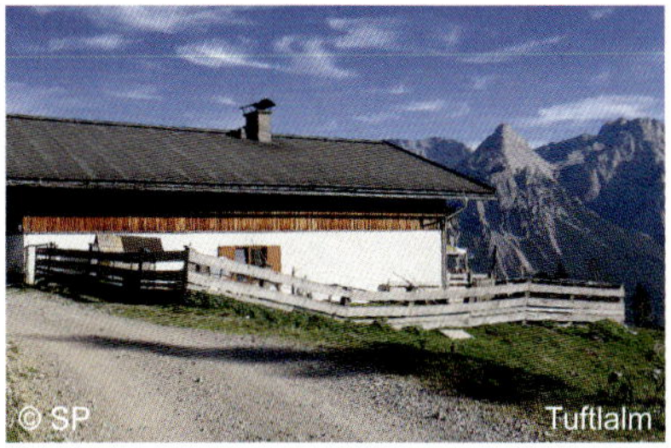
© SP Tuftlalm

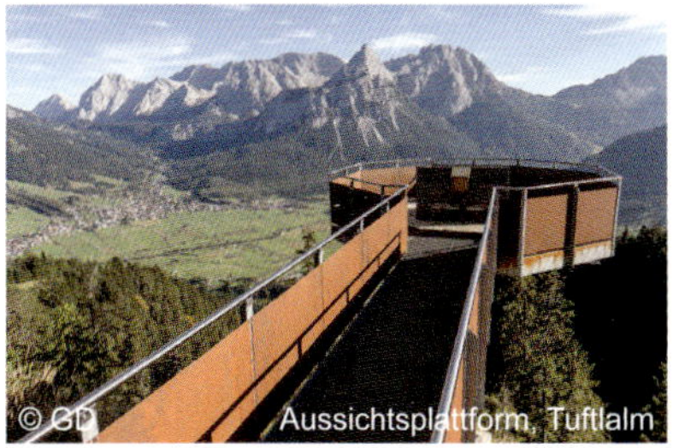
© GD Aussichtsplattform, Tuftlalm

Tour 14 „Hochthörle Hütte - Thörleweg“ 3 51,57 km 3:04 Std 1.020 Hm

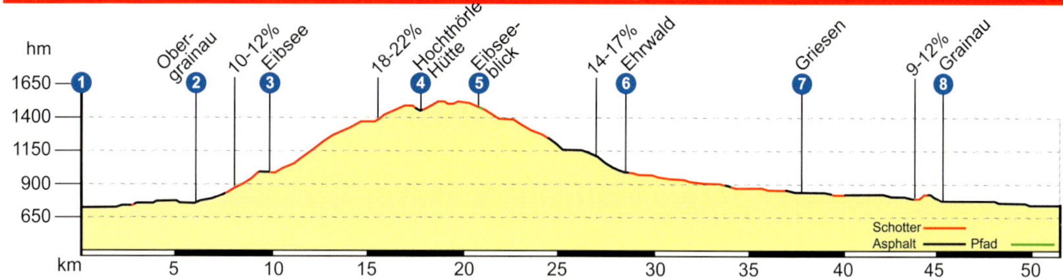

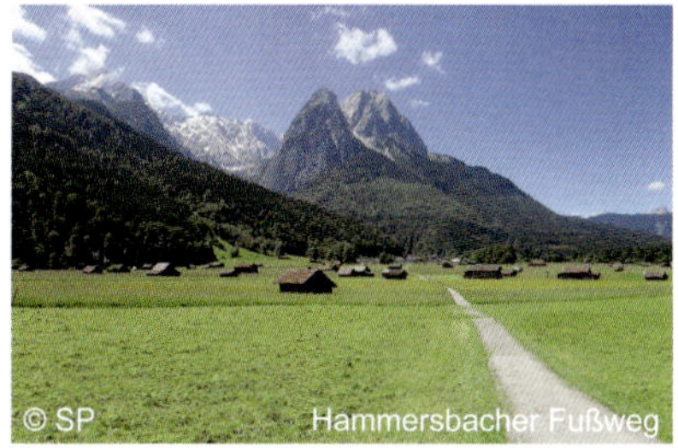
© SP Hammersbacher Fußweg

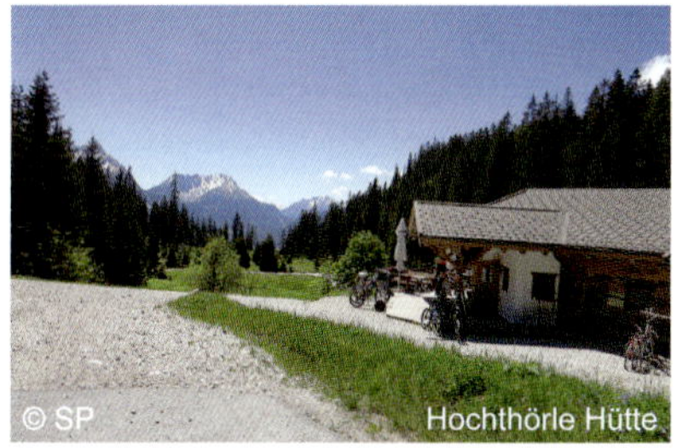
© SP Hochthörle Hütte

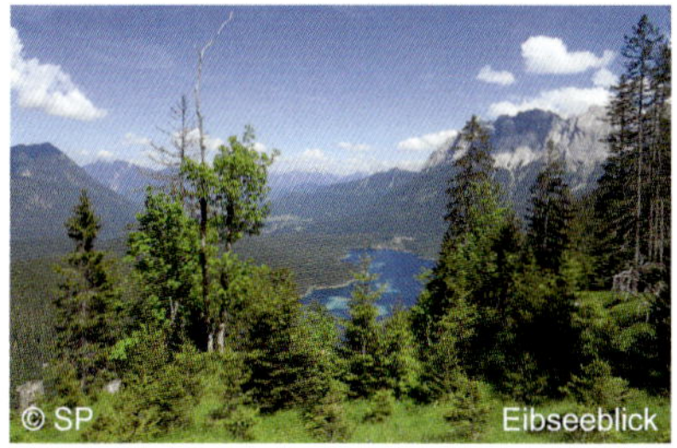
© SP Eibseeblick

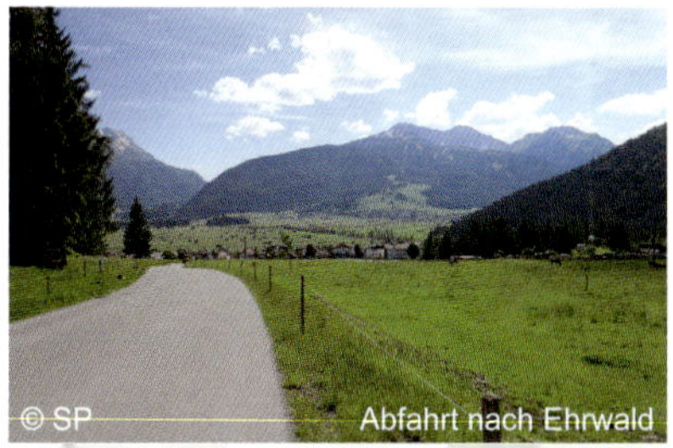
© SP Abfahrt nach Ehrwald

Tourencharakter

Wegbeschaffenheit

Asphalt	26,35 km
Schotter/Kies	25,12 km
Pfad/Trail	0,09 km
Beton/Pflastersteine	0,01 km
Schiebestrecke	0 km

Familienfreundlich

Ja, überwiegend verkehrsfreie und verkehrsarme Wege

Einkehrmöglichkeit

am Eibsee, Hochthörle Hütte

Highlights

Eibsee (Bademöglichkeit); Eibseeblick (super Ausblick); Aussichtspunkt Thörlen; Wasserfall

Fahrkönnen / Landschaft

Fahrkönnen	★★★☆☆☆
Landschaft	★★★★★☆

Höhe

Starthöhe	720 Meter
Höchster Punkt	1.527 Meter

Abwechslungsreiche Traumtour mit genialen Ausblicken

Die Hochthörle Hütte ist ein beliebtes Ausflugsziel sowohl von der Eibsee Seite als auch von der Ehrwalder Seite aus. Bei Bikern ist die gemütliche Hütte eine willkommende Zwischenstation auf der „Transalp“. Diese Tour führt in das Hochthörle Gebiet und rund um den Thörle herum. Man fährt überwiegend auf breiten Schotterwegen, die problemlos zu befahren sind. Besonders beeindruckend ist das Panorama mit der Zugspitze, dem Ammergebirge und dem Eibsee. Von Ehrwald rollt man dann gemütlich auf dem Radweg wieder zurück nach Garmisch-Partenkirchen.

Einkehrmöglichkeiten

Zu Beginn im **Berghotel Hammersbach** und danach am Eibsee im **Eibsee Hotel** oder **Eibsee Pavillon**. Später folgt die **Hochthörle Hütte**. Die nächste Möglichkeit ist dann in Griesen im **Grenzstüberl** und später in Grainau im **Eiscafe Venezia** oder am Ende der Tour in der **Hausberg Lodge**.

Tipp

Eine Einkehr in der Hochthörle Hütte.

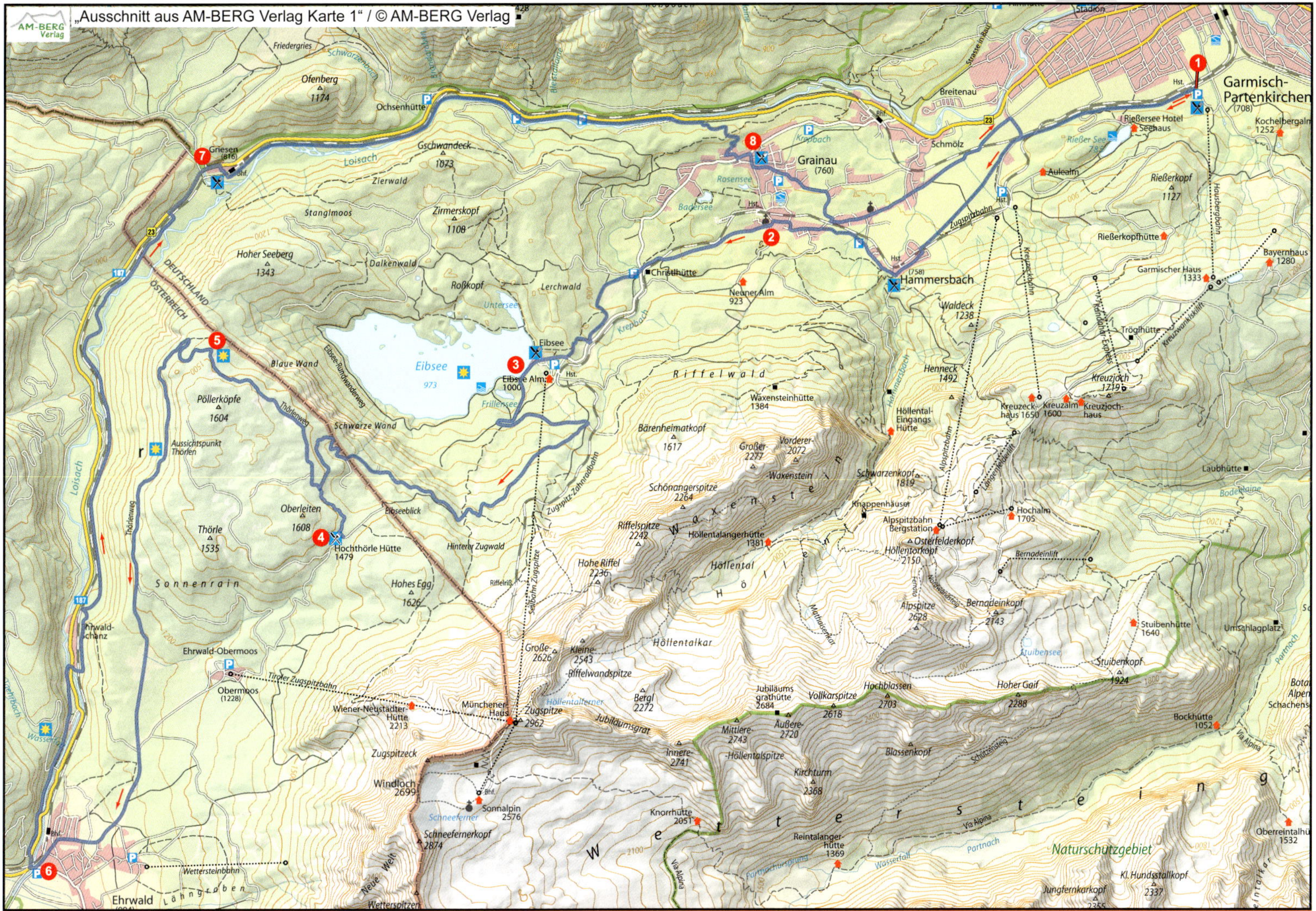

Tour 14 „Hochthörle Hütte - Thörleweg“ 3 51,57 km 3:04 Std 1.020 Hm

Tour 14 „Hochthörle Hütte - Thörleweg“ 3 51,57 km 3:04 Std 1.020 Hm

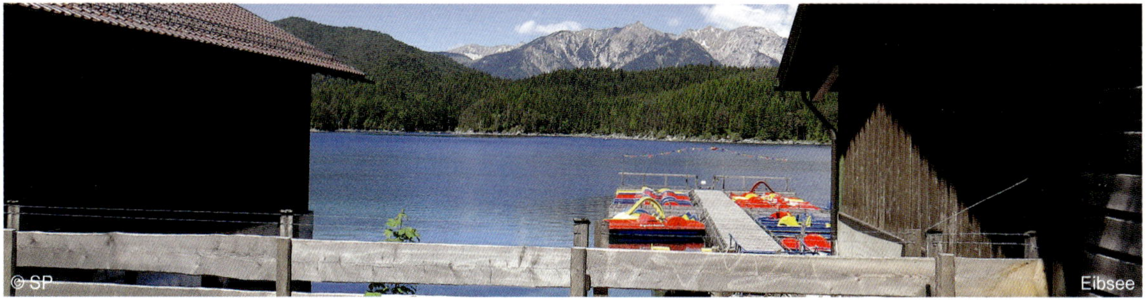
© SP Eibsee

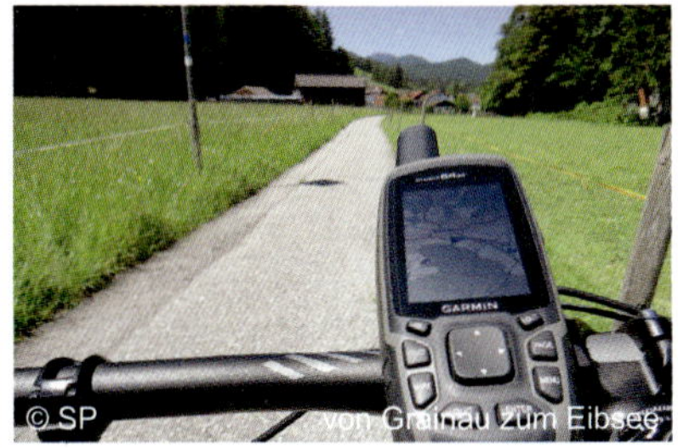
© SP von Grainau zum Eibsee

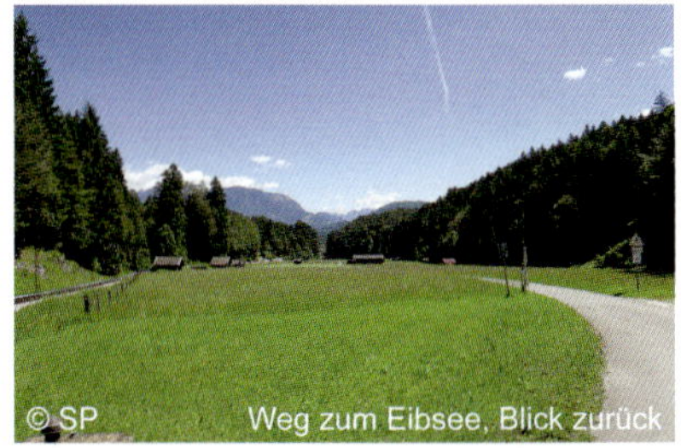
© SP Weg zum Eibsee, Blick zurück

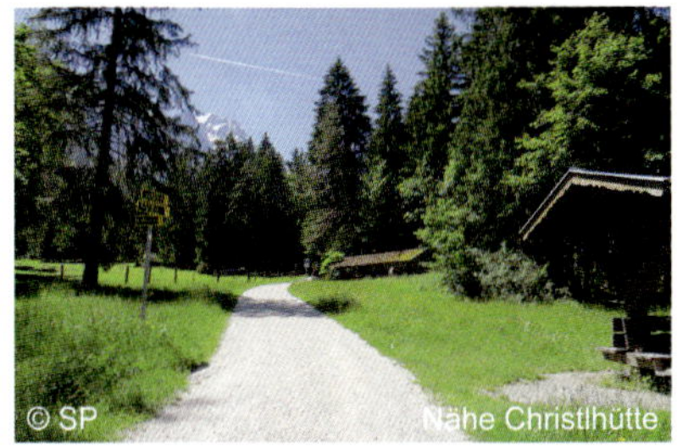
© SP Nähe Christlhütte

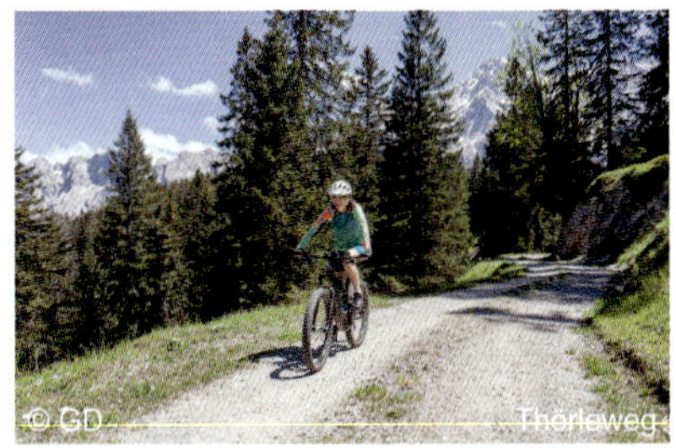
© GD Thörleweg

Strecke

Vom Parkplatz bei der Hausbergbahn folgt man der schmalen verkehrsarmen Asphaltstraße, die parallel zur Bahnlinie der Zugspitzbahn verläuft, bis zur Kreuzung Alpspitzbahn. Hier geradeaus ein kurzes Stück auf der HS weiterfahren und dann nach rechts auf dem Hammersbacher Fußweg nach Hammersbach fahren. Dort links über die Bahnlinie, durch Hammersbach fahren und beim großen Wanderparkplatz links Ri. „Eibsee“ abbiegen. Nun stets den Hinweisschildern Ri. „Eibsee“ folgen. Am großen Parkplatz bei der Christlhütte, die HS überqueren und auf dem linken Weg bergauf zum Eibsee fahren. Beim Eibsee Hotel, dem Weg geradeaus zum See folgen und dort links bergauf Ri. „Hochthörlehütte“ abbiegen. Nach ungefähr 5,7 km, nach dem steilen Anstieg, rechts weiterfahren und diesem Weg ca. 1,4 km folgen. Anschließend (am Forstweg) links bergab Ri. „Hochthörle Hütte“ fahren. Dem Weg bis zur Hochthörle Hütte folgen. Von dort dann wieder, die ca. 650 m, auf dem gleichen Weg zurückfahren, jetzt aber an dem Abzweig links bergauf dem Forstweg folgen. In einer Linkskehre kann man dann in wenigen Minuten den Abstecher zum „Eibseeblick“ machen. Danach dem Forstweg bergab nach Ehrwald folgen. Nach knapp 5,8 km, auf der HS weiter nach Ehrwald fahren. In Ehrwald der HS Ri. „München“ folgen und ca. 130 m, nach der Bahnbrücke, links bergauf Ri. „Tuftlalm“ abbiegen. Gleich nach 40 m rechts, dem Radweg nach Griesen und dann weiter nach Garmisch folgen. Knapp 5,9 km hinter Griesen, auf dem Radweg (verläuft parallel zur Bundesstraße) rechts bergauf dem Weg Ri. „Höhenrain“, und dann weiter nach Grainau fahren. In Grainau, am Dorfplatz rechts fahren und dann links in die Alpspitzstraße abbiegen. Danach über den Schwarzenkopfweg zur Zugspitzstraße fahren und dort nach links weiterfahren. Jetzt immer geradeaus und über Degernau, dem Weg durch die Wiesen, bis zur Kreuzeckbahnstraße folgen. Dort rechts fahren und nach der Bahnlinie, links dem schon bekannten Weg zurück zum Ausgangspunkt folgen.

Highlights der Tour

Der kristallklare **Eibsee** bietet sich im Sommer als Badepause an. Nach der Hochthörle Hütte, auf der Weiterfahrt nach Ehrwald, befindet sich auf der rechten Seite der sogenannte „**Eibseeblick**“, der in wenigen Minuten erreichbar ist. Von dort hat man eine sehr schöne Aussicht zum Eibsee, nach Grainau, Garmisch-Partenkirchen sowie zum Estergebirge und Wank.

Auf der Weiterfahrt nach Ehrwald folgt noch der **Aussichtspunkt Thörlen**, mit neu angelegter Aussichtsplattform. Zwischen Ehrwald und Ehrwald-Schanz kommt man am Häselgehr **Wasserfall** vorbei. Es lohnt sich, eine kurze Rast einzulegen und den imposanten Wasserfall anzuschauen.

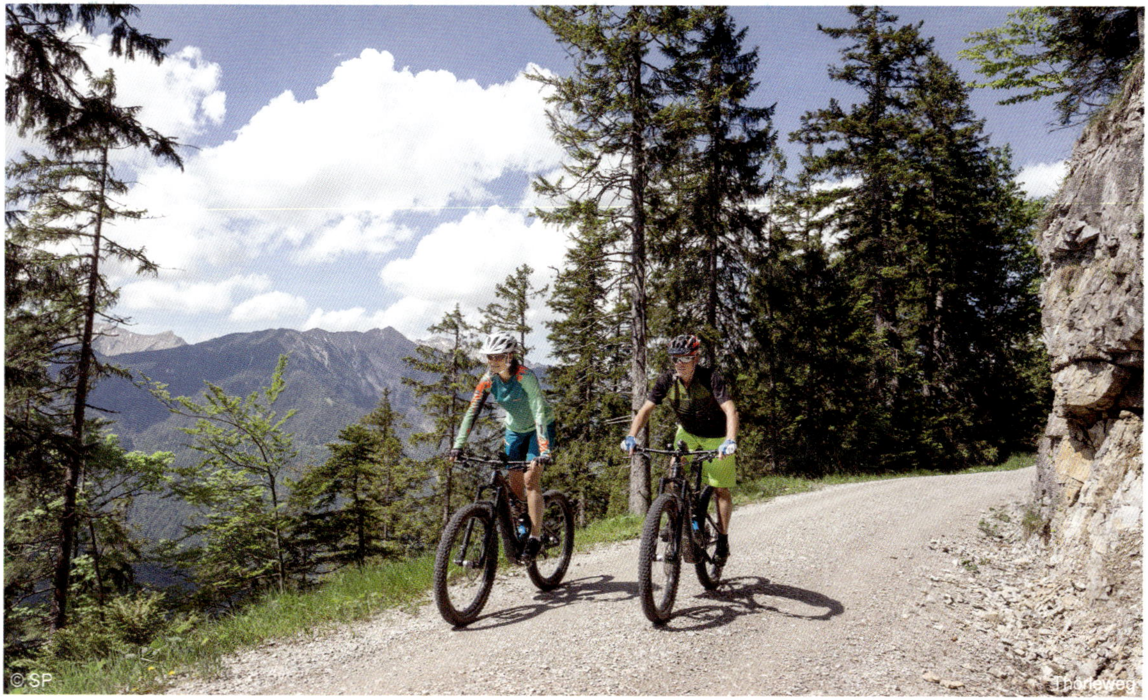

© SP Thörleweg

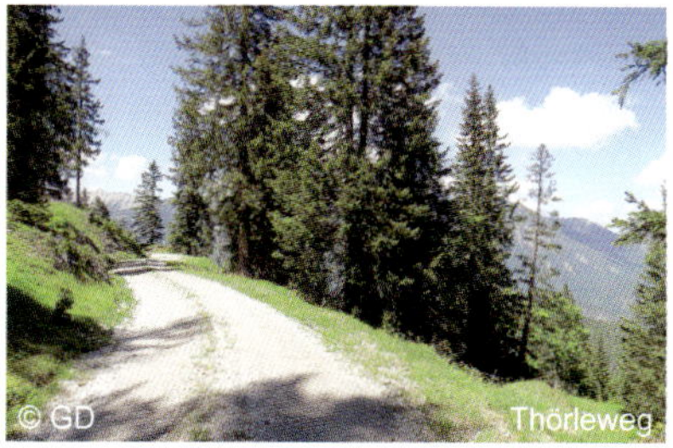

© GD Thörleweg

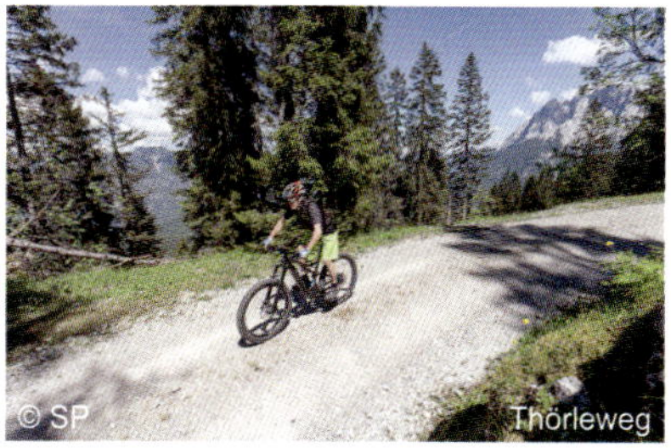

© SP Thörleweg

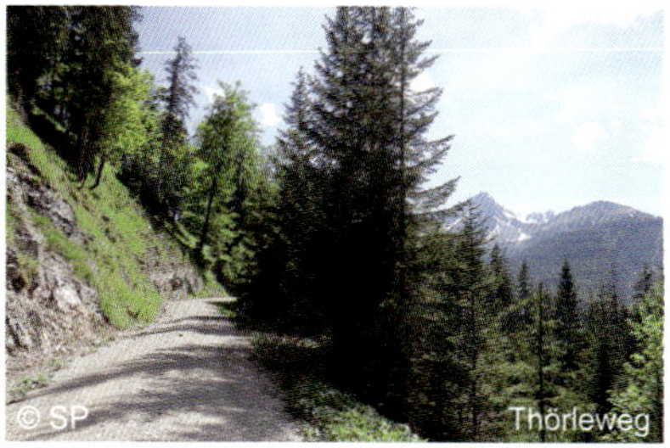

© SP Thörleweg

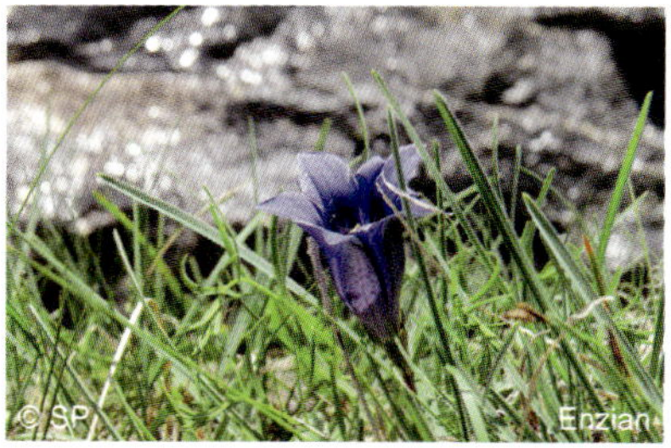

© SP Enzian

Tour 14 „Hochthörle Hütte - Thörleweg“ 3 51,57 km 3:04 Std 1.020 Hm

Tour 14 „Hochthörle Hütte - Thörleweg“ 3 51,57 km 3:04 Std 1.020 Hm

1

km 0,00/720 m Vom Parkplatz (vor den Bahngleisen) **links** der Einbahnstraße folgen.

(+1.350 m) **km 1,35**/721 m **Geradeaus** (Rießerseestraße überqueren) und weiter neben der Bahnlinie entlangfahren.

(+840 m) **km 2,19**/729 m **Geradeaus** auf der HS weiterfahren.

(+300 m) **km 2,49**/732 m **Rechts** auf den Fuß- / Radweg Ri. „Hammersbach“ abbiegen und dem Weg nach Hammersbach folgen.

(+1.390 m) **km 3,88**/762 m Hammersbach: **Links** abbiegen, über die Bahnlinie fahren und **rechts** der Straße Ri. „Grainau“ folgen.

(+900 m) **km 4,78**/763 m (vor dem Parkplatz) **Links** dem Fuß- / Radweg Ri. „Eibsee“ folgen.

(+610 m) **km 5,39**/756 m Grainau: **An der HS, links** Ri. „Eibsee“ abbiegen. Der HS nun ca. 590 m durch den Ort folgen.

(+590 m) **km 5,98**/770 m (in einer leichten Rechtskurve) **Links** Ri. „Radweg Eibsee“ abbiegen.

2

(+80 m) **km 6,06**/775 m **Obergrainau: Rechts** in den Thörlenweg Ri. „Radweg Eibsee“ fahren.

(+1.590 m) **km 7,65**/846 m Christlhütte: **An der HS, geradeaus** (HS überqueren) über den Parkplatz fahren und dem Weg bergauf folgen.

(+160 m) **km 7,81**/860 m (nach der Brücke) **Rechts** weiterfahren und stets dem Hauptweg folgen.

(+1.510 m) **km 9,32**/997 m (Schild „Geo9 Radschuh“) **Links** zur HS fahren und dort **rechts** bergab auf der HS weiterfahren.

(+350 m) **km 9,67**/982 m (beim Eibsee Hotel) **Geradeaus** dem Weg folgen.

3

(+260 m) **km 9,93**/978 m **Eibsee: Links** bergauf Ri. „Hochthörlehütte“ abbiegen.

(+5.730 m) **km 15,66**/1412 m (nach dem steilen Anstieg) **Rechts** weiterfahren.

(+1.380 m) **km 17,04**/1493 m **Links** bergab Ri. „Hochthörle Hütte“ fahren.

(+630 m) **km 17,67**/1454 m **Rechts** dem Schotterweg folgen.

4

(+20 m) **km 17,69**/1452 m **Hochthörle Hütte:** Von hier dann wieder zum letzten Abzweig zurückfahren.

(+20 m) **km 17,71**/1454 m **Links** bergauf (12%) weiterfahren.

(+640 m) **km 18,35**/1496 m **Links** bergauf weiterfahren.

(+290 m) **km 18,64**/1522 m **Geradeaus** bergab Ri. „Thörle Rundgang“ weiterfahren.

(+2.110 m) **km 20,75**/1474 m (in der Linkskehre) Abstecher (Tipp): **Rechts** dem Pfad Ri. „Eibseeblick“ folgen.

5

(+50 m) **km 20,80**/1471 m **Eibseeblick** (zwei Bänke, super Ausblick) - dann die 50 m wieder zurück zum Hauptweg.

(+50 m) **km 20,85**/1474 m **Rechts** dem Schotterweg weiter folgen.

(+690 m) **km 21,54**/1413 m **Linkskehre** bergab folgen.

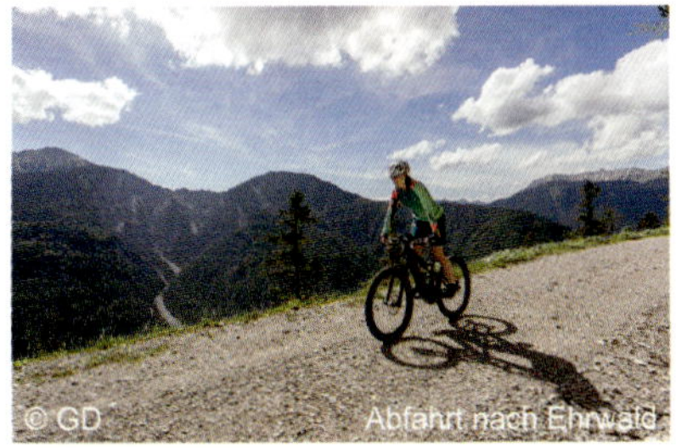
© GD Abfahrt nach Ehrwald

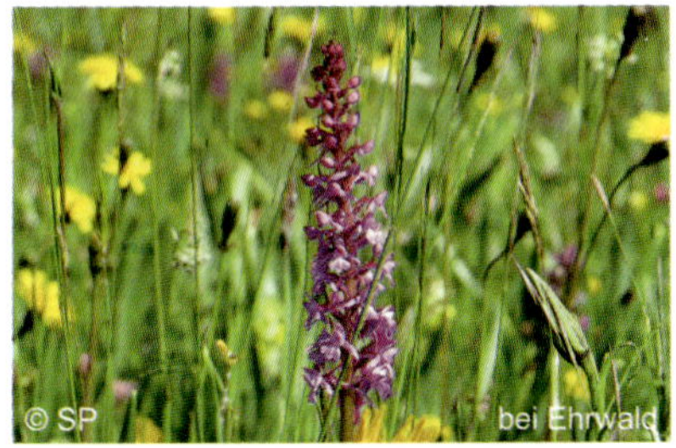
© SP bei Ehrwald

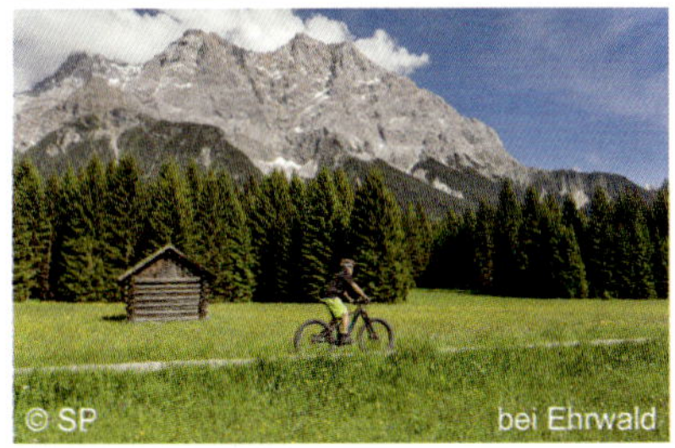
© SP bei Ehrwald

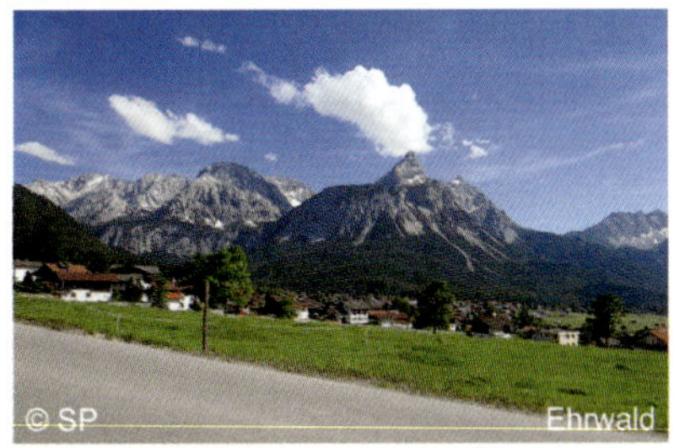
© SP Ehrwald

(+3.000 m) **km 24,54**/1241 m **Geradeaus** Ri. „Rund um den Thörlen“ weiterfahren.

(+1.980 m) **km 26,52**/1136 m **Geradeaus** auf die HS fahren und bergab nach Ehrwald fahren.

6 *(+2.020 m)* **km 28,54**/980 m **Ehrwald: Rechts** abbiegen und **nach 30 m rechts** Ri. „München“ auf der HS weiterfahren.

(+130 m) **km 28,67**/980 m **Links** bergauf dem Weg Ri. „Tuftlalm“ folgen.

(+40 m) **km 28,71**/983 m (in der Linkskehre) **Rechts** Ri. „Radweg Schanzsteig“ abbiegen.

(+1.100 m) **km 29,81**/961 m **Geradeaus** weiterfahren. Nach ca. 250 m kommt auf der linken Seite der „Häselgehr Wasserfall“.

(+1.040 m) **km 30,85**/935 m (nach der Holzbrücke) **Rechts** dem Radweg (unter der HS durchfahren) folgen. Nach ca. 110 m durch die Bahnunterführung dem Weg bergauf und dann an der Bahnlinie entlang folgen.

(+890 m) **km 31,74**/922 m (Nähe der Bahnunterführung) **Rechts** dem Weg weiter folgen.

(+1.930 m) **km 33,67**/885 m (nach der Bahnunterführung) **Rechts** Ri. „Garmisch“ weiterfahren.

(+3.320 m) **km 36,99**/842 m (vor der HS) **Rechts** dem Radweg nach Griesen folgen.

7 *(+830 m)* **km 37,82**/836 m **Griesen** (Rettungstreffpunkt „GAP-1073“): **Rechts** dem Radweg nach Garmisch folgen.

(+5.920 m) **km 43,74**/783 m **Rechts** bergauf (9-12%) Ri. „Höhenrain“ abbiegen.

(+630 m) **km 44,37**/824 m Höhenrain: **Geradeaus** weiterfahren.

(+670 m) **km 45,04**/771 m Grainau: **An der HS, links** abbiegen.

8 *(+170 m)* **km 45,21**/768 m **Grainau** (Dorfplatz): **Rechts** weiterfahren.

(+140 m) **km 45,35**/768 m **Links** in die Alpspitzstraße abbiegen.

(+930 m) **km 46,28**/768 m **Rechts** dem Schwarzenkopfweg folgen.

(+410 m) **km 46,69**/770 m **Links** auf die Zugspitzstraße abbiegen.

(+940 m) **km 47,63**/765 m **Geradeaus** weiterfahren (Vorfahrtsstraße verlassen).

(+300 m) **km 47,93**/759 m **Geradeaus** Ri. „Durchs Loisachtal“ fahren.

(+1.210 m) **km 49,14**/744 m **Rechts** der Kreuzeckbahnstraße Ri. „Radweg Mittenwald“ folgen.

(+260 m) **km 49,40**/745 m (nach der Bahnlinie) **Links** Ri. „Skistadion“ fahren.

(+810 m) **km 50,21**/737 m **Geradeaus** und dem Weg zum Ausgangspunkt zurück folgen.

Startplatz:
Garmisch-Partenkirchen, Parkplatz Hausbergbahn „P22“. Navi: „Am Hausberg 4“

Anfahrt:
In Garmisch-Partenkirchen den Hinweisschildern Ri. „Hausbergbahn“ folgen. Der große Parkplatz an der Hausbergbahn ist kostenlos.

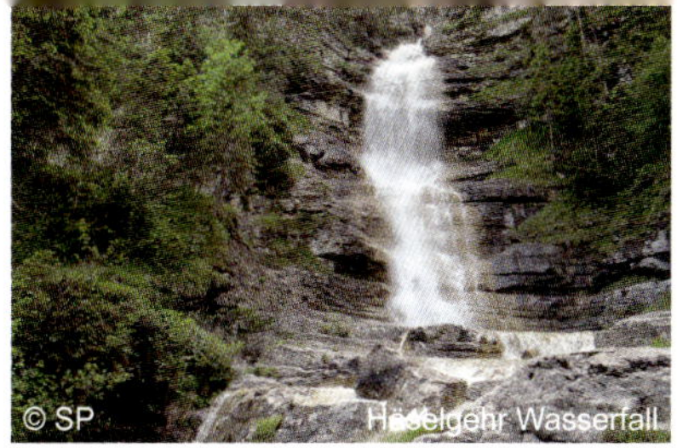
© SP Häselgehr Wasserfall

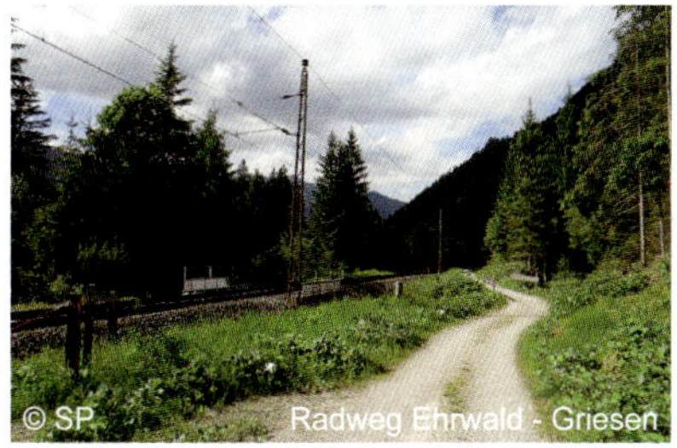
© SP Radweg Ehrwald - Griesen

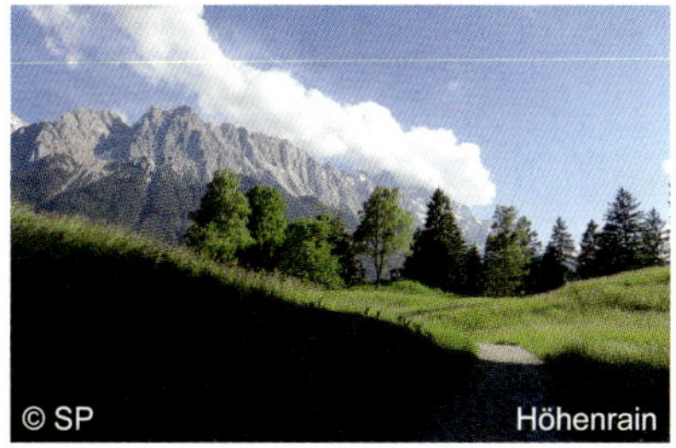
© SP Höhenrain

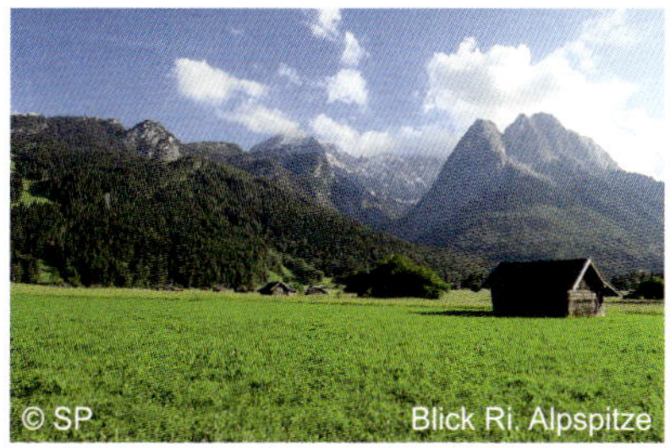
© SP Blick Ri. Alpspitze

Tour 15 „Kreuzeck - Hochalm“ 3 30,63 km 2:26 Std 1.136 Hm

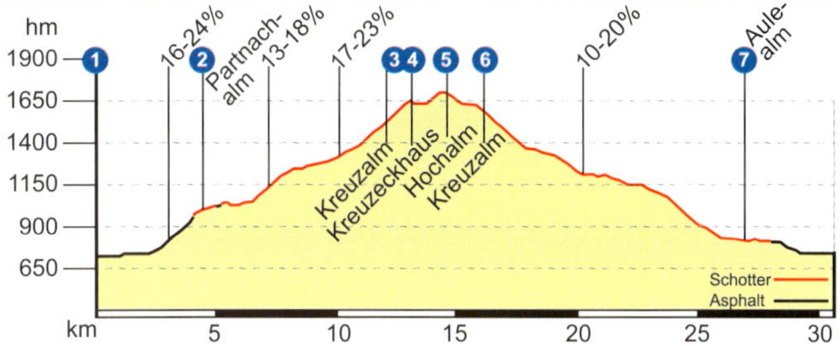

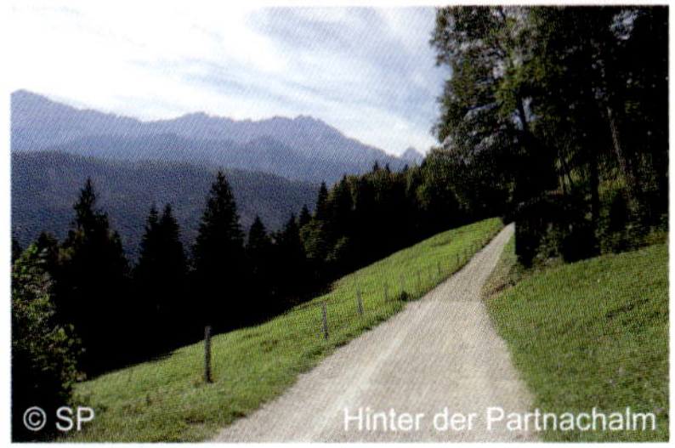

Tourencharakter

Wegbeschaffenheit

Asphalt	6,61 km
Schotter/Kies	24,02 km
Pfad/Trail	0 km
Beton/Pflastersteine	0 km
Schiebestrecke	0 km

Familienfreundlich
Ja, verkehrsarme Wege

Einkehrmöglichkeit
Partnachalm, Kreuzalm, Kreuzeckhaus, Hochalm, Aulealm, Seehaus Riessersee

Highlights
Bob Museum, Wasserfall (kurz vor dem Ende der Tour)

Fahrkönnen / Landschaft

Fahrkönnen	★★★★★★
Landschaft	★★★★★★

Höhe

Starthöhe	720 Meter
Höchster Punkt	1.693 Meter

Anspruchsvolle Tour, in hochalpiner Landschaft

Diese Tour führt durch das Skigebiet von Garmisch-Partenkirchen. Vom Hausberg Parkplatz geht es über das Olympia Skistadion zur Partnachalm und weiter durch die bewaldeten Osthänge, hinauf zum Hausberg. Über die Kreuzalm fährt man dann weiter bis zur Hochalm. Landschaftlich großartige Biketour mit vielen Einkehrmöglichkeiten. Der Rückweg geht über die Schotterpiste zur Aulealm, dann weiter zum Rießersee und von dort zurück zum Hausberg. Hinunter ins Tal, wird mehrmals die berühmte Kandahar Skiabfahrt gequert. Die Wege sind prinzipiell gut ausgebaut, aber teilweise sehr steil und geschottert.

Einkehrmöglichkeiten

Die erste Rastmöglichkeit gibt es bei der **Partnachalm**. Danach folgen die **Kreuzalm**, das **Kreuzeckhaus** und am höchsten Punkt die **Hochalm**. Bei der Rückfahrt kommt man an der **Aulealm** und dem **Seehaus Riessersee** vorbei.

Tipp

Besichtigung des Bob Museums (ist immer Mittwoch Nachmittag möglich).

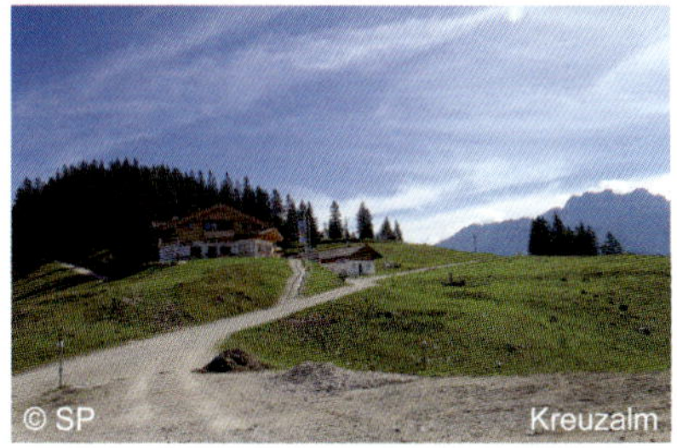

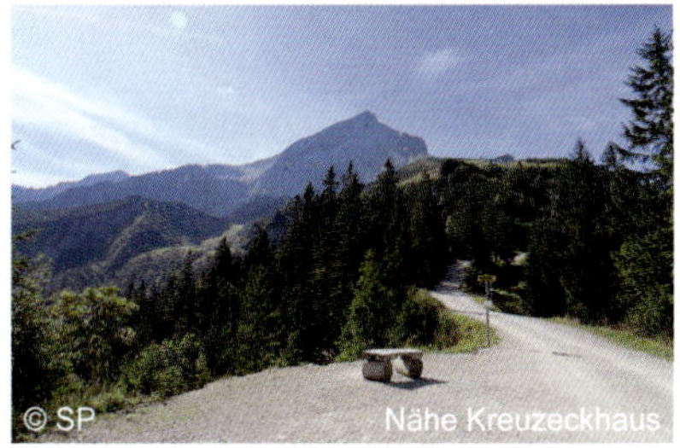

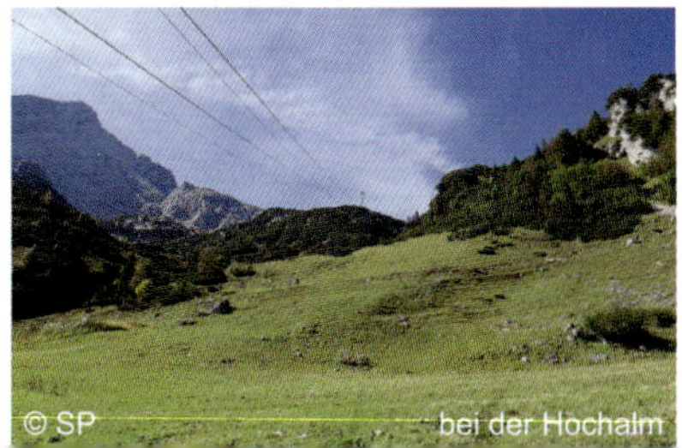

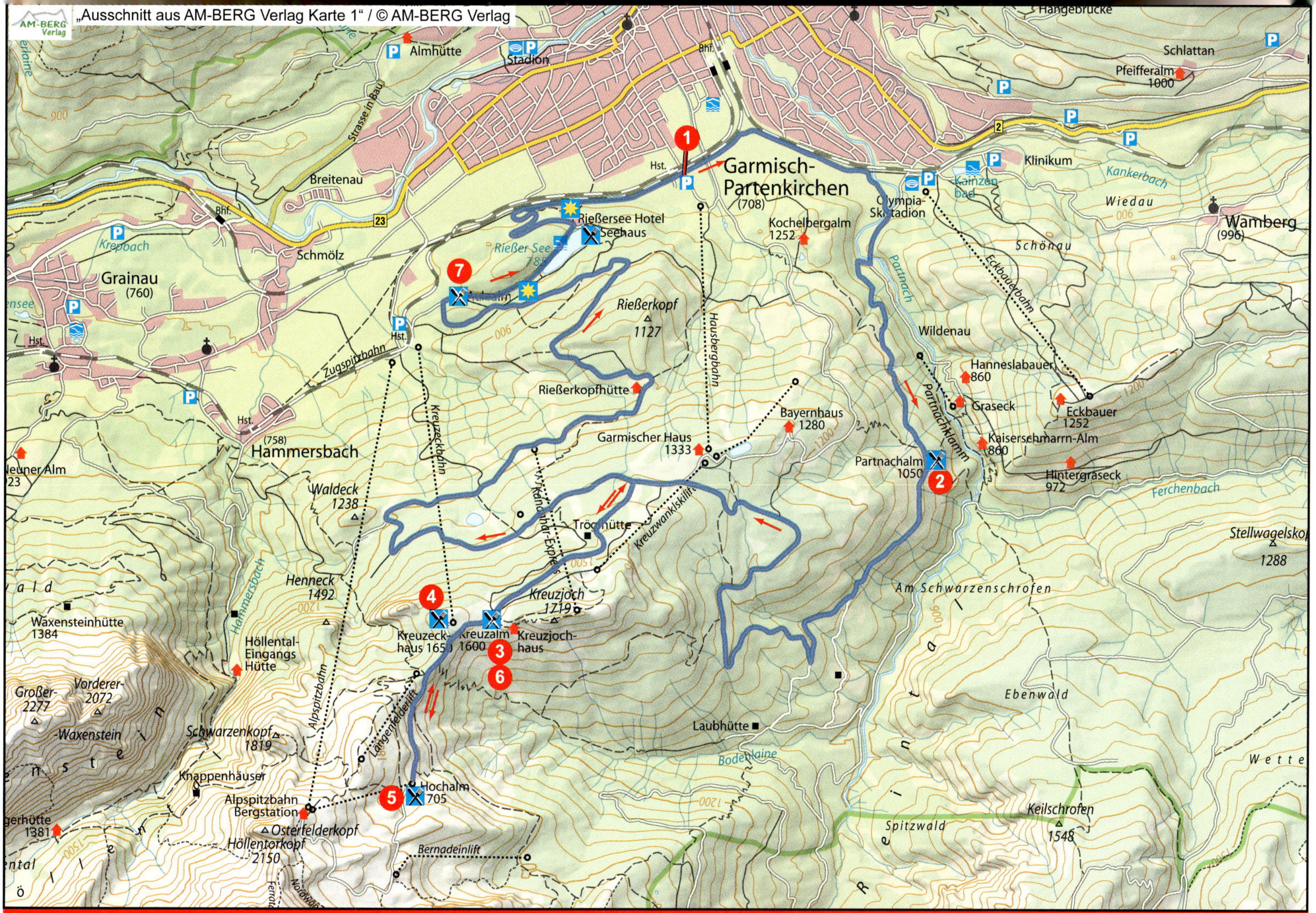

Tour 15 „Kreuzeck - Hochalm“ 3 30,63 km 2:26 Std 1.136 Hm

Tour 15 „Kreuzeck - Hochalm“ 3 30,63 km 2:26 Std 1.136 Hm

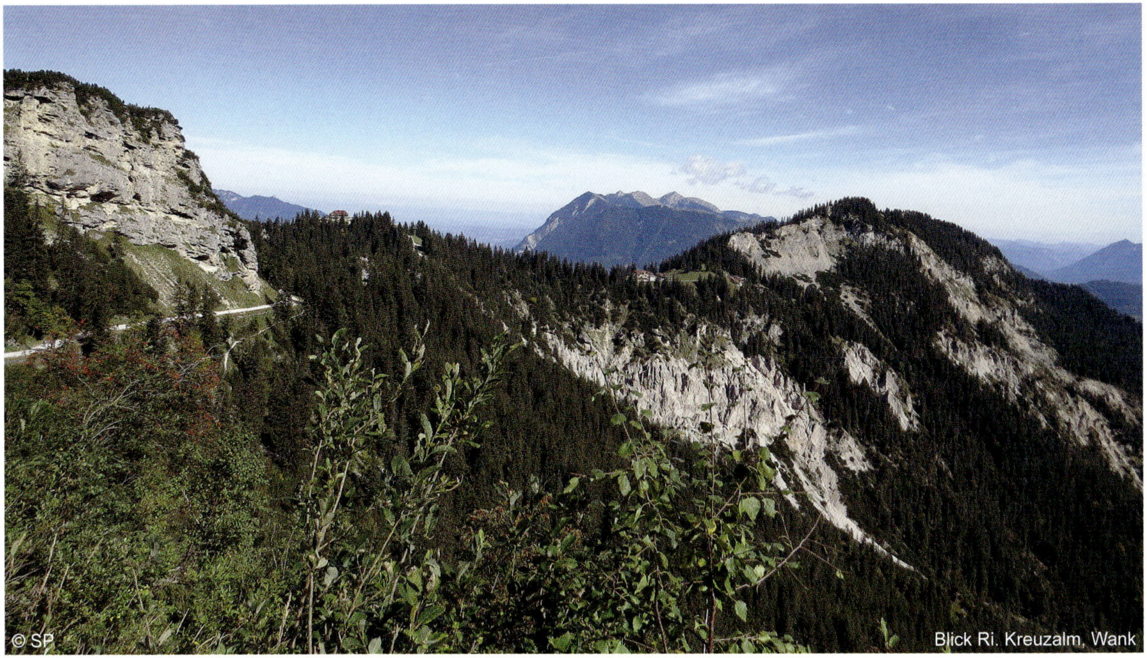
© SP Blick Ri. Kreuzalm, Wank

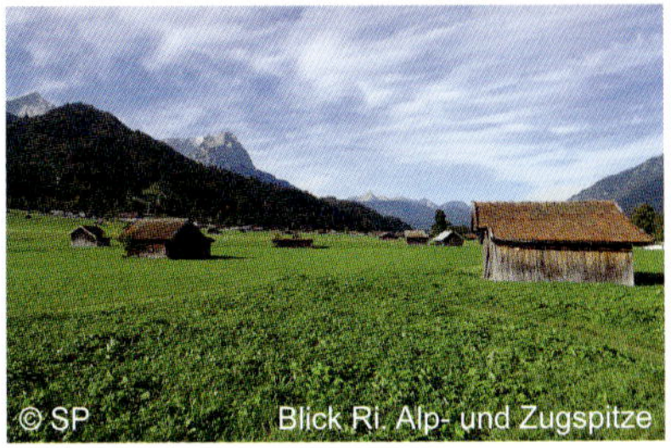
© SP Blick Ri. Alp- und Zugspitze

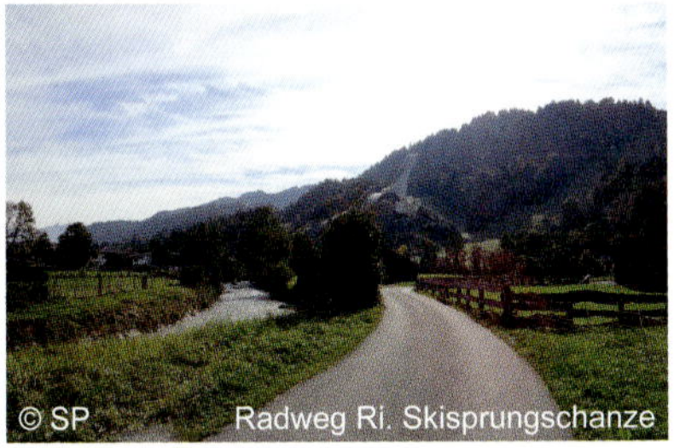
© SP Radweg Ri. Skisprungschanze

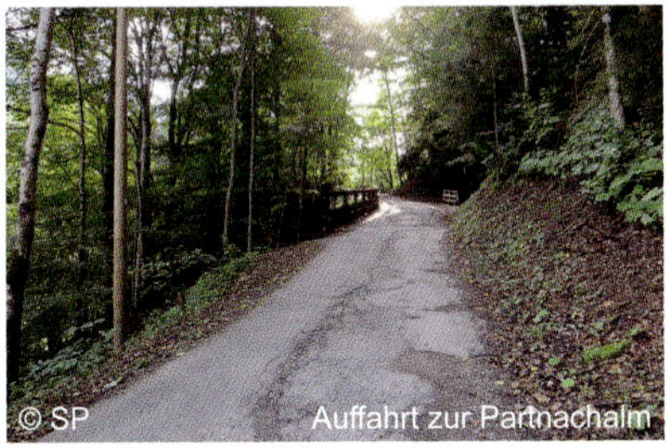
© SP Auffahrt zur Partnachalm

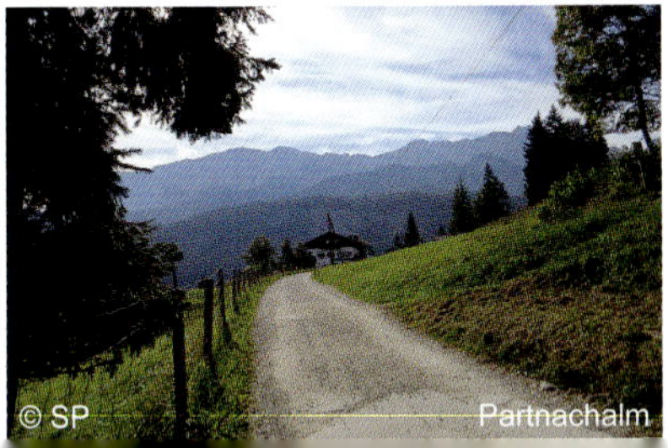
© SP Partnachalm

Strecke

Vom Parkplatz am Hausberg, an der Bahnlinie entlang Ri. „Radweg Mittenwald“ fahren. Nach der Sägerei folgt man der Wildenauer Straße nach rechts, bis zu einer Brücke. Hier rechts, Ri. „Partnachalm“ abbiegen, dem sehr steilen, teilweise asphaltierten Weg bergauf zu Partnachalm folgen und von dort Ri. „Kreuzeck, Hausberg“ weiterfahren. Vom Kreuzeckhaus fährt man dann auf dem Schotterweg weiter Ri. „Hochalm“.

Der Rückweg verläuft, bis zum Tröglift, auf der gleichen Strecke. Beim Tröglift folgt man jetzt der Linkskehre Ri. „Riessersee“. Im Tal, dann rechts abbiegen und über den Parkplatz zur Aulealm fahren. Von dort weiter, am Rießersee vorbei, und bergab zur Bahnlinie der Zugspitzbahn fahren. Hier nicht die Bahnlinie überqueren, sondern geradeaus und an der Bahnlinie entlang zurück bis zum Hausberg Parkplatz fahren.

Highlights der Tour

Das **Bob Museum,** in der Nähe vom Rießersee, hat immer Mittwoch Nachmittag geöffnet. Dort können noch einige historische Bobs von früher besichtigt werden. Auf der historischen Olympia Bobbahn wurden in der Zeit von 1910-1966 u.a. fünf Weltmeisterschaften ausgetragen. Die Bobbahn steht unter Denkmalschutz und kann heute noch besichtigt werden.
Auf dem Rückweg, zwischen Rießersee und dem Hausberg Parkplatz, befindet sich auf der rechten Seite ein kleiner unscheinbarer **Wasserfall**, der im Sommer einen kühlen Rastplatz bietet.

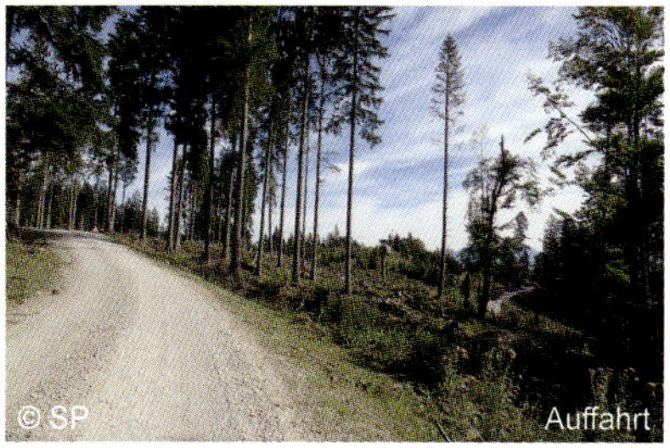
© SP Auffahrt

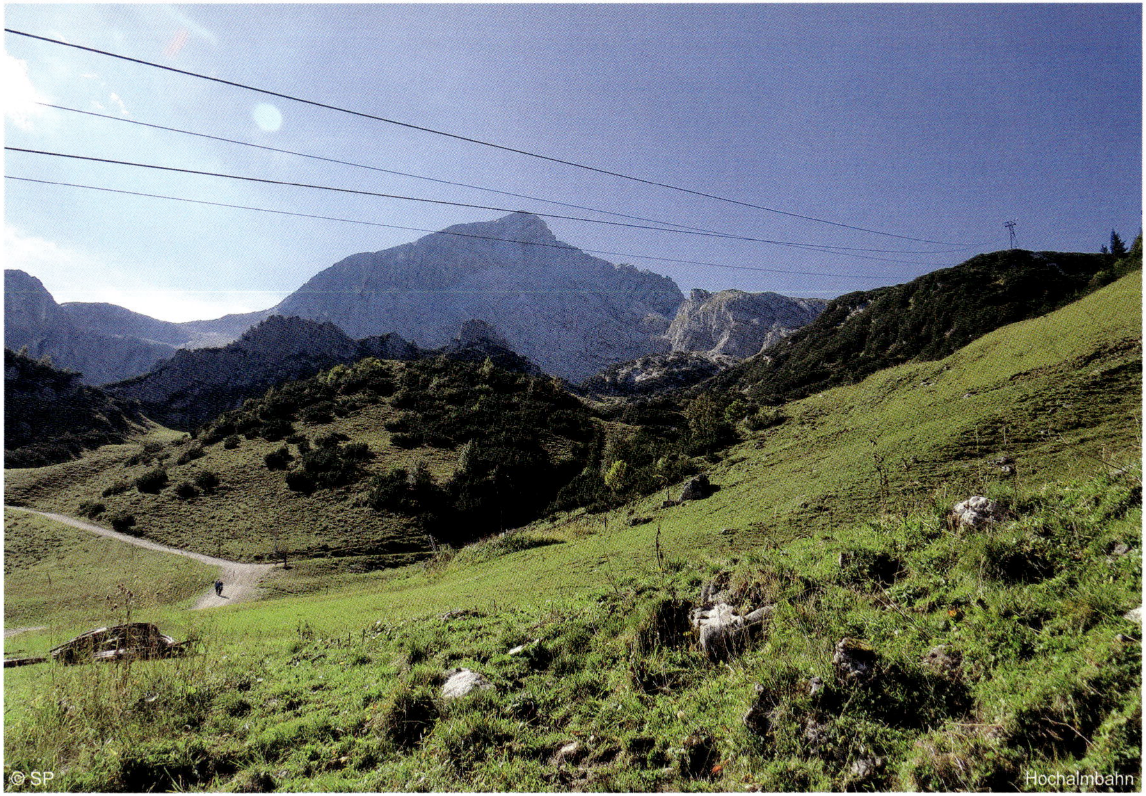
© SP Hochalmbahn

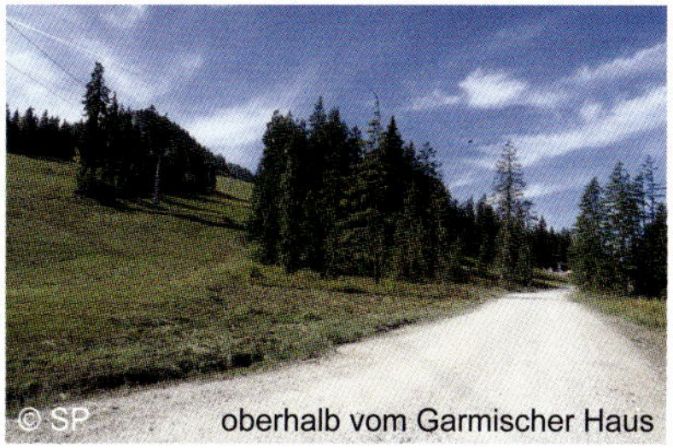
© SP oberhalb vom Garmischer Haus

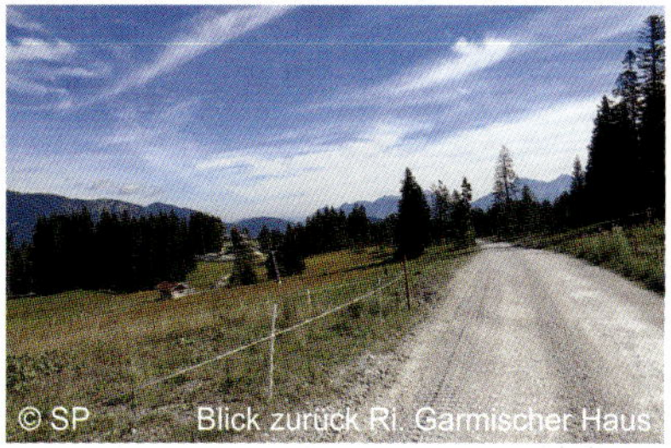
© SP Blick zurück Ri. Garmischer Haus

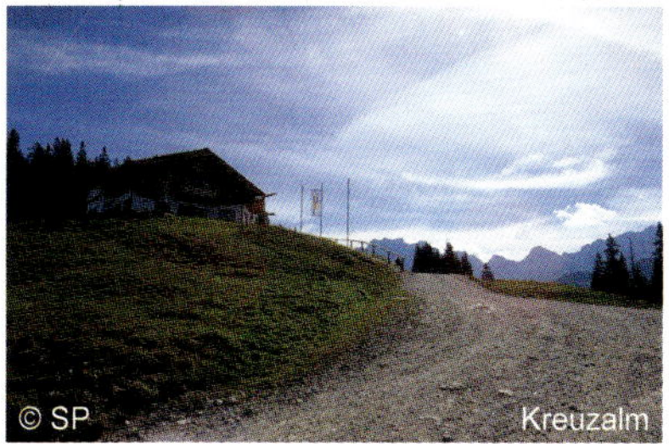
© SP Kreuzalm

Tour 15 „Kreuzeck - Hochalm“ 3 30,63 km 2:26 Std 1.136 Hm

1 **km 0,00**/720 m Vom Parkplatz (vor den Bahngleisen) **rechts** der Straße, neben der Bahnlinie entlang, folgen.

(+190 m) **km 0,19**/723 m **Geradeaus** und an der Bahnlinie weiterfahren.

(+710 m) **km 0,90**/723 m **Rechts** Ri. „Radweg Mittenwald“, an der Bahnlinie entlang, weiterfahren.

(+670 m) **km 1,57**/731 m **Geradeaus** weiterfahren.

(+420 m) **km 1,99**/737 m (nach der Sägerei und der Brücke) **Rechts** abbiegen.

(+420 m) **km 2,41**/746 m (nach der Brücke) **Rechts** Ri. „Partnachalm“ abbiegen.

2 *(+1.920 m)* **km 4,33**/985 m **Partnachalm** (Rettungstreffpunkt „GAP-2002“): **Geradeaus** fahren.

(+1.280 m) **km 5,61**/1019 m **Gabelung, rechts** bergauf Ri. „Bockhütte, Kreuzeck“ weiterfahren.

(+820 m) **km 6,43**/1033 m **Rechts** bergauf (13-17%) Ri. „Hausberg“ abbiegen.

(+1.230 m) **km 7,66**/1191 m **Rechtskehre** bergauf fahren und stets dem Hauptweg folgen.

(+1.710 m) **km 9,37**/1266 m **Geradeaus** weiterfahren. (rechts Ri. „Bayernhaus“)

(+1.020 m) **km 10,39**/1339 m **Geradeaus** Ri. „Kreuzeck“ weiterfahren.

(+420 m) **km 10,81**/1353 m **Links** bergauf (17-23%) Ri. „Kreuzeck“ abbiegen.

(+520 m) **km 11,33**/1426 m (bei der Tröglhütte) **Geradeaus** bergauf (17%) weiterfahren und stets dem Hauptweg (etwas später durch den Trögltunnel), bis zur Kreuzalm folgen.

3 *(+1.160 m)* **km 12,49**/1568 m (bei der **Kreuzalm**) **Geradeaus** bergauf (15-17%) weiterfahren.

(+400 m) **km 12,89**/1621 m **Rechts** zum Kreuzeckhaus abbiegen.

4 *(+170 m)* **km 13,06**/1636 m **Kreuzeckhaus**.

(+150 m) **km 13,21**/1625 m **Geradeaus** Ri. „Hochalm“ fahren.

(+360 m) **km 13,57**/1623 m **Links** dem Hauptweg Ri. „Hochalm“ folgen.

5 *(+880 m)* **km 14,45**/1693 m **Hochalm:** Von hier den gleichen Weg wieder bis zum Trögllift zurückfahren.

(+1.260 m) **km 15,71**/1625 m **Rechts** bergab Ri. „Kreuzalm“ fahren.

6 *(+410 m)* **km 16,12**/1573 m **Kreuzalm: Geradeaus** weiterfahren.

(+1.710 m) **km 17,83**/1358 m (beim Trögllift) **Linkskehre** Ri. „Riessersee“ folgen und nun stets dem Hauptweg bergab, vorbei an der Tonihütte und dem Bob Museum, folgen.

(+8.110 m) **km 25,94**/819 m Bob Museum, auf der rechten Seite

(+790 m) **km 26,73**/792 m (beim Parkplatz) **Rechts** über den Parkplatz zur Aulealm fahren.

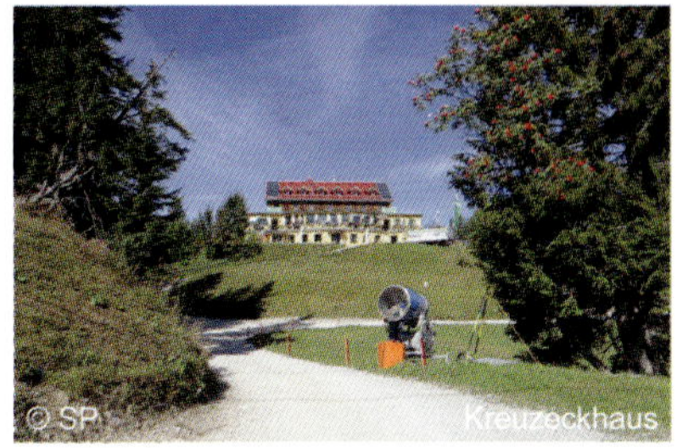
© SP Kreuzeckhaus

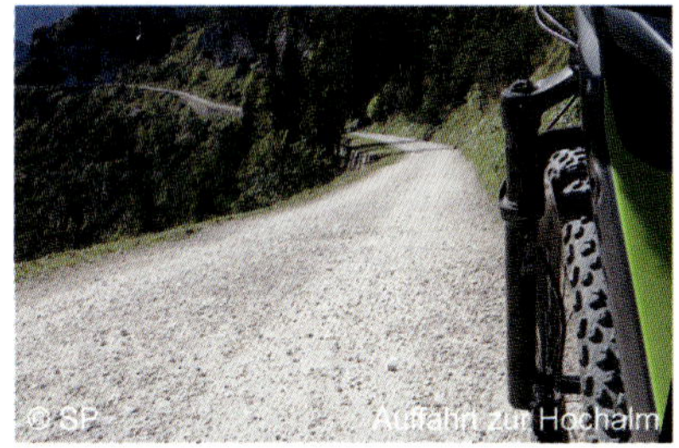
© SP Auffahrt zur Hochalm

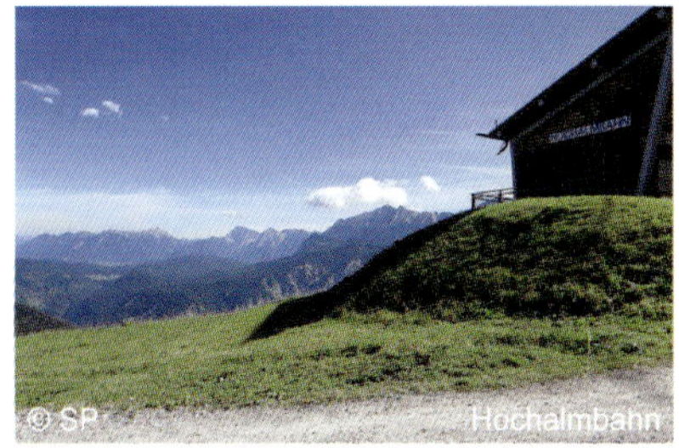

© SP Hochalmbahn

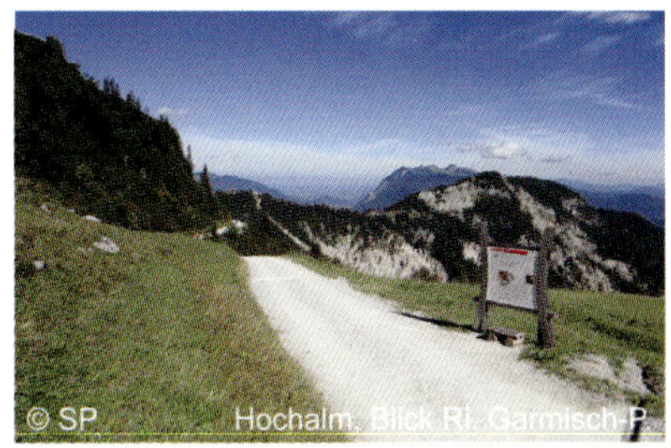
© SP Hochalm, Blick Ri. Garmisch-P.

7

(+100 m) **km 26,83**/795 m **Aulealm: Geradeaus** Ri. „Riessersee“ weiterfahren.

(+110 m) **km 26,94**/796 m **Geradeaus** weiterfahren.

(+670 m) **km 27,61**/804 m (am Rießersee) **Geradeaus** am See entlang weiterfahren.

(+470 m) **km 28,08**/806 m **Seehaus Rießersee: Links** bergab auf der Straße weiterfahren.

(+1.230 m) **km 29,31**/741 m (vor der Bahnlinie) **Geradeaus**, rechts neben der Bahnlinie weiterfahren und bis zum Ausgangspunkt zurückfahren. (nach ca. 370 m kommt rechts ein Rastplatz an einem Wasserfall)

Startplatz:
Garmisch-Partenkirchen, Parkplatz Hausbergbahn „P22“. Navi: „Am Hausberg 4“

Anfahrt:
In Garmisch-Partenkirchen den Hinweisschildern Ri. „Hausbergbahn“ folgen. Der große Parkplatz an der Hausbergbahn ist kostenlos.

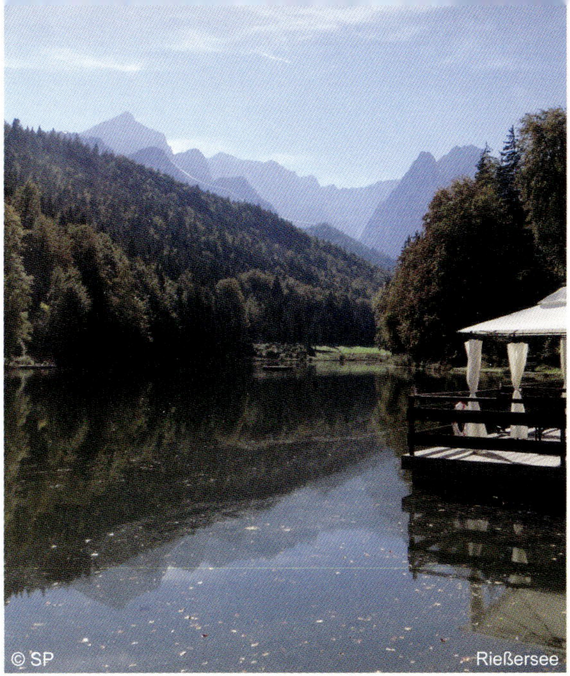
© SP Rießersee

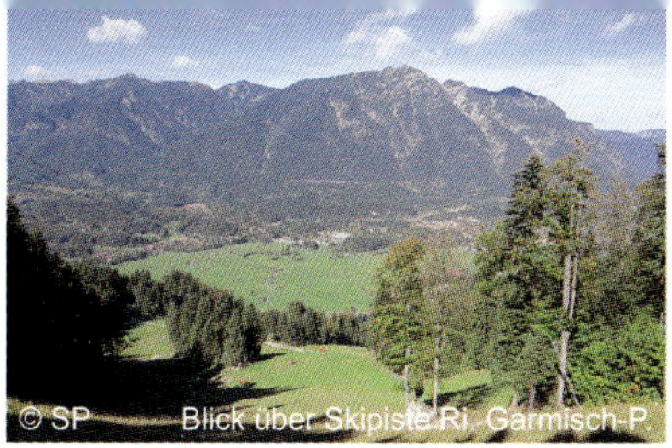
© SP Blick über Skipiste Ri. Garmisch-P.

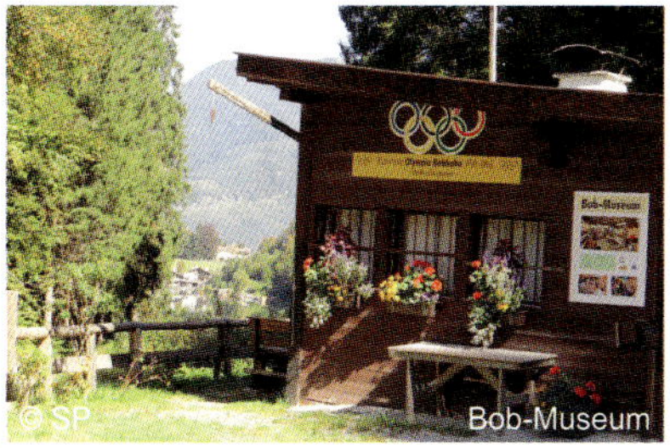
© SP Bob-Museum

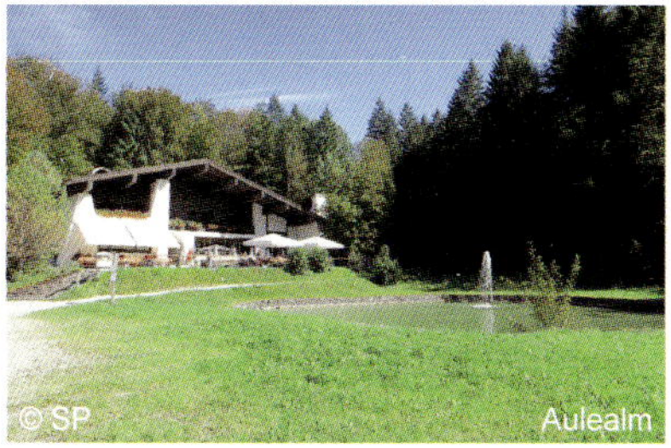
© SP Aulealm

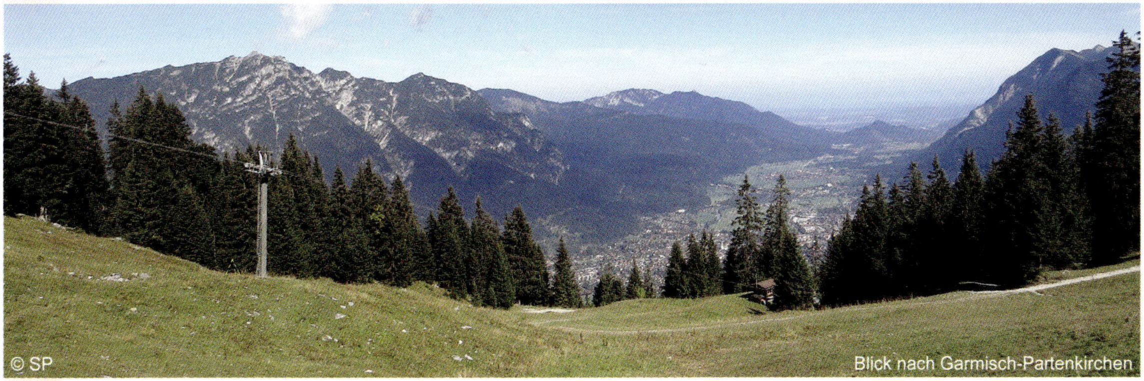
© SP Blick nach Garmisch-Partenkirchen

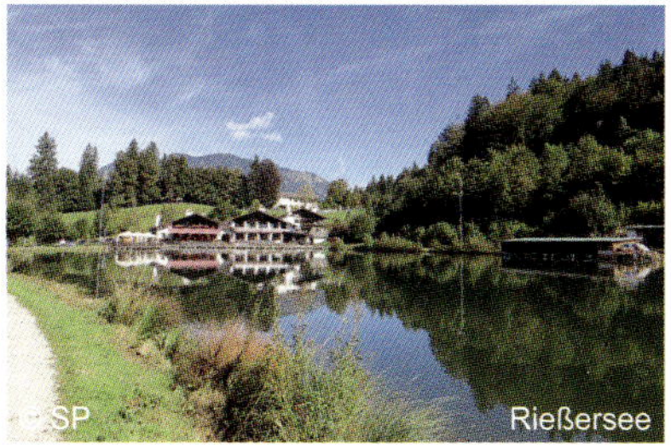
© SP Rießersee

Tour 16 „Ammertal Runde“ 4 39,19 km 2:50 Std 635 Hm

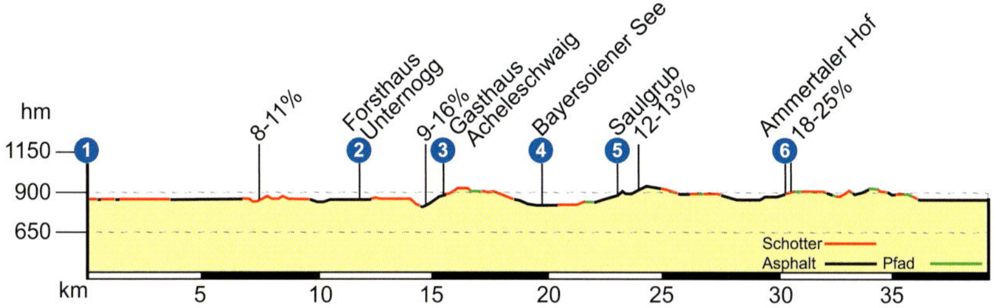

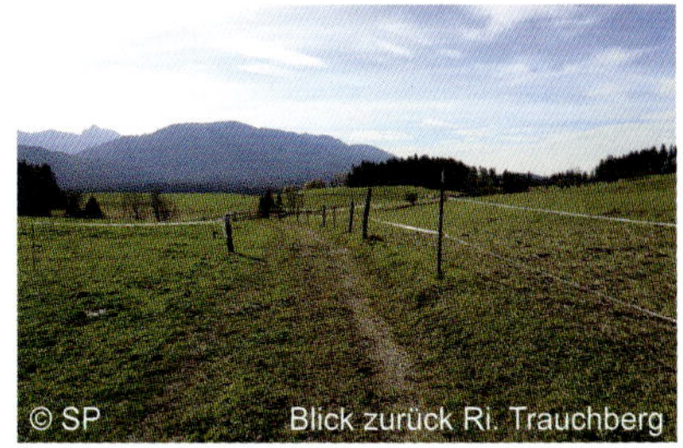

© SP Blick zurück Ri. Trauchberg

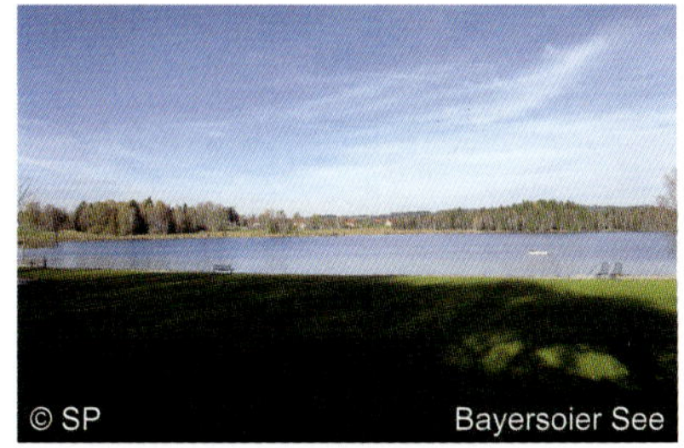

© SP Bayersoier See

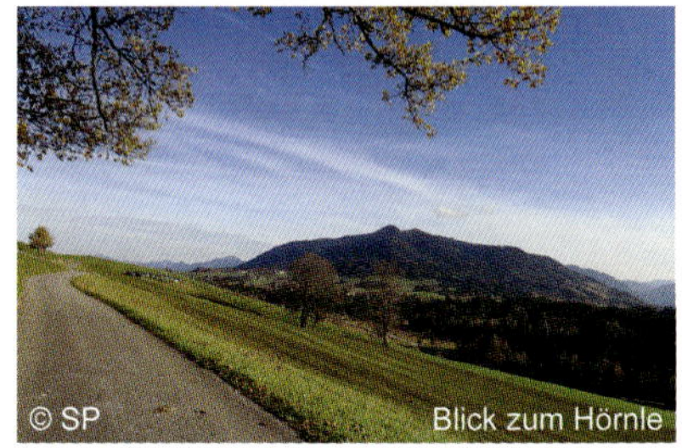

© SP Blick zum Hörnle

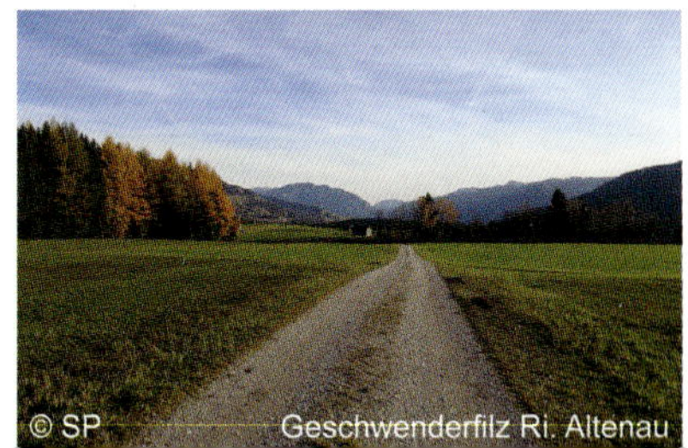

© SP Geschwenderfilz Ri. Altenau

Tourencharakter

Wegbeschaffenheit

Asphalt	19,74 km
Schotter/Kies	17,40 km
Pfad/Trail	2,05 km
Schiebestrecke	0,02 km

(ev. bergauf, nach dem Ort Achele)

Familienfreundlich

Nein, teilweise etwas schwierig mit Fahrradanhänger

Einkehrmöglichkeit

Forsthaus Unternogg, Gasthaus Acheleschwaig, Gasthof Kargl, Ammertaler Hof

Highlights

Bayersoier See (Bademöglichkeit)

Fahrkönnen / Landschaft

Fahrkönnen	★★★☆☆☆
Landschaft	★★★★★☆

Höhe

Starthöhe	847 Meter
Höchster Punkt	935 Meter

Weitläufige abwechslungsreiche Runde im Ammertal

Die Landschaft entlang der Ammer, zwischen Oberammergau und Bad Bayersoien, ist einzigartig. Auf kleinstem Raum gibt es in dieser wunderschönen bayerischen Voralpenlandschaft zahlreiche geschützte Moorgebiete. Auf dieser Runde geht es entlang der Ammer, zum Bayersoier See. Man fährt durch urtümliche Dörfer und Weiler der Ammergauer Alpen, in einer lieblichen und sanften Berglandschaft. Die Tour verläuft überwiegend auf verkehrsarmen Straßen, sodass sie auch problemlos mit Kindern gefahren werden kann. Die Steigungen sind sanft, lediglich hinter dem Ammertaler Hof geht es kurz sehr steil (bis 25%) auf Asphalt bergauf.

Einkehrmöglichkeiten

Die erste Einkehrmöglichkeit ergibt sich in Unterammergau im **Dorfwirt.** Die nächste, nach ca. 7,5 km, im **Forsthaus Unternogg** (2020: zur Zeit geschlossen) und nach weiteren ca. 3,5 km im **Gasthaus Acheleschwaig**. Am Bayersoier See kommt dann die **Pizzeria Il Pescatore** und das **Fischerhäusl** (Kiosk). In Saulgrub folgt das **Gasthaus Kargl**, in Altenau der **Dorfwirt** und in Wurmansau der **Ammertaler Hof**. Am Ende der Tour, in Oberammergau, gibt es das **Eiscafe Scocci** sowie weitere Einkehrmöglichkeiten.

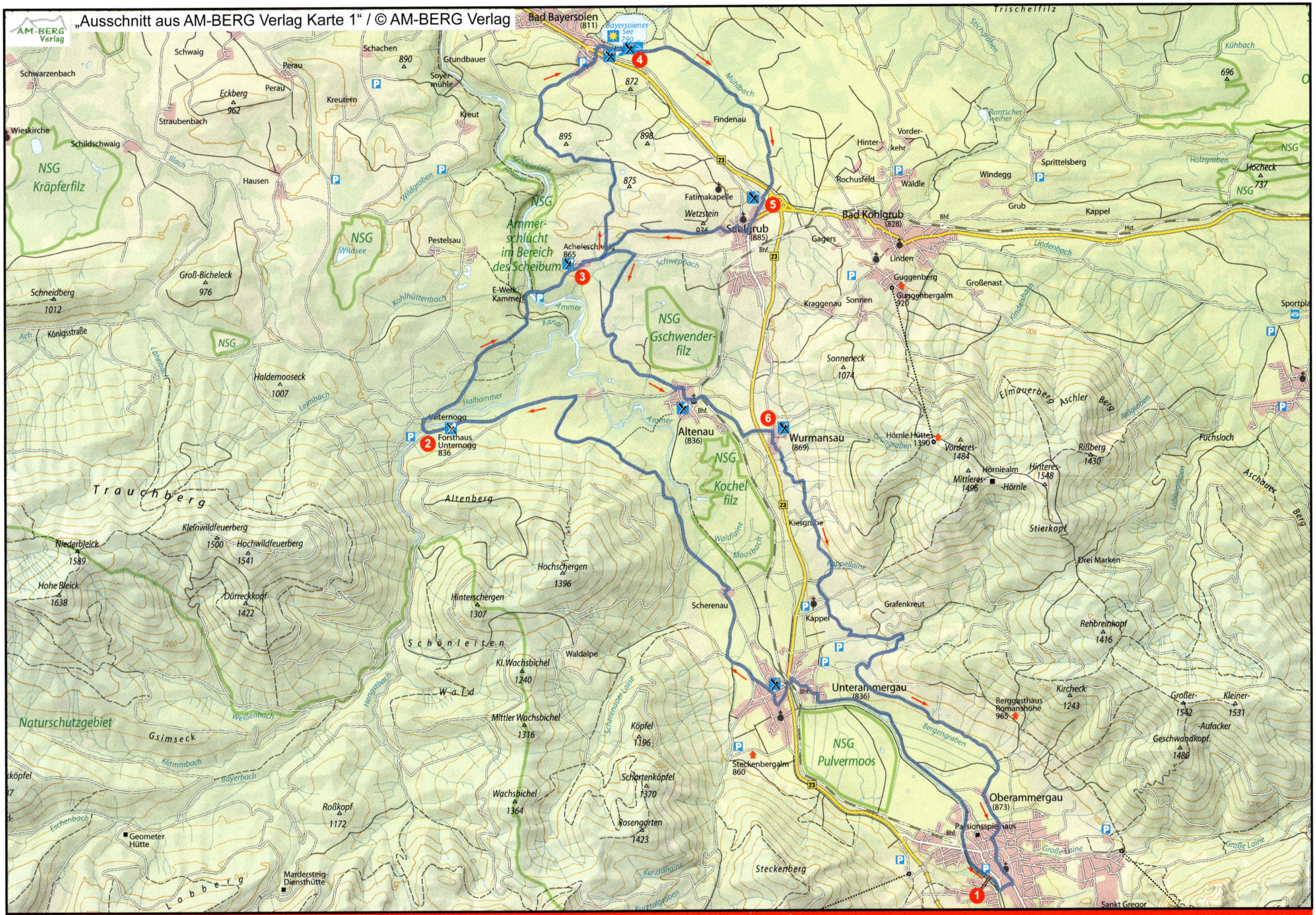

Tour 16 „Ammertal Runde“ 4 39,19 km 2:50 Std 635 Hm

Tour 16 „Ammertal Runde“ 4 39,19 km 2:50 Std 635 Hm

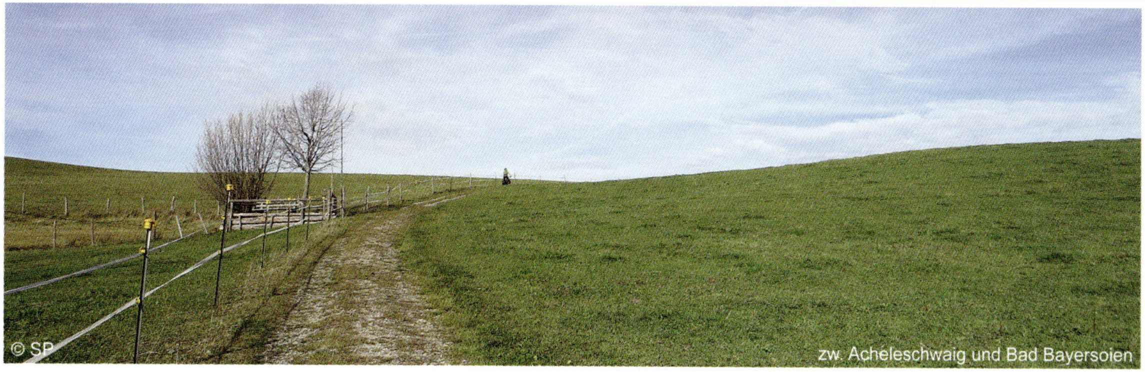

© SP zw. Acheleschwaig und Bad Bayersoien

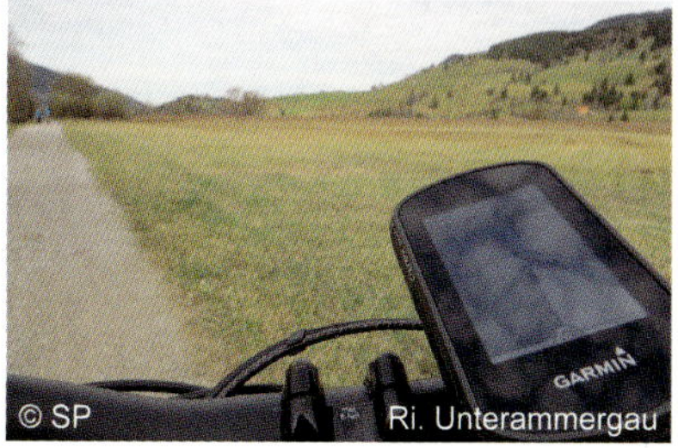

© SP Ri. Unterammergau

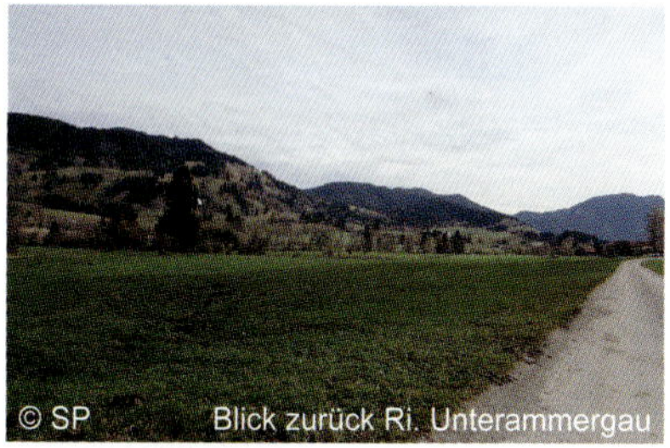

© SP Blick zurück Ri. Unterammergau

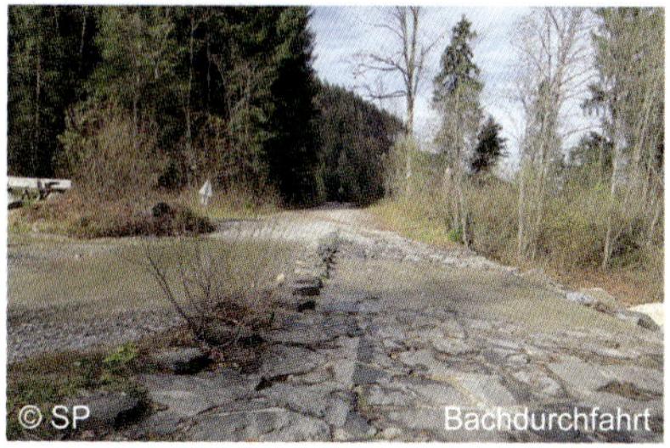

© SP Bachdurchfahrt

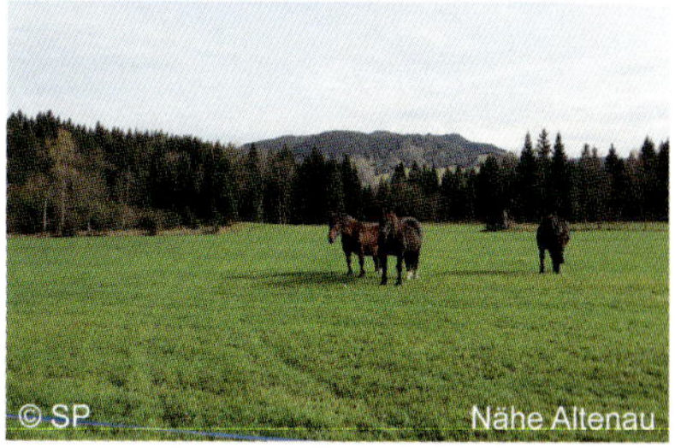

© SP Nähe Altenau

Strecke

Von Oberammergau entlang der Ammer nach Unterammergau fahren. Dort in der Ortsmitte die Bahnlinie und Bundesstraße (B23) überqueren und der Dorfstraße folgen. Bei der nächsten Kreuzung, rechts Ri. „Saulgrub“ abbiegen und den Hinweisschildern „Radweg“ durch den Ort folgen. Am Ortsende, rechts Ri. „Scherenau“ fahren und dort den Hinweisschildern Ri. „Altenau“ folgen. Später an der HS, links Ri. „Forsthaus Unternogg, Wieskirche“ abbiegen. Nach ca. 1,6 km erreicht man das Forsthaus Unternogg. Von hier auf der HS erst Ri. „Wieskirche“ fahren und nach 200 m rechts, Ri. „Bayersoien“ abbiegen. Auf diesem Hauptweg Ri. „Saulgrub“ fahren. Am Kanal geradeaus bergab, dann links Ri. „Saulgrub“ und am E-Werk vorbei Ri. „Achele“ weiterfahren. Am Gasthaus Acheleschwaig vorbei und links Ri. „Saulgrub“ weiterfahren. Es folgt ein Wiesenweg, der später in einen Pfad übergeht und auf auf dem eventuell 20 m bergauf geschoben werden muss (je nach Fahrkönnen). Nun den Hinweisschildern Ri. „Bad Bayersoien, Soiernmühle“ folgen. In Bad Bayersoien unter der Bundesstraße (B23) durchfahren und danach rechts zum See weiterfahren. Am See entlang fahren und Ri. „Bad Kohlgrub“ weiterfahren. In Saulgrub die Bundesstraße überqueren und vor dem Gasthaus Kargl links abbiegen. Über den Römerweg und die Dorfstraße Ri. „Achele, Kammerl Runde“ Ri. Osten aus Saulgrub herausfahren. An der Straße, in der Nähe vom Gasthof Acheleschwaig links Ri. „Saulgrub“ und nach 50 m rechts abbiegen. Ab dem Gatter dem Wiesenweg folgen und nach 2,5 km an der Kreuzung links Ri. „Altenau“ abbiegen. Kurz darauf (ca. 90 m) rechts dem Radwegschild folgen. In Wurmansau rechts Ri. „Ammertaler Hof“ fahren und später der Straße Ri. „Am Wieseneck“ folgen. Nun auf dem Ammergauer Mahdweg nach Oberammergau fahren und dort über die Dorfstraße zurück zum Ausgangspunkt fahren.

Highlights der Tour

Der **Bayersoier See**, am „Wendepunkt“ der Tour, ist ein Moorsee, der nach dem Rückgang der Gletscher während der Würmeiszeit entstanden ist.

Der See bietet sich als Rast- und Bademöglichkeit an. Wer möchte, kann den See auch auf dem schön angelegten Wanderweg (Naturlehrpfad) zu Fuß oder auch mit dem Rad umrunden. Es gibt viele Infos über die Entstehung des Sees und über die heimische Flora und Fauna.

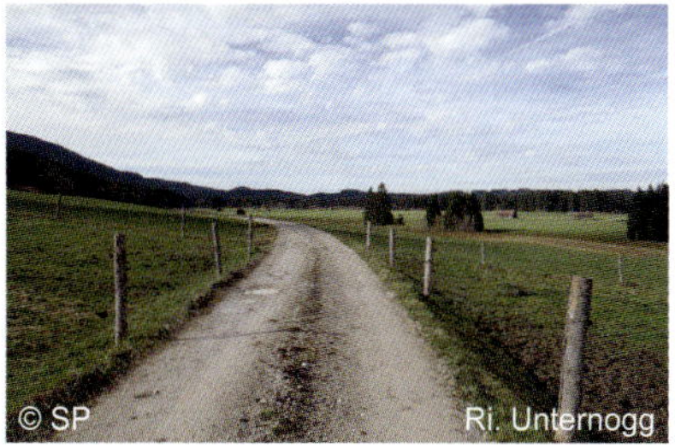

© SP Ri. Unternogg

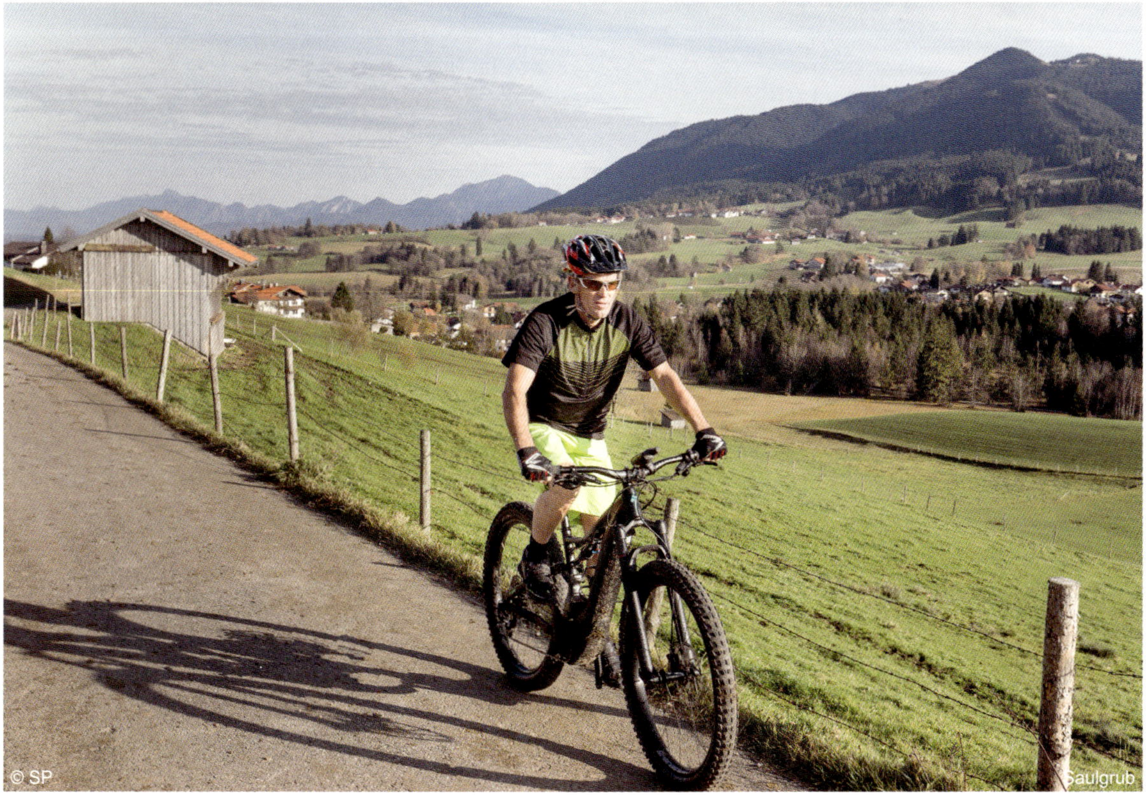

© SP Saulgrub

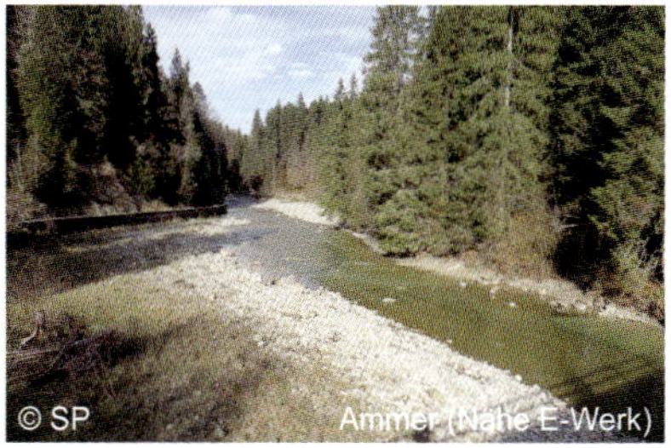

© SP Ammer (Nähe E-Werk)

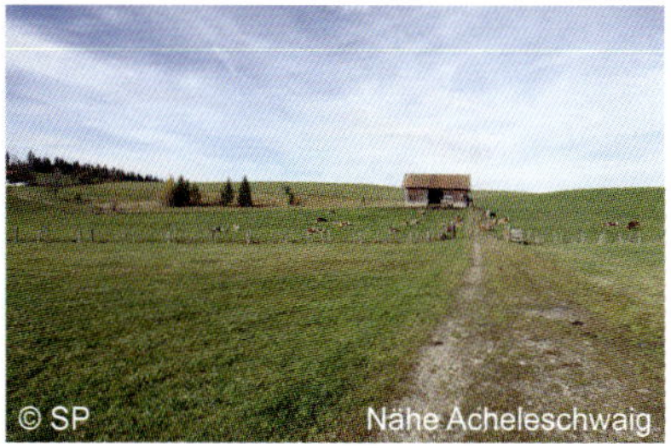

© SP Nähe Acheleschwaig

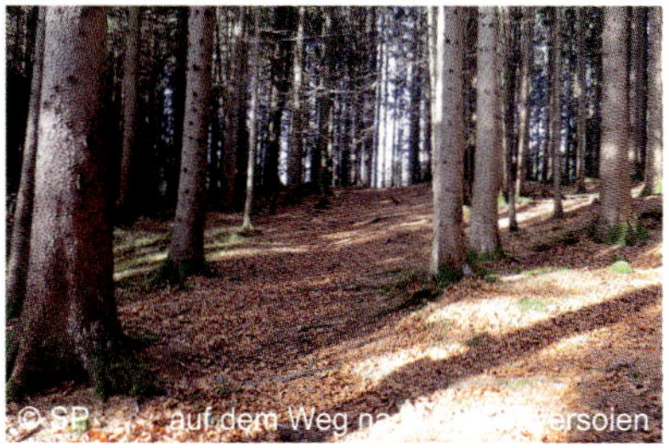

© SP auf dem Weg na[illegible]ersoien

Tour 16 „Ammertal Runde“ 4 39,19 km 2:50 Std 635 Hm

Tour 16 „Ammertal Runde“ 4 39,19 km 2:50 Std 635 Hm

1

km 0,00/847 m Vom Parkplatz zur Ammer, dort nach **rechts** und an der Ammer entlangfahren.

(+590 m) **km 0,59**/847 m **An der HS, geradeaus** und an der Ammer weiterfahren.

(+650 m) **km 1,24**/846 m **Links** fahren und stets dem Weg, an der Ammer entlang, folgen.

(+2.320 m) **km 3,56**/844 m Unterammergau: **Geradeaus** an der Ammer weiterfahren.

(+180 m) **km 3,74**/847 m **Links** dem Radschild folgen und Ri. „Bahnhof“ fahren.

(+180 m) **km 3,92**/847 m **Links** dem Radschild weiter folgen.

(+210 m) **km 4,13**/845 m **Links** fahren und **nach ca. 20 m** gleich wieder **links** dem Radschild folgen. **Nach ca. 40 m rechts** und über den Bahn-übergang zur HS fahren.

(+70 m) **km 4,20**/844 m **An der HS** (Ampel), **geradeaus** die HS überqueren, dann **links** dem Radschild folgen und **nach ca. 60 m rechts** in die Dorfstraße abbiegen.

(+320 m) **km 4,52**/848 m (beim Brunnen) **Rechts** Ri. „Saulgrub“ abbiegen und dem Radweg stets geradeaus durch den Ort folgen.

(+850 m) **km 5,37**/847 m (Rettungstreffpunkt „GAP-2050“) **Rechts** Ri. „Scherenau“ weiterfahren.

(+910 m) **km 6,28**/847 m Scherenau: **Links** Ri. „Altenau“ abbiegen. Nach 570 m geht es durch einen Bachlauf (Schild „Radfahrer absteigen“)

(+750 m) **km 7,03**/843 m **Geradeaus** weiter-fahren. (links Sackgassenschild)

(+790 m) **km 7,82**/880 m (nach der Bergauffahrt, 8-11%) **Rechts** bergab Ri. „Altenau“ fahren und nun stets dem Hauptweg geradeaus folgen.

(+2.320 m) **km 10,14**/838 m **An der Straße, links** Ri. „Wieskirche, Forsthaus Unternogg“ fahren.

2

(+1.640 m) **km 11,78**/853 m **Forsthaus Unternogg.**

(+360 m) **km 12,14**/857 m (beim Parkplatz) **Rechts** der Straße Ri. „Wieskirche Runde“ folgen.

(+200 m) **km 12,34**/863 m **Rechts** auf den Weg Ri. „Bayersoien“ abbiegen.

(+770 m) **km 13,11**/851 m **Links** auf dem Haupt-weg weiterfahren.

(+210 m) **km 13,32**/849 m **Rechts** bergab (14-15%) Ri. „Saulgrub“ weiterfahren.

(+900 m) **km 14,22**/826 m (am Kanal) **Geradeaus** bergab und dann weiter **geradeaus** fahren.

(+100 m) **km 14,32**/814 m **T-Kreuzung, links** Ri. „Saulgrub“ abbiegen.

(+150 m) **km 14,47**/811 m (beim E-Werk, Schranke) **Geradeaus** und dann nach **rechts** fahren.

(+130 m) **km 14,60**/808 m (nach der Ammer) **Rechts** bergauf (9-16%) Ri. „Achele“ fahren.

3

(+830 m) **km 15,43**/883 m **Gasthaus Achele-schwaig: Rechts** weiterfahren.

(+200 m) **km 15,63**/886 m **Links** bergauf (8%) Ri. „Saulgrub“ abbiegen.

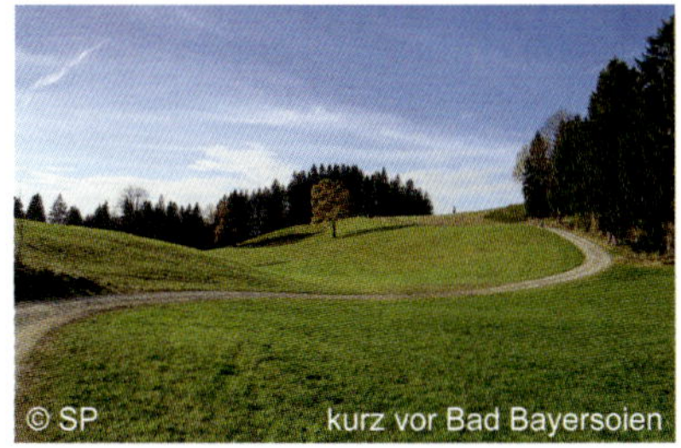

© SP kurz vor Bad Bayersoien

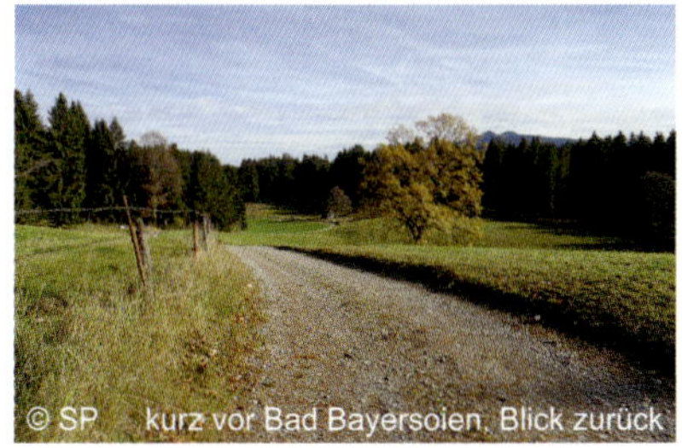

© SP kurz vor Bad Bayersoien, Blick zurück

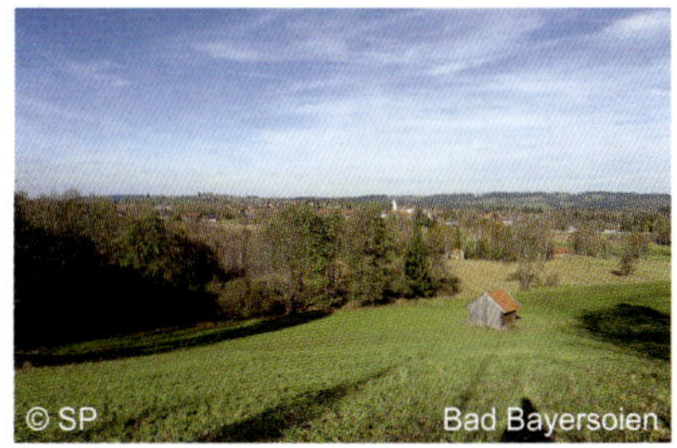

© SP Bad Bayersoien

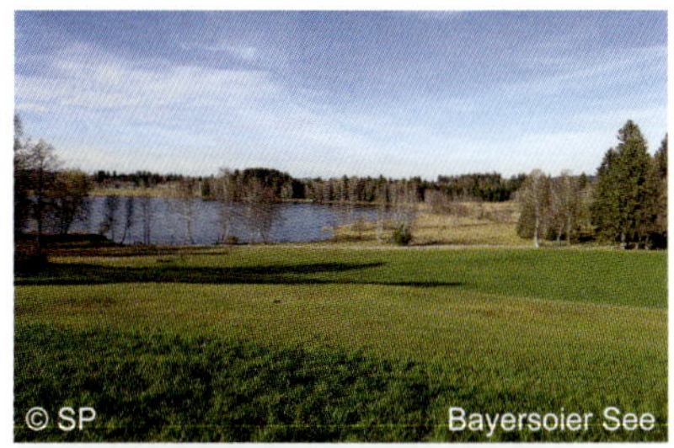

© SP Bayersoier See

(+90 m) **km 15,72**/896 m **Links** Ri. „Saulgrub“ fahren. (nach ca. 880 m kommt ein Gatter, danach folgt ein Wiesenweg der später in einen Pfad übergeht. Schiebestrecke im Wald ca. 20 m bergauf)

(+1.120 m) **km 16,84**/898 m **Geradeaus** Ri. „Bad Bayersoien“ weiterfahren.

(+160 m) **km 17,00**/901 m **Links** dem Wiesenweg Ri. „Soiernmühle“ (Hinweis etwas später) folgen.

(+1.160 m) **km 18,16**/874 m **Rechts** Ri. „Radweg Bad Bayersoien“ weiterfahren.

(+380 m) **km 18,54**/853 m **Rechts** der Straße folgen.

(+920 m) **km 19,46**/819 m **Rechts** abbiegen und unter der Bundesstraße durchfahren.

(+100 m) **km 19,56**/820 m (nach der Unterführung) **Rechts** fahren und gleich danach **links** Ri. „Zum See“ weiterfahren.

4 *(+160 m)* **km 19,72**/811 m **Bayersoier See.**

(+680 m) **km 20,40**/819 m (am Seeende) **Geradeaus** Ri. „Bad Kohlgrub“ und diesem Weg stets geradeaus folgen.

(+1.570 m) **km 21,97**/835 m **Rechts** auf der Straße weiterfahren.

5 *(+1.010 m)* **km 22,98**/887 m **Saulgrub: Rechts** über die Bundesstraße fahren und danach (am Meditationsplatz, Rasthaus Kargl) **links** abbiegen.

(+300 m) **km 23,28**/894 m An der Rottenbucher Straße, **links** abbiegen.

(+280 m) **km 23,56**/881 m (nach der Bergabfahrt) **Rechts** in den Römerweg abbiegen.

(+160 m) **km 23,72**/898 m **Kreuzung, links** Ri. „Achele“ abbiegen.

(+50 m) **km 23,77**/900 m **Abzweig, geradeaus** weiterfahren. (nicht links Ri. „Rad Oberammergau“)

(+1.110 m) **km 24,88**/921 m **Geradeaus** dem Schotterweg Ri. „Kammerl Runde“ folgen.

(+650 m) **km 25,53**/897 m **Links** dem Weg weiter folgen.

(+80 m) **km 25,61**/889 m **Links** der Straße Ri. „Saulgrub“ folgen.

(+50 m) **km 26,11**/887 m **Rechts** abbiegen. (nach ca. 490 m dem Wiesenweg, nach dem Gatter, folgen)

(+2.470 m) **km 28,58**/852 m **Kreuzung,links** Ri. „Altenau“ abbiegen.

(+90 m) **km 28,67**/852 m **Rechts** dem Radschild folgen.

(+140 m) **km 28,81**/856 m **Links** dem Radschild folgen.

(+220 m) **km 29,03**/858 m **Rechts** dem Radschild Ri. „Oberammergau“ folgen.

(+720 m) **km 29,75**/864 m **Links** Ri. „Ammertaler Hof“ weiterfahren.

(+370 m) **km 30,12**/888 m Wurmansau: **Rechts** Ri. „Ammertaler Hof“ weiterfahren.

6 *(+110 m)* **km 30,23**/888 m **Ammertaler Hof: Links** der Straße „Am Wieseneck“ folgen.

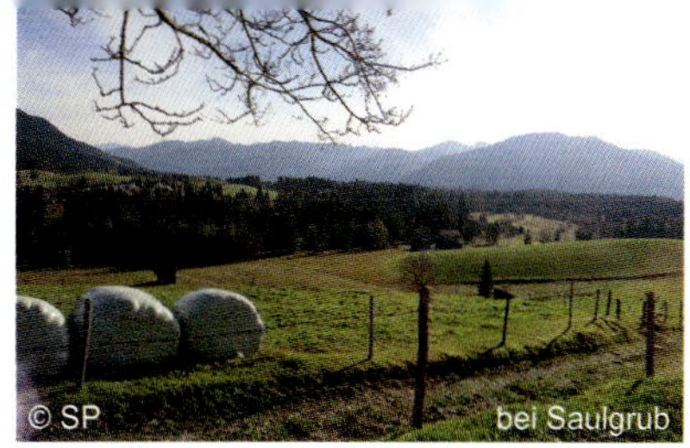
© SP bei Saulgrub

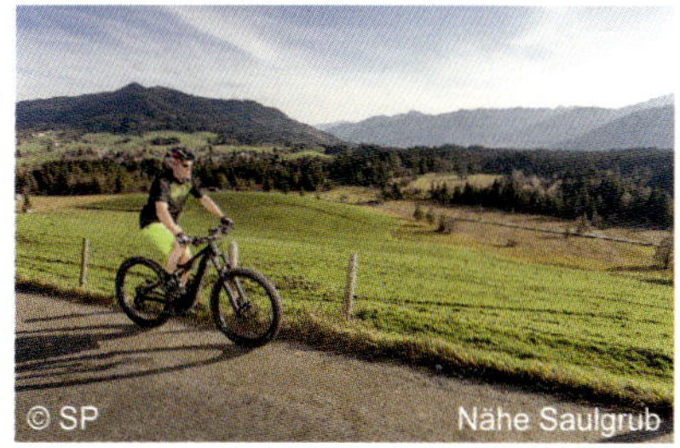
© SP Nähe Saulgrub

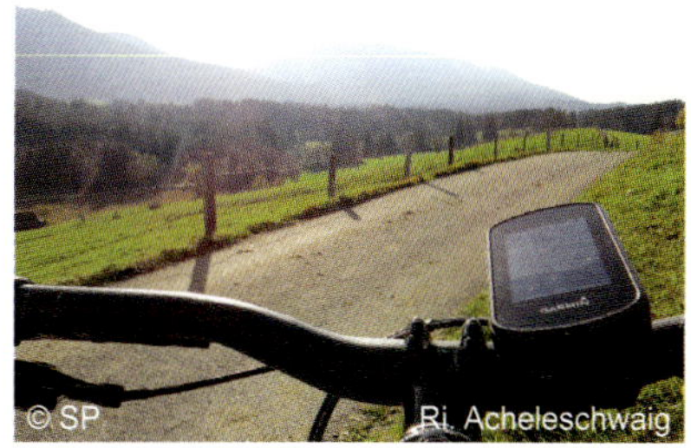
© SP Ri. Acheleschwaig

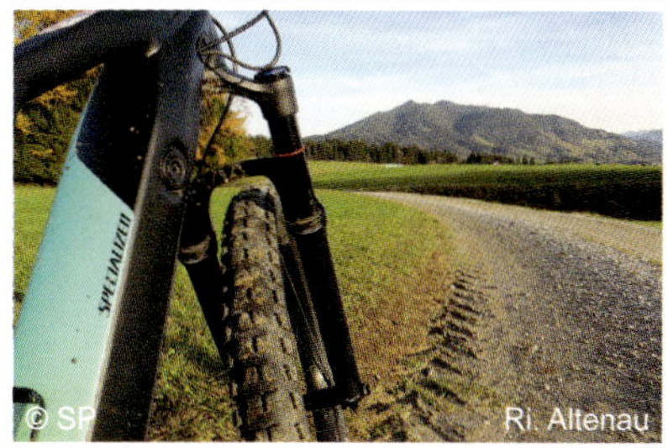
© SP Ri. Altenau

(+360 m) **km 30,59**/893 m (nach steiler asphaltierter Bergauffahrt, 18-25%) **Rechts** und **nach 20 m links** Ri. „Ammergauer Mahdweg“ fahren.

(+750 m) **km 31,34**/904 m **Kreuzung, geradeaus** weiterfahren.

(+80 m) **km 32,14**/892 m **Geradeaus** über die Brücke weiterfahren.

(+250 m) **km 32,39**/876 m **Links** dem Pfad Ri. „Wiesmahdweg“ folgen.

(+310 m) **km 32,70**/881 m **Rechts** abbiegen und nach 20 m **links** weiterfahren.

(+620 m) **km 33,32**/889 m (nach steiler asphaltierter Bergabfahrt, 17%) **Links** abbiegen.

(+630 m) **km 33,95**/920 m **Geradeaus** Ri. „Ammergauer Wiesmahdweg“ fahren.

(+80 m) **km 34,03**/924 m (nach der Brücke) **Rechts** dem Pfad Ri. „Wiesmahdweg“ folgen.

(+160 m) **km 34,19**/925 m **Rechts** dem Schotterweg folgen.

(+520 m) **km 34,71**/900 m **Rechts** auf die Straße abbiegen.

(+190 m) **km 34,90**/886 m **Links** weiterfahren. (Weg wird später zum Wiesenweg und Pfad)

(+1.210 m) **km 36,11**/865 m **Links** auf dem Schotterweg weiterfahren.

(+80 m) **km 36,19**/860 m **Geradeaus** fahren und stets dem Hauptweg bis Oberammergau folgen.

(+1.900 m) **km 38,09**/855 m Oberammergau: **Rechts** in die Straße „In der Furch“ abbiegen.

(+190 m) **km 38,28**/856 m **Links** der Theaterstraße folgen.

(+110 m) **km 38,39**/854 m **Links** abbiegen und der Dorfstraße durch den Ort folgen.

(+500 m) **km 38,89**/854 m **Rechts** abbiegen, **nach 10 m** gleich wieder nach **rechts** fahren und der HS zurück zum Ausgangspunkt folgen.

Startplatz:
Oberammergau, Parkplatz an der Eugen-Pabst-Straße.

Anfahrt:
Von Ettal kommend, die erste Abfahrt nach Oberammergau nehmen, auf der Ettaler Straße in den Ort fahren und der HS zur Ammer folgen. Nach wenigen Metern ist auf der linken Seite ein großer Parkplatz.

Die Ammer

Die Ammer, die im Graswangtal entspringt, gehört zu den schönsten naturbelassenen Flüssen der nördlichen Kalkalpen. Zwischen Altenau und Peißenberg fließt sie durch die Ammerschlucht.
Die Ammer mündet nördlich von Weilheim in den Ammersee, den sie als Amper wieder verlässt. Bei Moosburg mündet die Amper dann in die Isar.

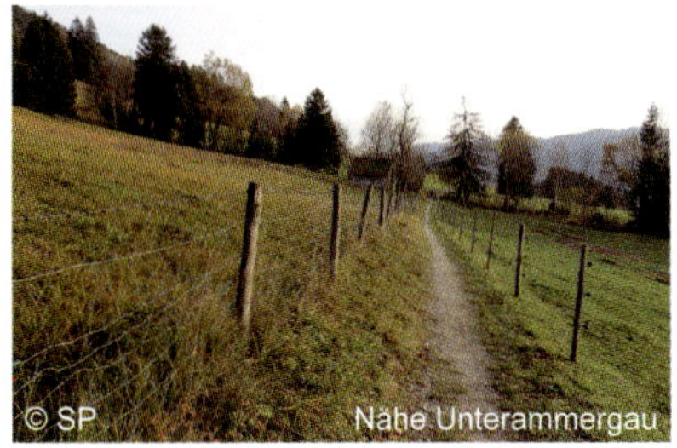
© SP Nähe Unterammergau

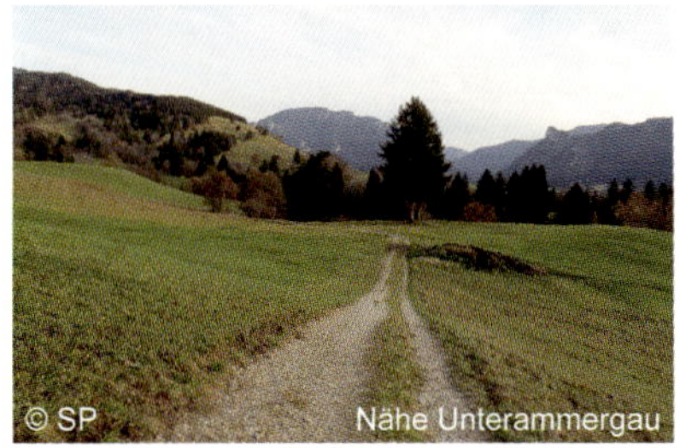
© SP Nähe Unterammergau

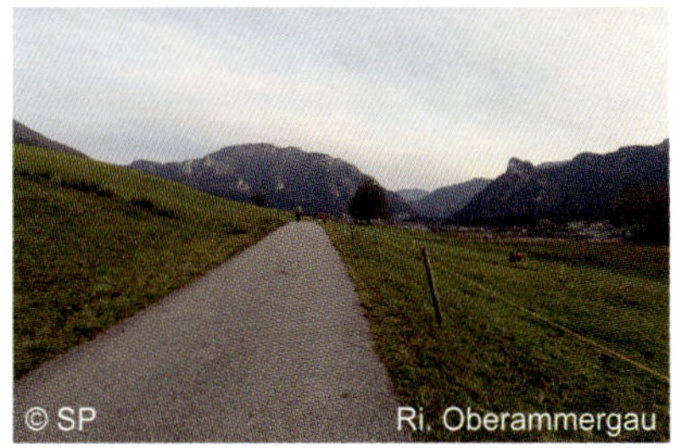
© SP Ri. Oberammergau

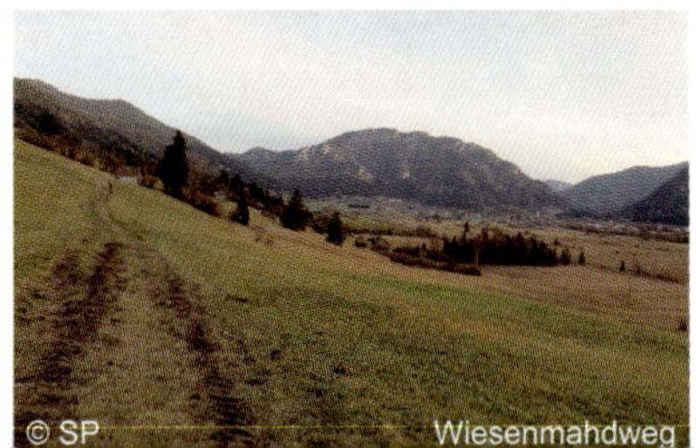
© SP Wiesenmahdweg

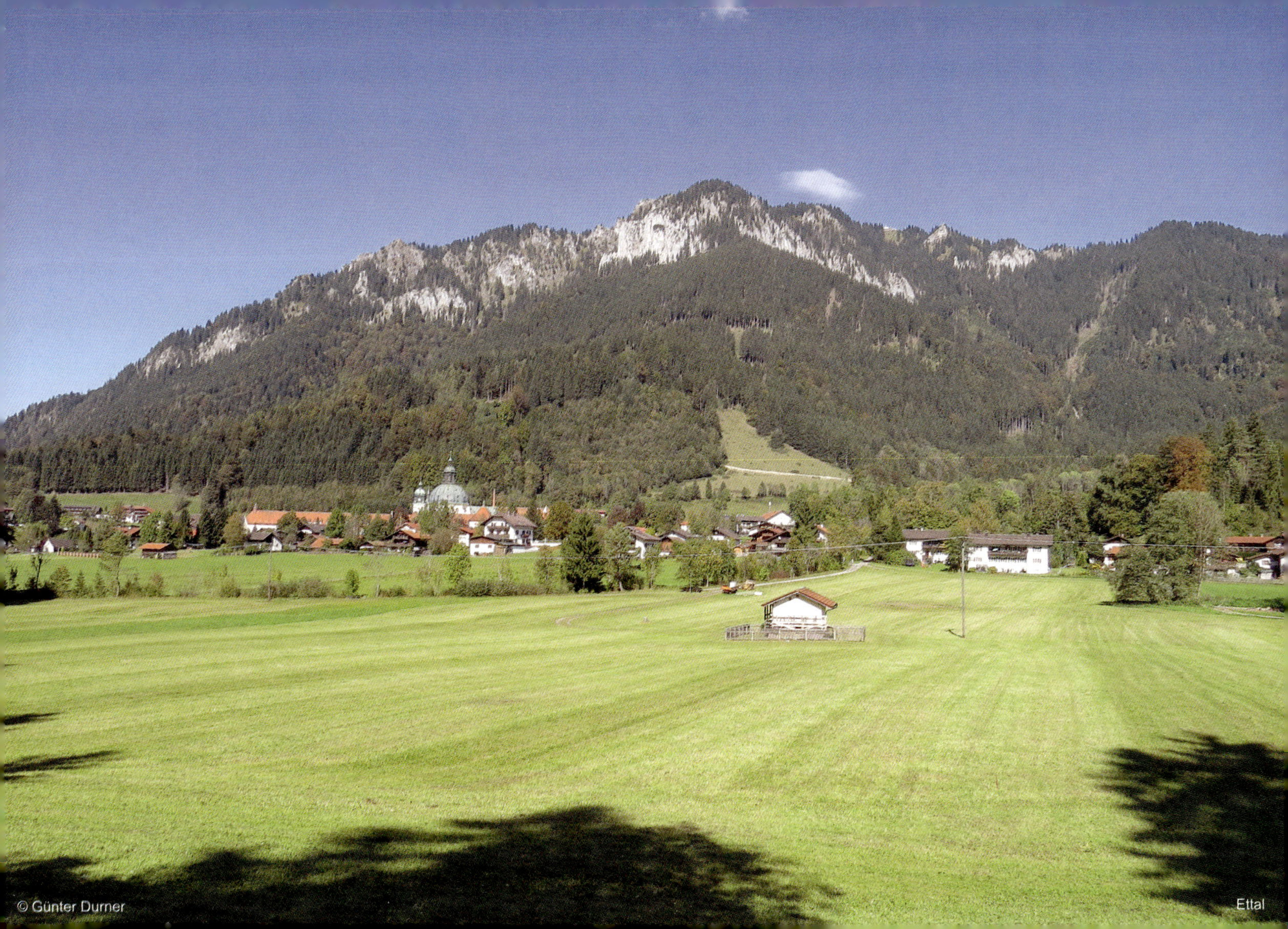

Ettal

Tour 17 „Esterbergalm - Gschwandtnerbauer“ 4 27,52 km 1:52 Std 942 Hm

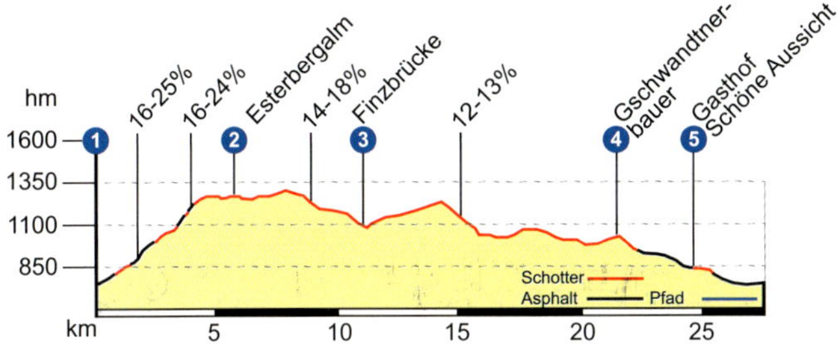

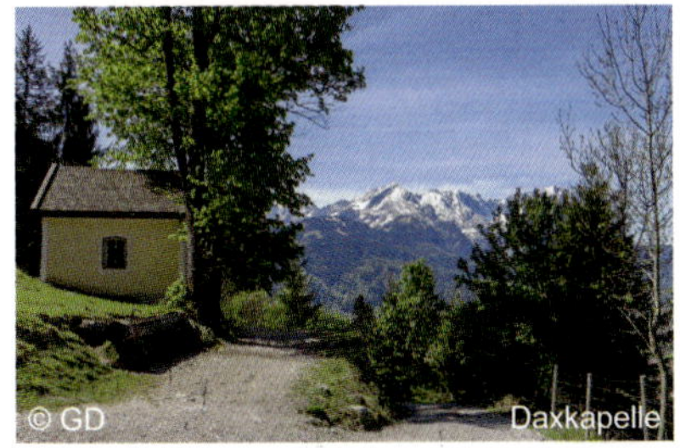
© GD Daxkapelle

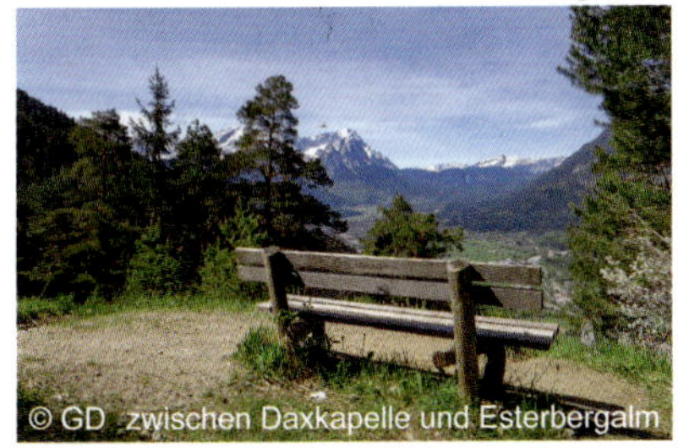
© GD zwischen Daxkapelle und Esterbergalm

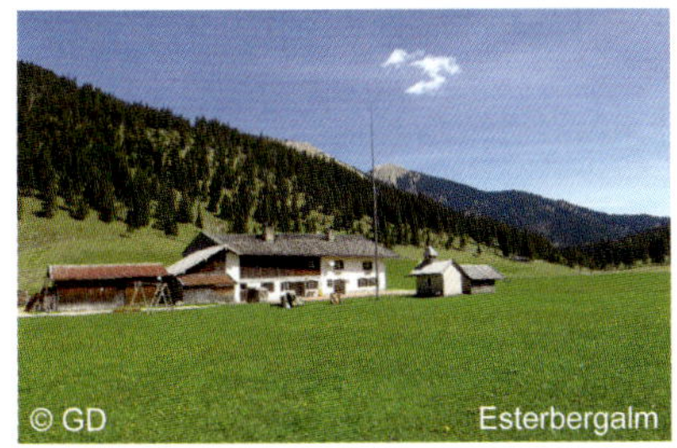
© GD Esterbergalm

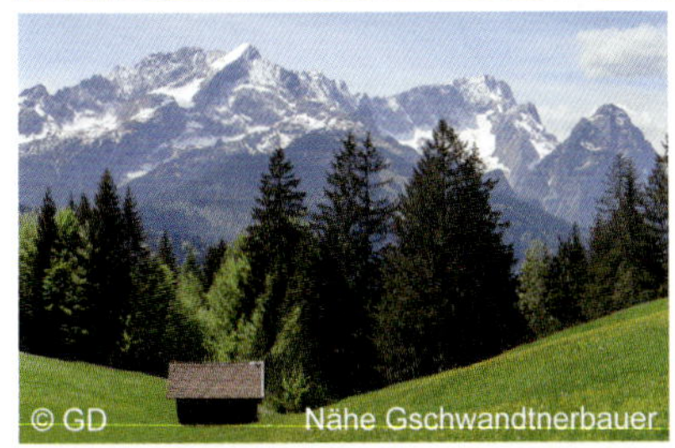
© GD Nähe Gschwandtnerbauer

Tourencharakter

Wegbeschaffenheit

Asphalt	6,93 km
Schotter/Kies	20,59 km
Pfad/Trail	0 km
Beton/Pflastersteine	0 km
Schiebestrecke	0 km

Familienfreundlich

Ja, fast überwiegend verkehrsfreie Wege

Einkehrmöglichkeit

Esterbergalm, Gschwandtnerbauer, Gasthof Schöne Aussicht

Highlights

Gschwandtnerbauer (Ausblick)

Fahrkönnen / Landschaft

Fahrkönnen	★★★☆☆☆
Landschaft	★★★★☆☆

Höhe

Starthöhe	740 Meter
Höchster Punkt	1.299 Meter

Schöne abwechslungsreiche Rundtour im Estergebirge

Zwischen dem Loisach- und Isartal liegt das Estergebirge, das zu den größten zusammenhängenden Karstgebieten in den Bayerischen Alpen gehört. Am südwestlichen Rand des Estergebirges, direkt oberhalb von Garmisch-Partenkirchen, befindet sich der Wank (1.780 m). Diese Runde führt über die Esterbergalm und Gschwandtnerbauer um den Wank herum. Die Auffahrt zur Esterbergalm, auf dem teilweise asphaltierten Weg, ist mit bis zu 22% sehr steil. Danach folgen überwiegend traumhafte Abfahrten auf guten Forstwegen.

Einkehrmöglichkeiten

Erste Rastmöglichkeit ist auf der **Esterbergalm**. Danach, auf der anderen Seite vom Wank, kommt der **Gschwandtnerbauer**. In Garmisch-Partenkirchen folgen der **Gasthof Schöne Aussicht** und das **Schützenhaus**.

Tipp

Vom Gschwandtnerbauer hat man einen herrlichen Blick ins Wettersteingebirge.

Bike & Hike:

Weilheimer Hütte (1.946 m): Aufstieg (Abzweig ca. 1,9 km nach der Esterbergalm) ca. 646 Hm und 2 Std.

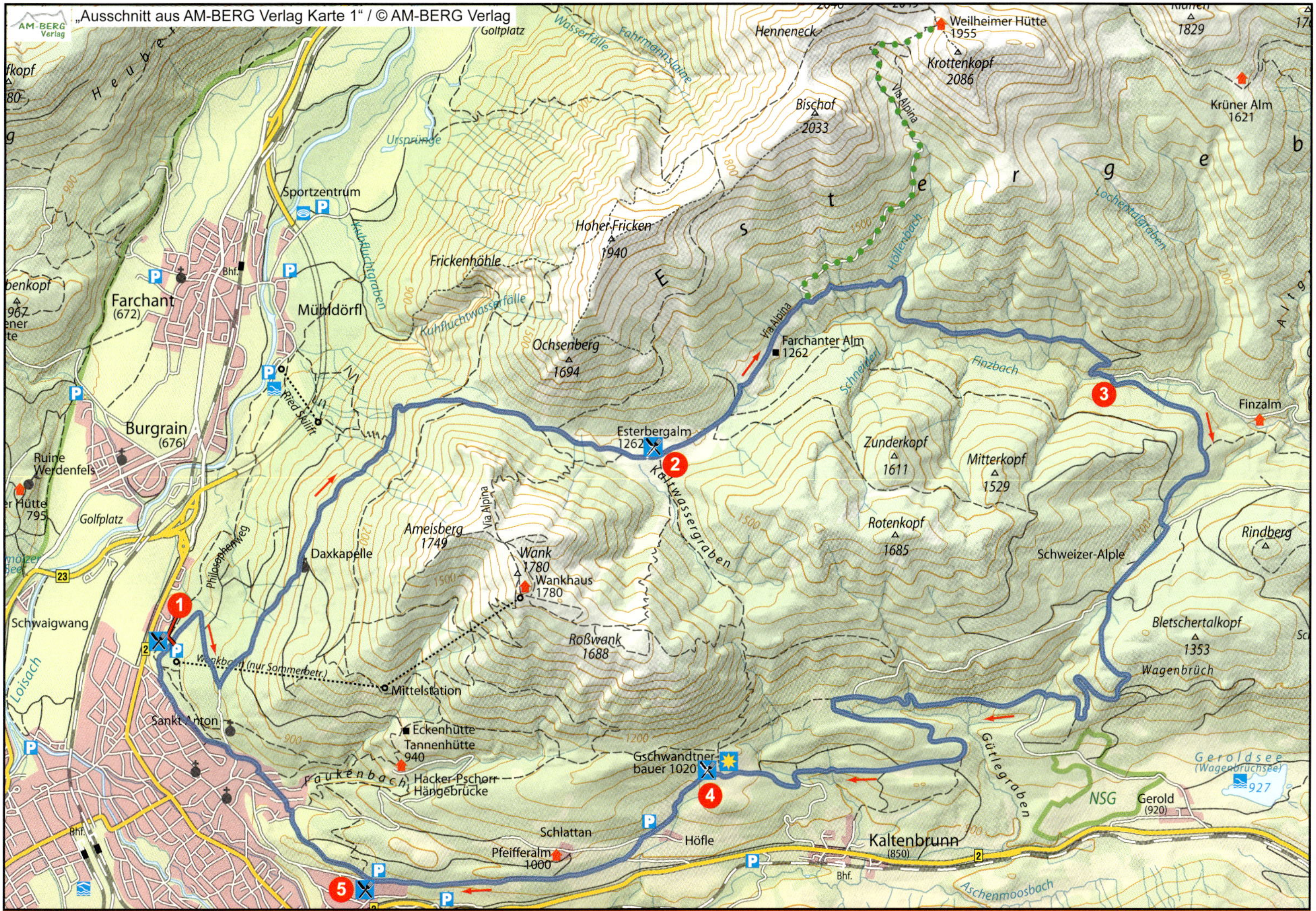

Tour 17 „Esterbergalm - Gschwandtnerbauer“ 4 27,52 km 1:52 Std 942 Hm

Tour 17 „Esterbergalm - Gschwandtnerbauer“ 4 27,52 km 1:52 Std 942 Hm

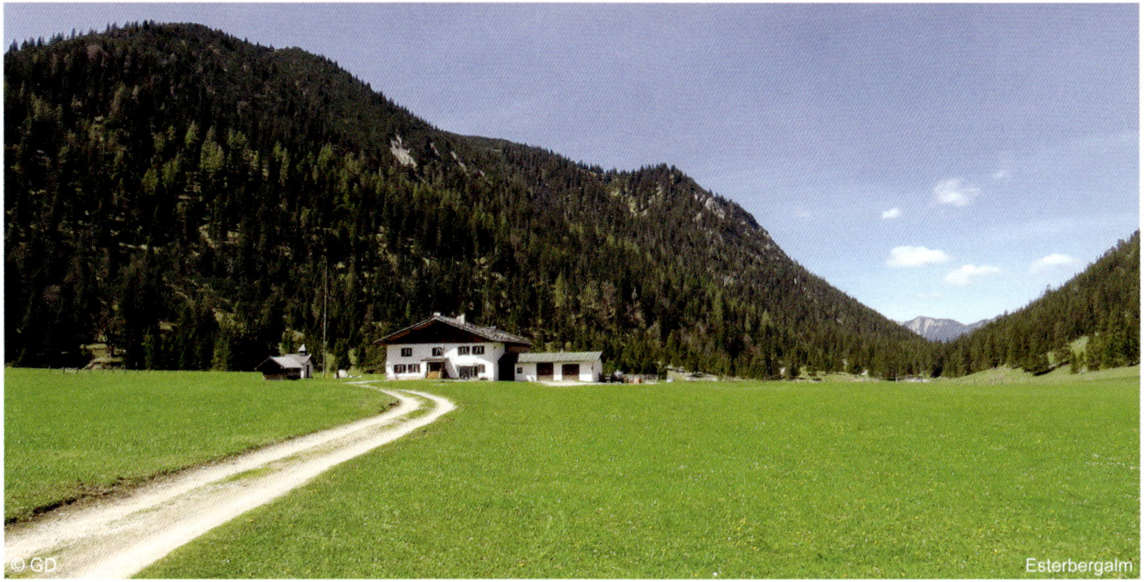

© GD Esterbergalm

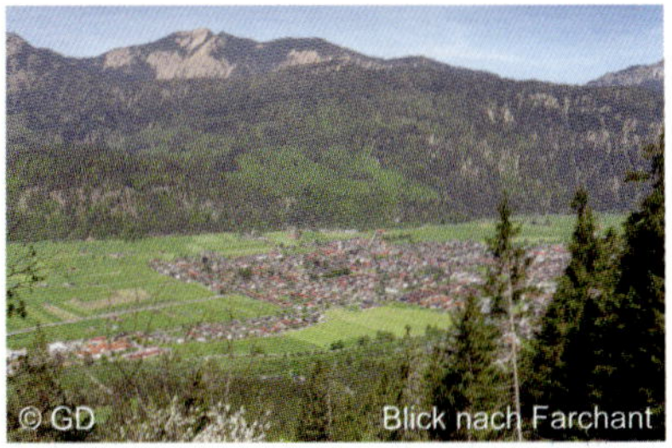

© GD Blick nach Farchant

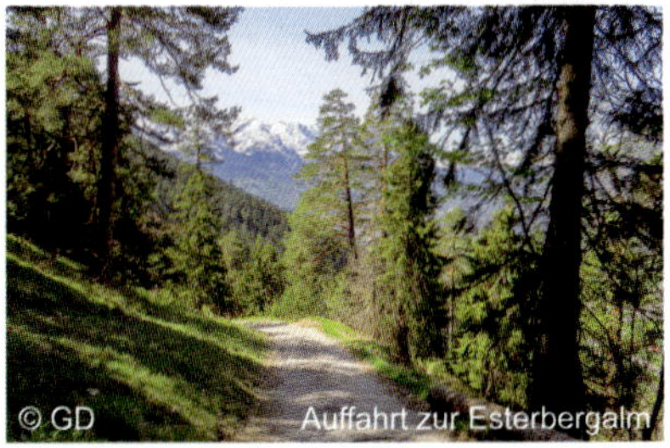

© GD Auffahrt zur Esterbergalm

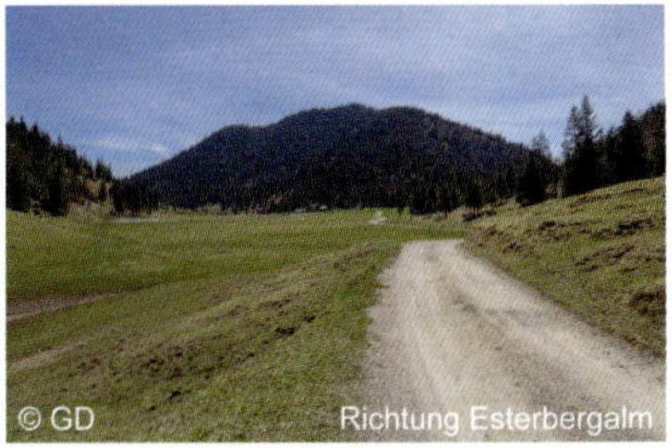

© GD Richtung Esterbergalm

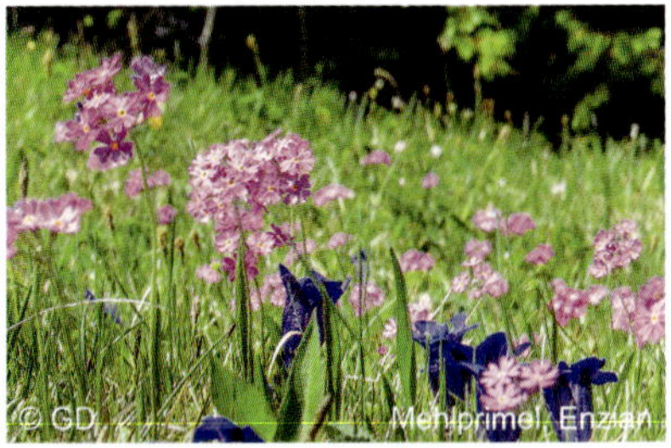

© GD Mehlprimel, Enzian

Strecke

Vom Parkplatz am Wank fährt man auf der asphaltierten Straße bergauf, vorbei zum Kletterwald und weiter auf der Forststraße Ri. „Esterbergalm“. Der Weg führt teilweise sehr steil, vorbei an der Daxkapelle, bis hinauf zur Esterbergalm. Von dort fährt man zur Hinteren Esterbergalm, die auch Farchanter Alm genannt wird, und dann bergab bis zur Finzbrücke. Hier rechts Ri. „Gschwandtnerbauer“ abbiegen, auf dem Hauptweg bis zum Bauerngraben fahren. Jetzt rechts Ri. „Gerold“ abbiegen und dem Hauptweg stets Ri. „Gerold“ folgen. Ab Wagenbrüch dem Weg Ri. „Gschwandtnerbauer“ folgen und bis zum Gschwandtnerbauer fahren. Nach dem Gschwandtnerbauer geht es weiter bergab, bis zur asphaltierten Straße. Jetzt rechts und danach links auf der Straße weiter bergab fahren, bis zur Linkskehre. Hier geradeaus, Ri. „Schöne Aussicht“, der Straße folgen. Beim Gasthof Schöne Aussicht dann rechts abbiegen und über den Parkplatz fahren. Danach geradeaus weiterfahren, nach ca. 700 m dem Weg Ri. „Wankbahn Talstation“, später dem Hinweisschild „Radweg Farchant“ folgen und über den Hölzlweg und die Münchner Straße zurück Ri. „Wankbahn“ fahren.

Highlights der Tour
Der Ausblick vom **Gschwandtnerbauer** ist einfach traumhaft schön und reicht vom Wettersteingebirge bis zum Karwendel.
Die höchste Erhebung und der markanteste Gipfel des Wettersteingebirges ist die Zugspitze (2.962 m), Deutschlands höchster Berg. Direkt über Garmisch-Partenkirchen erhebt sich die pyramidenförmige Alpspitze (2.628 m), sie ist zwar 334 m niedriger als Deutschlands höchster Berg, wird aber von vielen Touristen mit der Zugspitze verwechselt.

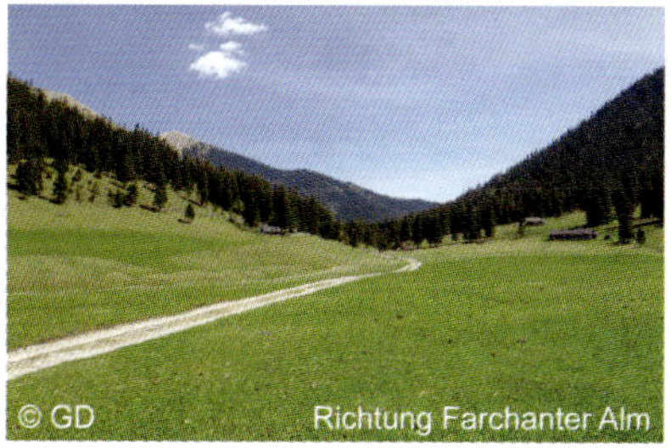
© GD Richtung Farchanter Alm

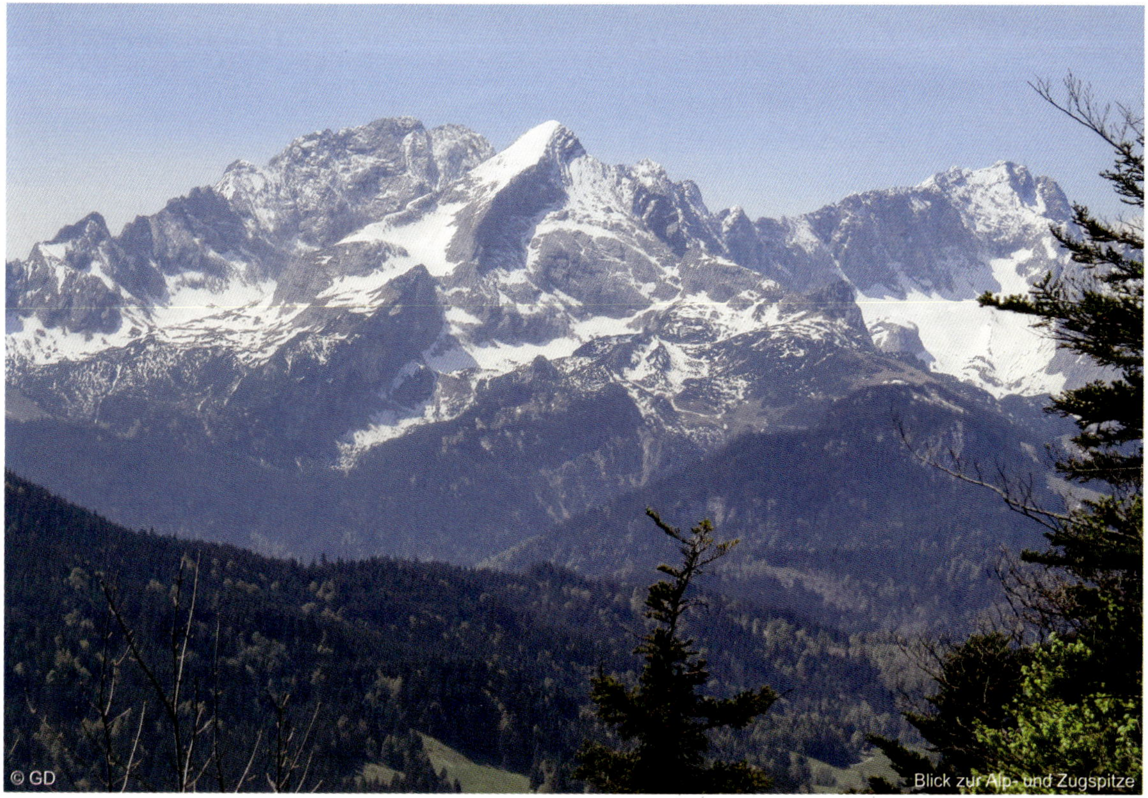
© GD Blick zur Alp- und Zugspitze

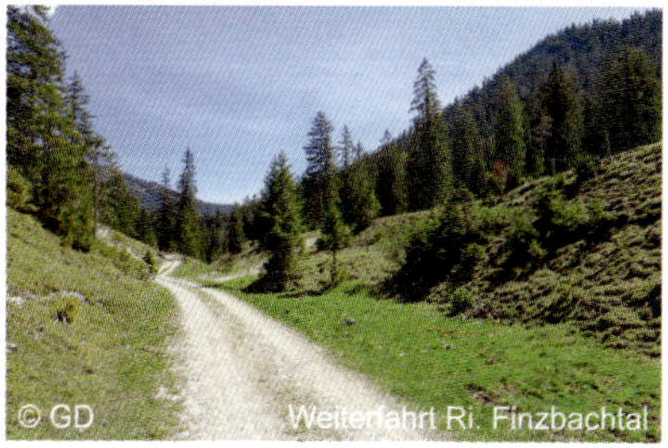
© GD Weiterfahrt Ri. Finzbachtal

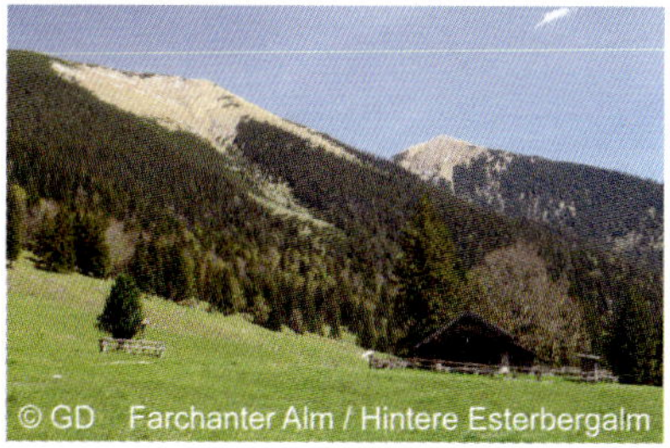
© GD Farchanter Alm / Hintere Esterbergalm

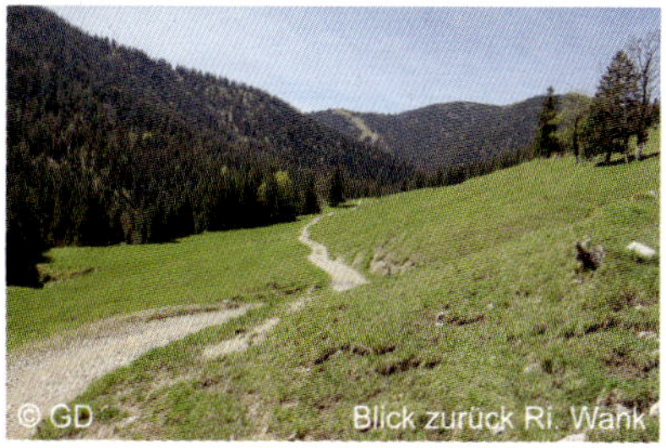
© GD Blick zurück Ri. Wank

Tour 17 „Esterbergalm - Gschwandtnerbauer“ 4 27,52 km 1:52 Std 942 Hm

Tour 17 „Esterbergalm - Gschwandtnerbauer“ 4 27,52 km 1:52 Std 942 Hm

1 **km 0,00**/740 m Vom Parkplatz (Infotafel, Einfahrt Parkplatz) **rechts** auf der Straße bergauf fahren.

(+800 m) **km 0,80**/822 m **Linkskehre** folgen und am Kletterwald vorbeifahren.

(+260 m) **km 1,06**/840 m **Geradeaus** Ri. „Esterbergalm“ fahren und stets dem Hauptweg folgen.

(+980 m) **km 2,04**/967 m Daxkapelle: **Geradeaus** Ri. „Esterbergalm“ weiterfahren und stets dem Weg bergauf bis zur Esterbergalm folgen.

2 *(+3.660 m)* **km 5,70**/1267 m **Esterbergalm.**

3 *(+5.310 m)* **km 11,01**/1077 m **Finzbrücke: Rechts** Ri. „Gschwandtnerbauer“ abbiegen. Dem Hauptweg geradeaus (Abzweige ignorieren) bis zum Bauerngraben folgen.

(+1.940 m) **km 12,95**/1171 m Bauerngraben (Rettungstreffpunkt „GAP-1036“)**: Rechts** Ri. „Gerold, Gschwandtnerbauer“ abbiegen.

(+740 m) **km 13,69**/1203 m **Abzweig, geradeaus** Ri. „Gerold“ weiterfahren.

(+950 m) **km 14,64**/1187 m Wagenbrüch: **Rechts** Ri. „Gschwandtnerbauer“ fahren.

(+1.250 m) **km 15,89**/1041 m **Rechts** Ri. „Gschwandtnerbauer“ abbiegen.

(+1.720 m) **km 17,61**/1070 m **Kreuzung, geradeaus** bergauf Ri. „Gschwandtnerbauer“ weiterfahren.

(+130 m) **km 17,74**/1078 m (Nähe Wildfütterung) **Linkskehre** (Hauptweg) folgen.

(+70 m) **km 17,81**/1073 m **Links** bergab dem Forstweg Ri. „Gschwandtnerbauer“ folgen.

(+2.830 m) **km 20,64**/976 m **Abzweig, rechts** Ri. „Gschwandtnerbauer“ abbiegen.

(+190 m) **km 20,83**/992 m **Rechts** dem Hauptweg Ri. „Gschwandtnerbauer“ folgen.

(+210 m) **km 21,04**/1013 m **Links** Ri. „Gschwandtnerbauer“ weiterfahren.

4 *(+420 m)* **km 21,46**/1032 m **Gschwandtnerbauer.**

(+780 m) **km 22,24**/939 m **Rechts** auf der Straße weiterfahren.

(+60 m) **km 22,30**/933 m **Links** bergab weiterfahren.

(+230 m) **km 22,53**/916 m (in der Linkskehre) **Geradeaus** Ri. „Schöne Aussicht“ fahren.

5 *(+2.020 m)* **km 24,55**/830 m **Gasthof „Schöne Aussicht“: Rechts** weiterfahren.

(+110 m) **km 24,66**/830 m **Kreuzung, geradeaus** weiterfahren.

(+750 m) **km 25,41**/799 m **Links** abbiegen und dann **rechts** Ri. „Wankbahn Talstation“ fahren.

(+300 m) **km 25,71**/768 m **Kreuzung, geradeaus** in die Prof.-Michael-Sachs Straße fahren.

(+180 m) **km 25,89**/760 m **Rechts** in den Brunnhäuselweg Ri. „Wankbahn Talstation“ fahren.

(+220 m) **km 26,11**/753 m Schräg **links** bergab dem Waldweg Ri. „Radweg Farchant“ folgen.

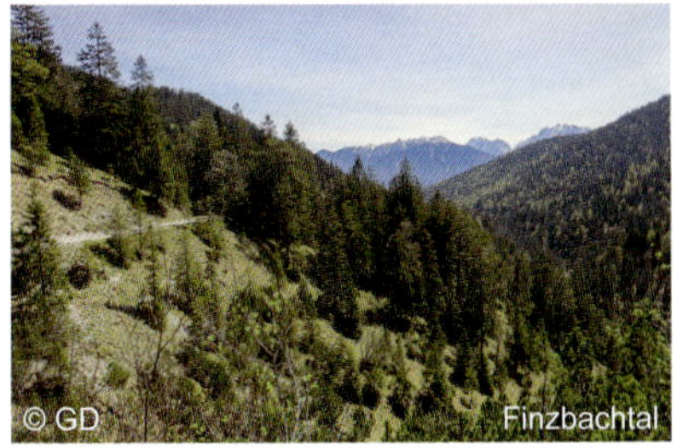
© GD Finzbachtal

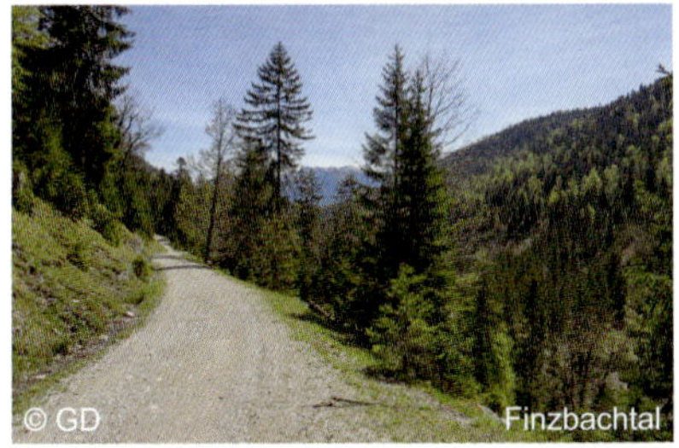
© GD Finzbachtal

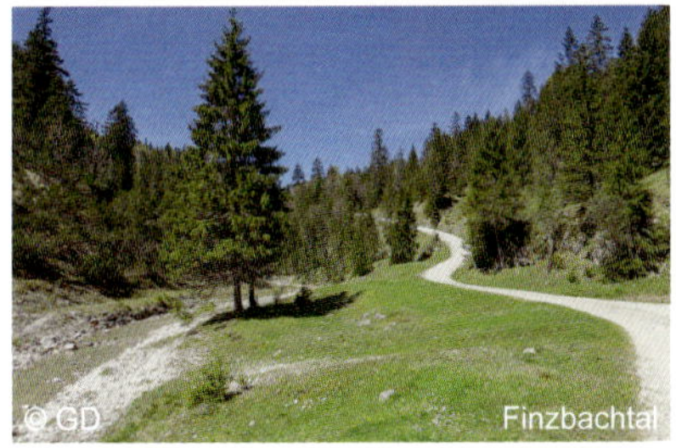
© GD Finzbachtal

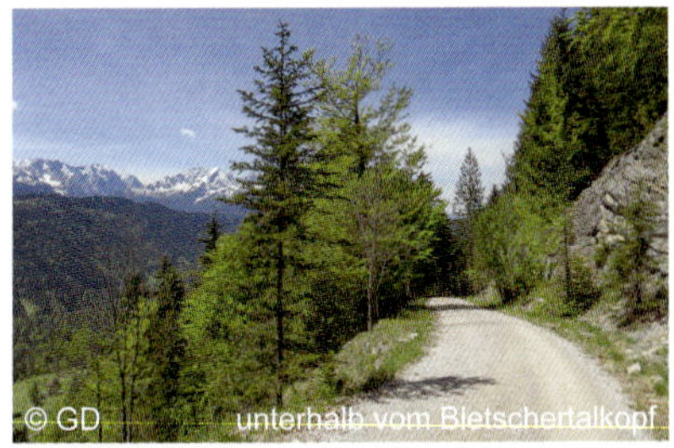
© GD unterhalb vom Bletschertalkopf

(+670 m) **km 26,78**/730 m **Rechts** in den Hölzlweg abbiegen.

(+140 m) **km 26,92**/729 m **Rechts** in die Münchner Straße abbiegen.

(+120 m) **km 27,04**/729 m **Rechts** bergauf Ri. „Wankbahn“ abbiegen und zurück zum Ausgangspunkt fahren.

Startplatz:
Garmisch-Partenkirchen, Wankbahn Talstation „P20“ (Wankbahnstr. 2).

Anfahrt:
In Garmisch-Partenkirchen Ri. „Wank“ fahren. Der große Parkplatz (auch mit Wohnmobilstellplätzen) bei der Wankbahn ist kostenpflichtig.

Gschwandtnerbauer (1.020 m)
Der Gschwandtnerbauer liegt am unteren Ende des Südosthanges vom Wank und ist über eine Forststraße, selbst mit einem Kinderwagen, schnell und einfach zu erreichen. Der Jahrhunderte alte Gschwandtnerbauer hat seinen Namen von „Gschwandt“, das kommt von Schwenden, was so viel bedeutet, wie Roden durch Abbrennen. Früher mussten die Wiesen und Felder erst erschlossen werden, um sie dann landwirtschaftlich bewirtschaften zu können. Neben dem Hauptgebäude befindet sich eine kleine Hauskapelle.

Der Berggasthof Gschwandtnerbauer ist von Weihnachten bis Oktober (Ruhetage: Montag und Freitag) geöffnet.

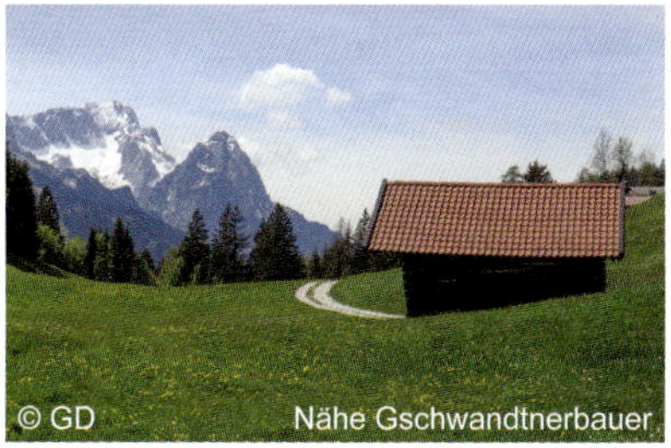
© GD Nähe Gschwandtnerbauer

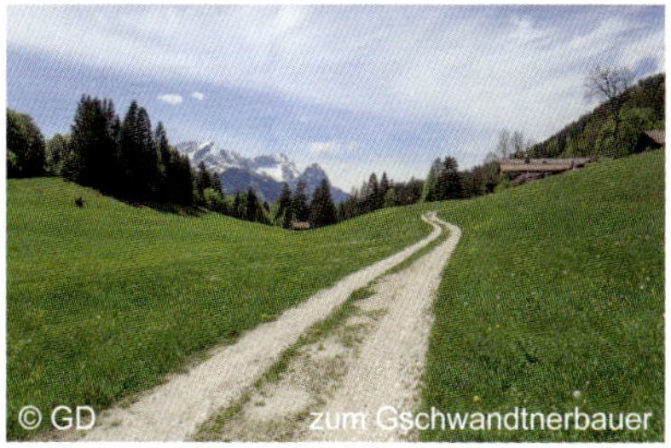
© GD zum Gschwandtnerbauer

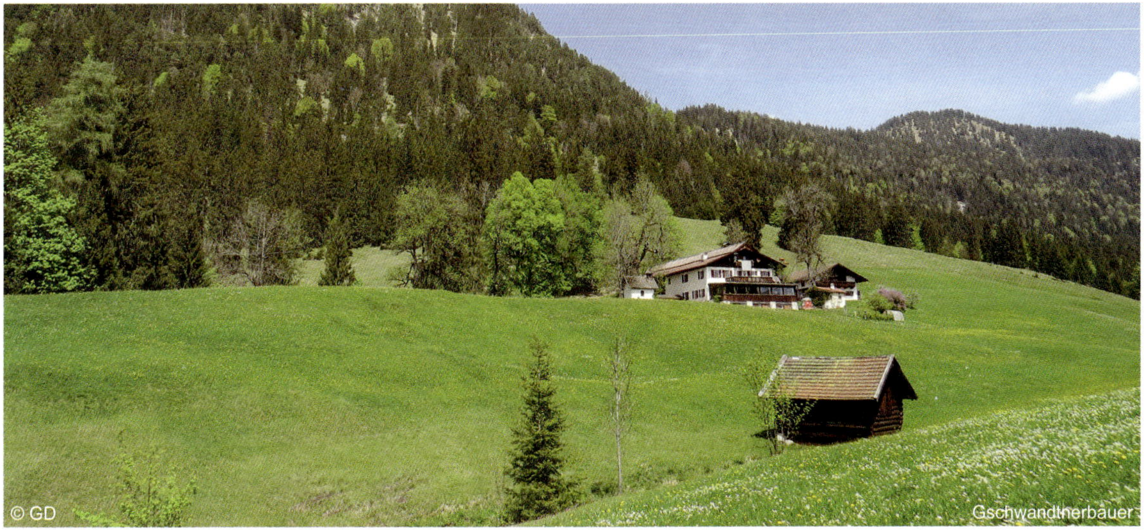
© GD Gschwandtnerbauer

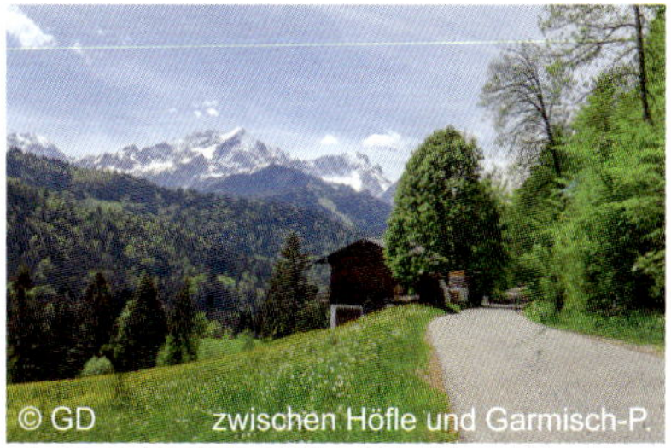
© GD zwischen Höfle und Garmisch-P.

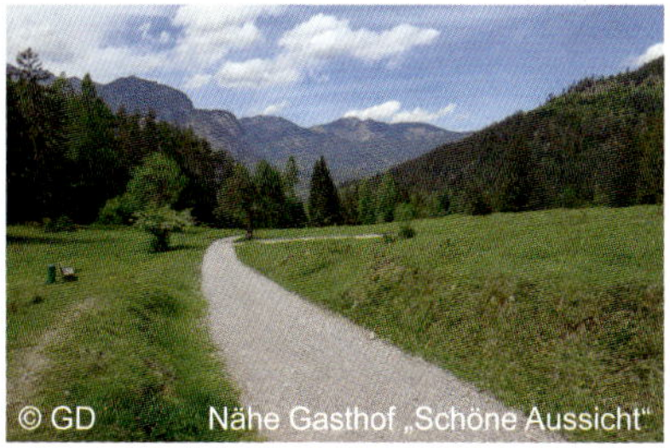
© GD Nähe Gasthof „Schöne Aussicht“

Tour 18 „Esterbergalm - Barmsee - Geroldsee“ 4 30,87 km 2:16 Std 934 Hm

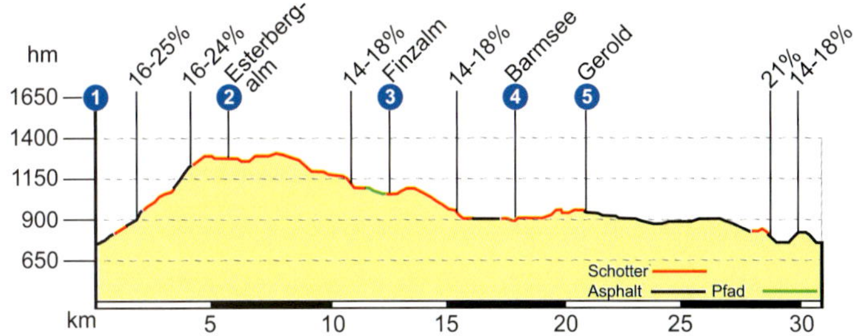

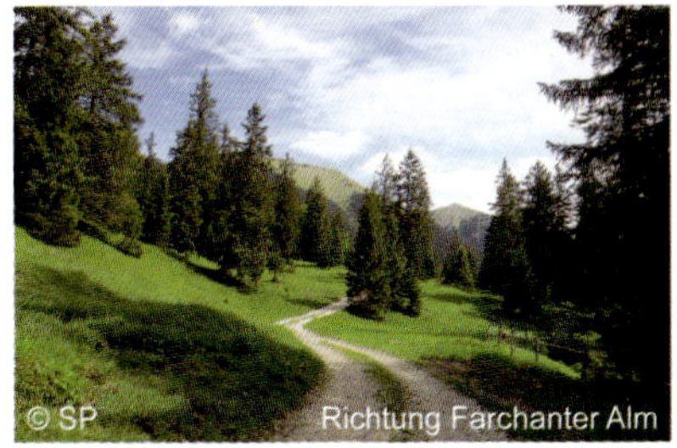

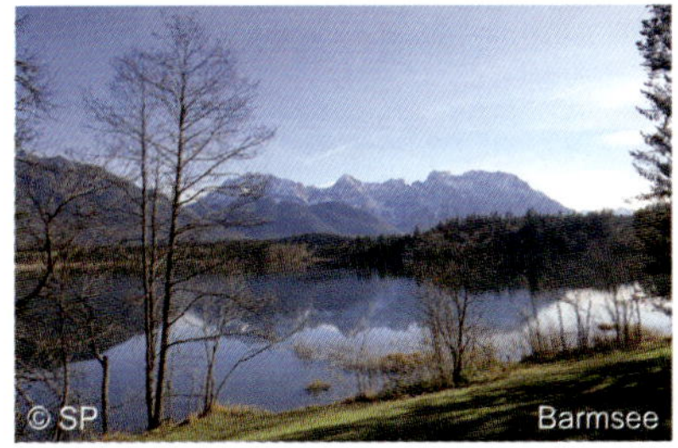

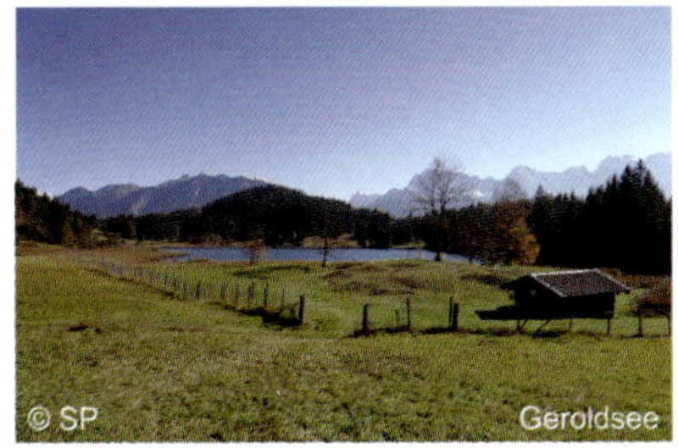

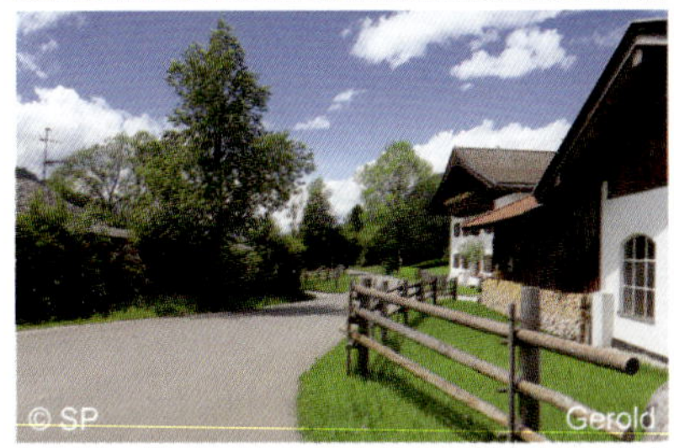

Tourencharakter

Wegbeschaffenheit

Asphalt	12,42 km
Schotter/Kies	17,44 km
Pfad/Trail	0,99 km
Beton/Pflastersteine	0,02 km
Schiebestrecke	0 km

(ev. zw. Barmsee und Geroldsee)

Familienfreundlich

Nein

Einkehrmöglichkeit

Esterbergalm, Finzalm, in Kaltenbrunn, in Garmisch-Partenkirchen

Highlights

Barmsee (Bademöglichkeit), Geroldsee (Bademöglichkeit)

Fahrkönnen / Landschaft

Fahrkönnen	★★★★★★ (3 von 6)
Landschaft	★★★★★★

Höhe

Starthöhe	740 Meter
Höchster Punkt	1.301 Meter

Durch das Estergebirge und vorbei an zwei Seen

Rund um Garmisch-Partenkirchen gibt es zahlreiche kleinere Seen. Zwei davon, der Barmsee und der Geroldsee, liegen am südöstlichen Ausläufer des Estergebirges. Die Runde führt über die Esterbergalm, durch das Finzbachtal, zum Barmsee und von dort weiter zum Geroldsee. Außer der steilen Auffahrt zur Esterbergalm sowie dem kurzen sehr steilen Anstieg (bis 27%), zwischen Barm- und Geroldsee, ist man auf guten breiten Forst- und Radwegen unterwegs.

Einkehrmöglichkeiten

Erste Rastmöglichkeit ist auf der **Esterbergalm**. Danach folgt im Finzbachtal die **Finzalm**, die während der Weidezeit im Sommer bewirtschaftet ist. In Kaltenbrunn folgt der Gasthof **Zum Schweizer Bartl** und in Garmisch-Partenkirchen folgen der Gasthof **Schöne Aussicht** + der Berggasthof **Panorama**.

Tipp

Vom Berggasthof Panorama hat man einen herrlichen Blick ins Wettersteingebirge.

Bike & Hike: Weilheimer Hütte (1.946 m): Aufstieg (Abzweig ca. 1,9 km nach der Esterbergalm) ca. 646 Hm und 2 Std.

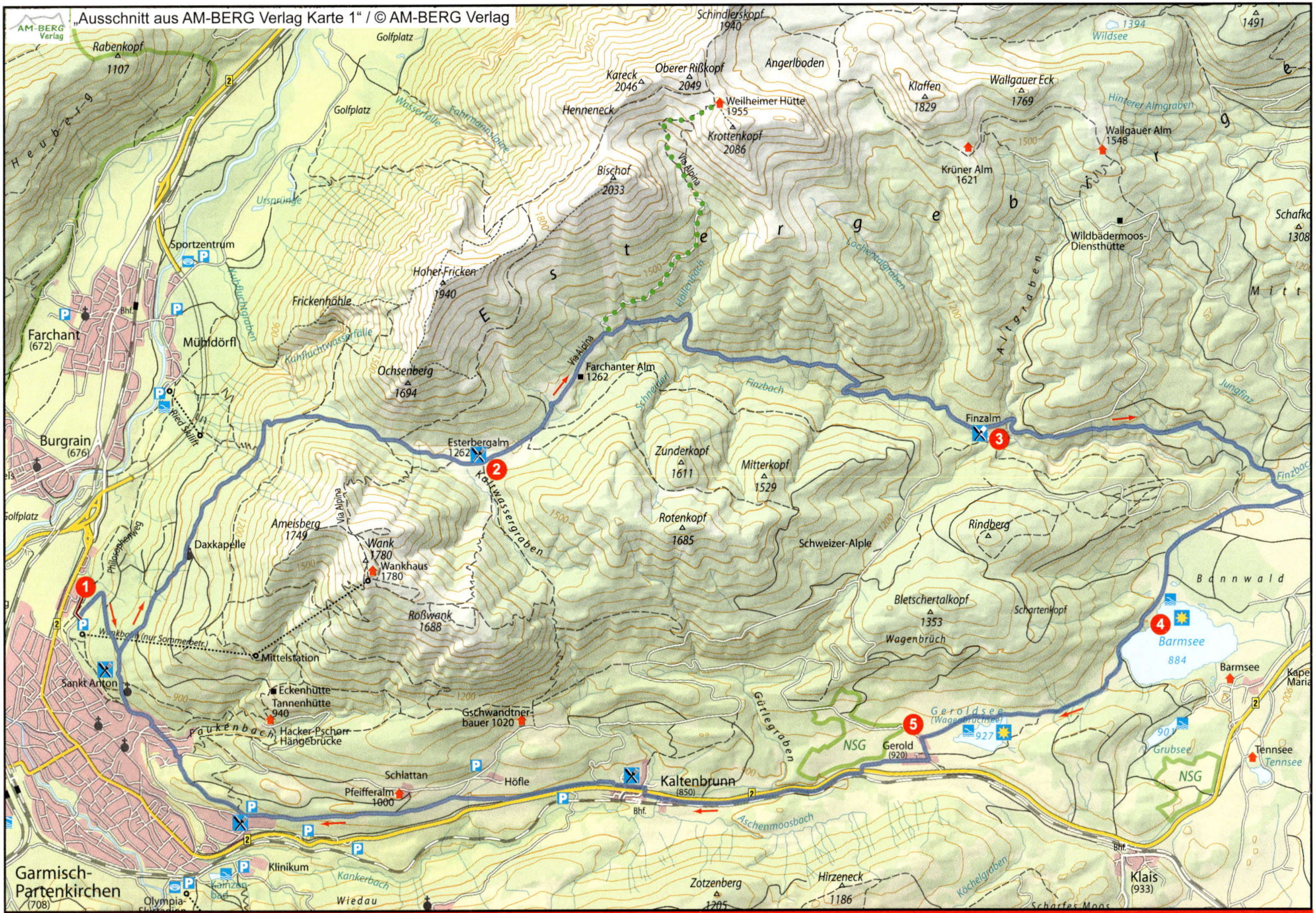

Tour 18 „Esterbergalm - Barmsee - Geroldsee“ 4 30,87 km 2:16 Std 934 Hm

Tour 18 „Esterbergalm - Barmsee - Geroldsee“ 4 30,87 km 2:16 Std 934 Hm

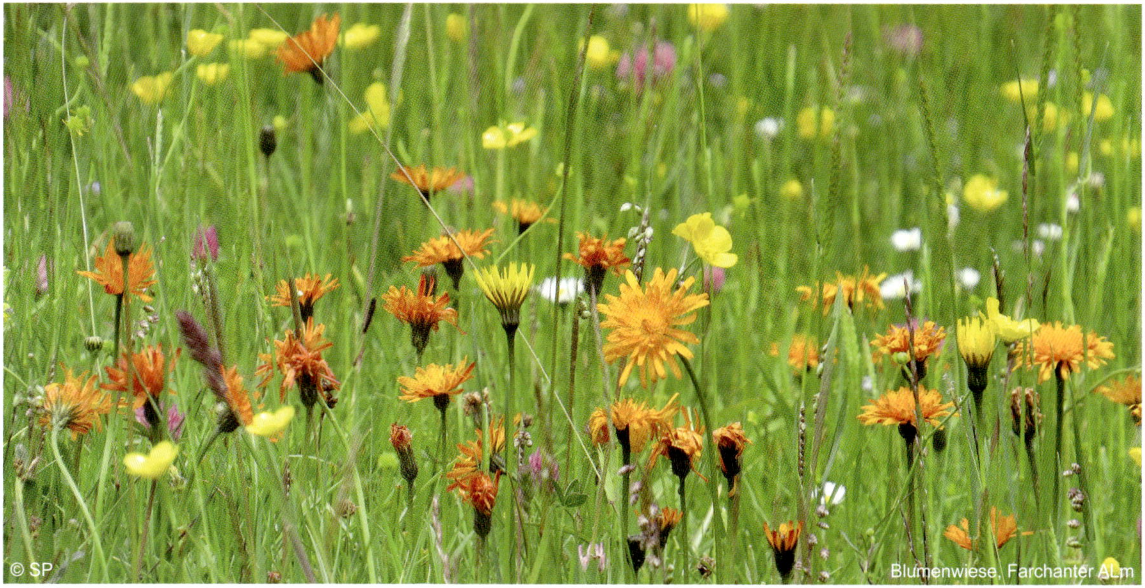
© SP Blumenwiese, Farchanter ALm

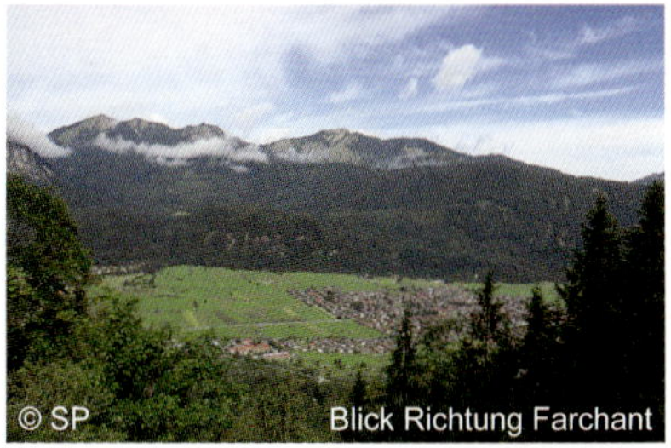
© SP Blick Richtung Farchant

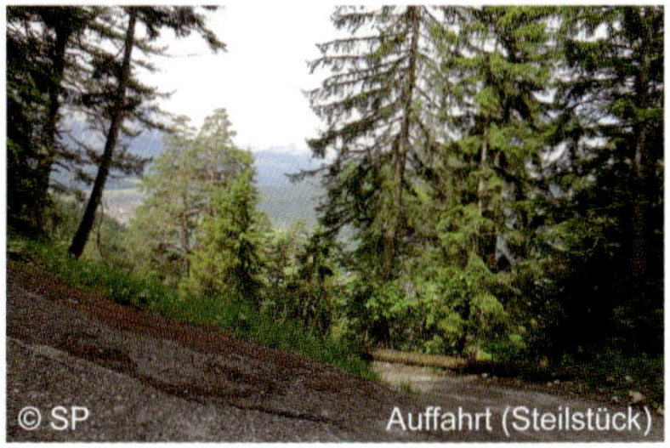
© SP Auffahrt (Steilstück)

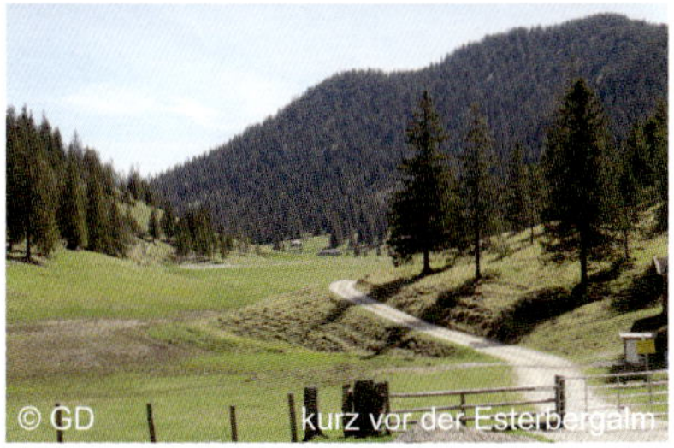
© GD kurz vor der Esterbergalm

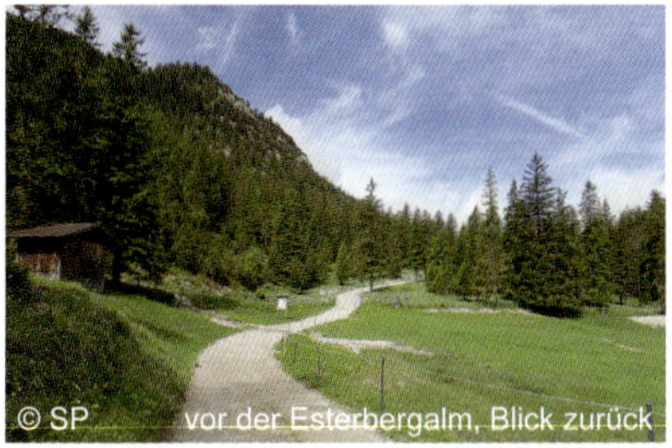
© SP vor der Esterbergalm, Blick zurück

Strecke

Vom Parkplatz am Wank fährt man auf der asphaltierten Straße bergauf zum Kletterwald und weiter auf der Forststraße Ri. „Esterbergalm“. Der Weg führt teilweise sehr steil, vorbei an der Daxkapelle, hinauf zur Esterbergalm. Nun fährt man weiter zur Hinteren Esterbergalm. Danach geht es bergab durch das Finzbachtal, vorbei an der Finzalm, bis zur Kreuzung an der Asphaltstraße. Hier rechts Ri. „Barmsee Badeufer“ abbiegen und diesem Weg nun stets folgen. Am Ende vom Barmsee, dem Weg geradeaus Ri. „Geroldsee“ folgen und nach dem Geroldsee links abbiegen. In Gerold dann nach rechts fahren und der Straße durch die Unterführung folgen. Dann auf dem Radweg Ri. Garmisch-Partenkirchen fahren. Nach ca. 3,6 km rechts bergauf, Ri. „Schlattan“ abbiegen und in der nächsten Rechtskehre nach links, Ri. „Schöne Aussicht“ weiterfahren. Beim Gasthof Schöne Aussicht rechts abbiegen und über den Parkplatz fahren. Danach geradeaus weiterfahren und nach ca. 700 m dem Weg Ri. „Wankbahn Talstation“ folgen. Stets in diese Richtung weiterfahren, vorbei an der Wallfahrtskirche St. Anton und am Berggasthof Panorama. Beim Kletterwald links bergab abbiegen und zum Ausgangspunkt zurückfahren.

Highlights der Tour

Der etwa 1 km lange und ca. 500 m breite **Barmsee** ist nach dem Staffelsee, Riegsee und Eibsee der viertgrößte See im Landkreis Garmisch-Partenkirchen und ist so gut wie naturbelassen. An sein Ufer, das durchwegs mit Schilf bewachsen ist, kommt man nur im Nordwesten. Hier gibt es auch eine Liegewiese, ein kleiner natürlicher Badeplatz, der nur zu Fuß oder mit dem Rad erreichbar ist.

Der kleinere **Geroldsee** (auch Wagenbrüchsee genannt) befindet sich beim Weiler Gerold und ist ein echtes Naturjuwel. Der wunderschöne Moorsee wird hauptsächlich von kleinen Bächen, die in den nordöstlichen Hängen entspringen, und aus dem östlich gelegenen Hochmoor gespeist. Der See hat keinen oberirdischen Ablauf. Es gibt eine Liegewiese am nördlichen Ufer (Eintritt) und eine am südöstlichen Ufer (kostenfrei). Vom Nordufer hat man einen sensationellen Blick zum Karwendelgebirge im Osten und ins Wettersteingebirge im Westen.

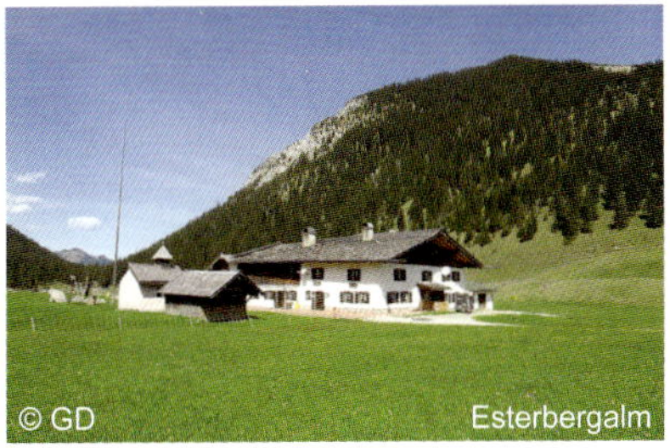

© GD Esterbergalm

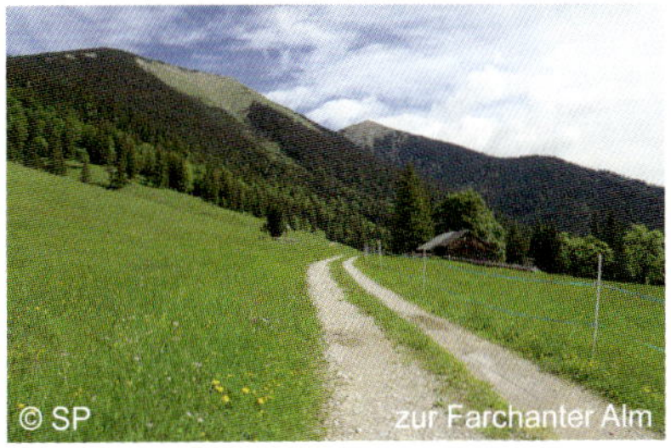

© SP zur Farchanter Alm

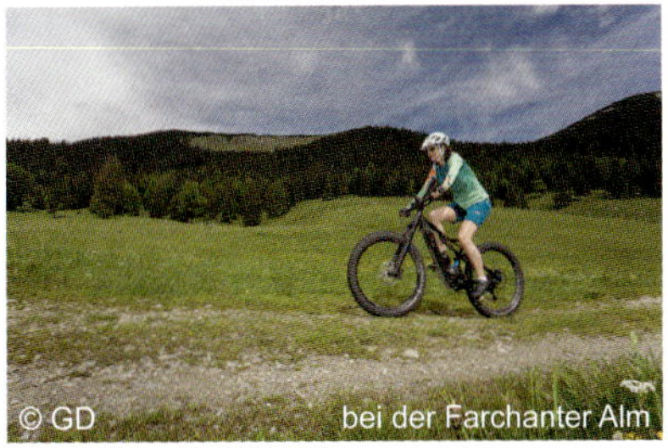

© GD bei der Farchanter Alm

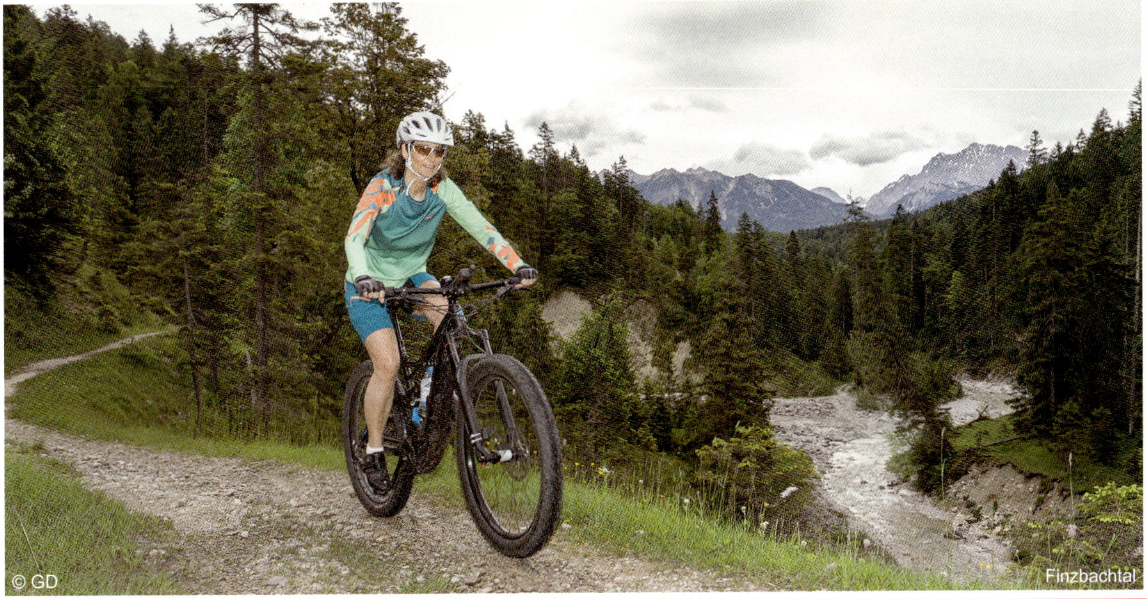

© GD Finzbachtal

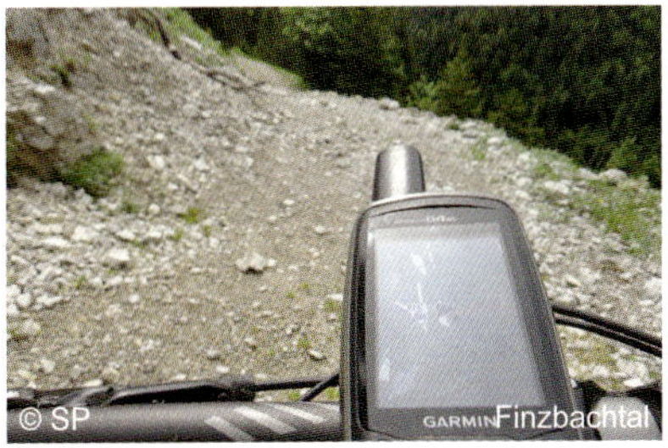

© SP Finzbachtal

Tour 18 „Esterbergalm - Barmsee - Geroldsee" **4** **30,87** km **2:16** Std **934** Hm

Tour 18 „Esterbergalm - Barmsee - Geroldsee“ 4 30,87 km 2:16 Std 934 Hm

1 **km 0,00**/740 m Vom Parkplatz (Infotafel, Einfahrt Parkplatz) **rechts** auf der Straße bergauf fahren.

(+800 m) **km 0,80**/822 m **Linkskehre** folgen (am Kletterwald vorbei) und Ri. „Esterbergalm“ fahren.

(+1.240 m) **km 2,04**/967 m Daxkapelle: **Geradeaus** Ri. „Esterbergalm“ weiterfahren und stets dem Weg bergauf bis zur Esterbergalm folgen.

2 *(+3.660 m)* **km 5,70**/1267 m **Esterbergalm.**

(+5.310 m) **km 11,01**/1077 m Finzbrücke: **Geradeaus** weiterfahren.

(+420 m) **km 11,43**/1088 m **Geradeaus** dem Pfad folgen.

3 *(+990 m)* **km 12,42**/1054 m **Finzalm**.

(+120 m) **km 12,54**/1072 m **Geradeaus** weiterfahren.

(+740 m) **km 13,28**/1090 m Soiernkreuz: **Geradeaus** bergab Ri. „Wallgau, Krün“ fahren.

(+2.790 m) **km 16,07**/897 m **Rechts** Ri. „Barmsee Badeufer“ abbiegen und stets geradeaus (Abzweige ignorieren) bis zum Barmsee folgen.

4 *(+1.850 m)* **km 17,92**/895 m **Barmsee**.

(+660 m) **km 18,58**/892 m (Seeende) **Geradeaus** Ri. „Gerold“ fahren. Nach ca. 800 m folgt ein Steilstück (24-27%, eventuell schieben) bergauf.

5 *(+2.290 m)* **km 20,87**/942 m (nach dem Geroldsee) **Gerold: Links** abbiegen.

(+220 m) **km 21,09**/9941 m **Kreuzung, rechts** bergab weiterfahren.

(+670 m) **km 21,76**/917 m **Geradeaus** (durch die Unterführung) weiterfahren und **links** dem Radweg Ri. Garmisch-Partenkirchen folgen.

(+3.600 m) **km 25,36**/888 m (nach der Bushaltestelle) **Rechts** bergauf Ri. „Schlattan“ abbiegen.

(+520 m) **km 25,88**/909 m **Links** Ri. „Schöne Aussicht“ abbiegen.

(+2.030 m) **km 27,91**/839 m (beim Gasthof „Zur schönen Aussicht“) **Rechts** abbiegen.

(+120 m) **km 28,03**/823 m **Kreuzung, geradeaus** weiterfahren.

(+680 m) **km 28,71**/800 m **Links** abbiegen und dann **rechts** Ri. „Wankbahn Talstation“ fahren und der Straße geradeaus folgen.

(+530 m) **km 29,24**/752 m **Rechts** in den Brunnhäuselweg Ri. „Wankbahn“ abbiegen.

(+220 m) **km 29,46**/745 m **Rechts** bergauf (14-18%) Ri. „Wankbahn“ fahren. (vorbei an der Wallfahrtskirche St. Anton und am Berggasthof Panorama)

(+610 m) **km 30,07**/828 m (beim Kletterwald) **Links** bergab zum Ausgangspunkt zurückfahren.

Startplatz:
Garmisch-Partenkirchen, Wankbahn Talstation „P20“ (Wankbahnstr. 2).

Anfahrt:
In Garmisch-Partenkirchen Ri. „Wank“ fahren. Der große Parkplatz (mit Wohnmobilstellplätzen) bei der Wankbahn ist kostenpflichtig.

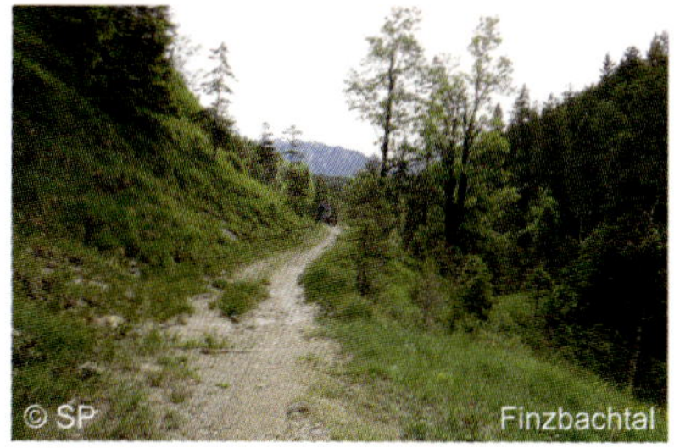
© SP Finzbachtal

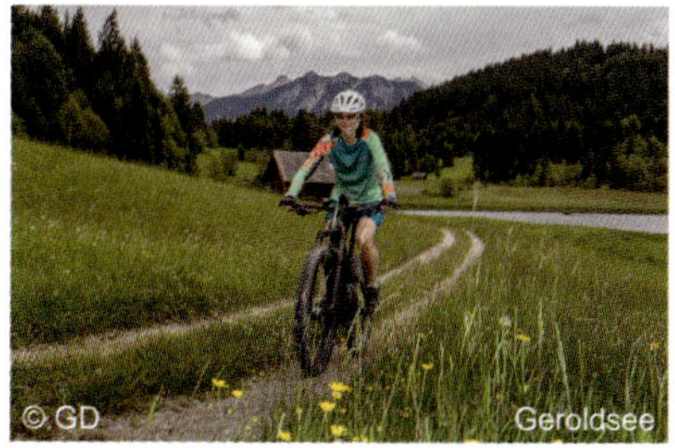
© GD Geroldsee

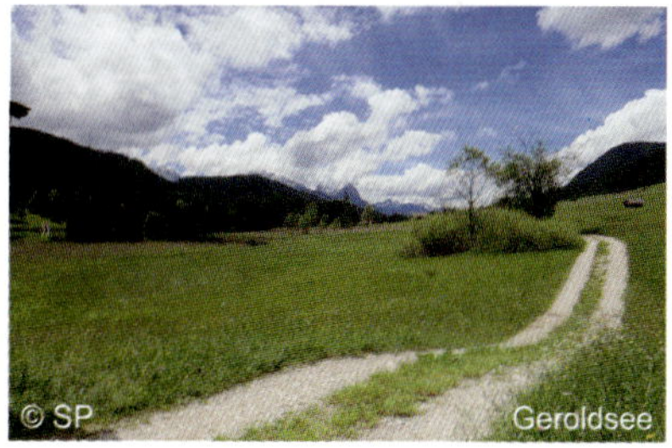
© SP Geroldsee

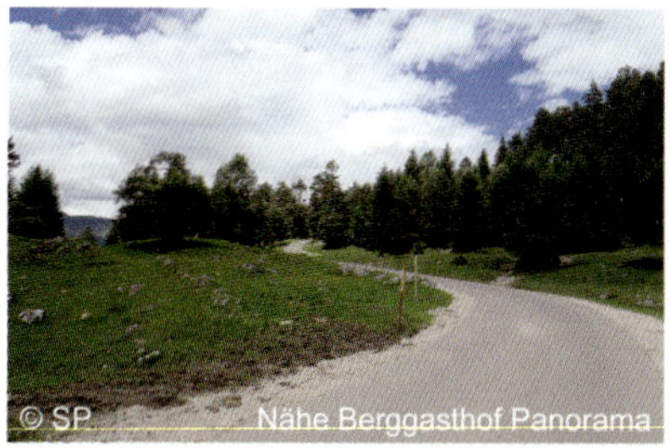
© SP Nähe Berggasthof Panorama

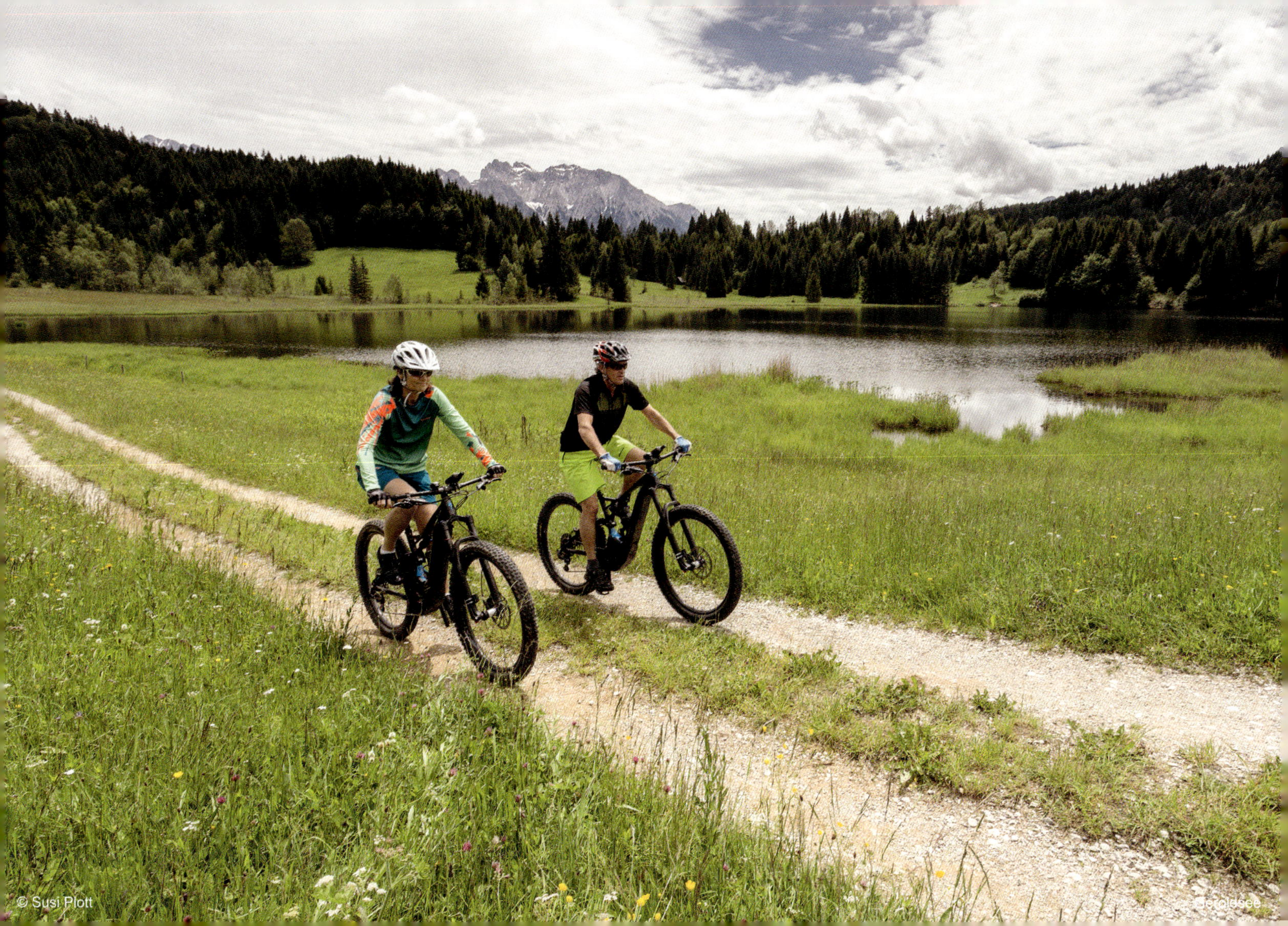

Geroldsee

Tour 19 „4-Seen Tour und Elmauer Alm“ 4 44,87 km 2:50 Std 1.188 Hm

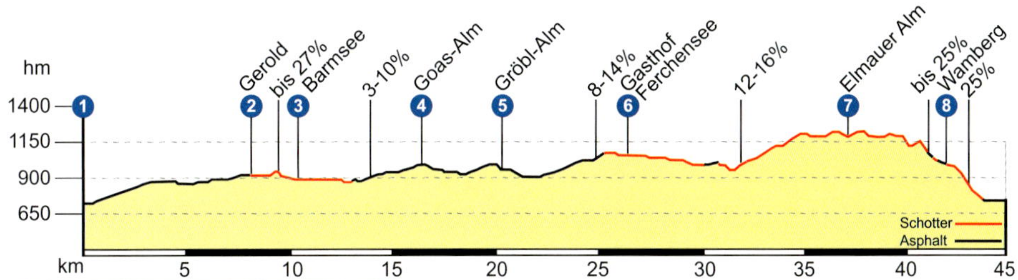

Tourencharakter

Wegbeschaffenheit

Asphalt	22,50 km
Schotter/Kies	22,37 km
Pfad/Trail	0 km
Schiebestrecke	0 km

Familienfreundlich
Ja, viele verkehrsfreie Wege

Einkehrmöglichkeit
in Kaltenbrunn, Goas-, Gröbl-Alm, in Mittenwald, Ghf. Ferchensee, Elmauer Alm, Bergghf. Wamberg

Highlights
Bademöglichkeiten: Geroldsee, Barmsee, Ferchensee; Kapelle Maria Rast (bei Krün)

Fahrkönnen / Landschaft

Fahrkönnen	★★★☆☆☆
Landschaft	★★★★★★

Höhe

Starthöhe	725 Meter
Höchster Punkt	1.222 Meter

Imposante Seen-Tour mit Hütteneinkehr

Zwischen Garmisch-Partenkirchen und Mittenwald gibt es zahlreiche wunderschöne Seen, die allesamt sehr unterschiedlich sind. Eines haben sie aber alle gemeinsam, sie liegen eingebettet in einer fantastischen Landschaft. Bei dieser grandiosen Rundtour kommt man an vier Seen sowie der Elmauer Alm vorbei. Die Runde verläuft überwiegend auf sehr guten Forst- und Radwegen ohne extreme Anstiege. Bei den Abfahrten gibt es drei steile Abschnitte, der Abschitt zum Barmsee, dann vom Wamberger Rücken hinunter nach Wamberg und hinter Wamberg, der Streckenabschnitt nach Garmisch-Partenkirchen.

Einkehrmöglichkeiten

Gleich zu Beginn fährt man an **Leiner's Radl Bistro** vorbei. Danach folgt in Kaltenbrunn der **Gasthof Zum Schweizerbartl**. Zwischen Krün und Mittenwald folgen die **Goas-Alm** und die **Gröbl-Alm** und in Mittenwald der **Gasthof Gries** und das **Gasthaus Römerschanz**. Ca. 4 km nach Mittenwald kommt der **Gasthof Ferchensee** und danach, nach ca. 10,5 km, ist man an der **Elmauer Alm**. In Wamberg lohnt noch ein Abstecher zum **Berggasthof Wamberg**.

Tipp

Buckelwiesen: Landschaft zwischen Krün und Schmalensee.

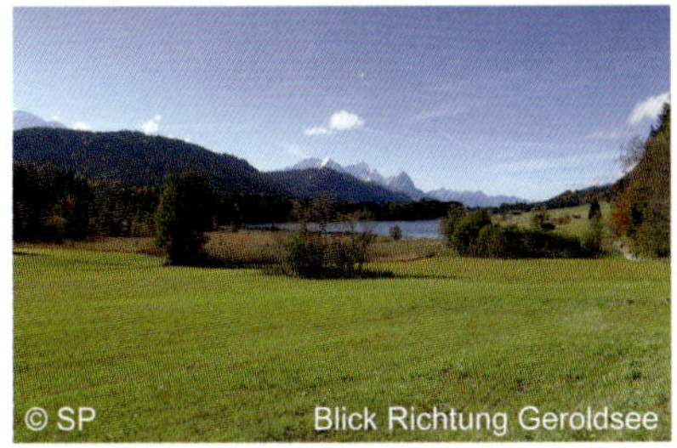
© SP Blick Richtung Geroldsee

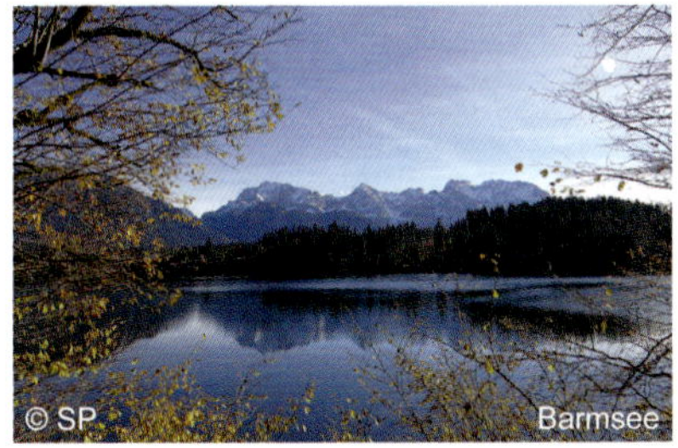
© SP Barmsee

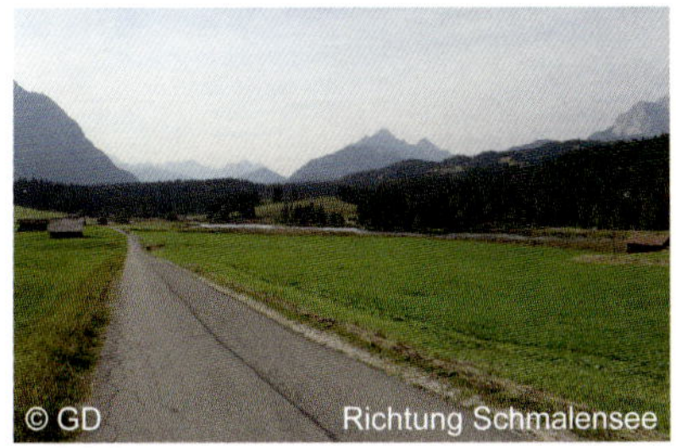
© GD Richtung Schmalensee

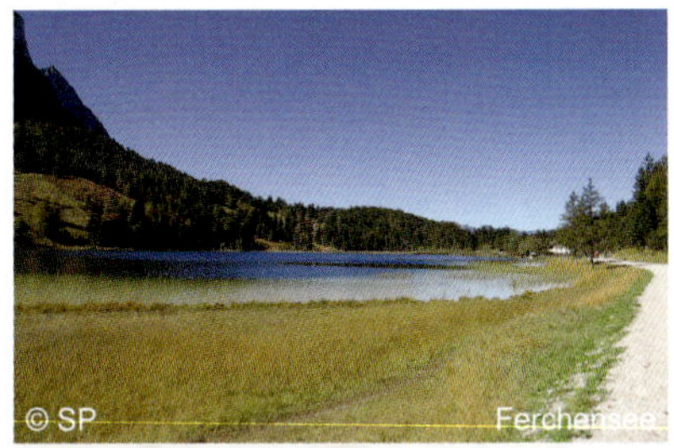
© SP Ferchensee

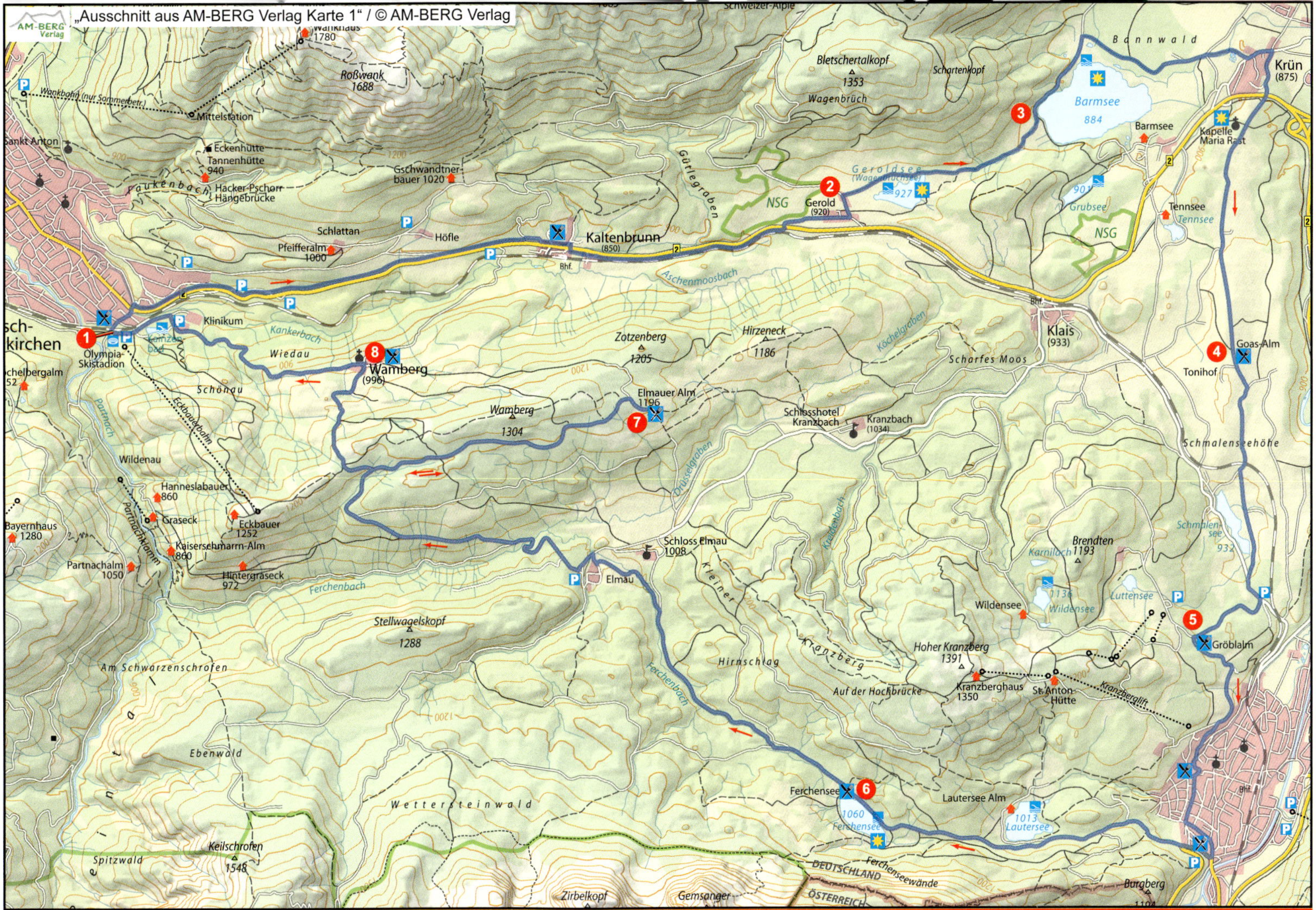

Tour 19 „4-Seen Tour und Elmauer Alm“ 4 44,87 km 2:50 Std 1.188 Hm

Tour 19 „4-Seen Tour und Elmauer Alm“ 4 44,87 km 2:50 Std 1.188 Hm

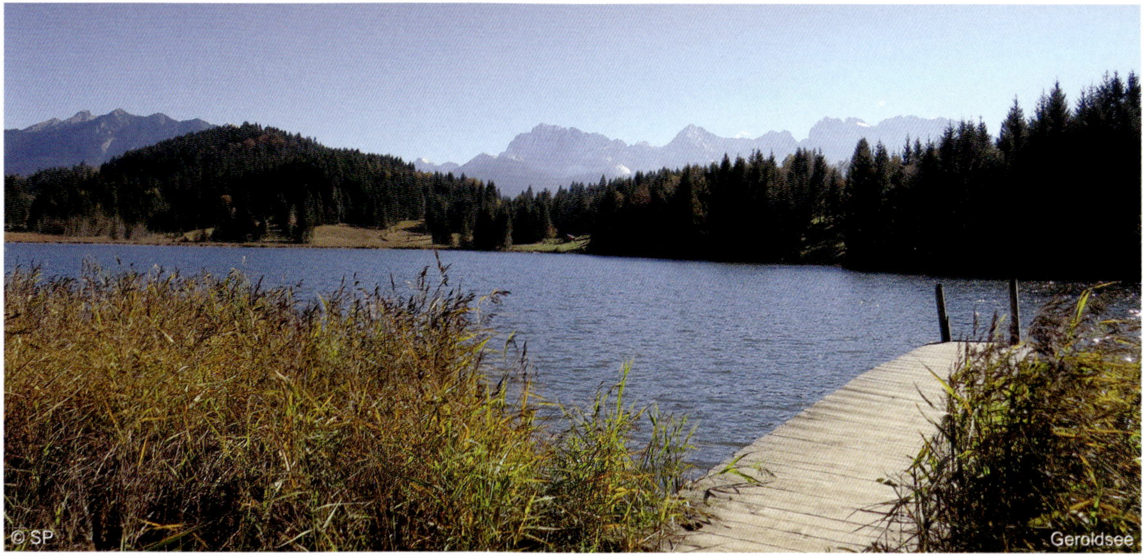
© SP Geroldsee

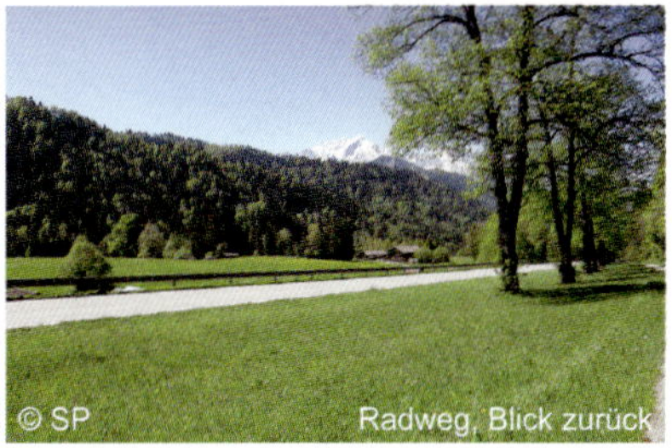
© SP Radweg, Blick zurück

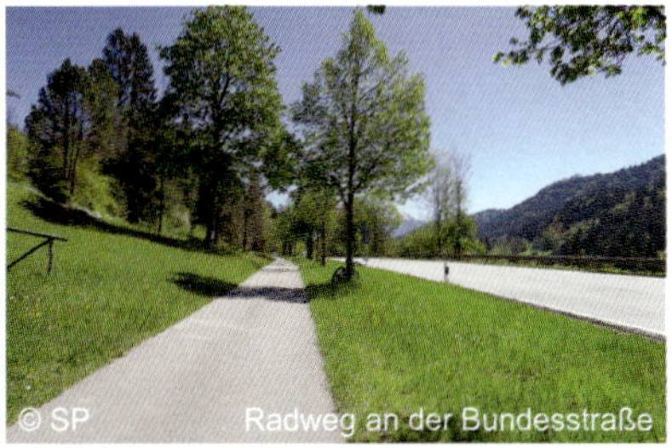
© SP Radweg an der Bundesstraße

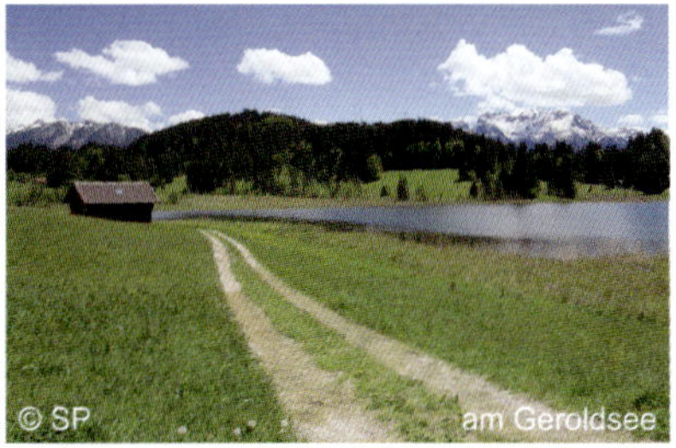
© SP am Geroldsee

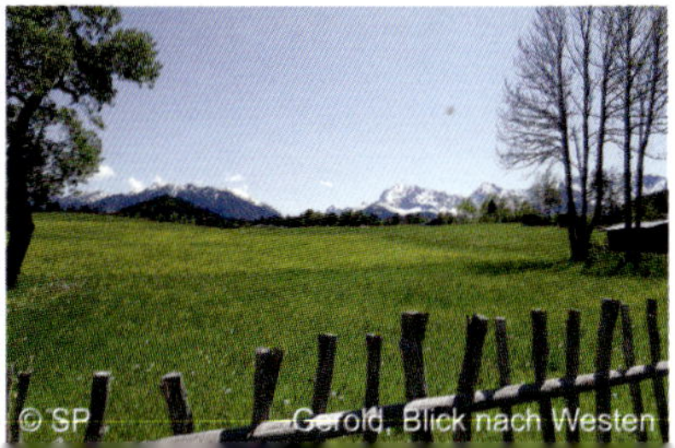
© SP Gerold, Blick nach Westen

Strecke

Von Garmisch-Partenkirchen auf dem Radweg Ri. „Mittenwald“ fahren und in Gerold dann links Ri. „Krün“ abbiegen. Jetzt diesem Weg am Geroldsee vorbei, zum Barmsee folgen. Am Barmsee geradeaus, nach dem See rechts Ri. „Krün“ fahren und in Krün den Hinweisschildern Ri. „Mittenwald über Buckelwiesen“ folgen. An der Kapelle Maria Rast und der Goas-Alm vorbei, weiter zum Schmalensee fahren. Nach dem Schmalensee an der HS links und auf dieser ein kurzes Stück weiterfahren. Nach wenigen Metern rechts Ri. „Gröbl-Alm“ abbiegen. Dem Weg zur Gröbl-Alm und danach weiter bis Mittenwald folgen und den Ort in südlicher Richtung durchfahren. Fast am Ortsende, rechts der HS Ri. „Leutasch“ folgen. Nach ca. 340 m die HS verlassen und geradeaus Ri. „Ferchensee“ weiterfahren. Auf diesem Weg bis zum Ferchensee fahren. Ab dem Ferchensee folgt man dem Weg nach Elmau. Von dort geht es weiter Ri. „Eckbauer“ und später Ri. „Elmauer Alm“. Von der Elmauer Alm fährt man zunächst ein kurzes Stück auf dem gleichen Weg zurück und folgt dann den Hinweisschildern Ri. „Wamberg“. In Wamberg links Ri. „Partenkirchen“ abbiegen und bergab nach Garmisch-Partenkirchen fahren. Im Ort links in die Auenstraße abbiegen und zurück zum Ausgangspunkt fahren.

Highlights der Tour
Auf dieser Tour gibt es zahlreiche Bademöglichkeiten. Im **Geroldsee**, am Westufer mit Blick ins Karwendelgebirge, im **Barmsee** auch mit Blick ins Karwendel oder im **Ferchensee** mit Blick ins imposante Wettersteingebirge.
Die **Kapelle Maria Rast,** bei Krün, steht in den Buckelwiesen auf einer kleinen Anhöhe. Der grandiose Ausblick von dort reicht vom Karwendelgebirge über das Wettersteingebirge bis zum Estergebirge.

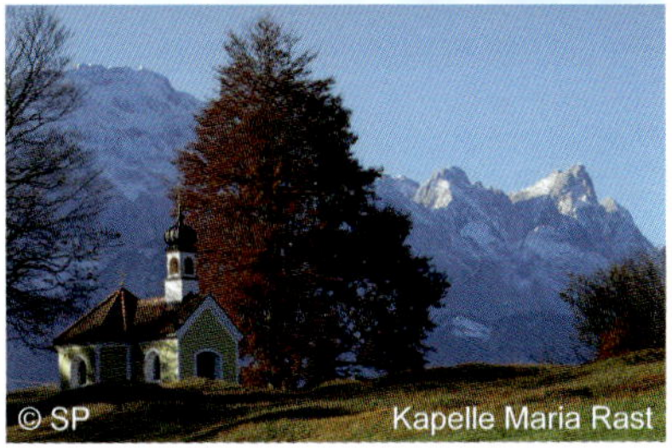

© SP Kapelle Maria Rast

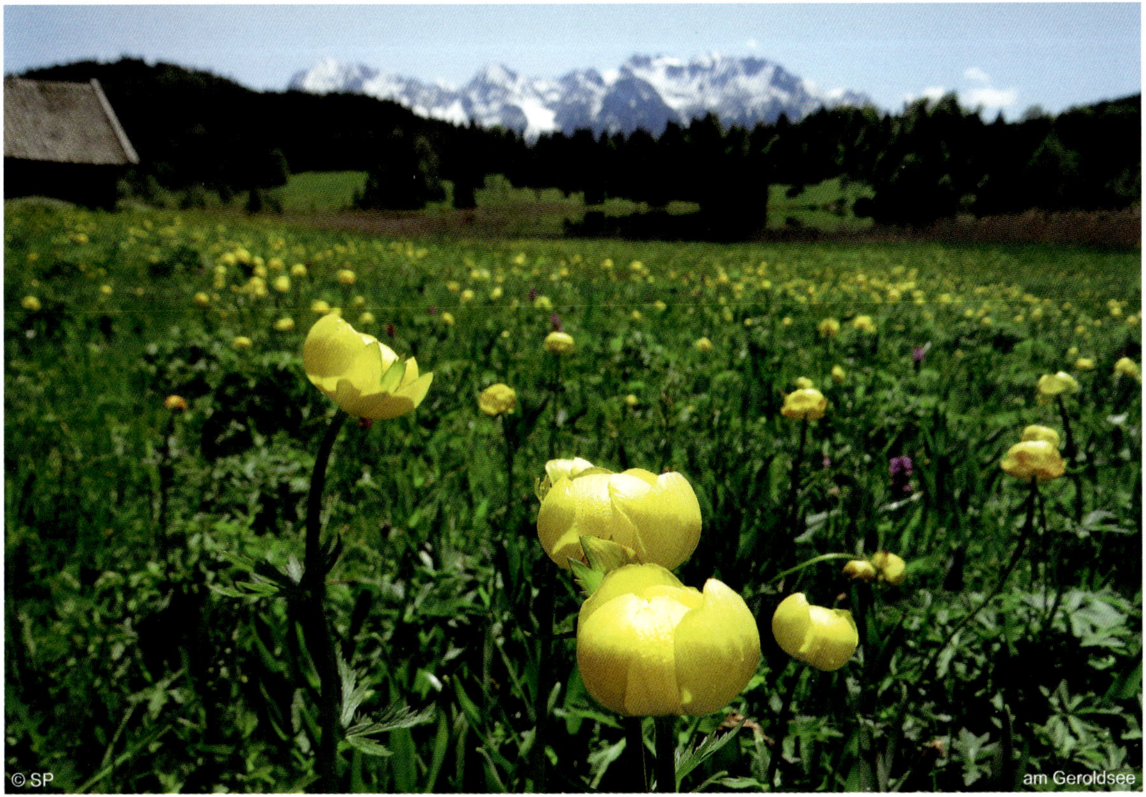

© SP am Geroldsee

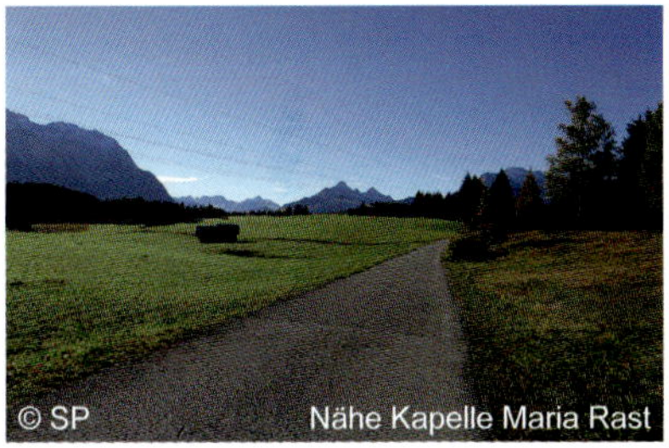

© SP Nähe Kapelle Maria Rast

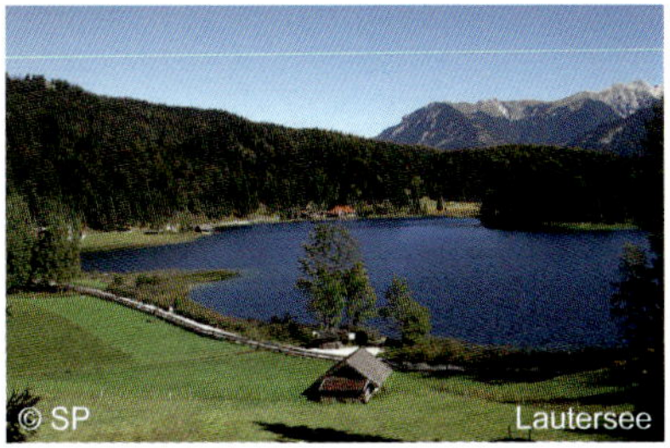

© SP Lautersee

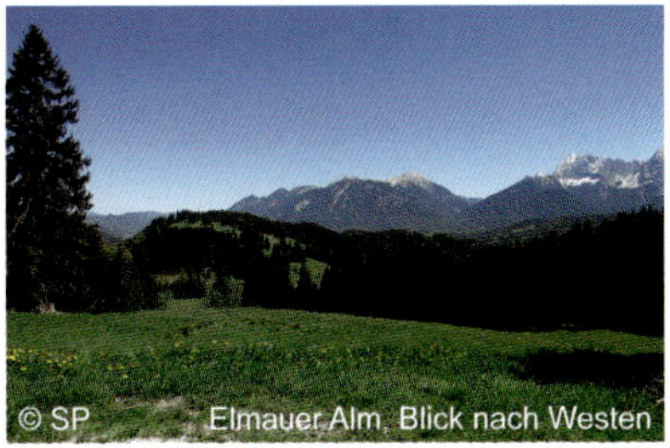

© SP Elmauer Alm, Blick nach Westen

Tour 19 „4-Seen Tour und Elmauer Alm“ 4 44,87 km 2:50 Std 1.188 Hm

Tour 19 „4-Seen Tour und Elmauer Alm“ 4 44,87 km 2:50 Std 1.188 Hm

1 **km 0,00**/725 m Vom Parkplatz (Bahnübergang) **rechts** und auf der Wildenauer Straße zur HS fahren.

(+300 m) **km 0,30**/723 m **An der HS, geradeaus** die HS überqueren und über die Brücke fahren. Dann **rechts** auf den Radweg Ri. „Mittenwald“ abbiegen und diesem bis nach Gerold folgen.

(+7.510 m) **km 7,81**/917 m Gerold: **Links** Ri. „Krün, Wallgau“ abbiegen.

2 *(+230 m)* **km 8,04**/920 m **Gerold: Rechts** Ri. „Krün, Wallgau“ weiterfahren. Der Weg führt am Geroldsee vorbei und steigt nach dem See mit 13-15% an. Die folgende Abfahrt zum Barmsee ist extrem steil (bis 27%).

3 *(+2.310 m)* **km 10,35**/903 m (am **Barmsee**) **Geradeaus** dem Hauptweg Ri. „Barmseerundweg“ folgen.

(+880 m) **km 11,23**/875 m (nach dem Barmsee) **Abzweig, rechts** Ri. „Krün“ abbiegen und diesem Hauptweg stets geradeaus (Abzweige ignorieren) folgen.

(+1.390 m) **km 12,62**/874 m **Kreuzung, geradeaus** weiterfahren.

(+400 m) **km 13,02**/880 m (beim Landhotel) **Links** weiterfahren.

(+60 m) **km 13,08**/878 m **Rechts** und dann **links** Ri. „Mittenwald über Buckelwiesen“ abbiegen.

(+230 m) **km 13,31**/868 m **Rechts** Ri. „Mittenwald über Buckelwiesen“ abbiegen.

(+340 m) **km 13,65**/880 m **Links** Ri. „Mittenwald über Buckelwiesen“ weiterfahren.

(+440 m) **km 14,09**/910 m Kapelle „Maria Rast“: **Geradeaus** der Straße weiter folgen.

4 *(+2.290 m)* **km 16,38**/973 m **Goas-Alm: Geradeaus** fahren und diesem Weg weiter folgen.

(+1.550 m) **km 17,93**/928 m **Links** Ri. „Mittenwald“ fahren.

(+690 m) **km 18,62**/931 m **An der HS, links** und auf dieser weiterfahren.

(+240 m) **km 18,86**/938 m **Rechts** Ri. „Luttenseegebiet, Gröbl-Alm“ abbiegen.

(+900 m) **km 19,76**/991 m **Links** bergab Ri. „Gröbl-Alm“ weiterfahren.

5 *(+560 m)* **km 20,32**/956 m **Gröbl-Alm: Geradeaus** und dem Weg in den Ort folgen.

(+1.050 m) **km 21,37**/904 m Mittenwald: **Links** Ri. „Bahnhof“ weiterfahren.

(+50 m) **km 21,42**/904 m **Rechts** fahren und dann (vor der Holz-Gitarre) **rechts** abbiegen.

(+70 m) **km 21,49**/905 m **Links** in die Frühlingstraße abbiegen und dieser folgen.

(+450 m) **km 21,94**/906 m **T-Kreuzung, links** in die Ferchenseestraße abbiegen.

(+290 m) **km 22,23**/908 m **An der HS, rechts** auf diese abbiegen und folgen.

(+170 m) **km 22,40**/911 m **Rechts** bergauf (4-8%) Ri. „Leutasch“ abbiegen.

(+340 m) **km 22,74**/934 m **Geradeaus** bergauf (3-8%) Ri. „Ferchensee“ fahren. (HS verlassen)

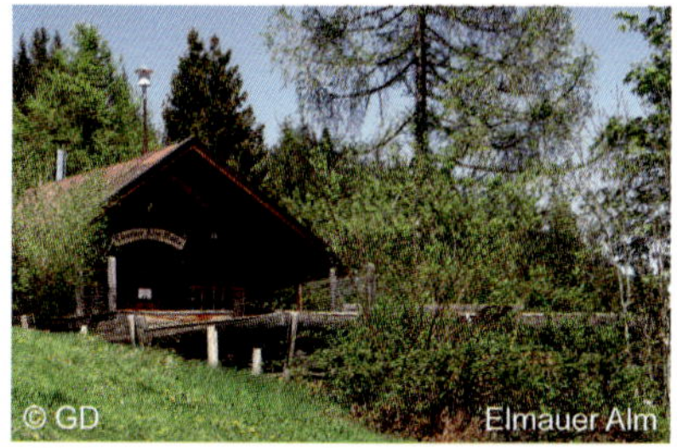
© GD Elmauer Alm

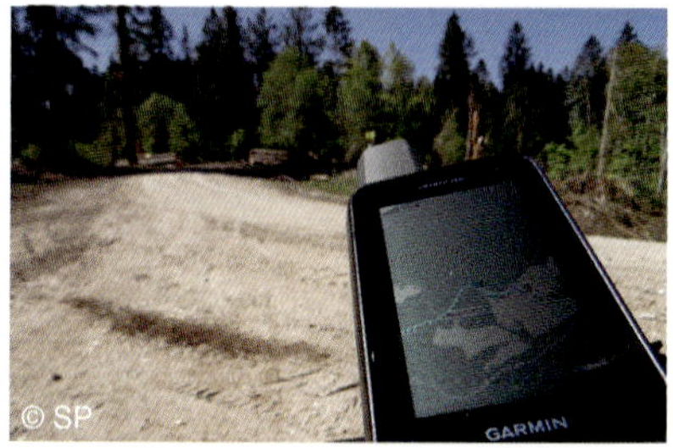

© SP

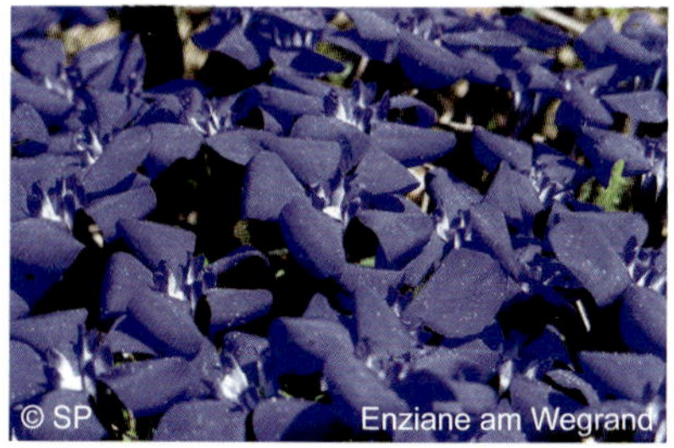
© SP Enziane am Wegrand

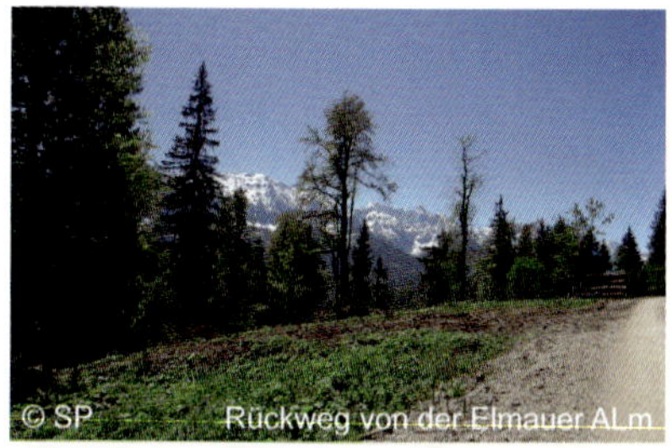
© SP Rückweg von der Elmauer ALm

(+1.430 m) **km 24,17**/1017 m **Geradeaus** Ri. „Elmau“ fahren. (rechts Ri. „Hotel Lautersee“)

6 *(+2.250 m)* **km 26,42**/1048 m **Gasthof Ferchensee: Geradeaus** Ri. „Elmau“ weiterfahren.

(+800 m) **km 27,22**/1044 m **Gabelung, links** bergab Ri. „Elmau Fahrstraße“ weiterfahren.

(120 m) **km 27,34**/1042 m **Rechts** Ri. „Elmau, Wettersteinrunde“ fahren.

(+1.920 m) **km 29,26**/998 m **Links** Ri. „Gut Elmau, Schachentour“ fahren und diesem Weg, vorbei an einer Pferdekoppel, folgen.

(+870 m) **km 30,13**/983 m Elmau (beim Parkplatz) **Rechts** bergab auf der Straße weiterfahren.

(+160 m) **km 30,29**/980 m **Links** Ri. „Eckbauer“ abbiegen.

(+1.320 m) **km 31,61**/963 m **Rechts** bergauf (12%) Ri. „Wamberg, Eckbauer“ abbiegen.

(+1.050 m) **km 32,66**/1041 m **Rechts** bergauf Ri. „Eckbauer“ fahren und dann dem Hauptweg stets geradeaus Ri. „Elmauer Alm“ folgen.

(+3.980 m) **km 36,64**/1211 m **Rechts** Ri. „Elmauer Alm“ weiterfahren.

7 *(+390 m)* **km 37,03**/1177 m **Elmauer Alm:** Dort ein kurzes Stück den gleichen Weg zurückfahren.

(+390 m) **km 37,42**/1210 m **Links** Ri. „Wamberg, Eckbauer“ abbiegen.

(+2.810 m) **km 40,23**/1121 m **Abzweig, rechts** Ri. „Wamberg, Eckbauer“ abbiegen.

(+310 m) **km 40,54**/1160 m **Rechts** Ri. „Wamberg“ weiterfahren. Nach ca. 460 m geht es auf dem Schotterweg sehr steil (25%) bergab.

(+790 m) **km 41,33**/1033 m **T-Kreuzung, rechts** Ri. „Wamberg, Skistadion“ abbiegen.

8 *(+500 m)* **km 41,83**/986 m **Wamberg: Links** Ri. „Skistadion, Partenkirchen“ abbiegen. (rechts Abzweig zum Berggasthof Wamberg) Nach ca. 1,2 km geht es auf dem Schotterweg sehr steil (25%) bergab.

(+2.400 m) **km 44,23**/731 m Garmisch-Partenkirchen (beim Parkplatz): **Links** in die Auenstraße abbiegen und dieser Straße bis zum Skistadion zurück folgen.

Startplatz:
Garmisch-Partenkirchen, Parkplatz „P21“ am Skistadion (kostenpflichtig). (Karl-und-Martin-Neuner-Platz 1)

Anfahrt:
In Garmisch-Partenkirchen Ri. „Skistadion“ (Schanze) fahren und dort parken.

Buckelwiesen
Unter Naturschutz stehende Wiesenabschnitte bei Mittenwald, Schmalensee. Die Wiesen haben „Bodenwellen“ und bilden eine eigene kleine Hügellandschaft. Entstanden sind die Buckelwiesen in der letzten Eiszeit.

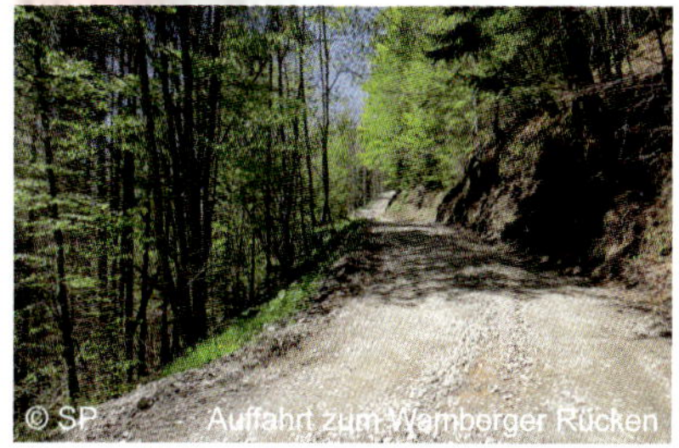
© SP Auffahrt zum Wamberger Rücken

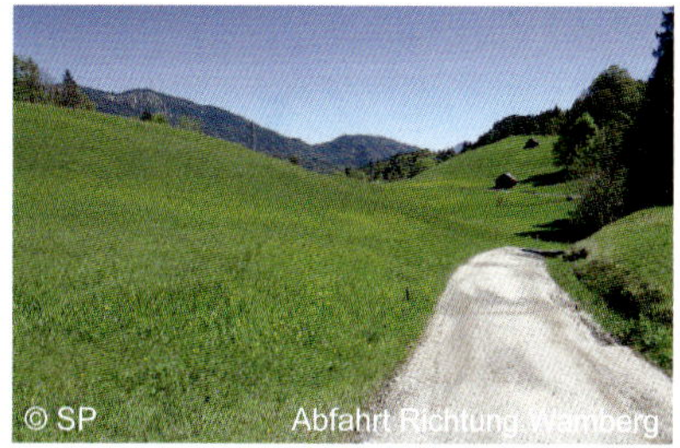
© SP Abfahrt Richtung Wamberg

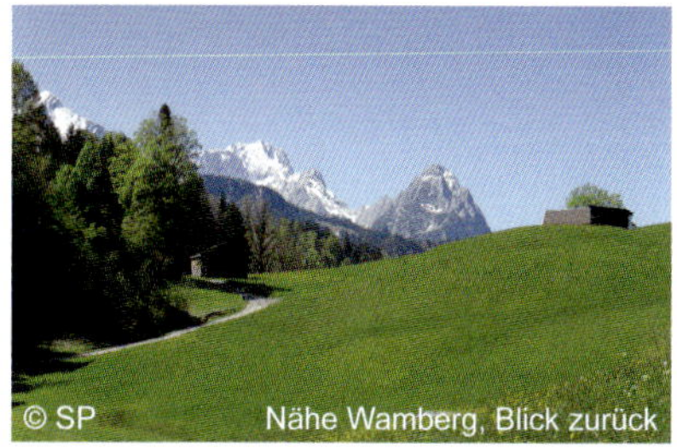
© SP Nähe Wamberg, Blick zurück

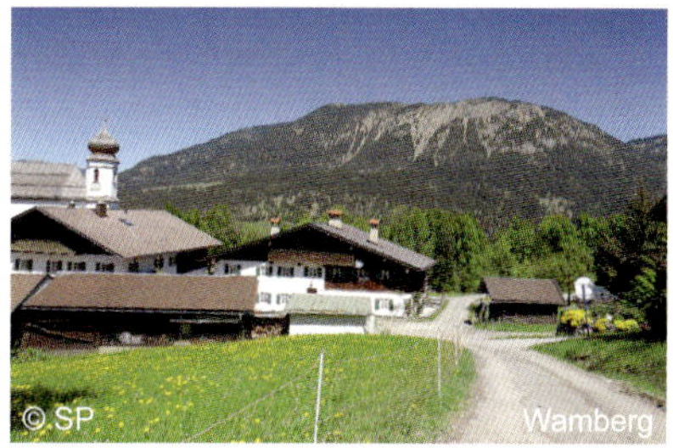
© SP Wamberg

Tour 20 „Elmauer Alm“ 4 20,74 km 1:31 Std 740 Hm

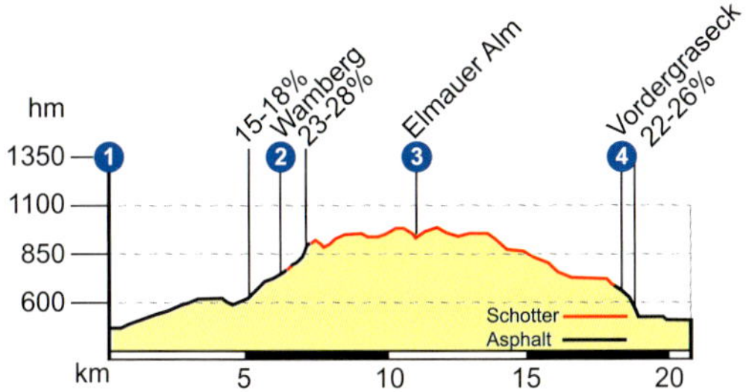

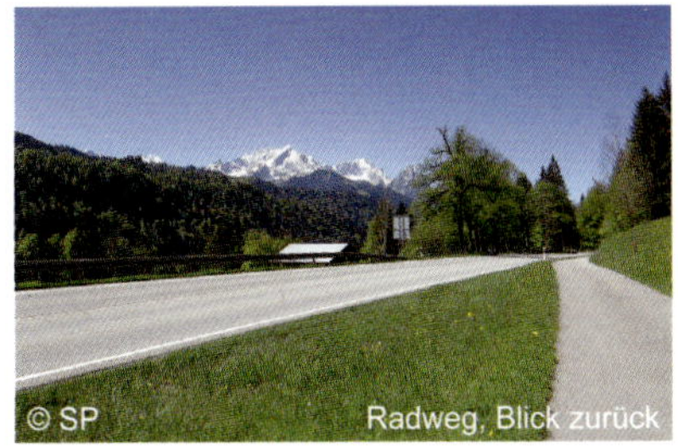
© SP Radweg, Blick zurück

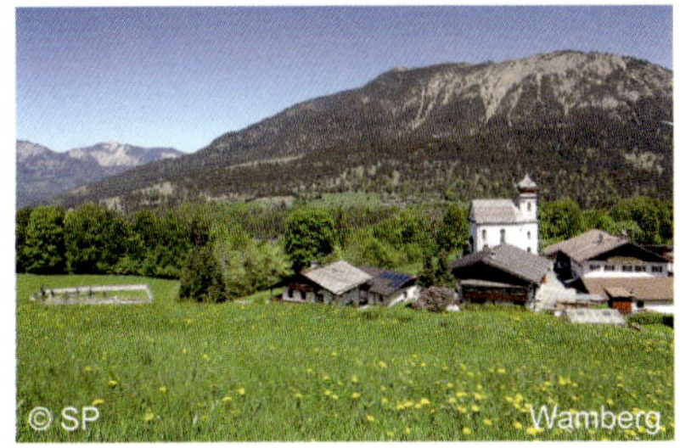
© SP Wamberg

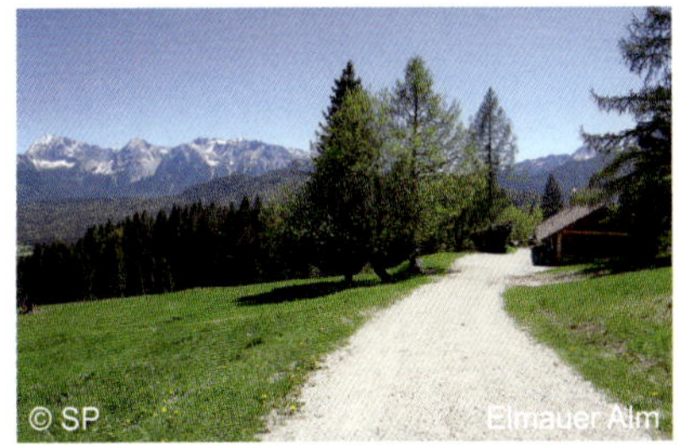
© SP Elmauer Alm

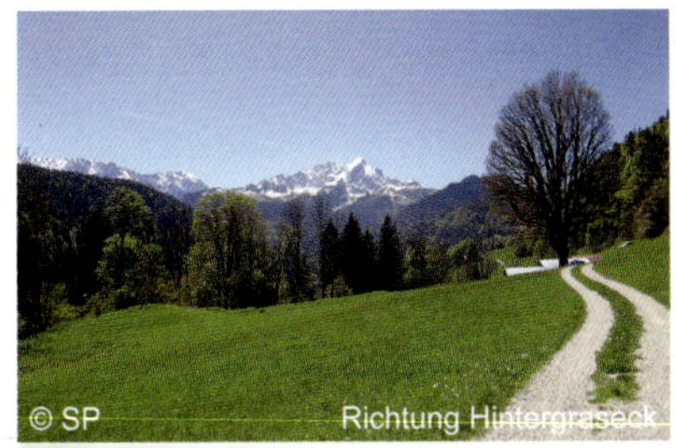
© SP Richtung Hintergraseck

Tourencharakter

Wegbeschaffenheit

Asphalt	9,75 km
Schotter/Kies	10,99 km
Pfad/Trail	0 km
Beton/Pflastersteine	0 km
Schiebestrecke	0 km

Familienfreundlich
Nein

Einkehrmöglichkeit
Berggasthof Wamberg, Elmauer Alm, Berggasthof Hintergraseck, Vordergraseck Hanneslabauer

Highlights
Wamberg, Elmauer Alm

Fahrkönnen / Landschaft

Fahrkönnen	★★★☆☆☆
Landschaft	★★★☆☆☆

Höhe

Starthöhe	725 Meter
Höchster Punkt	1.303 Meter

Schöne Runde über den Wamberg zur Elmauer Alm

Der Wamberg ist ein Höhenrücken, der sich südöstlich von Garmisch-Partenkirchen, parallel zum Wettersteingebirge, Ri. Klais erstreckt. Am östlichen Ende des Höhenzuges, der an seiner höchsten Stelle nur 1.300 m hoch ist, steht die Elmauer Alm. Wegen der abgesetzten Lage zählt der Wamberg zu den besten „Aussichtskanzeln“ von Garmisch-Partenkirchen. Von Garmisch-Partenkirchen fährt man über das Dorf Wamberg, hinauf zum Wamberger Bergrücken und weiter zur Elmauer Alm. Während der Auffahrt sind zwischen Wamberg und dem Höhenrücken sehr steile Streckenabschnitte zu meistern. Danach fährt man unterhalb des Wamberger Höhenrückens zur Elmauer Alm. Die Fahrt hinunter, über Hinter- und Vordergraseck, in landschaftlich reizvollem Gelände, ist einfach zu fahren, jedoch sehr steil.

Einkehrmöglichkeiten

Gleich zu Beginn fährt man an **Leiner‘s Radl Bistro** vorbei. In Wamberg folgt der **Berggasthof Wamberg** und danach die **Elmauer Alm**. Weitere Einkehrmöglichkeiten sind der **Berggasthof Hintergraseck** und in Vordergraseck der **Hanneslabauer**.

Tipp

Bei Vordergraseck, ein Abstecher zur Kaiserschmarrn Alm.

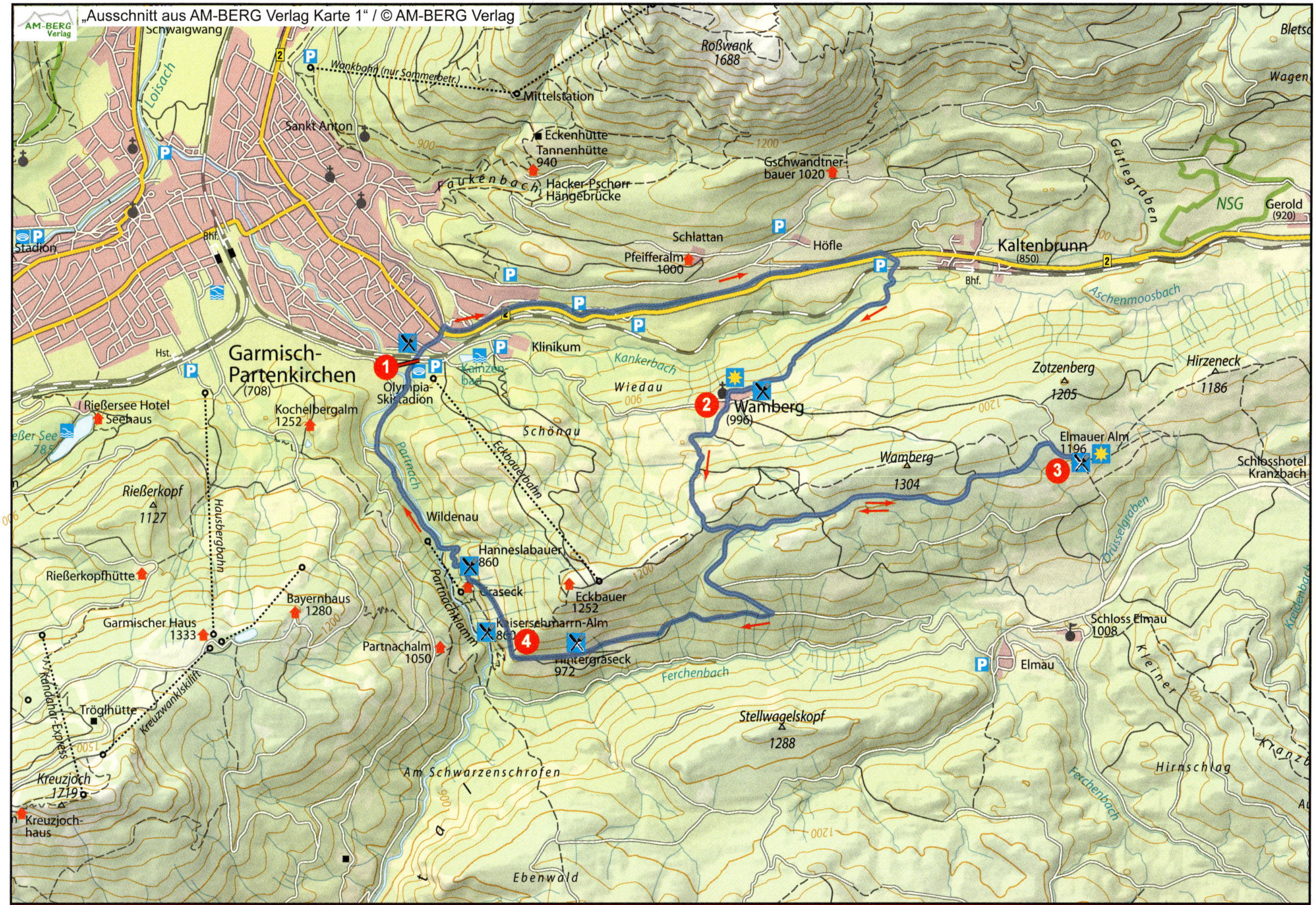

Tour 20 „Elmauer Alm“ **4** **20,74 km** **1:31 Std** **740 Hm**

Tour 20 „Elmauer Alm“ 4 20,74 km 1:31 Std 740 Hm

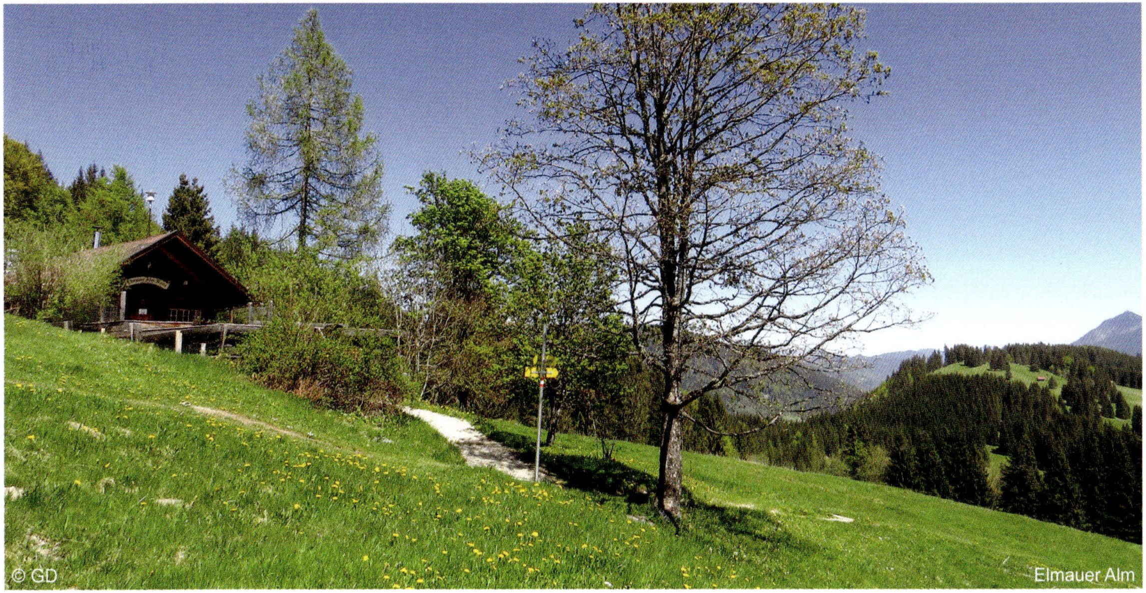
© GD Elmauer Alm

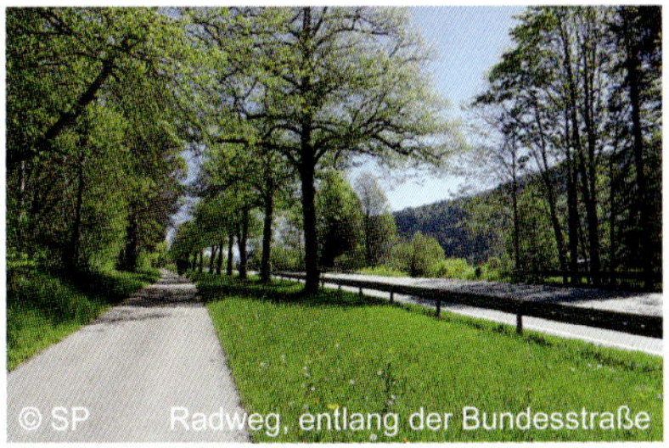
© SP Radweg, entlang der Bundesstraße

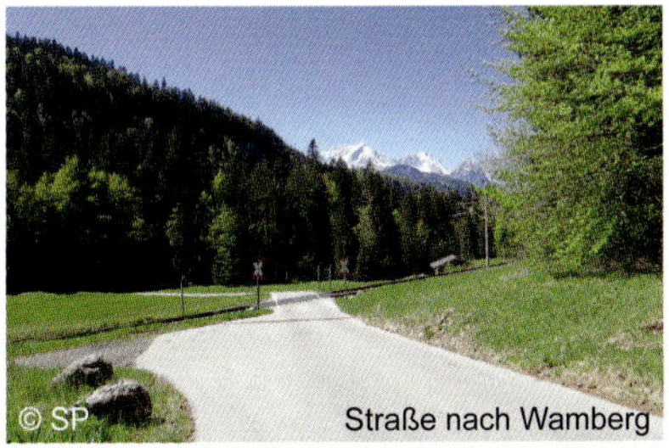
© SP Straße nach Wamberg

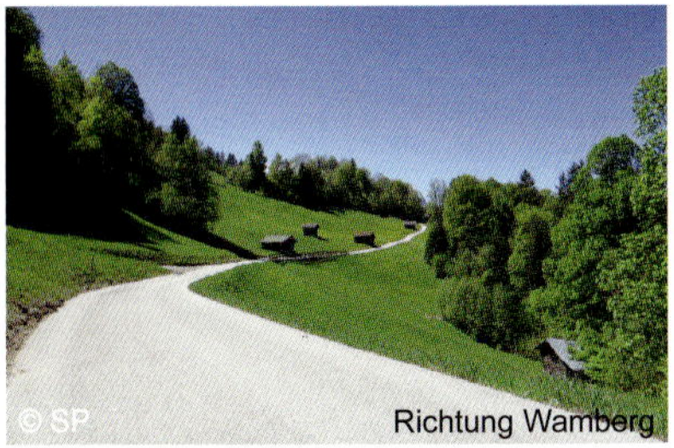
© SP Richtung Wamberg

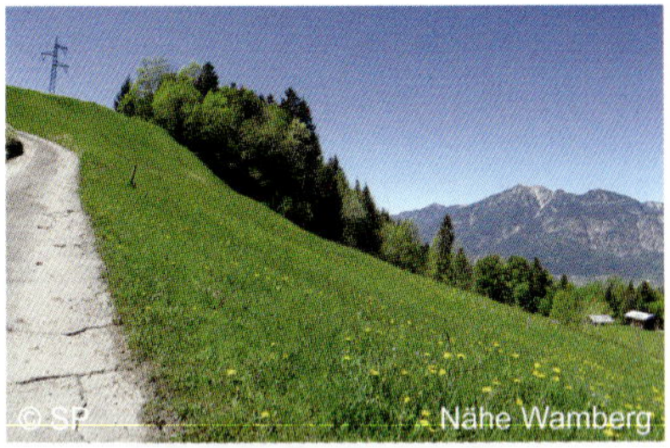
© SP Nähe Wamberg

Strecke

Vom Skistadion zur HS fahren, diese überqueren und dann rechts dem Radweg Ri. „Mittenwald“ folgen. Dieser führt mit mäßiger Steigung bis zum Abzweig nach Wamberg. Dort über die Bundesstraße fahren und der Straße gegenüber nach Wamberg folgen. Nach einer kurzen Abfahrt geht es dann auf der asphaltierten Straße, die einige steile Abschnitte hat, bis zum Ort Wamberg hinauf. Durch den Ort fahren, dem Hauptweg Ri. „Eckbauer“ folgen und auf der teils asphaltierten Straße (teilweise extrem steil, bis 26%) bis zum Wamberg hochfahren. An der zweiten Wegkreuzung links Ri. „Elmauer Alm“ abbiegen und nach ca. 2,8 km, rechts Ri. „Elmauer Alm“ abbiegen. Zunächst fährt man von der Elmauer Alm wieder auf dem gleichen Weg zurück. Dem Hauptweg geradeaus bis zum Abzweig nach rechts Ri. „Hintergraseck, Skistadion“ folgen. Der Weg führt etwas später mit einer steilen Auffahrt Ri. „Hintergraseck“. Bei Vordergraseck lohnt sich noch ein Abstecher zur Kaiserschmarrn Alm, die in wenigen Minuten erreichbar ist. Nach Vordergraseck kommt noch eine extrem steile Abfahrt (bis 30%), die bis zur Partnach hinunterführt. Vom Eingangsbereich der Partnachklamm rollt man dann gemütlich bis zum Ausgangspunkt zurück.

Highlights der Tour

Wamberg ist eines der höchstgelegenen Kirchdörfer Deutschlands und steht unter Denkmalschutz. Besonders sehenswert sind die alten Bauernhäuser sowie die St. Anna Kirche, die bereits 1720 erbaut wurde.

Die 1924 erbaute **Elmauer Alm** wurde ursprünglich für die Almbewirtschaftung genutzt. Heute gehört sie zum Schloss Elmau und ist ein beliebtes Ausflugsziel. Von der kleinen Holzterrasse der Alm hat man einen sensationellen Ausblick zur Zugspitze, Alpspitze, Dreitorspitze, zum Wettersteinkamm und ins Karwendel- und Soierngebirge.

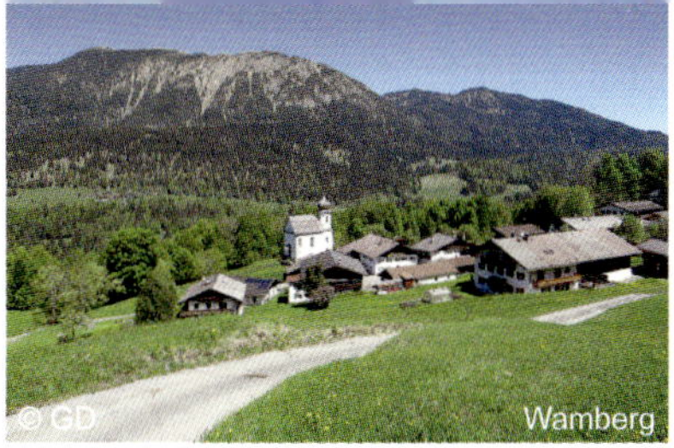
© GD Wamberg

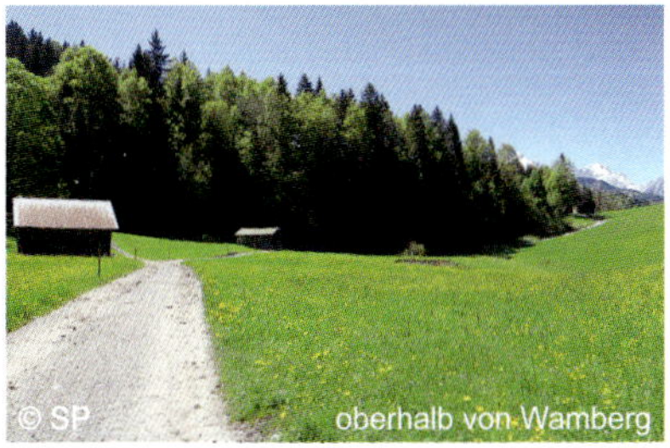
© SP oberhalb von Wamberg

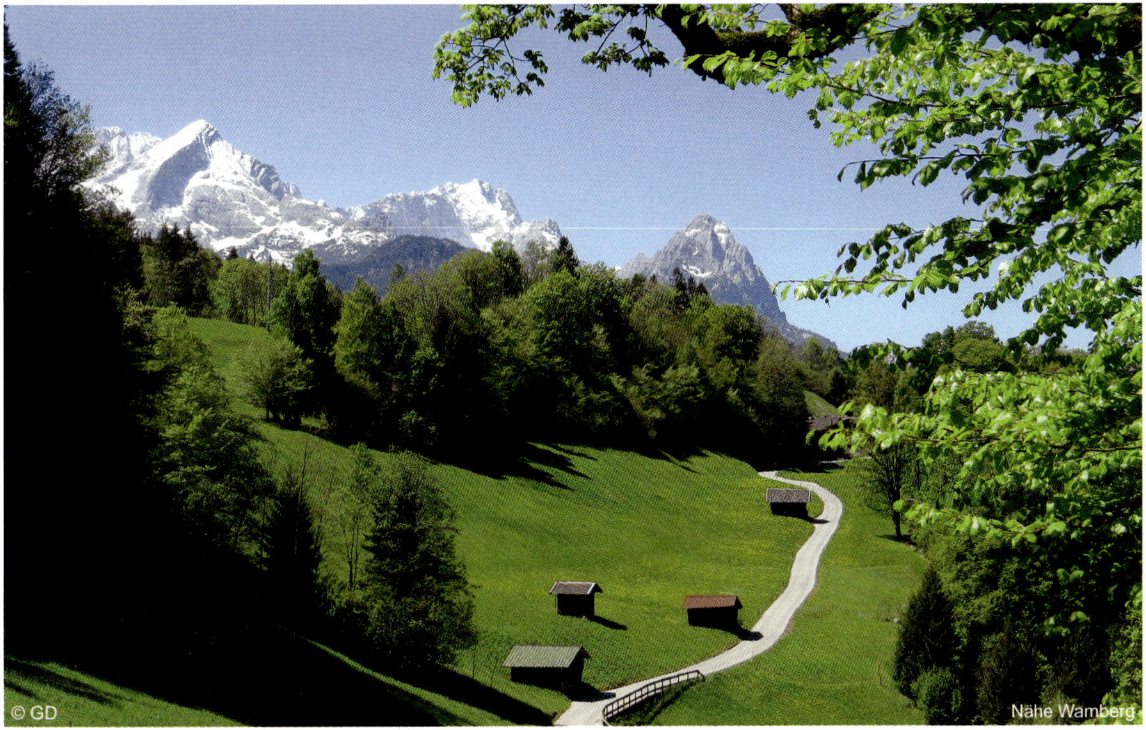
© GD Nähe Wamberg

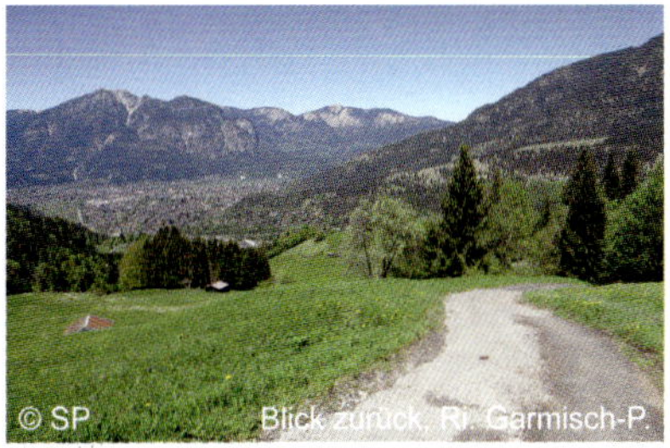
© SP Blick zurück, Ri. Garmisch-P.

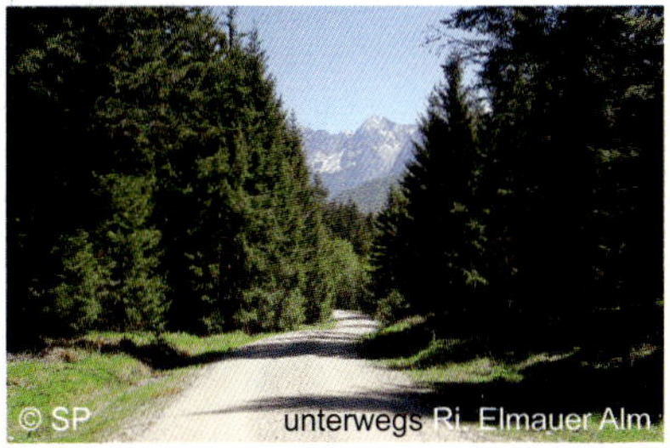
© SP unterwegs Ri. Elmauer Alm

Tour 20 „Elmauer Alm“ 4 20,74 km 1:31 Std 740 Hm

1 **km 0,00**/725 m Vom Parkplatz (Bahnübergang) **rechts** auf der Wildenauer Straße zur HS (Garmisch-Mittenwald) fahren.

(+300 m) **km 0,30**/725 m **An der HS, geradeaus** die HS überqueren und über die Brücke fahren. Dann **rechts** auf den Radweg Ri. „Mittenwald“ abbiegen und diesem bergauf (3-4%) folgen.

(+3.200 m) **km 3,50**/873 m **Abzweig, geradeaus** auf dem Radweg weiterfahren.

(+530 m) **km 4,03**/870 m (auf Höhe der Bushaltestelle) **Rechts** (HS überqueren) und der Straße gegenüber bergab Ri. „Wamberg“ folgen.

2 *(+2.190 m)* **km 6,22**/994 m **Wamberg /** Rettungstreffpunkt „GAP-2016“: **Geradeaus** bergauf Ri. „Eckbauer“ fahren. (links Berggasthof Wamberg)

(+490 m) **km 6,71**/1044 m **Links** dem Hauptweg Ri. „Eckbauer, Elmauer Alm“ folgen.

(+750 m) **km 7,46**/1174 m **Geradeaus** Ri. „Elmauer Alm“ fahren.

(+320 m) **km 7,78**/1133 m **Links** Ri. „Elmauer Alm“ abbiegen und diesem Hauptweg stets geradeaus (Abzweige ignorieren) folgen.

(+2.810 m) **km 10,59**/1223 m **Rechts** Ri. „Elmauer Alm“ abbiegen.

3 *(+380 m)* **km 10,97**/1189 m **Elmauer Alm:** Von hier zunächst auf dem gleichen Weg zurückfahren.

(+380 m) **km 11,35**/1222 m **Links** Ri. „Wamberg“ abbiegen und diesem Weg stets geradeaus (Abzweige ignorieren) folgen.

(+3.980 m) **km 15,33**/1057 m **Abzweig, rechts** Ri. „Hintergraseck, Skistadion“ abbiegen.

4 *(+2.970 m)* **km 18,30**/900 m **Vordergraseck:** **Rechts** dem Hauptweg folgen. Nun kommt eine sehr steile (22-26%) asphaltierte Abfahrt. Am Ende (beim Eingang der Partnachklamm) der Straße (Wildenauer Straße) talauswärts bis zum Ausgangspunkt zurück folgen.

Startplatz:
Garmisch-Partenkirchen, Parkplatz „P21“ am Skistadion (kostenpflichtig). (Karl-und-Martin-Neuner-Platz 1)

Anfahrt:
In Garmisch-Partenkirchen Ri. „Skistadion“ (Schanze) fahren und dort parken.

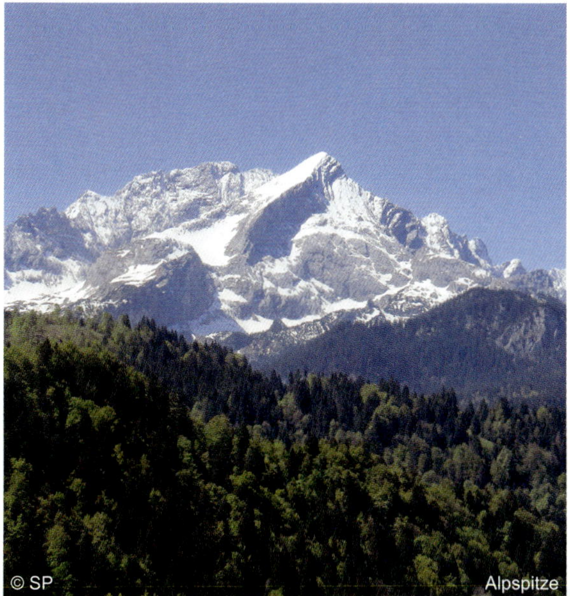
© SP Alpspitze

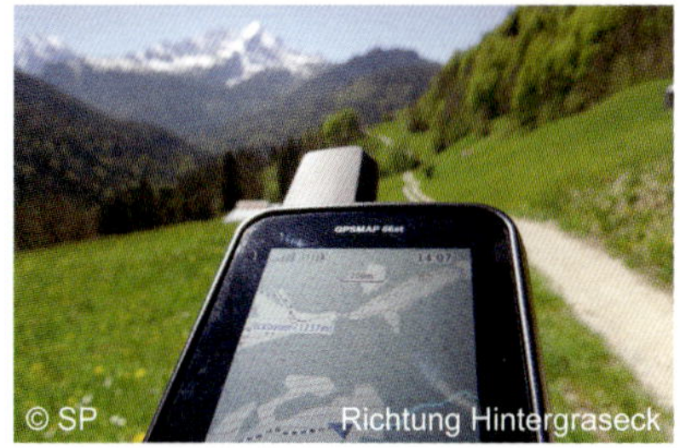

© SP Richtung Hintergraseck

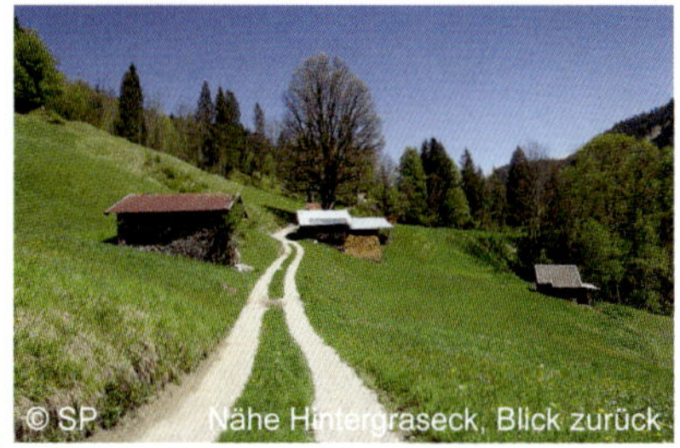
© SP Nähe Hintergraseck, Blick zurück

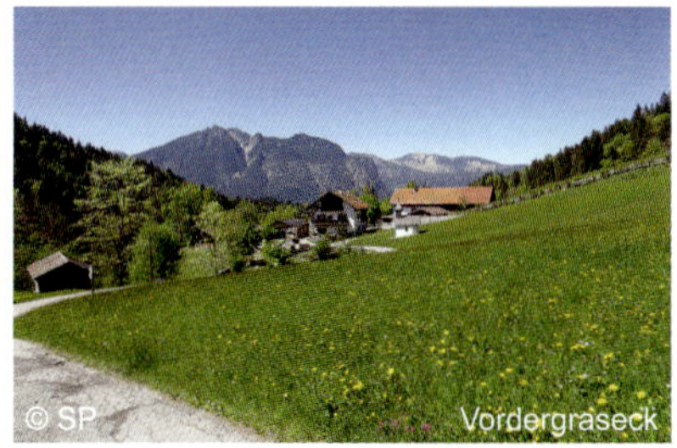
© SP Vordergraseck

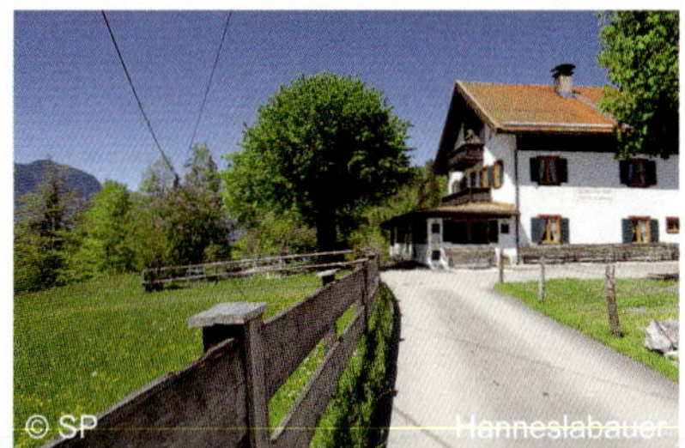
© SP Hanneslabauer

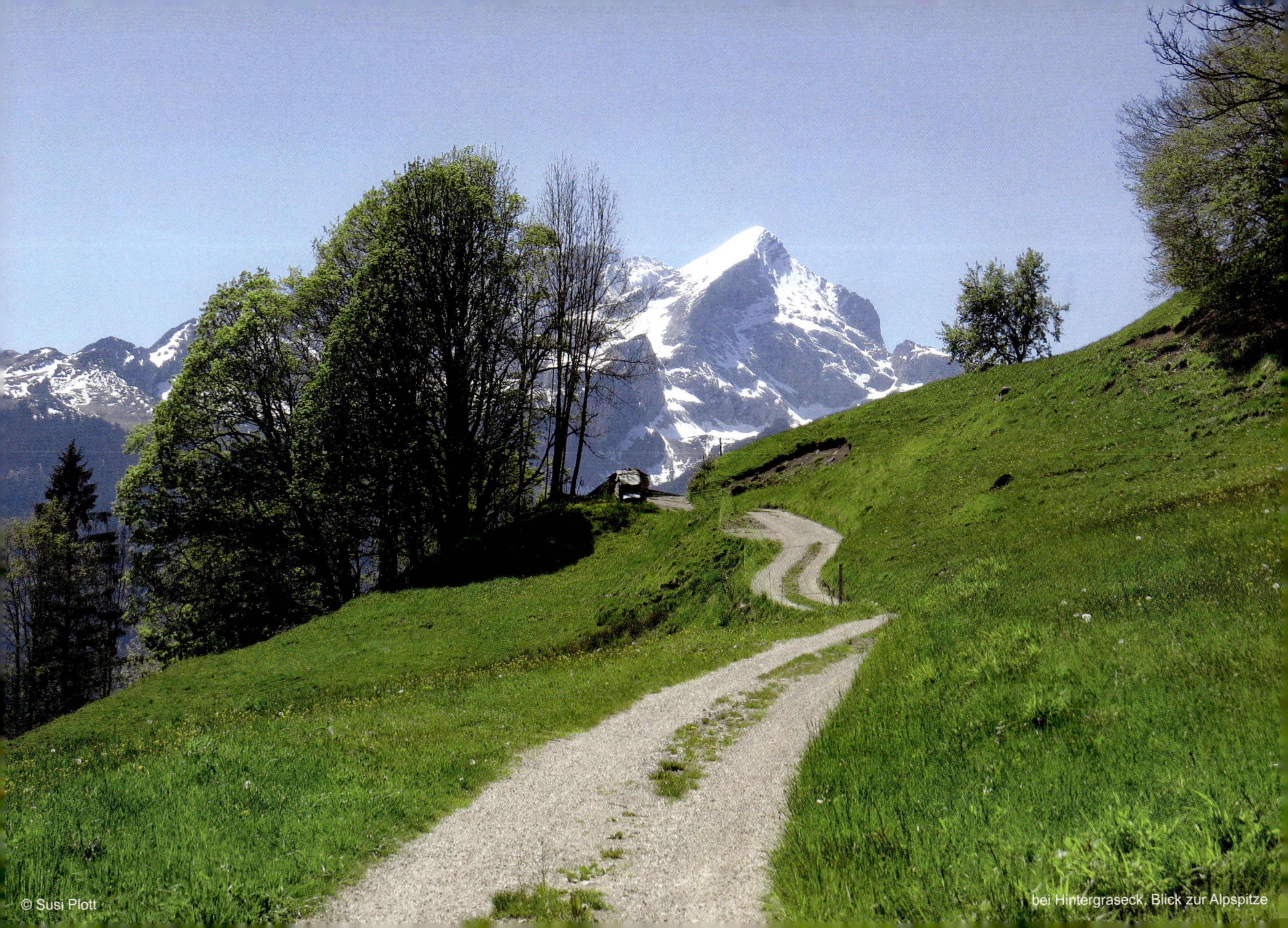

bei Hintergraseck, Blick zur Alpspitze

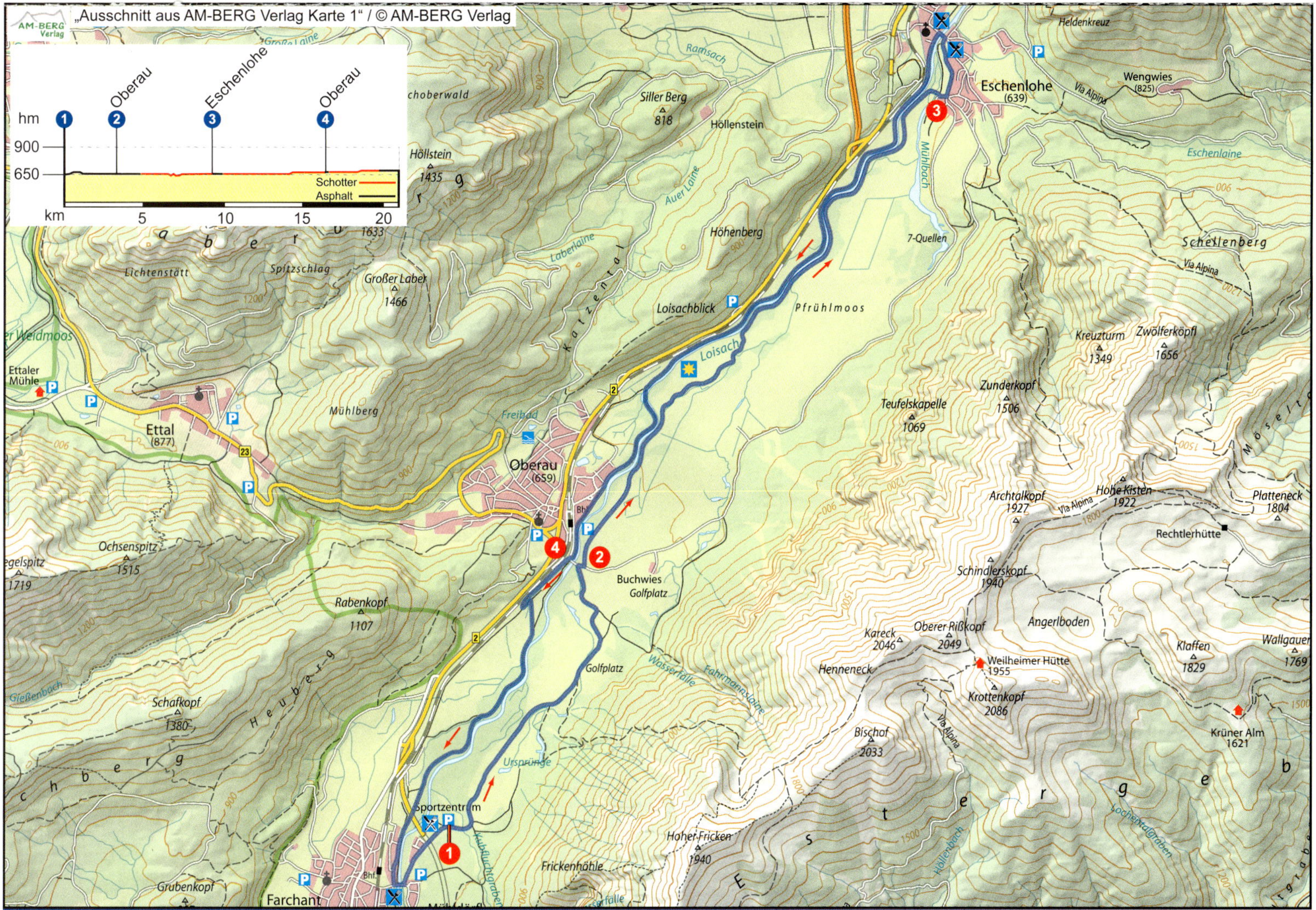

Tourenblatt **1** „Loisachrunde“ **1** **20,98** km **1:12** Std **84** Hm

1 **km 0,00**/670 m Vom Parkplatz (Weiderost) **rechts** dem asphaltierten Weg nach Oberau folgen.

2 *(+3.240 m)* **km 3,24**/650 m **Oberau: Rechts** fahren und **nach 20 m links** Ri. „Eschenlohe“ abbiegen. Die nächsten ca. 6 km immer, östlich entlang der Loisach, dem Hauptweg nach Eschenlohe folgen.

3 *(+6.010 m)* **km 9,25**/643 m **Eschenlohe** (nach der Bachbrücke): **Links** weiterfahren.

(+60 m) **km 9,31**/645 m Eschenlohe: **Links** Ri. „Murnau“ abbiegen.

(+540 m) **km 9,85**/642 m **Links** über die Loisachbrücke Ri. „Radweg Murnau“ fahren und nach der Brücke **links** weiterfahren.

(+80 m) **km 9,93**/643 m **Links** auf dem Kiesweg (direkt an der Loisach) weiterfahren.

(+380 m) **km 10,31**/645 m (beim Bahnübergang der HS) **Geradeaus** dem Weg Ri. „Oberau“ folgen.

(+470 m) **km 10,78**/648 m **Links** an der Loisach weiterfahren.

(+480 m) **km 11,26**/648 m **Kreuzung, links** an der Loisach weiterfahren.

(+3.350 m) **km 14,61**/660 m **Links** über die kleine Holzbrücke Ri. „Moosgartenrundweg“ fahren.

(+930 m) **km 15,54**/664 m **Links** fahren und dann stets an der Loisach entlang weiterfahren.

4 *(+910 m)* **km 16,45**/668 m **Oberau** (an der Loisachbrücke): **Rechts** und **nach ca. 40 m links** Ri. „Farchant, Schanzweg“ abbiegen und diesem Weg folgen.

(+620 m) **km 17,07**/668 m (nach einer kurzen Abfahrt, in leichter Rechtskurve) **Links** abbiegen.

(+620 m) **km 17,69**/671 m **Links** über die Brücke Ri. „Farchant“ abbiegen.

(+670 m) **km 18,36**/675 m Zollwiesen: **Links** Ri. „Farchant, Loisachuferweg“ weiterfahren.

(+1.420 m) **km 19,78**/683 m Farchant: **Geradeaus** auf der asphaltierten Straße weiterfahren.

(+50 m) **km 19,83**/683 m **Links** der Loisachstraße weiter folgen.

(+380 m) **km 20,21**/684 m **Links** über die Loisachbrücke fahren.

(+80 m) **km 20,29**/686 m (nach der Loisachbrücke) **Links** in die Frickenstraße abbiegen und zum Ausgangspunkt zurückfahren.

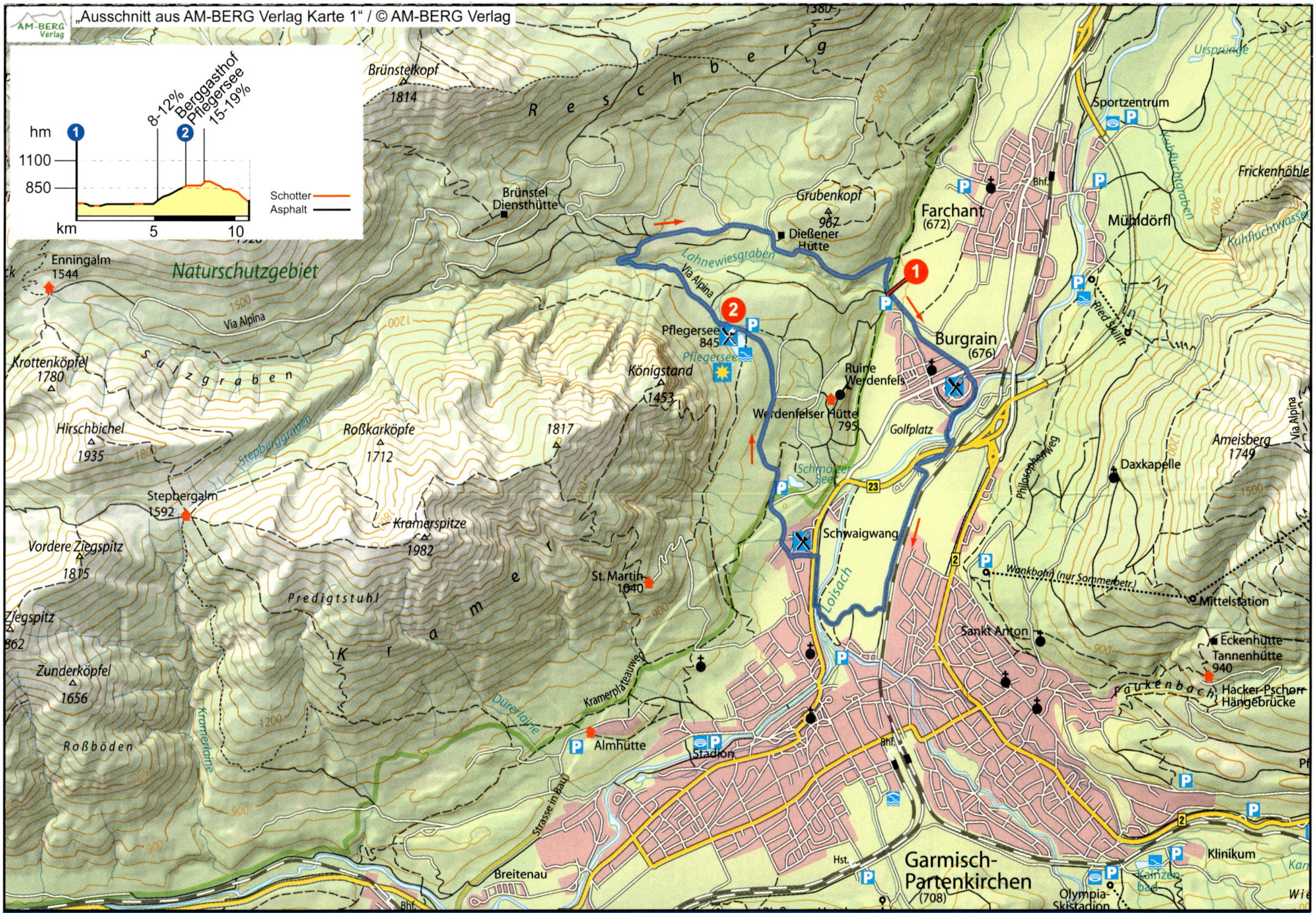

Tourenblatt **2** „Pflegersee" **1** **10,84 km** **0:50 Std** **260 Hm**

1 **km 0,00**/715 m Vom Parkplatz **geradeaus** und wieder zurück in den Ortsteil Burgrain, bis zur HS fahren.

(+890 m) **km 0,89**/689 m **An der HS** (bei der Pizzeria San Marco)**, geradeaus** über die HS und bis zur Loisach fahren.

(+200 m) **km 1,09**/689 m (am Loisachufer) **Rechts** Ri. „Garmisch-Partenkirchen“ abbiegen und auf der Uferpromenade, direkt an der Loisach entlang, weiterfahren.

(+250 m) **km 1,34**/689 m **Links** über die Brücke fahren und danach **links** auf der Straße (nicht Fußweg) dem Radhinweisschild folgen. Diesem Weg über die Loisachbrücke folgen.

(+270 m) **km 1,61**/692 m (nach der Loisachbrücke) **Links** dem Radweg Ri. „Garmisch-Partenkirchen“ folgen.

(+60 m) **km 1,67**/691 m **Rechts** dem Radweg folgen.

(+410 m) **km 2,08**/693 m (vor der HS) **Links** dem Radweg, auf dem schmalen Weg und an der Gärtnerei vorbei, folgen. Dann geradeaus, entlang der Bahnlinie, weiterfahren.

(+1.290 m) **km 3,37**/702 m (nach einer leichten Rechtskurve) **Rechts** abbiegen und Ri. Loisach fahren.

(+710 m) **km 4,08**/699 m (vor der Loisach) **Rechts** dem Schotterweg folgen.

(+40 m) **km 4,12**/699 m **Links** über die Holzbrücke fahren und danach (an der HS) rechts dem Radweg (auf dem Gehsteig) folgen.

(+450 m) **km 4,57**/696 m (auf Höhe der Bushaltestelle) **Links** in die Hörmannstraße abbiegen.

(+190 m) **km 4,76**/697 m **Kreuzung, rechts** bergauf (8-12%) Ri. „Pflegersee“ fahren.

2 *(+2.070 m)* **km 6,83**/857 m (Rettungstreffpunkt „GAP-1076“) **Berggasthof Pflegersee**: **Geradeaus** Ri. „Enningalm“ fahren. Diesem Hauptweg nun stets geradeaus folgen.

(+1.410 m) **km 8,24**/915 m (Schild „Garmischer Stich“) **Rechts** Ri. „Burgrain“ fahren.

(+750 m) **km 8,99**/863 m **Rechts** bergab weiterfahren.

(+360 m) **km 9,35**/840 m (Rettungstreffpunkt „GAP-1057“) **Rechts** abbiegen und dem Weg (anfangs kurz bergauf, dann bergab) bis zum Ausgangspunkt zurück folgen.

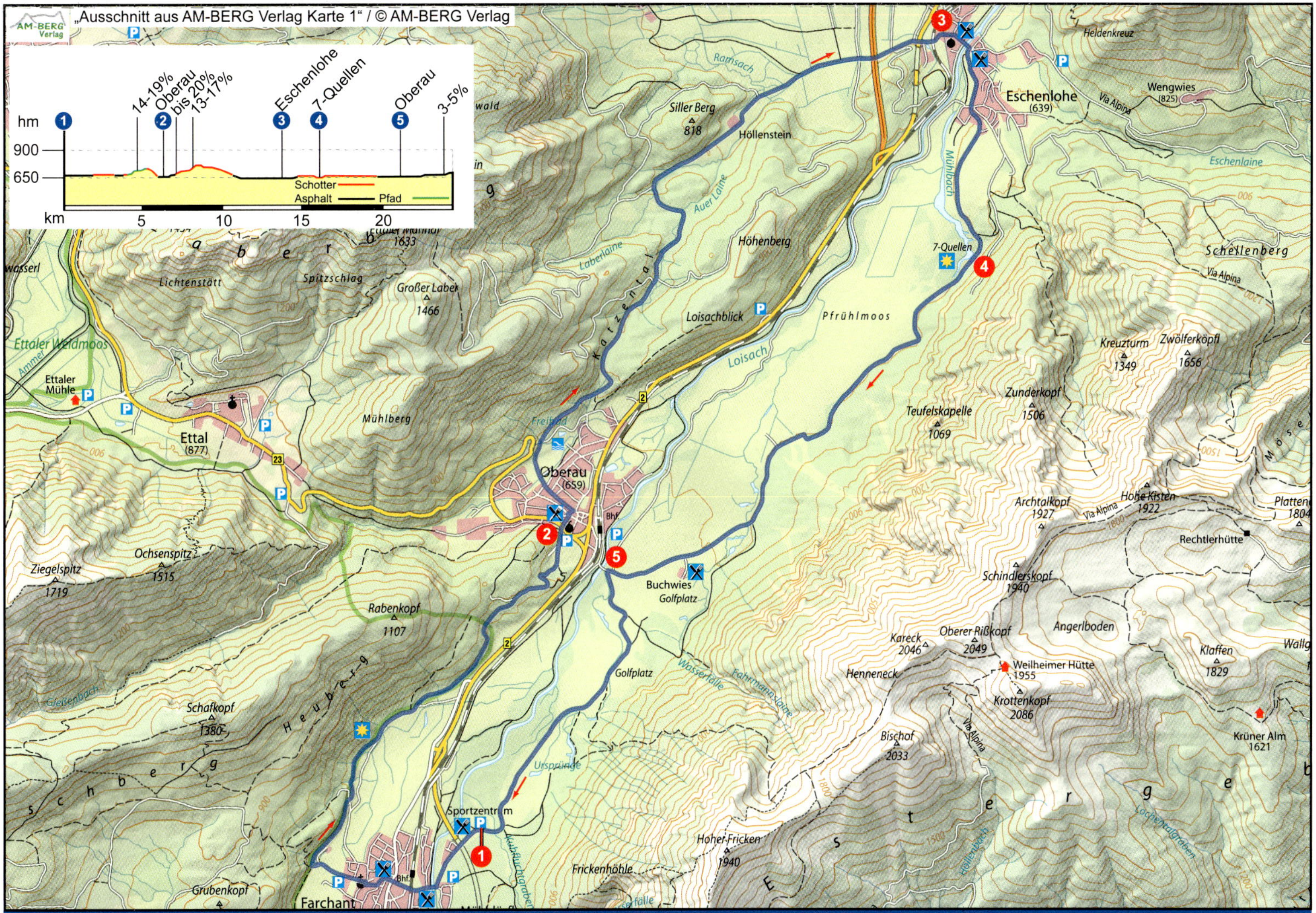

Tourenblatt **3 „Katzental - 7-Quellen“** **2** **24,24 km** **1:28 Std** **314 Hm**

1 **km 0,00**/670 m Vom Parkplatz (Weiderost) auf der Straße zurück in den Ort fahren.

(+680 m) **km 0,68**/666 m **T-Kreuzung, rechts** in die Mühldörflstraße abbiegen.

(+220 m) **km 0,90**/666 m (beim Bahnübergang) **Geradeaus** über den Bahnübergang fahren.

(+200 m) **km 1,10**/666 m **Links** fahren und gleich danach **rechts** in den Gernweg abbiegen.

(+90 m) **km 1,19**/665 m (beim Eiscafe Bella) Schräg **links** weiterfahren.

(+70 m) **km 1,26**/666 m (bei der Touristinfo) **Rechts** Ri. „Waldsaumpfad“ fahren und diesem Weg stets geradeaus in dieser Richtung folgen.

(+580 m) **km 1,84**/670 m **Gabelung, links** dem Schotterweg zum Spielplatz folgen.

(+40 m) **km 1,88**/673 m Spielplatz Spielleiten: **Rechts** abbiegen und diesem Weg folgen.

(+530 m) **km 2,41**/669 m (Schild) „Rettungstreffpunkt GAP-1040“: **Geradeaus** weiterfahren. (nach ca. 500 m kommt auf der linken Seite ein schöner Rastplatz mit „Wasserräder“ und einer überdachten Bank)

(+730 m) **km 3,14**/664 m **T-Kreuzung, links** der asphaltierten Straße folgen.

(+600 m) **km 3,74**/661 m (in der Rechtskurve, vor dem Stadel) **Links** auf den Schotterweg Ri. „Kirchbichl, Oberau“ abbiegen. (nach ca. 300 m beginnt der Pfad und es geht mit 14-19% bergauf)

(+1.510 m) **km 5,25**/733 m **Rechts** bergab (15-20%) auf der Forststraße weiterfahren.

(+970 m) **km 6,22**/658 m (Oberau, vor der HS): **Links** über den Parkplatz fahren.

2 *(+50 m)* **km 6,27**/658 m **Oberau: An der HS** (Ampel), **geradeaus** die HS überqueren und der Straße gegenüber („Alte Dorfstraße“) folgen.

(+120 m) **km 6,39**/657 m **Links** fahren und **nach 10 m rechts** weiterfahren.

(+40 m) **km 6,43**/656 m **Links** in die Mühlstraße abbiegen und dieser geradeaus bis zur Triftstraße folgen.

(+320 m) **km 6,75**/659 m **Kreuzung, geradeaus** der Mühlstraße folgen. (nach ca. 300 m folgt ein asphaltierter Anstieg mit bis zu 20%)

(+430 m) **km 7,18**/684 m **Rechts** über die Holzbrücke fahren.

(+10 m) **km 7,19**/686 m (am Schotterweg) **Links** bergauf (13-17%) Ri. „Eschenlohe“ abbiegen und diesem Weg durch das Katzental, vorbei am Einsiedlerhof Höllenstein und unter der Autobahn durch, bis nach Eschenlohe folgen.

3 *(+6.510 m)* **km 13,70**/636 m **Eschenlohe** (Dorfplatz): **Rechts** Richtung Loisachbrücke fahren.

(+110 m) **km 13,81**/637 m **Geradeaus** über die Loisachbrücke fahren.

(+60 m) **km 13,87**/638 m (nach der Brücke) **Rechts** in die Mühlstraße abbiegen.

(+550 m) **km 14,42**/641 m **Kreuzung, geradeaus** weiterfahren.

(+60 m) **km 14,48**/643 m **Links** bergauf (5-7%) Ri. „Radweg Garmisch“ abbie-gen.

4 *(+1.530 m)* **km 16,01**/639 m **7-Quellen:** Schöne Rastmöglichkeit. Dem Weg dann weiter bis nach Oberau folgen.

5 *(+5.050 m)* **km 21,06**/656 m **Oberau** (vor der Loisachbrücke): **Links** abbiegen und bis zum Ausgangspunkt in Farchant zurückfahren.

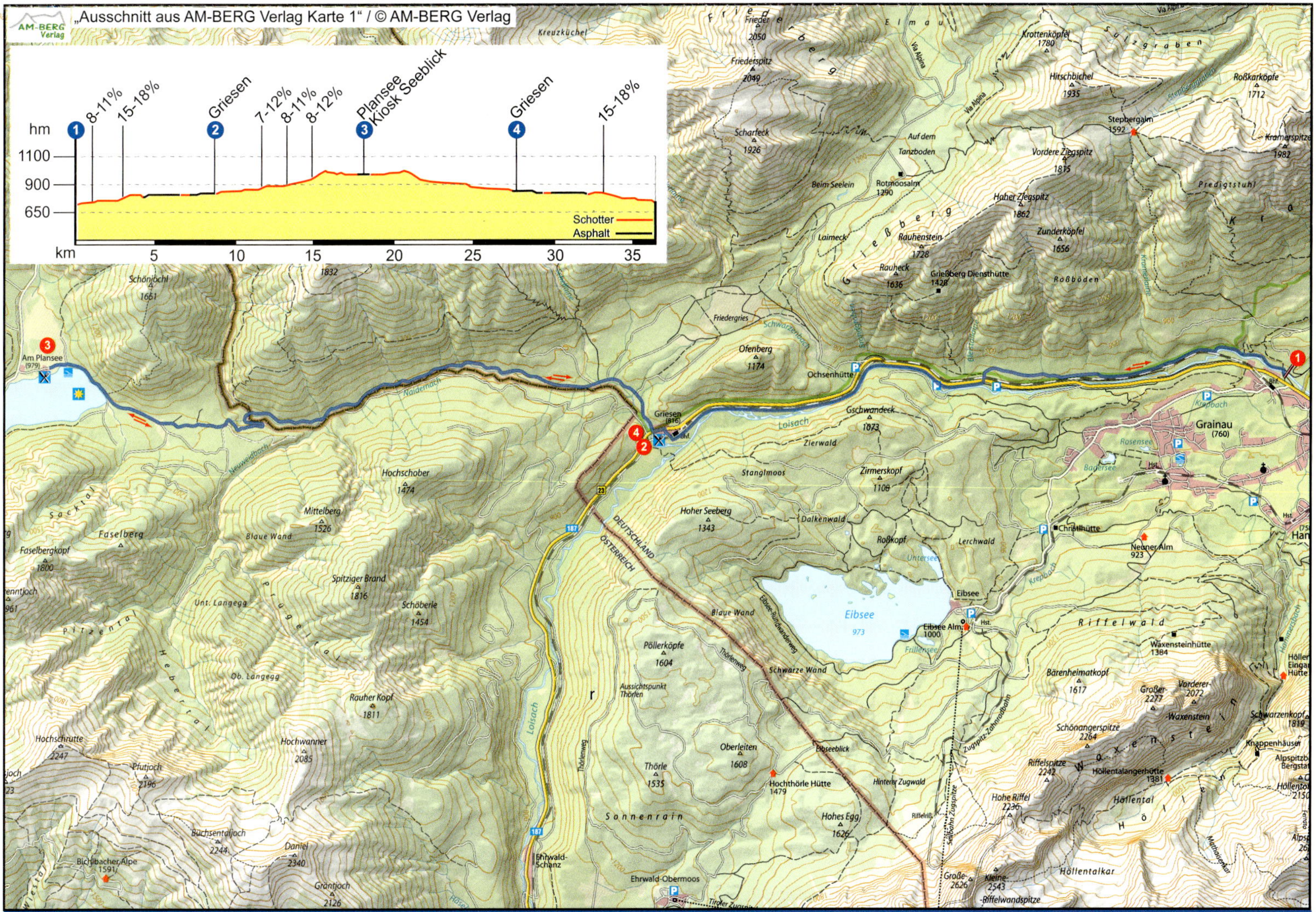

Tourenblatt 4 „Plansee“ 2 36,35 km 2:16 Std 365 Hm

1 **km 0,00**/722 m Am Parkplatzende dem Schotterweg **rechts** über die Loisachbrücke folgen.

(+140 m) **km 0,14**/724 m (nach der Loisachbrücke) **Kreuzung, links** Ri. „Grainau“ fahren.

(+1.660 m) **km 1,80**/750 m (nach der kleinen Holzbrücke) **Rechts bergauf** weiterfahren. (nicht geradeaus Ri. „Grainau“)

(+2.350 m) **km 4,15**/791 m **Geradeaus** (über die Bahnlinie) die HS überqueren und auf dem **Radweg** nach **rechts** weiterfahren. Diesem Radweg nun bis nach Griesen folgen.

(+4.500 m) **km 8,65**/819 m **Griesen: An der HS**, **links** dem Radweg weiter folgen.

2 *(+150 m)* **km 8,80**/824 m (vor der Brücke) **Rechts** die HS überqueren und **geradeaus** (an dem kleinen Parkplatz vorbei) dem Weg folgen. Nach einigen Metern beginnt der Schotterweg.

(+530 m) **km 9,33**/831 m **Geradeaus** (rechts Ri. „Frieder“) weiterfahren. Diesem Weg nun stets geradeaus (Abzweige ignorieren) folgen. Immer Ri. „Plansee“ fahren.

(+7.750m) **km 17,08**/985 m Plansee: **Rechts** und am See entlangfahren.

3 *(+1.020 m)* **km 18,10**/985 m **Plansee / Kiosk Seeblick.** (die Rückfahrt erfolgt auf dem gleichen Weg wie bei der Hinfahrt)

4 *(+9.390 m)* **km 27,49**/830 m Griesen: **Geradeaus** (HS überqueren) und dann **links** weiterfahren.

(+170 m) **km 27,66**/827 m **Griesen** (beim Kiosk): **Rechts** dem Radweg Ri. „Garmisch-Partenkirchen“ folgen.

(+4.500 m) **km 32,16**/790 m **Links** die HS überqueren, über die Bahnlinie fahren und dem Schotterweg **rechts** bergauf folgen.

(+1.380 m) **km 33,54**/749 m **T-Kreuzung, links** und dann über die kleine Holzbrücke fahren.

(+2.660 m) **km 36,20**/725 m **Rechts** abbiegen und über die Loisachbrücke zurück zum Ausgangspunkt fahren.

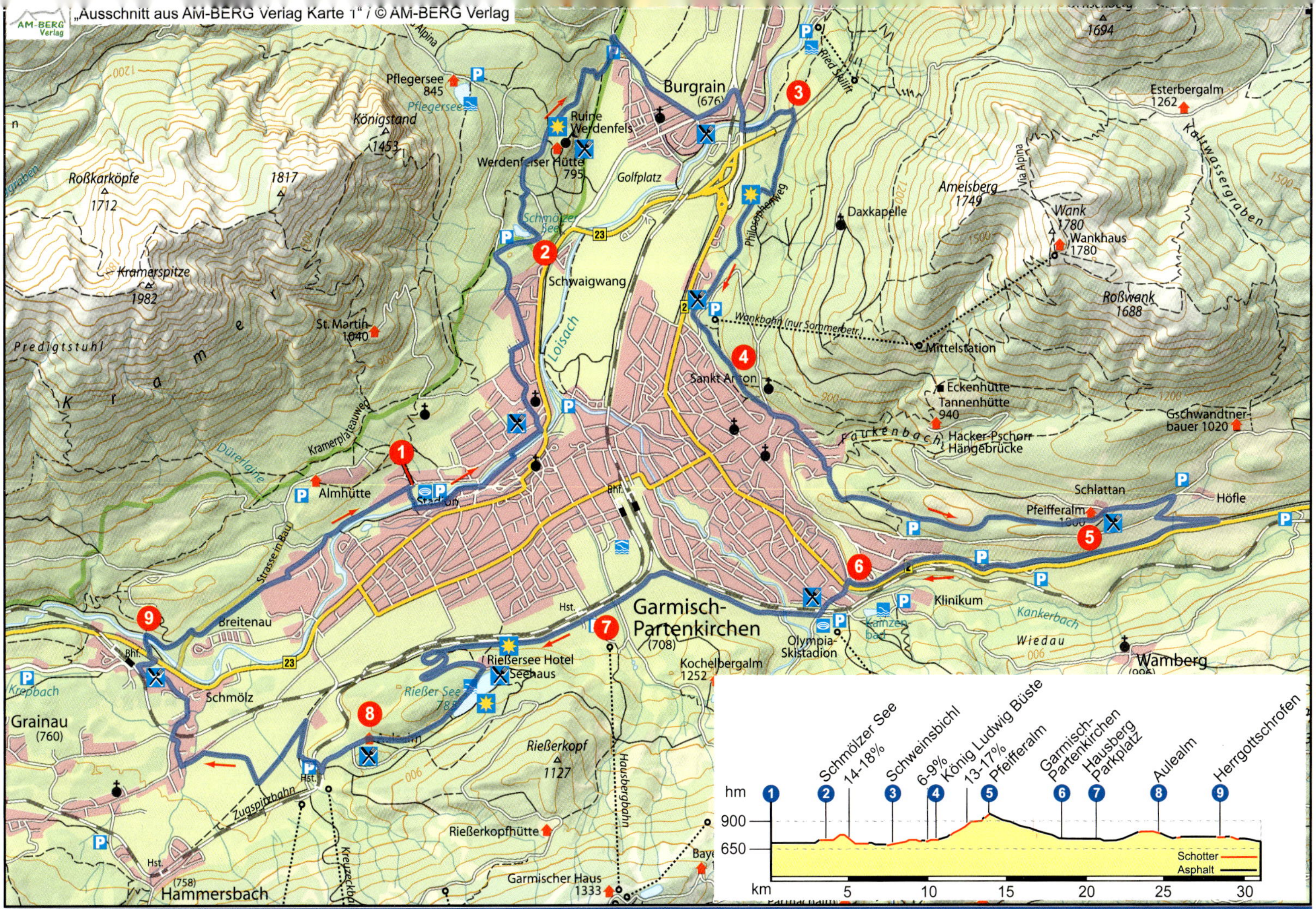

Tourenblatt **5 „Rund um Garmisch-Partenkirchen“** **2** **31,14** km **2:09** Std **586** Hm

1 **km 0,00**/708 m (beim Abzweig zur Almhütte) **Geradeaus** der Straße folgen.

(+90 m) **km 0,09**/708 m **Links** dem Radweg zur Loisach folgen.

(+120 m) **km 0,21**/709 m **Geradeaus** über die Loisach und nach der Brücke **links** weiterfahren.

(+620 m) **km 0,83**/706 m **Geradeaus** und dann **links** in der Alleestraße weiterfahren.

(+390 m) **km 1,22**/703 m **Links** Ri. „Farchant" abbiegen und nach der Brücke **rechts** Ri. „Radweg Murnau" weiterfahren.

(+290 m) **km 1,51**/702 m (vor der Ampel) **Links** in die Fürstenstraße abbiegen.

(+130 m) **km 1,64**/702 m (beim Restaurant Husar) **Links** in die Lazarettstraße abbiegen.

(+180 m) **km 1,82**/703 m **Rechts** der Lazarettstraße weiter folgen.

(+320 m) **km 2,14**/701 m (vor dem Friedhof) **Rechts** bergab weiterfahren.

(+90 m) **km 2,23**/699 m (beim Friedhof) **Rechts** bergab fahren.

(+150 m) **km 2,38**/696 m **Links** in die Thomas-Knorr-Straße abbiegen.

(+280 m) **km 2,66**/695 m **Geradeaus** bergauf (8-13%) Ri. „Kramer" fahren.

(+490 m) **km 3,15**/747 m **Rechts** abbiegen (HS verlassen) und über den Parkplatz fahren.

2 *(+320 m)* **km 3,47**/736 m **Schmölzer See: Links** Ri. „Burgrain" abbiegen und dem Weg geradeaus (Ri. „Burgruine") folgen.

(+450 m) **km 3,92**/743 m **Links** Ri. „Burgrain" weiterfahren.

(+480 m) **km 4,40**/781 m (Abzweig zur Burgruine) **Geradeaus** weiterfahren (nach ca. 350 m geht es steil bergab, 14-18%) und diesem Weg stets geradeaus (Abzweige ignorieren) Ri. „Farchant" folgen.

(+1.290 m) **km 5,69**/711 m (beim Wanderparkplatz) **Rechts** Ri. „Burgrain" und bis zur HS fahren.

(+910 m) **km 6,60**/689 m (an der HS) **Links** auf dem Radweg weiterfahren.

(+400 m) **km 7,00**/684 m **Rechts** dem Radweg folgen und unter der Bahnlinie durchfahren.

(+180 m) **km 7,18**/686 m (beim Fußgängerüberweg) **Links** Ri. „Radweg Partenkirchen" (HS queren) und danach **rechts** dem Radweg weiter folgen.

(+190 m) **km 7,37**/690 m (nach der Loisachbrücke) **Links** Ri. „Philosophenweg" abbiegen und dem Weg geradeaus folgen (Abzweig ignorieren).

3 *(+430 m)* **km 7,80**/702 m **Schweinsbichl: Rechts** Ri. „Philosophenweg" und dem Weg zum Schützenhaus folgen.

(+1.950 m) **km 9,75**/721 m (beim Schützenhaus) **An der HS, rechts** bergab und **nach ca. 10 m links** Ri. „Philosophenweg" weiterfahren. Jetzt stets geradeaus, bis zur König-Ludwig-Büste.

4 *(+810 m)* **km 10,56**/739 m **König-Ludwig-Büste.**

(+200 m) **km 10,76**/736 m **Geradeaus** dem asphaltierten Weg folgen.

(+220 m) **km 10,98**/743 m **Links** bergauf Ri. „Wandergebiet Wank" weiterfahren und dieser Straße geradeaus (Abzweige ignorieren) folgen.

(+420 m) **km 11,40**/773 m **Rechts** der Hasentalstraße, Ri. „Pfeifferalm" folgen.

(+60 m) **km 11,46**/783 m **Links** auf den Schotterweg Ri. „Pfeifferalm" abbiegen.

(+50 m) **km 11,51**/791 m **T-Kreuzung, rechts** bergauf weiterfahren.

(+180 m) **km 11,69**/811 m **Links** Ri. „Pfeifferalm" abbiegen und dem Weg geradeaus bergauf (13-17%) bis zur Pfeifferalm folgen.

5 *(+2.130 m)* **km 13,82**/954 m **Pfeifferalm.**

(+60 m) **km 13,88**/961 m (nach der Pfeifferalm) **Rechts** bergab auf der Straße Ri. „Kaltenbrunn", bis zur HS (B2) hinunterfahren.

(+1.270 m) **km 15,15**/881 m (vor der HS) **Rechts** und dem Radweg (neben der HS) bergab bis nach Garmisch folgen.

6 *(+3.220 m)* **km 18,37**/739 m **Garmisch-Partenkirchen** (Ortseingang): **Links** zur HS fahren, diese überqueren und **geradeaus** der Wildenauer Straße (an Leiners Radl Bistro vorbei) folgen.

(+320 m) **km 18,69**/740 m (nach dem Bahnübergang) **Geradeaus** und **nach 20 m rechts** dem Radweg Ri. „Garmisch“, entlang der Bahnlinie, bis zum Hausberg Parkplatz folgen.

7 *(+2.010 m)* **km 20,70**/730 m **Hausberg Parkplatz: Geradeaus** weiterfahren.

(+1.370 m) **km 22,07**/730 m **Links** bergauf (4-7%) Ri. „Riessersee“ fahren.

(+1-220 m) **km 23,29**/796 m (nach dem Hotel Riessersee) **Rechts** abbiegen und am See entlangfahren. Stets geradeaus bis zur Aulealm weiterfahren.

8 *(+1.280 m)* **km 24,57**/789 m **Aulealm: Geradeaus** und über den Parkplatz fahren.

(+100 m) **km 24,67**/786 m (nach dem Parkplatz) **Geradeaus** bergab fahren.

(+370 m) **km 25,04**/765 m **Rechts** bergab weiterfahren.

(+200 m) **km 25,24**/751 m **Rechts** der Straße weiter folgen.

(+320 m) **km 25,56**/741 m (bei der Bushaltestelle) **Links** Ri. „Hammersbach“ abbiegen.

(+670 m) **km 26,23**/750 m **Rechts** und dem Weg geradeaus nach Grainau folgen.

(+760 m) **km 26,99**/755 m Grainau-Degernau: **Rechts** abbiegen.

(+220 m) **km 27,21**/752 m (vor dem alten Bahnhof) **Links** weiterfahren.

(+90 m) **km 27,30**/752 m (beim Wanderparkplatz) **Rechts** über die Bahnlinie fahren.

(+330 m) **km 27,63**/749 m **Links** in die Straße „An der Wies“ abbiegen.

9 *(+420 m)* **km 28,05**/755 m (vor der Bahnlinie) **Rechts** weiterfahren.

(+70 m) **km 28,12**/754 m (beim Restaurant „Gungl Stubn“) **Rechts** bergab auf die HS abbiegen.

(+160 m) **km 28,28**/748 m (an der B2) **Links** und **nach 20 m rechts** bergab Ri. „Herrgottschrofen“ abbiegen.

(+210 m) **km 28,49**/743 m (nach der Brücke) **Herrgottschrofen: Rechts** Ri. „Garmisch“fahren und dem Weg bis zur „Äußeren Maximilianstraße“ folgen.

(+1.710 m) **km 30,20**/734 m (an der „Äußeren Maximilianstraße“) **Links** abbiegen und bis zum Ausgangspunkt zurückfahren.

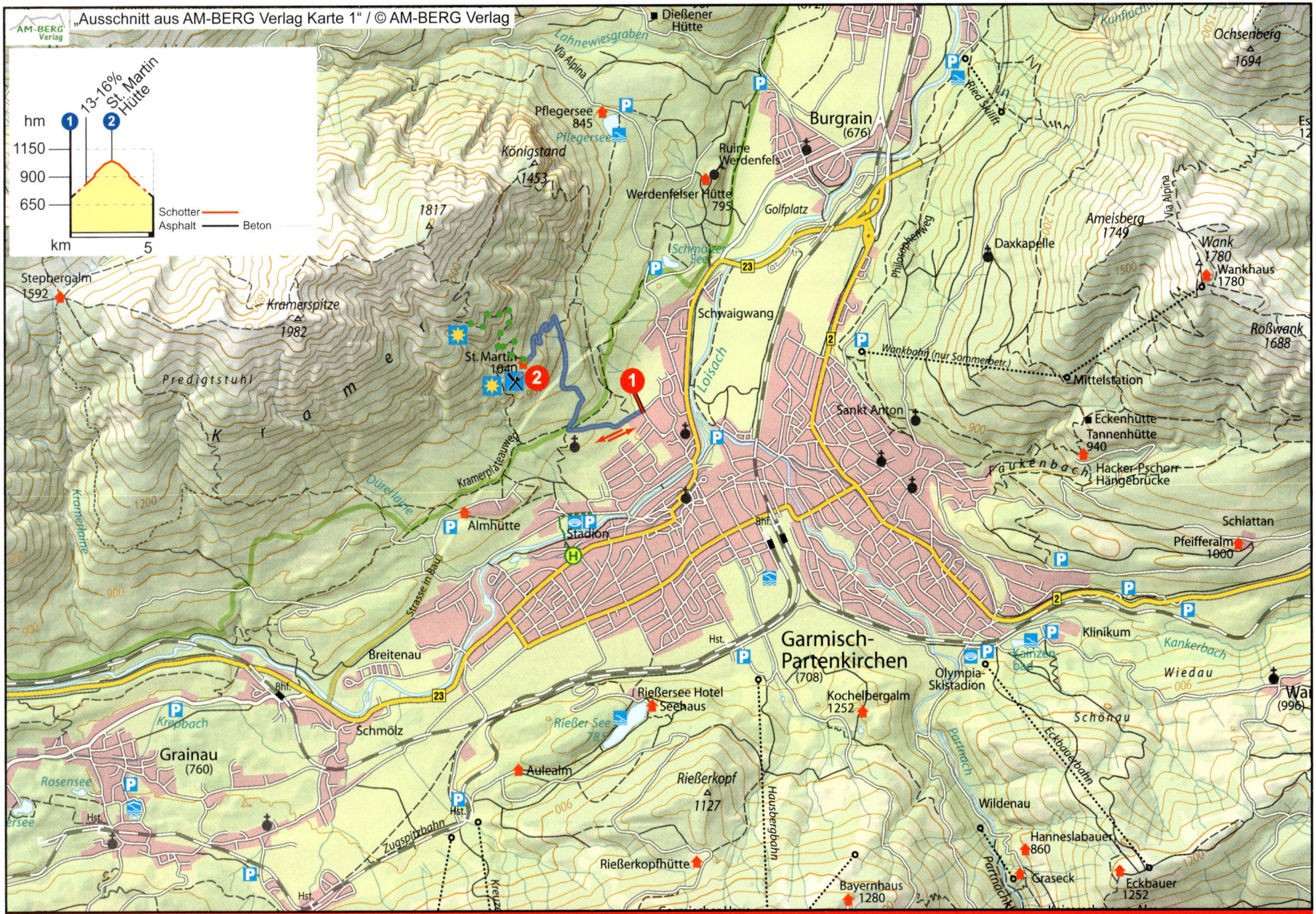

Tourenblatt 6 „St.-Martin Hütte“ **3** **5,00 km** **0:45 Std** **334 Hm**

1 **km 0,00**/707 m (beim Brauhaus) **Geradeaus** bergauf dem Weg Ri. „Kramerplateauweg“ folgen.

(+680 m) **km 0,68**/792 m **Geradeaus** bergauf (13-16%) Ri. „St.-Martin Hütte“ fahren.

2 *(+1.830 m)* **km 2,51**/1040 m **St.-Martin Hütte:** Von hier dann wieder auf dem gleichen Weg bergab zum Ausgangspunkt fahren.

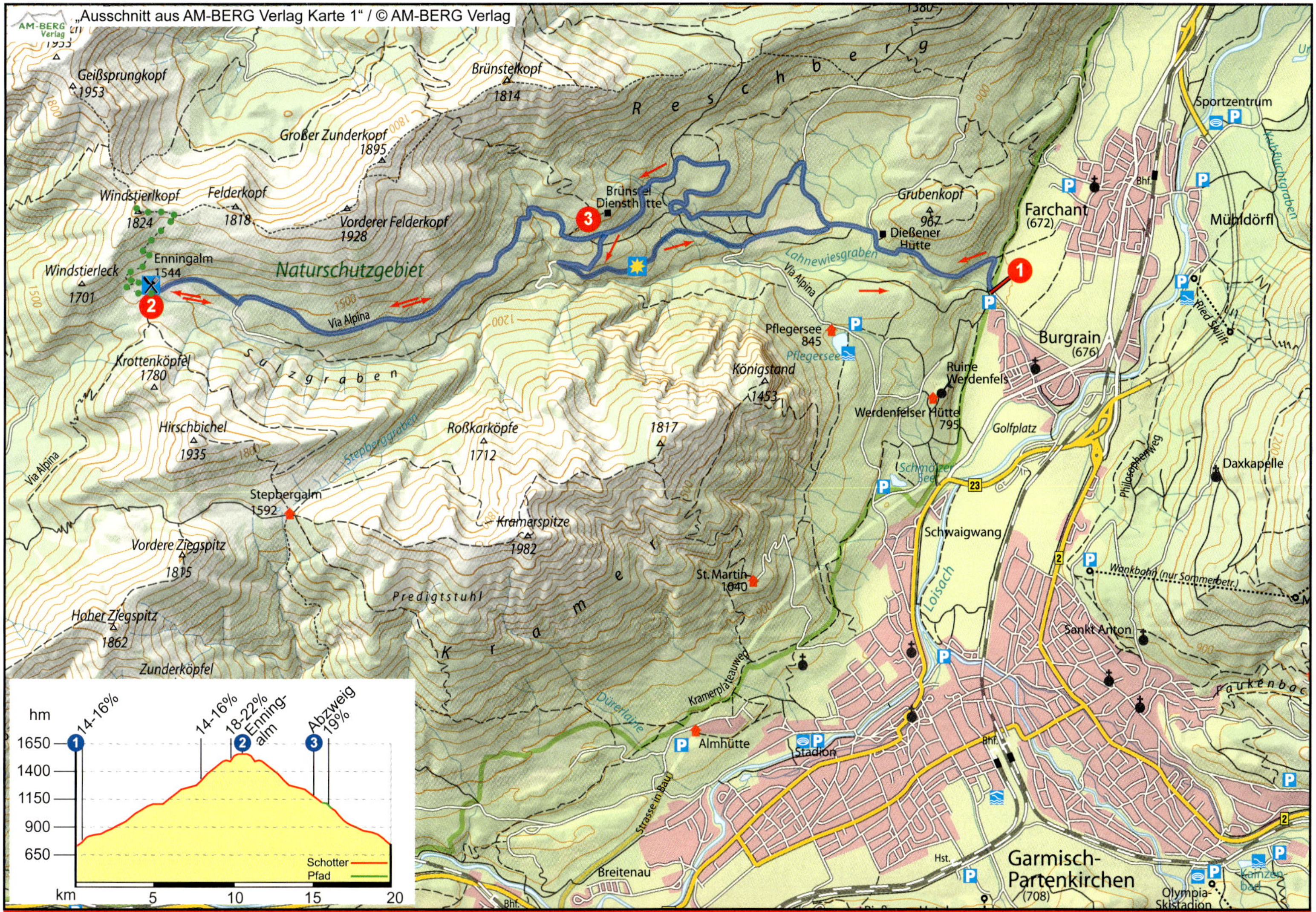

Tourenblatt 7 „Enningalm“ **3** (Trailvariante 5) **19,76 km** **1:38 Std** **889 Hm**

1 **km 0,00**/715 m Vom Parkplatz (Infotafel), **geradeaus** bergauf (14-16%) dem Schotterweg Ri. „Enningalm“ folgen.

(+1.490 m) **km 1,49**/841 m (Schild Schussbruck + „Rettungstreffpunkt GAP-1057“) **Links** Ri. „Pflegersee“ abbiegen.

(+310 m) **km 1,86**/863 m **Rechts** Ri. „Enningalm“ weiterfahren.

(+570 m) **km 2,43**/902 m **Linkskehre** bergauf Ri. „Enningalm“ folgen.

(+7.250 m) **km 9,71**/1486 m **Rechts** bergauf (18-22%) Ri. „Enningalm“ abbiegen.

2 *(+760 m)* **km 10,47**/1553 m **Enningalm:** Von hier erstmal wieder auf dem gleichen Weg zurückfahren

(+770 m) **km 11,24**/1486 m **Links** bergab Ri. „Garmisch“ fahren.

3 *(+3.730 m)* **km 14,97**/1168 m **Trail-Abzweig, rechts** bergab (12%) weiterfahren. (alternativ: den gleichen Weg bergab fahren, wie die Auffahrt)

(+560 m) **km 15,53**/1113 m **Links** auf den Pfad abbiegen. (teilweise sehr anspruchsvoll)

(+490 m) **km 16,02**/1073 m Garmischer Stich: **Links** Ri. „Burgrain“ auf dem Schotterweg weiterfahren.

(+1.870 m) **km 17,89**/873 m **Gabelung, rechts** bergab weiterfahren.

(+360 m) **km 18,25**/850 m (Schild Schussbruck + „Rettungstreffpunkt GAP-1057“) **Rechts** fahren und dem Weg zum Startpunkt zurück folgen.

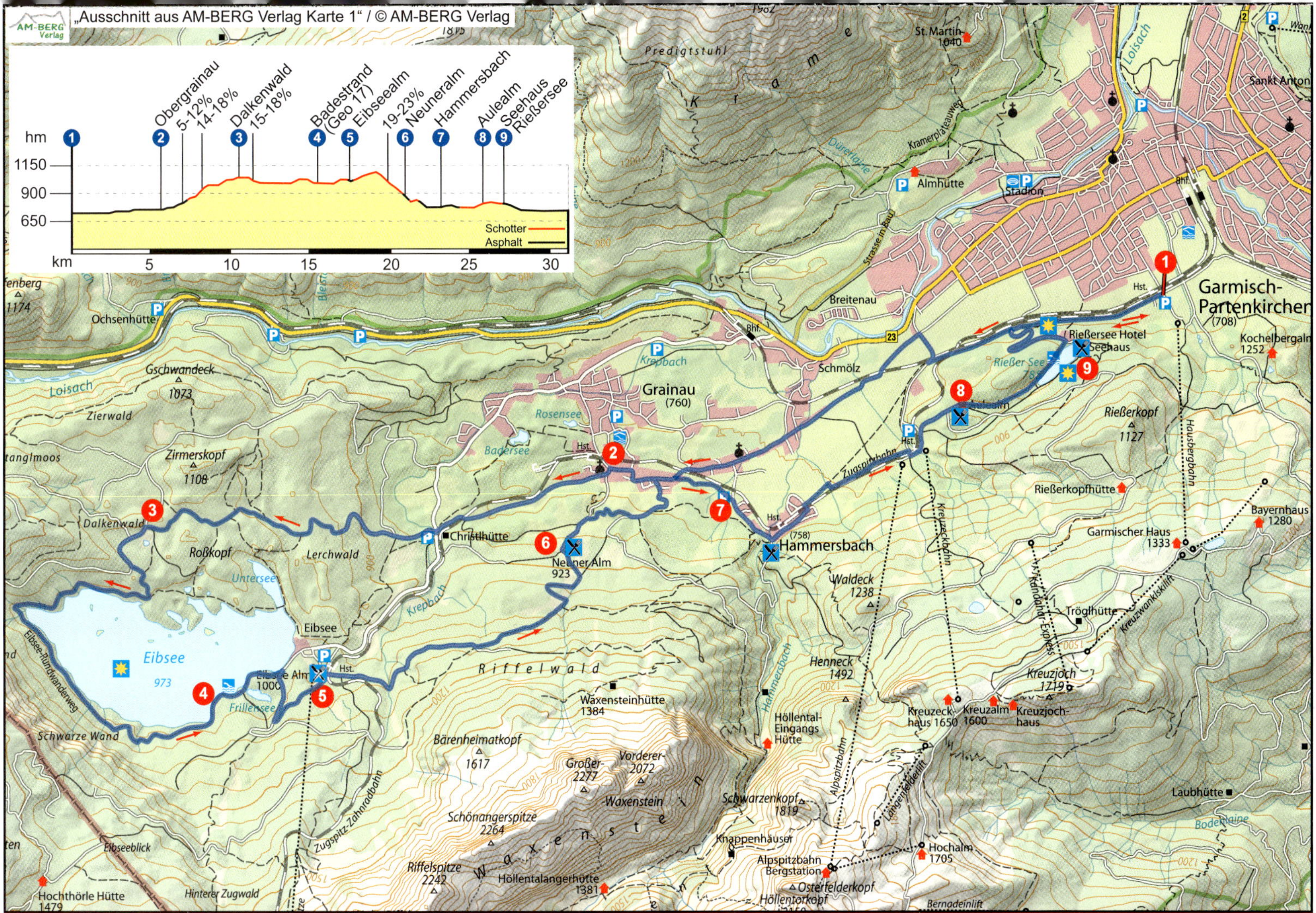

Tourenblatt **8** „Eibsee - Neuneralm“ **3** **29,64 km** **2:05 Std** **645 Hm**

1 **km 0,00**/720 m Vom Parkplatz (vor den Bahngleisen) **links** der Einbahnstraße folgen und neben der Bahnlinie entlangfahren.

(+1.350 m) **km 1,35**/719 m **Geradeaus** (Rießerseestraße überqueren) und weiter neben der Bahnlinie entlangfahren.

(+840 m) **km 2,19**/726 m **An der HS, rechts** über die Bahnlinie Ri. „Wettersteinrunde" fahren.

(+250 m) **km 2,44**/723 m **Links** Ri. „Wettersteinrunde" abbiegen.

(+480 m) **km 2,92**/731 m **Links** über die Bahnlinie Ri. „Grainau" fahren und dem Weg stets geradeaus bis zur Zugspitzstraße folgen.

(+1.030 m) **km 3,95**/747 m **Geradeaus** der Zugspitzstraße folgen.

2 *(+1.700 m)* **km 5,65**/754 m **Obergrainau** (in einer leichten Rechtskurve): **Links** bergauf Ri. „Radweg Eibsee" abbiegen.

(+80 m) **km 5,73**/760 m **Rechts** in den Thörlenweg Ri. „Radweg Eibsee" abbiegen und diesem Weg bis zur Eibseestraße (Christlhütte) bergauf (5-12%) folgen.

(+1.590 m) **km 7,32**/844 m Christlhütte: **An der HS, geradeaus** (HS überqueren) und **rechts** dem Forstweg folgen.

(+390 m) **km 7,71**/866 m (beim Schild „Geo7 „Lärchwald") **Geradeaus** bergauf (14-18%) Ri. „Zum Eibsee" fahren und diesem Weg stets geradeaus bis zum Dalkenwald folgen.

3 *(+2.890 m)* **km 10,60**/1028 m **Dalkenwald: Links** Ri. „zum Eibseerundweg" abbiegen.

(+490 m) **km 11,09**/1037 m **Gabelung, links** bergab (15-18%) dem schmaleren Forstweg Ri. „Zum Eibsee" folgen.

(+380 m) **km 11,47**/996 m (am Eibsee-Uferweg) **Rechts** abbiegen und nach **ca. 10 m rechts** fahren und dem Weg um den Eibsee folgen.

4 *(+4.070 m)* **km 15,54**/977 m Schild „Geo17/ Schöngänge": Links **Badestrand**.

(+780 m) **km 16,32**/979 m (Nähe Eibsee-Pavillon) **Rechts** bergauf (5-8%) weiterfahren.

(+560 m) **km 16,88**/1022 m **Abzweig, links** Ri. „Neuneralm" abbiegen.

(+560 m) **km 17,44**/1007 m **Rechts** Ri. „zur Eibseealm" weiterfahren.

5 *(+50 m)* **km 17,49**/1007 m **Eibseealm:** Dem Weg bis zum Bahnübergang folgen.

(+90 m) **km 17,58**/1009 m **Rechts** über die Bahngleise fahren und dann dem Weg geradeaus (Abzweige ignorieren) Ri. „Neuneralm" folgen.

(+1.510 m) **km 19,09**/1087 m **Links** Ri. „Neuneralm" und dem Weg bergab (15-18%) folgen.

(+820 m) **km 19,91**/990 m **Links** bergab (18%) Ri. „Neuneralm" weiterfahren.

(+440 m) **km 20,35**/940 m **Rechtskehre** Ri. „Neuneralm" folgen.

(+290 m) **km 20,64**/915 m **Links** steil bergab (19-23%) Ri. „Neuneralm" abbiegen.

6 *(+240 m)* **km 20,88**/874 m **Neuneralm: Geradeaus** bergab (16%) weiterfahren.

(+410 m) **km 21,29**/828 m **Rechts** Ri. „Obergrainau" auf den Schotterweg abbiegen.

(+20 m) **km 21,31**/826 m **Geradeaus** Ri. „Hammersbach" fahren.

(+450 m) **km 21,76**/831 m **Rechts** zur Straße fahren und dort **links** auf dieser bergab fahren.

(+630 m) **km 22,39**/768 m Grainau: **Rechts** abbiegen.

(+170 m) **km 22,56**/766 m **Rechts** auf den Hammersbacher Fußweg abbiegen.

7 *(+600 m)* **km 23,16**/775 m **Hammersbach: Geradeaus** auf der HS weiterfahren.

(+910 m) **km 24,07**/775 m **Links** über die Bahnlinie fahren und danach **rechts** Ri. „Kreuzeck" abbiegen.

(+280 m) **km 24,35**/768 m (nach der Brücke) **Rechts** auf den Schotterweg abbiegen.

(+60 m) **km 24,41**/770 m (vor der Bahnlinie) **Links** dem Wiesenweg, an der Bahnlinie entlang, bis zum Parkplatz der Alpspitzbahn folgen.

(+720 m) **km 25,13**/770 m (Parkplatz Alpspitzbahn) **Rechts** über die Bahngleise, danach **links** und dann **geradeaus** Ri. „Aulealm" weiterfahren.

(+190 m) **km 25,32**/774 m **Geradeaus** weiterfahren.

(+380 m) **km 25,70**/795 m **Geradeaus**, über den Parkplatz, zur Aulealm fahren.

8 *(+100 m)* **km 25,80**/798 m **Aulealm: Geradeaus** weiterfahren.

(+110 m) **km 25,91**/799 m **Geradeaus** weiterfahren.

(+670 m) **km 26,58**/805 m (am Rießersee) **Geradeaus** am See entlang weiterfahren.

9 *(+470 m)* **km 27,05**/806 m **Seehaus Rießersee: Links** bergab auf der Straße weiterfahren.

(+1.230 m) **km 28,28**/740 m (vor der Bahnlinie) **Geradeaus**, rechts neben der Bahnlinie weiterfahren und bis zum Ausgangspunkt zurückfahren. (nach ca. 370 m kommt rechts ein Rastplatz an einem Wasserfall)

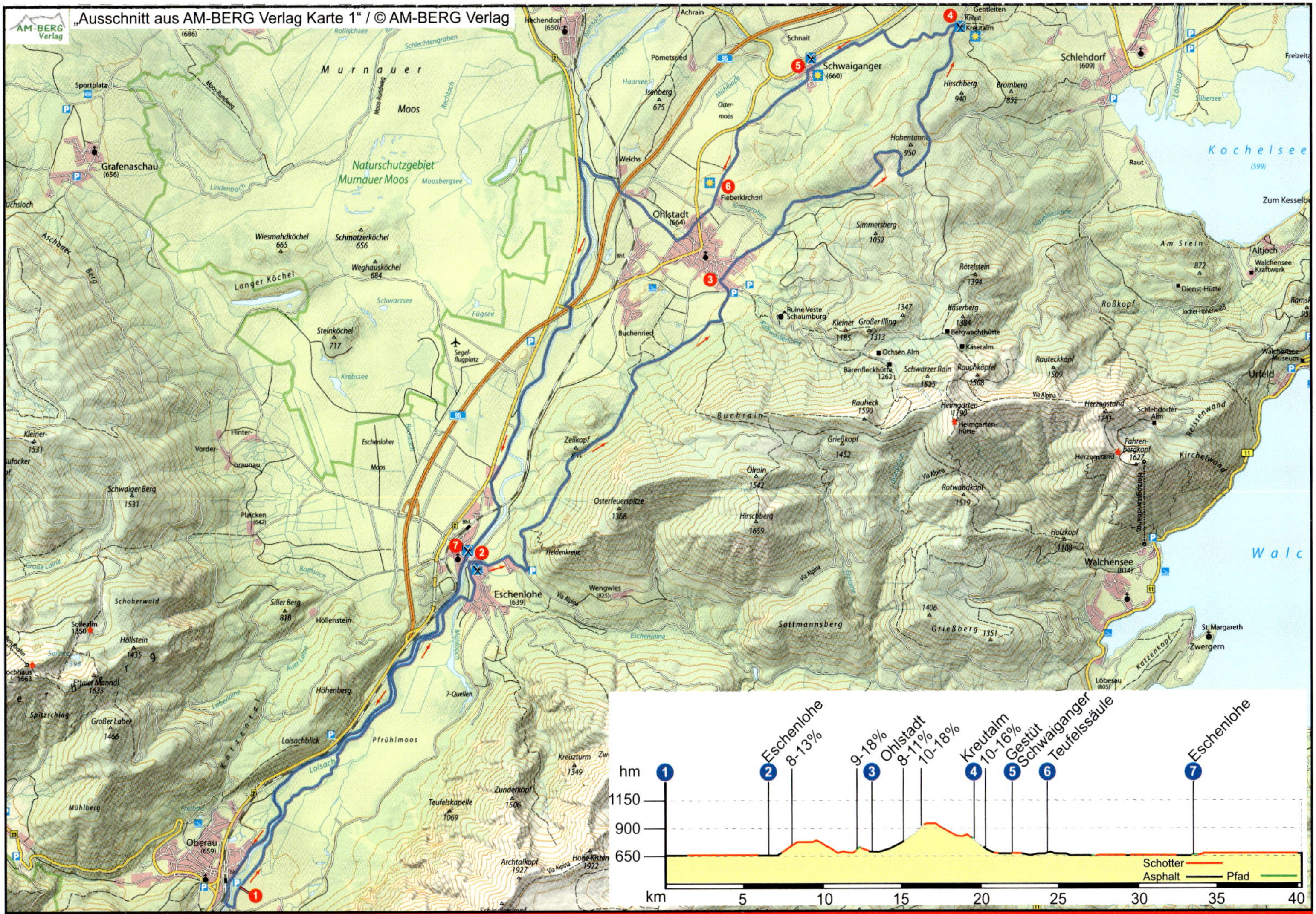

Tourenblatt **9** „Loisachtal - Kreutalm“ **3** **40,34 km** **2:41 Std** **541 Hm**

1

km 0,00/659 m (vom Anfang des Parkplatzes) **Geradeaus** der Straße Ri. Norden folgen und an der Loisach bis nach Eschenlohe fahren.

(+5.880 m) **km 5,88**/646 m Eschenlohe (nach der Brücke): **Links** weiterfahren.

(+60 m) **km 5,94**/648 m **Links** Ri. „Murnau“ abbiegen.

2

(+560 m) **km 6,50**/645 m **Eschenlohe** (bei der Loisachbrücke): **Rechts** und danach **links** in die Walchenseestraße Ri. „Walchensee“ abbiegen.

(+880 m) **km 7,38**/684 m (beim Parkplatz) **Links** bergauf (8-13%) Ri. „Ohlstadt über oberen Heuberg“ abbiegen. Dem Weg, an der alten Grenzstation vorbei, bis zum Sportplatz bei Ohlstadt folgen.

(+4.380 m) **km 11,76**/667 m (beim Sportplatz) **Rechts** bergauf weiterfahren.

(+370 m) **km 12,13**/697 m (bei der Bank) **Links** dem Pfad bergauf (9-18%) folgen.

(+270 m) **km 12,40**/726 m **An der Forststraße, links** bergab weiterfahren.

3

(+650 m) **km 13,05**/689 m **Ohlstadt: Rechts** in die Heimgartenstraße abbie-gen.

(+40 m) **km 13,09**/691 m **Links** in den Simmerbergweg weiterfahren und diesem stets geradeaus bis zum Ortsende folgen.

(+930 m) **km 14,02**/711 m **Geradeaus** Ri. „Um den Herzogstand“ weiterfahren.

(+110 m) **km 14,13**/716 m **Rechts** weiterfahren.

(+2.840 m) **km 16,97**/939 m (Rettungstreffpunkt „GAP-2074“) **An der Forststraße, links** bergab (10-15%) weiterfahren.

(+670 m) **km 17,64**/887 m **Links** Ri. „Glentleiten“ abbiegen und bis zur Kreutalm fahren.

4

(+1.860 m) **km 19,50**/799 m **Kreutalm: Links** bergab (10-16%) Ri. „Rundweg Kreut-Alm“ fahren.

(+1.380 m) **km 20,88**/675 m (vor der HS) **Links** dem Weg Ri. „Rundweg Kreut-Alm“ folgen.

(+80 m) **km 20,96**/673 m **Geradeaus** dem Radweg folgen.

(+150 m) **km 21,11**/673 m **Geradeaus** auf dem Schotterweg weiterfahren.

(+170 m) **km 21,28**/673 m **Links** der Straße (Allee) zum Gestüt Schwaiganger folgen.

5

(+760 m) **km 22,04**/673 m **Gestüt Schwaiganger** (vor dem Landgasthof Herzogin Anna): **Links** dem Schotterweg folgen.

(+90 m) **km 22,13**/671 m **Abzweig, rechts** weiterfahren.

(+120 m) **km 22,25**/670 m **Geradeaus** Ri. „Ohlstadt“ weiterfahren.

(+950 m) **km 23,20**/656 m (vor der HS) **Links** Ri. „Kaffeewirtschaft“ weiter-fahren.

6

(+1.090 m) **km 24,29**/676 m **Teufelssäule** / Rastplatz (Rad muss draußen bleiben)

(+530 m) **km 24,82**/672 m Ohlstadt (an der HS): **Geradeaus** in die Toni-Pensperger-Straße weiterfahren.

(+220 m) **km 25,04**/668 m **Links** fahren, dann **rechts** über die Brücke und danach **rechts** abbiegen.

(+190 m) **km 25,23**/665 m **Rechts** weiterfahren.

(+990 m) **km 26,22**/648 m (nach dem Bahnübergang) **Rechts** der HS folgen und unter der Autobahn durchfahren.

(+810 m) **km 27,03**/644 m (nach der Brücke) **Geradeaus** weiterfahren.

(+60 m) **km 27,09**/643 m (vor der HS) **Links** dem Radweg Ri. „Garmisch-Partenkirchen“ folgen.

(+2.2400 m) **km 29,33**/648 m (an der HS) **Links** Ri. „Radweg Garmisch-Partenkirchen“ abbiegen und unter der Autobahn durchfahren. Danach **rechts** dem Radweg, an der Loisach, folgen.

(+2.300 m) **km 31,63**/654 m (Gewerbegebiet) **Links** auf der Straße weiter-fahren.

(+40 m) **km 31,67**/654 m **Geradeaus** dem Radweg folgen.

(+590 m) **km 32,26**/656 m **Links** dem Weg weiter folgen.

(+190 m) **km 32,45**/655 m **Links** Ri. „Radweg GAP“ abbiegen.

7 *(+1.090 m)* **km 33,54**/657 m **Eschenlohe** (Ortsmitte): **Geradeaus** und dann gleich **links** auf dem Pfad (neben der Loisach) weiterfahren.

(+390 m) **km 33,93**/659 m (beim Bahnübergang der HS) **Geradeaus** dem Weg Ri. „Oberau“ folgen.

(+470 m) **km 34,40**/660 m **Links** an der Loisach weiterfahren.

(+500 m) **km 34,90**/659 m **Kreuzung, links** an der Loisach weiterfahren.

(+3.360 m) **km 38,26**/668 m **Links** über die kleine Holzbrücke Ri. „Moosgartenrundweg“ fahren.

(+934 m) **km 39,20**/672 m **Links** fahren und dann stets an der Loisach entlang weiterfahren.

(+910 m) **km 40,11**/675 m **Oberau: Links** über die Loisachbrücke fahren. **Nach 90 m links** abbiegen und zum Ausgangspunkt zurückfahren.

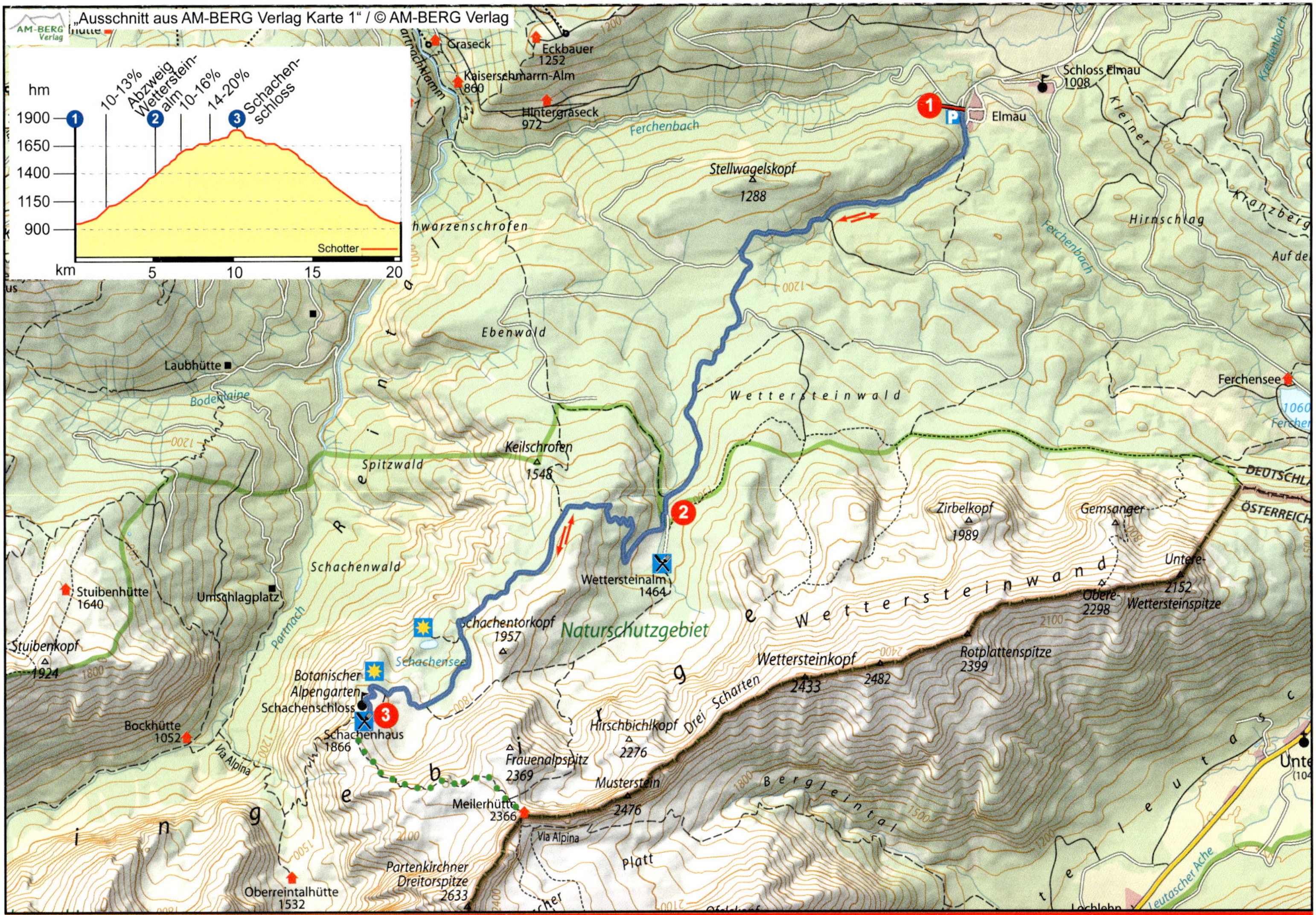

Tourenblatt **10 „Schachen“** **3** **20,44 km** **1:37 Std** **934 Hm**

1 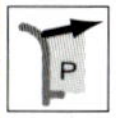 **km 0,00**/1000 m Vom Parkplatz **rechts** dem Schotterweg Ri. „Schachen, Meilerhütte“ folgen.

 *(+2.510 m)* **km 2,51**/1156 m (Rettungstreffpunkt „GAP-1056“) **Links** bergauf Ri. „Schachen“ fahren.

 *(+140 m)* **km 2,65**/1162 m **Rechts** dem Hauptweg bergauf folgen.

 *(+520 m)* **km 3,17**/1218 m **Rechts** bergauf (10-12%) Ri. „Schachen“ weiterfahren.

2  *(+1.940 m)* **km 5,11**/1425 m **Abzweig Wettersteinalm: Rechts** bergauf (13-14%) Ri. „Schachen“ abbiegen. Ab hier beginnt die schlechtere Wegstrecke. (geradeaus geht es zur Wettersteinalm)

 *(+4.990 m)* **km 10,10**/1831 m **Rechts** bergauf (17%) zum Schachenschloss fahren. (geradeaus geht es zum Schachenhaus)

3 *(+50 m)* **km 10,15**1840 m **Schachenschloss.** Der Rückweg erfolgt auf der gleichen Strecke.

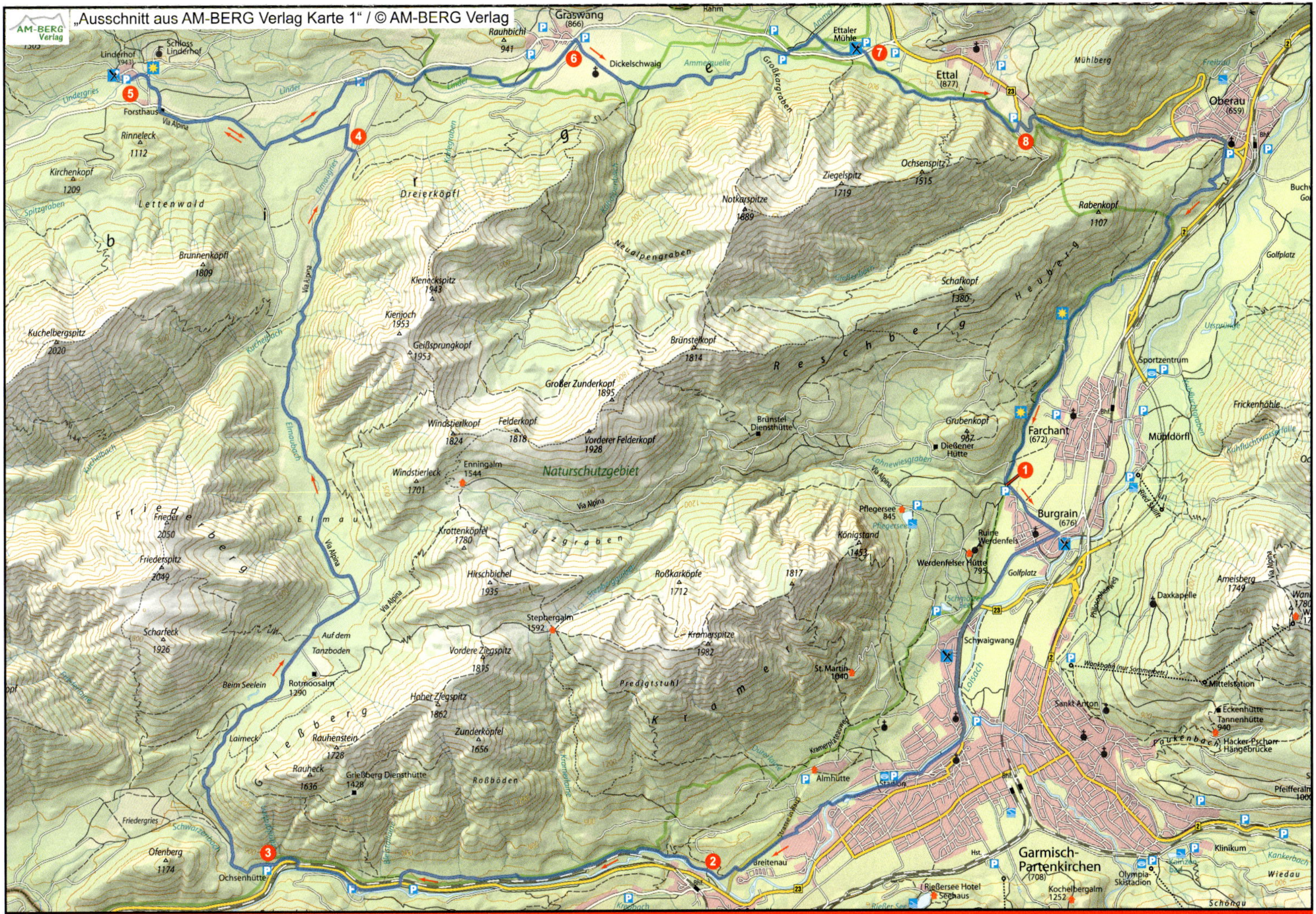

Tourenblatt 11 „Elmaugries - Linderhof“ 3 **49,42 km** **2:58 Std** **830 Hm**

1 **km 0,00**/715 m Vom Parkplatz (Infotafel), **geradeaus** zurück in den Ort fahren.

(+890 m) **km 0,89**/689 m **An der HS, rechts** auf den Radweg Ri. „Garmisch“ abbiegen und diesem stets bis Garmisch zur Loisachbrücke folgen.

(+3.110 m) **km 4,00**/702 m Garmisch-Partenkirchen (nach der Loisachbrücke): **Rechts** in die Alleestraße abbiegen und an der Loisach weiterfahren.

(+660 m) **km 4,66**/705 m Schräg **rechts** an der Loisach entlang weiterfahren.

(+1.150 m) **km 5,81**/713 m An der Archstraße, **rechts** und dem Loisachuferweg über die Loisachbrücke folgen. **Nach ca. 70 m** kommt man an die „Äußere Maximilianstraße“, hier **links** weiterfahren.

(+340 m) **km 6,15**/724 m (nach dem Abzweig zur Almhütte) **Rechts** in die Breitenaustraße Ri. „Griesen, Herrgottschrofen“ abbiegen.

2 *(+1.690 m)* **km 7,84**/733 m Herrgottschrofen: **Geradeaus** an der Loisach weiterfahren.

(+1.640 m) **km 9,48**/758 m (nach der kleinen Holzbrücke) **Rechts** bergauf weiterfahren. (nicht geradeaus Ri. „Grainau“)

(+2.350 m) **km 11,83**/795 m **Geradeaus** (über die Bahnlinie) die HS überqueren und auf dem **Radweg** nach **rechts** weiterfahren. Diesem Radweg nun ca. 1,33 km folgen.

(+1.330 m) **km 13,16**/802 m **Rechts** auf die HS Ri. „Um den Kramer“ fahren und **nach ca. 60 m rechts** dem Radweg weiter folgen.

3 *(+240 m)* **km 13,42**/804 m **Parkplatz Ochsenhütte: Rechts** fahren und **nach ca. 40 m rechts** bergauf (13-17%) Ri. „Linderhof“ abbiegen. Nun stets dem Hauptweg geradeaus (Abzweige ignorieren) Ri. „Linderhof“ folgen.

(+4.850 m) **km 18,27**/1194 m (beim Brunnen) **Links** bergab Ri. „Linderhof“ abbiegen und dem Hauptweg wieder stets geradeaus (Abzweige ignorieren) Ri. „Linderhof“ folgen.

4 *(+6.160 m)* **km 24,43**/929 m **Links** Ri. „Linderhof, Rotmoostour“ abbiegen und das **Bachbett** durchqueren.

(+140 m) **km 24,57**/928 m **Rechts** Ri. „Linderhof, Rotmoostour“ weiterfahren.

(+190 m) **km 24,76**/925 m **Links** Ri. „Linderhof 3 km“ abbiegen.

(+740 m) **km 25,50**/920 m **Links** Ri. „Linderhof, Rotmoostour“ weiterfahren.

(+1.210 m) **km 26,71**/935 m (bei der HS, nach dem Parkplatz) **Links** dem Forstweg Ri. „Linderhof“ folgen.

(+650 m) **km 27,36**/942 m (beim Forsthaus) **Geradeaus** die HS überqueren, dann **rechts** und danach **links** Ri. „Schloss Linderhof Runde“ weiterfahren.

5 *(+390 m)* **km 27,75**/944 m **Parkplatz Linderhof:** Von hier sind es ca. 250 m bis zum Eingang. Nach dem Besuch von Schloss Linderhof zunächst den gleichen Weg zurückfahren.

(+390 m) **km 28,14**/947 m **An der HS** (beim Forsthaus), **rechts** und dann nach **links** die HS überqueren. Dem Weg gegenüber folgen.

(+1.880 m) **km 30,02**/927 m (vorher kam man hier von rechts) **Geradeaus** Ri. „Ettal“ fahren.

(+970 m) **km 30,99**/917 m (vor der HS) **Rechts** Ri. „Ettal“ abbiegen.

(+290 m) **km 31,28**/914 m **Links** über den Parkplatz und dann **rechts** Ri. „Ettal“ weiterfahren.

(+350 m) **km 31,63**/911 m **Kreuzung, geradeaus** Ri. „Ettal“ weiterfahren.

(+1.050 m) **km 32,68**/898 m **Rechts** Ri. „Planseerunde“ abbiegen und dem Hauptweg folgen.

(+690 m) **km 33,37**/889 m **Links** Ri. „Graswang, Ettal“ und dann **rechts** dem Weg weiter folgen.

6 *(+910 m)* **km 34,28**/884 m **Graswang: Rechts** über die Brücke Ri. „Ettal“ abbiegen.

(+700 m) **km 34,98**/889 m **Gabelung, links** Ri. „Ettal“ weiterfahren.

(+2.440 m) **km 37,42**/863 m **Links** die HS überqueren und Ri. „Ettal“ weiterfahren.

(+400 m) **km 37,82**/861 m (bei der Brücke) **Rechts** Ri. „Ettal“ abbiegen.

7 *(+730 m)* **km 38,55**/858 m **Ettaler Mühle: An der HS, geradeaus** Ri. „Ettal“ weiterfahren.

(+260 m) **km 38,81**/859 m **Links** Ri. „Ettal“ weiterfahren.

(+140 m) **km 38,95**/857 m **Rechts** Ri. „Ettal“ fahren.

(+1.410 m) **km 40,36**/880 m **Abzweig, rechts** Ri. „Notkarspitze“ abbiegen.

(+600 m) **km 40,96**/896 m **Links** zur Bundesstraße fahren.

8 *(+100 m)* **km 41,06**/887 m **Ettaler Sattel** (an der B23): **Rechts** auf der HS weiterfahren.

(+440 m) **km 41,50**/870 m (nach der Links-/Rechtskurve, HS verlassen) **Rechts** auf den Schotterweg Ri. „Um das Ettaler Mandl“ abbiegen und diesem Weg, der steil bergab (15-23%) nach Oberau führt, folgen.

(+1.910 m) **km 43,41**/696 m Oberau: **Rechts** auf der HS weiterfahren.

(+550 m) **km 43,96**/684 m (beim Parkplatz) **Rechts** über den Parkplatz fahren und dann **rechts** Ri. „Farchant“ weiterfahren.

(+1.020 m) **km 44,98**/758 m **Abzweig, links** bergab dem Pfad Ri. „Farchant“ folgen.

(+1.520 m) **km 46,50**/688 m **Rechts** auf der Straße Ri. „Farchant“ weiterfahren.

(+620 m) **km 47,12**/691 m **Rechts** Ri. „Garmisch“ abbiegen und diesem Weg stets geradeaus (Abzweige ignorieren) am Wald entlang, bis zum Ausgangspunkt zurück folgen.

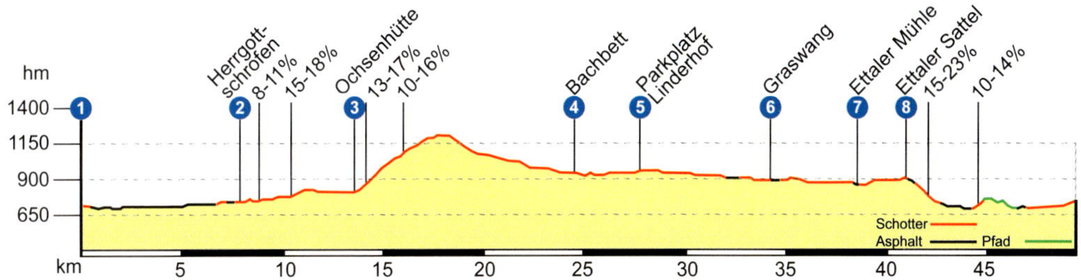

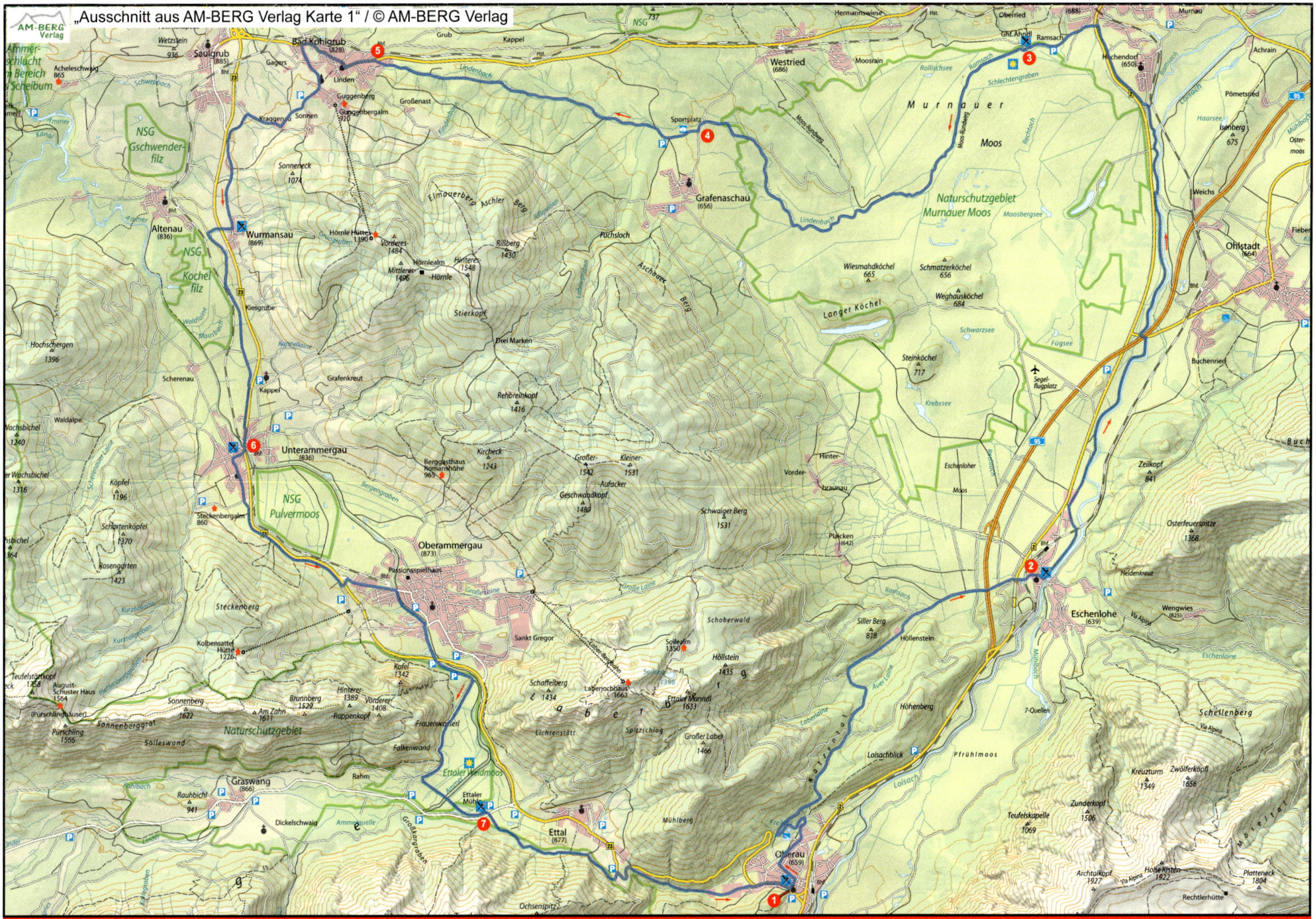

Tourenblatt **12 „Um den Aufacker - Murnauer Moos“** **3** **54,29 km** **3:26 Std** **538 Hm**

1 **km 0,00**/668 m Vom Parkplatz (Ampel), **geradeaus** (HS überqueren) und gegenüber der „Alten Dorfstraße“ folgen.

(+120 m) **km 0,12**/666 m **Links** fahren und **nach 10 m rechts** weiterfahren.

(+40 m) **km 0,16**/666 m **Links** in die Mühlstraße abbiegen und dieser geradeaus bis zur Triftstraße folgen.

(+320 m) **km 0,48**/670 m **Kreuzung, rechts** der Triftstraße folgen.

(+500 m) **km 0,98**/663 m **Links** in die Auwaldstraße, Ri. „Am Gießenbach“ abbiegen.

(+110 m) **km 1,09**/663 m (vor der Brücke) **Rechts** am Bach entlang weiterfahren.

(+120 m) **km 1,21**/663 m **Links** Ri. „Schwimmbad“ abbiegen und bis dorthin fahren. Hier dem Schotterweg bergauf (13-17%) Ri. „Eschenlohe“ folgen, weiter durch das Katzental, vorbei am Einsiedlerhof Höllenstein und unter der Autobahn durch, bis nach Eschenlohe fahren.

2 *(+7.040 m)* **km 8,25**/642 m **Eschenlohe** (Dorfplatz): **Rechts** Richtung Loisachbrücke fahren.

(+110 m) **km 8,36**/642 m (vor der Loisach. brücke) **Links** dem Radweg Ri. „Murnau“ folgen.

(+1.130 m) **km 9,49**/642 m **Rechts** dem Radweg Ri. „Murnau“ folgen.

(+180 m) **km 9,67**/643 m **Rechts** dem Radweg folgen.

(+590 m) **km 10,25**/640 m (Gewerbegebiet) **Geradeaus** weiterfahren.

(+30 m) **km 10,28**/640 m **Rechts** dem Radweg Ri. „Murnau“ weiter folgen.

(+2.190 m) **km 12,47**/636 m **An der HS**, **links** Ri. „Radweg Murnau“ abbiegen.

(+80 m) **km 12,55**/636 m (nach Unterquerung der Autobahn) **Rechts** dem Rad-weg Ri. „Murnau“ folgen.

(+2.150 m) **km 14,70**/629 m **Rechts** der Straße folgen.

(+110 m) **km 14,81**/629 m (vor der Loisachbrücke) **Links** Ri. „Murnau“ fahren und dem Radweg bis nach Murnau folgen.

(+1.150 m) **km 15,96**/628 m **Links** Ri. „alle Richtungen“ und **nach 10 m rechts** weiterfahren.

(+190 m) **km 16,15**/631 m (Ortsschild Hechendorf) **Links** dem Radweg Ri. „Murnau“ folgen.

(+60 m) **km 16,21**/635 m (vor der HS) **Rechts** bergauf (3-5%) dem Radweg (vorbei an der Tankstelle, nach ca. 1 km) bis nach Murnau folgen.

(+1.370 m) **km 17,58**/647 m Murnau: **Links** dem Radweg Ri. „Uffing“ folgen, **nach 10 m** die **HS überqueren** und gegenüber in der Ramsachstraße weiterfahren.

3 *(+1.110 m)* **km 18,69**/625 m **Gasthof Ähndl: Links** über den Bach und dann **rechts** Ri. „Murnauer Moos“ fahren.

(+3.950 m) **km 22,64**/633 m **Links** Ri. „Grafenaschau, Cafe Habersetzer“ weiterfahren.

(+3.600 m) **km 26,24**/649 m **Links** auf den Radweg abbiegen.

4 *(+120 m)* **km 26,36**/650 m (am **Sportplatz**) **Rechts** Ri. „Bad Kohlgrub“ abbiegen.

(+440 m) **km 26,80**/659 m **Rechts** Ri. „Bad Kohlgrub“ abbiegen.

(+2.830 m) **km 29,63**/725 m (Rettungstreffpunkt „GAP-2045“) **Links** Ri. „Bad Kohlgrub“

5 *(+1.970 m)* **km 31,60**/809 m **Bad Kohlgrub: Links** auf die HS abbiegen und dieser durch den Ort folgen (fast bis zum Ortsende).

(+1.120 m) **km 32,72**/858 m **Links** in die Badstraße Ri. „Guggenberg“ abbiegen.

(+720 m) **km 33,44**/887 m **Rechts** in die Baumgartenstraße Ri. „Sonnen, Kraggenau“ fahren.

(+300 m) **km 33,74**/916 m Kraggenau: **Rechts** Ri. „Oberammergau“ fahren.

(+510 m) **km 34,25**/910 m (bei der Kapelle) **Rechts** Ri. „Saulgrub“ abbiegen.

(+500 m) **km 34,75**/896 m **Links** auf den Forstweg Ri. „Oberammergau“ fahren.

(+510 m) **km 35,26**/896 m (vor der HS) **Links** Ri. „Aura Hotel“ abbiegen.

(+1.380 m) **km 36,64**/874 m Wurmansau: **Rechts** Ri. „Oberammergau“ und unter der Bundesstraße durchfahren.

(*+350 m*) **km 36,99**/859 m **Links** Ri. „Oberammergau“ und dem Radweg folgen.

6 (*+3.400 m*) **km 40,39**/832 m **Unterammergau** (nach dem Bahnübergang): **Rechts** der Dorfstraße Ri. „Ober-ammergau“ folgen.

(*+260 m*) **km 40,65**/835 m **Links** in der Dorfstraße Ri. „Oberammergau“ weiterfahren und dem Radweg bis nach Oberammergau folgen.

(*+2.560 m*) **km 43,21**/842 m Oberammergau (vor dem Parkplatz): **Links** dem Radweg durch die Unterführung Ri. „Ettal“ folgen. Nach der Unterführung **rechts** und bis zur Ammer fahren.

(*+840 m*) **km 44,05**/837 m (vor der Ammer) **Rechts** Ri. „Kofel“ abbiegen.

(*+710 m*) **km 44,76**/838 m **Geradeaus** dem Malensteinweg, an der Ammer entlang, folgen. Unter der „B23“ durchfahren und stets dem Radweg folgen.

(*+1.160 m*) **km 45,92**/841 m **Rechts** dem Radweg Ri. „Ettal, Graswang“ folgen.

(*+1.710 m*) **km 47,63**/848 m **Links** dem Schotterweg Ri. „Ettal über Ettaler Mühle“ folgen.

(*+510 m*) **km 48,14**/847 m **Kreuzung, geradeaus** Ri. „Ettaler Mühle“ weiterfahren.

7 (*+730 m*) **km 48,87**/844 m **Ettaler Mühle: An der HS, geradeaus** Ri. „Ettal“ fahren.

(*+260 m*) **km 49,13**/844 m **Links** Ri. „Ettal“ weiterfahren.

(*+140 m*) **km 49,27**/844 m **Rechts** Ri. „Ettal“ fahren.

(*+1.410 m*) **km 50,68**/866 m **Abzweig, rechts** Ri. „Notkarspitze“ abbiegen.

(*+600 m*) **km 51,28**/881 m **Links** zur Bundesstraße fahren.

(*+100 m*) **km 51,38**/880 m Ettaler Sattel (an der B23): **Rechts** auf der HS weiterfahren.

(*+440 m*) **km 51,82**/852 m (nach der Links-/Rechtskurve, HS verlassen) **Rechts** Ri. „Um das Ettaler Mandl“ abbiegen und diesem Weg, der steil bergab (15-23%), nach Oberau führt, folgen.

(*+1.910 m*) **km 53,73**/682 m Oberau: **Rechts** auf die HS abbiegen und bis zum Ausgangspunkt zurückfahren.

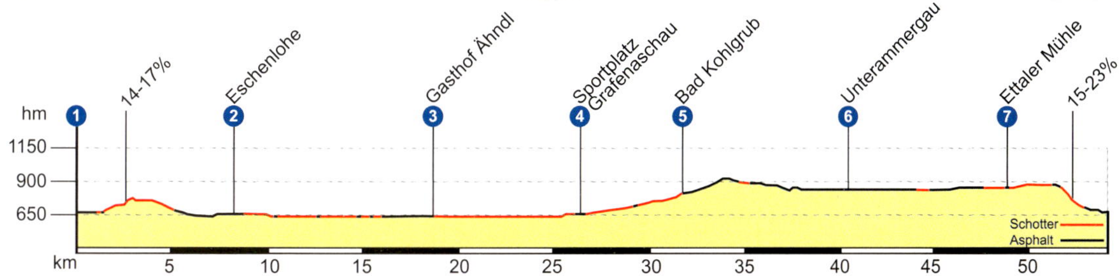

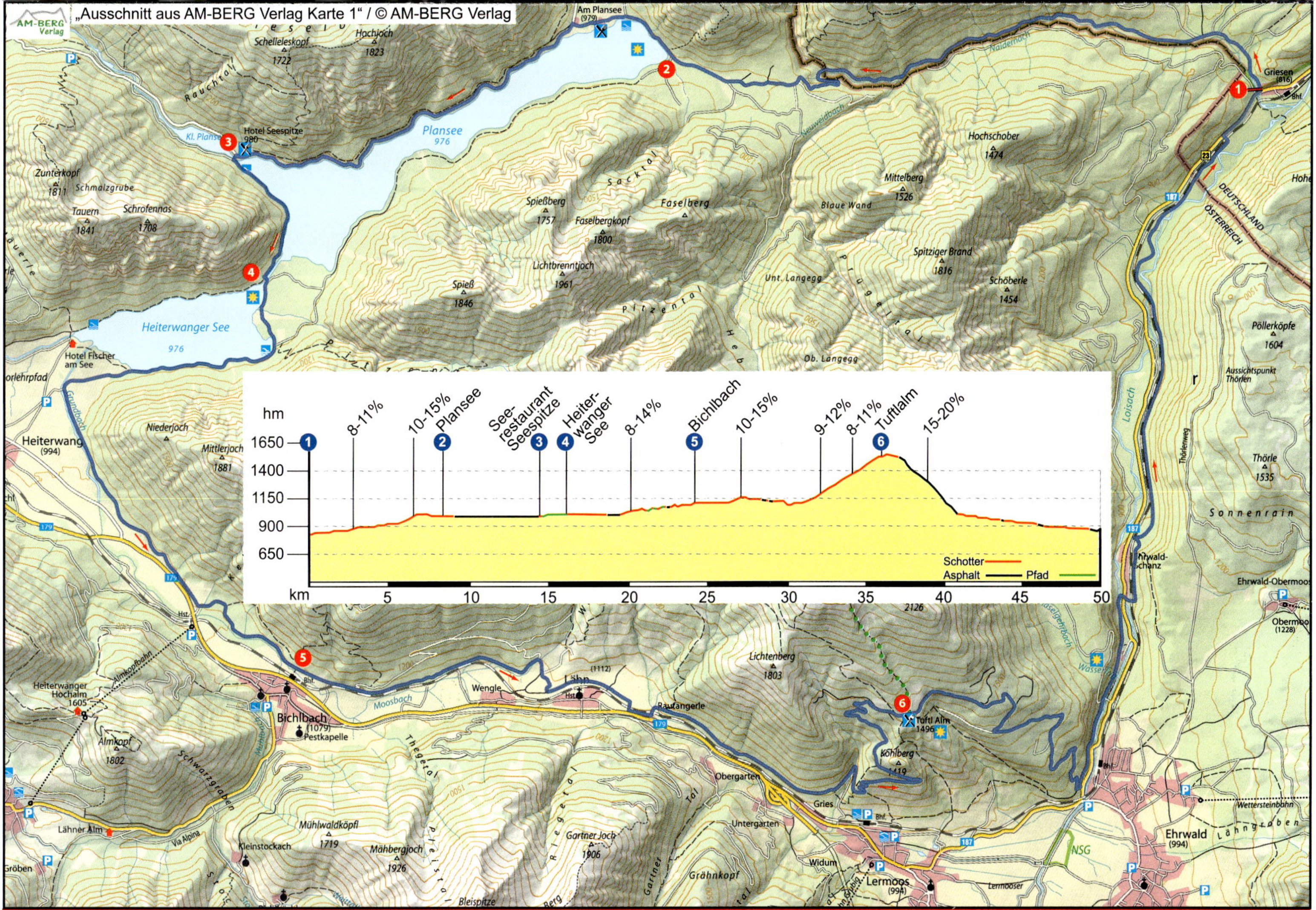

Tourenblatt **13 „Um den Daniel und zur Tuftlalm“** **3** **49,91 km** **3:15 Std** **950 Hm**

1 **km 0,00**/824 m Von der Einfahrt des Parkplatzes, **geradeaus** dem Weg Ri. „Plansee“, an der kleinen Kapelle vorbei, folgen. Auch im weiteren Verlauf diesem Weg immer geradeaus (Abzweige ignorieren) folgen. Stets Ri. „Plansee“ fahren.

2 *(+8.370 m)* **km 8,37**/981 m **Plansee: Rechts** und am See entlang, bis in den Ort „Am Plansee“, fahren.

(+1.290 m) **km 9,66**/988 m Plansee (im Ort): **An der HS, links** Ri. „Reutte“ abbiegen und auf der HS weiterfahren.

3 *(+4.710 m)* **km 14,37**/991 m (nach dem **See-restaurant Seespitze**) **Links** über die Brücke fahren und danach **links** Ri. „Heiterwanger See / MTB Schiebestrecke“ abbiegen.

4 *(+1.710 m)* **km 16,08**/997 m **Heiterwanger See: Links** über die Brücke Ri. „Um den Daniel“ und nach der Brücke **rechts** weiterfahren. Dem Weg am See entlang stets geradeaus (Abzweige ignorieren) folgen.

(+2.540 m) **km 18,62**/999 m (am Seeende) **Geradeaus** Ri. „Panoramaweg Bichlbach“ weiterfahren.

(+870 m) **km 19,49**/1007 m **Links** Ri. „Um den Daniel“ auf den Feldweg abbiegen.

(+1.720 m) **km 21,21**/1038 m (direkt vor der Stromleitung / Achtung, leicht zu übersehen) **Links** auf den Wiesenweg Ri. „Radweg Bichlbach“ abbiegen. Diesem Weg, entlang der Stromleitungstrasse folgen.

(+1.260 m) **km 22,47**/1070 m **Geradeaus** bergab (neben der HS) Ri. „Bichlbach“ fahren.

(+140 m) **km 22,61**/1065 m **Abzweig, links** Ri. „Bichlbach“ abbiegen.

(+370 m) **km 22,98**/1077 m **Gabelung, rechts** Ri. „Bichlbach“ weiterfahren.

5 *(+1.210 m)* **km 24,19**/1092 m **Bichlbach: Geradeaus** Ri. „Panoramaweg Lermoos“ fahren.

(+730 m) **km 24,92**/1098 m **Geradeaus** Ri. „Lermoos“, neben der Bahnlinie, weiterfahren.

(+1.730 m) **km 26,65**/1111 m **Links** bergauf (10-15%) Ri. „Um den Daniel“ fahren.

(+580 m) **km 27,23**/1163 m **Rechts**, durch den Bach, bergab weiterfahren.

(+150 m) **km 27,38**/1154 m **Kreuzung, geradeaus** bergab und dem Weg Ri. „Panoramaweg Lermoos“ stets folgen. (nicht links Ri. „Tuftlalm“)

(+450 m) **km 27,83**/1131 m **Links** fahren, gleich danach **rechts** Ri. „Panoramaweg Lermoos“ abbiegen und dem Weg neben der Bahnlinie weiter folgen.

(+900 m) **km 28,73**/1125 m **Rechts** über die Bahnlinie Ri. „Panoramaweg Lermoos“ fahren.

(+50 m) **km 28,78**/1125 m (vor der Bundesstraße) **Links** Ri. „Panoramaweg Lermoos“ fahren.

(+1.050 m) **km 29,83**/1116 m **Rechts** bergab Ri. „Panoramaweg Lermoos“ fahren.

(+340 m) **km 30,17**/1084 m **Geradeaus** bergauf weiterfahren.

(+1.620 m) **km 31,79**/1154 m **Geradeaus** fahren und dann der Rechtskehre Ri. „Tuftlalm“ folgen.

(+2.460 m) **km 34,25**/1381 m **Geradeaus** bergauf (8-11%) Ri. „Fahrweg Tuftlalm“ weiterfahren.

6 *(+1.660 m)* **km 35,91**/1509 m **Tuftlalm:** (Tipp: Etwas unterhalb der Alm befindet sich eine Aussichtsplattform) **Geradeaus** bergauf Ri. „Ehrwald“ fahren. Später führt der Weg sehr steil (15-20%) auf einer asphaltierten Straße bergab.

(+5.030 m) **km 40,94**/1001 m (kurz vor der Bundesstraße) **Geradeaus** Ri. „Schanz“ weiterfahren.

(+1.110 m) **km 42,05**/979 m **Geradeaus** weiterfahren. Nach ca. 250 m kommt auf der linken Seite der „Häselgehr Wasserfall“.

(+1.040 m) **km 43,09**/953 m (nach der Holzbrücke) **Rechts** dem Radweg (unter der HS durchfahren) folgen. Nach ca. 110 m durch die Bahnunterführung dem Weg bergauf und dann an der Bahnlinie entlang folgen.

(+890 m) **km 43,98**/941 m (Nähe der Bahnunterführung) **Rechts** dem Weg weiter folgen.

(+1.950 m) **km 45,93**/904 m (nach der Bahnunterführung) **Rechts** dem asphaltiertem Weg Ri. „Garmisch“ folgen.

(+3.340 m) **km 49,27**/860 m (nach dem Bahnübergang, vor der HS) **Rechts** dem Radweg, bis zum Ausgangspunkt zurück, folgen.

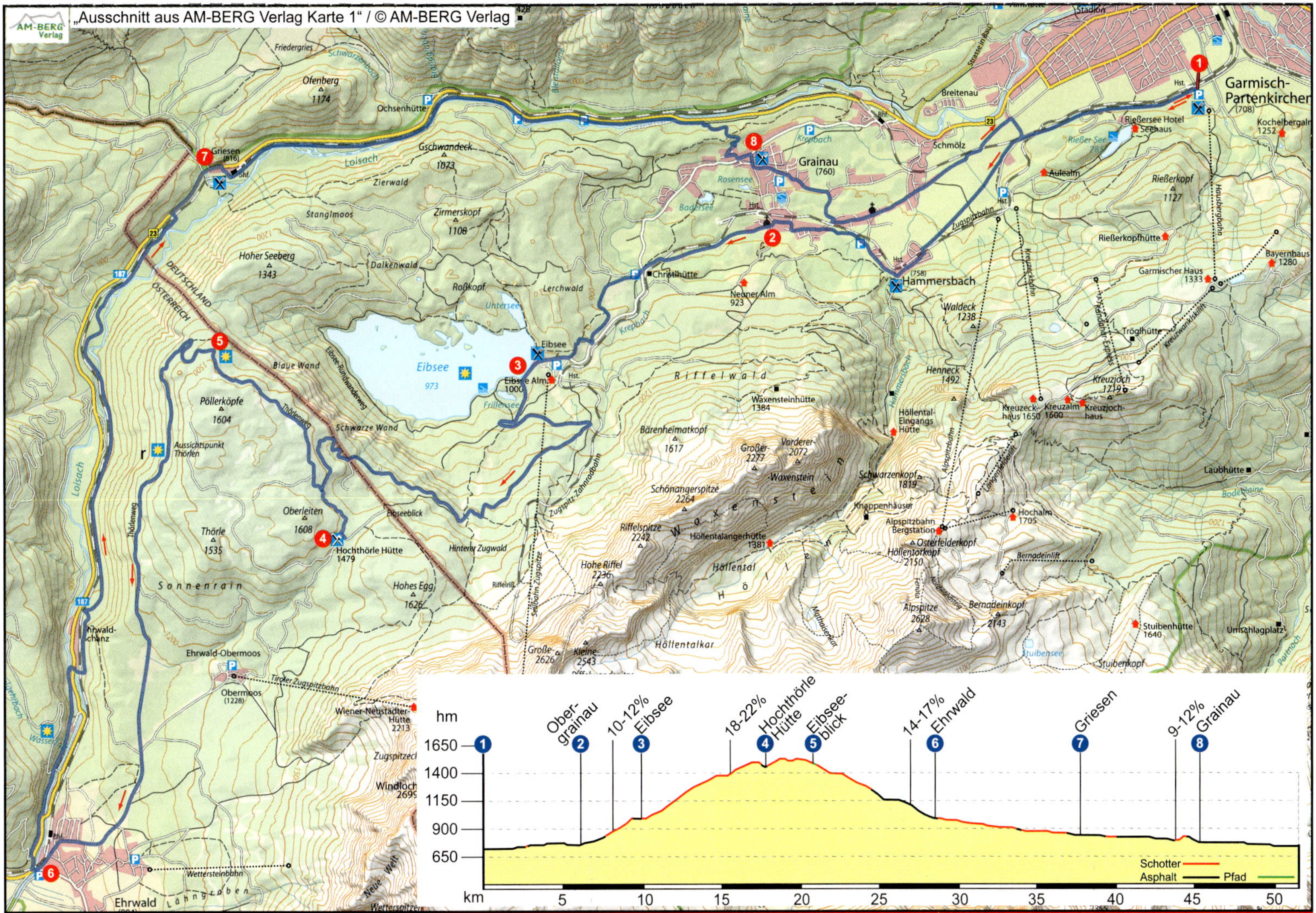

Tourenblatt **14 „Hochthörle Hütte - Thörleweg"** **3** **51,57 km** **3:04 Std** **1.020 Hm**

1 **km 0,00**/720 m Vom Parkplatz (vor den Bahngleisen) **links** der Einbahnstraße folgen.

(+1.350 m) **km 1,35**/721 m **Geradeaus** (Rießerseestraße überqueren) und weiter neben der Bahnlinie entlangfahren.

(+840 m) **km 2,19**/729 m **Geradeaus** auf der HS weiterfahren.

(+300 m) **km 2,49**/732 m **Rechts** auf den Fuß- / Radweg Ri. „Hammersbach" abbiegen und dem Weg nach Hammersbach folgen.

(+1.390 m) **km 3,88**/762 m Hammersbach: **Links** abbiegen, über die Bahnlinie fahren und **rechts** der Straße Ri. „Grainau" folgen.

(+900 m) **km 4,78**/763 m (vor dem Parkplatz) **Links** dem Fuß- / Radweg Ri. „Eibsee" folgen.

(+610 m) **km 5,39**/756 m Grainau: **An der HS, links** Ri. „Eibsee" abbiegen. Der HS nun ca. 590 m durch den Ort folgen.

(+590 m) **km 5,98**/770 m (in einer leichten Rechtskurve) **Links** Ri. „Radweg Eibsee" abbiegen.

2 *(+80 m)* **km 6,06**/775 m **Obergrainau: Rechts** in den Thörlenweg Ri. „Radweg Eibsee" fahren.

(+1.590 m) **km 7,65**/846 m Christlhütte: **An der HS, geradeaus** (HS überqueren) über den Parkplatz fahren und dem Weg bergauf folgen.

(+160 m) **km 7,81**/860 m (nach der Brücke) **Rechts** weiterfahren und stets dem Hauptweg folgen.

(+1.510 m) **km 9,32**/997 m (Schild „Geo9 Radschuh") **Links** zur HS fahren und dort **rechts** bergab auf der HS weiterfahren.

(+350 m) **km 9,67**/982 m (beim Eibsee Hotel) **Geradeaus** dem Weg folgen.

3 *(+260 m)* **km 9,93**/978 m **Eibsee: Links** bergauf Ri. „Hochthörlehütte" abbiegen.

(+5.730 m) **km 15,66**/1412 m (nach dem steilen Anstieg) **Rechts** weiterfahren.

(+1.380 m) **km 17,04**/1493 m **Links** bergab Ri. „Hochthörle Hütte" fahren.

(+630 m) **km 17,67**/1454 m **Rechts** dem Schotterweg folgen.

4 *(+20 m)* **km 17,69**/1452 m **Hochthörle Hütte:** Von hier dann wieder zum letzten Abzweig zurückfahren.

(+20 m) **km 17,71**/1454 m **Links** bergauf (12%) weiterfahren.

(+640 m) **km 18,35**/1496 m **Links** bergauf weiterfahren.

(+290 m) **km 18,64**/1522 m **Geradeaus** bergab Ri. „Thörle Rundgang" weiterfahren.

(+2.110 m) **km 20,75**/1474 m (in der Linkskehre) Abstecher (Tipp): **Rechts** dem Pfad Ri. „Eibseeblick" folgen.

5 *(+50 m)* **km 20,80**/1471 m **Eibseeblick** (zwei Bänke, super Ausblick) - dann die 50 m wieder zurück zum Hauptweg.

(+50 m) **km 20,85**/1474 m **Rechts** dem Schotterweg weiter folgen.

(+690 m) **km 21,54**/1413 m **Linkskehre** bergab folgen.

(+3.000 m) **km 24,54**/1241 m **Geradeaus** Ri. „Rund um den Thörlen" weiterfahren.

(+1.980 m) **km 26,52**/1136 m **Geradeaus** auf die HS fahren und bergab nach Ehrwald fahren.

6 *(+2.020 m)* **km 28,54**/980 m **Ehrwald: Rechts** abbiegen und **nach 30 m rechts** Ri. „München" auf der HS weiterfahren.

(+130 m) **km 28,67**/980 m **Links** bergauf dem Weg Ri. „Tuftlalm" folgen.

(+40 m) **km 28,71**/983 m (in der Linkskehre) **Rechts** Ri. „Radweg Schanzsteig" abbiegen.

(+1.100 m) **km 29,81**/961 m **Geradeaus** weiterfahren. Nach ca. 250 m kommt auf der linken Seite der „Häselgehr Wasserfall".

(+1.040 m) **km 30,85**/935 m (nach der Holzbrücke) **Rechts** dem Radweg (unter der HS durchfahren) folgen. Nach ca. 110 m durch die Bahnunterführung dem Weg bergauf und dann an der Bahnlinie entlang folgen.

(+890 m) **km 31,74**/922 m (Nähe der Bahnunterführung) **Rechts** dem Weg weiter folgen.

(+1.930 m) **km 33,67**/885 m (nach der Bahnunterführung) **Rechts** Ri. „Garmisch“ weiterfahren.

(+3.320 m) **km 36,99**/842 m (vor der HS) **Rechts** dem Radweg nach Griesen folgen.

7 *(+830 m)* **km 37,82**/836 m **Griesen** (Rettungstreffpunkt „GAP-1073“): **Rechts** dem Radweg nach Garmisch folgen.

(+5.920 m) **km 43,74**/783 m **Rechts** bergauf (9-12%) Ri. „Höhenrain“ abbiegen.

(+630 m) **km 44,37**/824 m Höhenrain: **Geradeaus** weiterfahren.

(+670 m) **km 45,04**/771 m Grainau: **An der HS, links** abbiegen.

8 *(+170 m)* **km 45,21**/768 m **Grainau** (Dorfplatz): **Rechts** weiterfahren.

(+140 m) **km 45,35**/768 m **Links** in die Alpspitzstraße abbiegen.

(+930 m) **km 46,28**/768 m **Rechts** dem Schwarzenkopfweg folgen.

(+410 m) **km 46,69**/770 m **Links** auf die Zugspitzstraße abbiegen.

(+940 m) **km 47,63**/765 m **Geradeaus** weiterfahren (Vorfahrtsstraße verlassen).

(+300 m) **km 47,93**/759 m **Geradeaus** Ri. „Durchs Loisachtal“ fahren.

(+1.210 m) **km 49,14**/744 m **Rechts** der Kreuzeckbahnstraße Ri. „Radweg Mittenwald“ folgen.

(+260 m) **km 49,40**/745 m (nach der Bahnlinie) **Links** Ri. „Skistadion“ fahren.

(+810 m) **km 50,21**/737 m **Geradeaus** und dem Weg zum Ausgangspunkt zurück folgen.

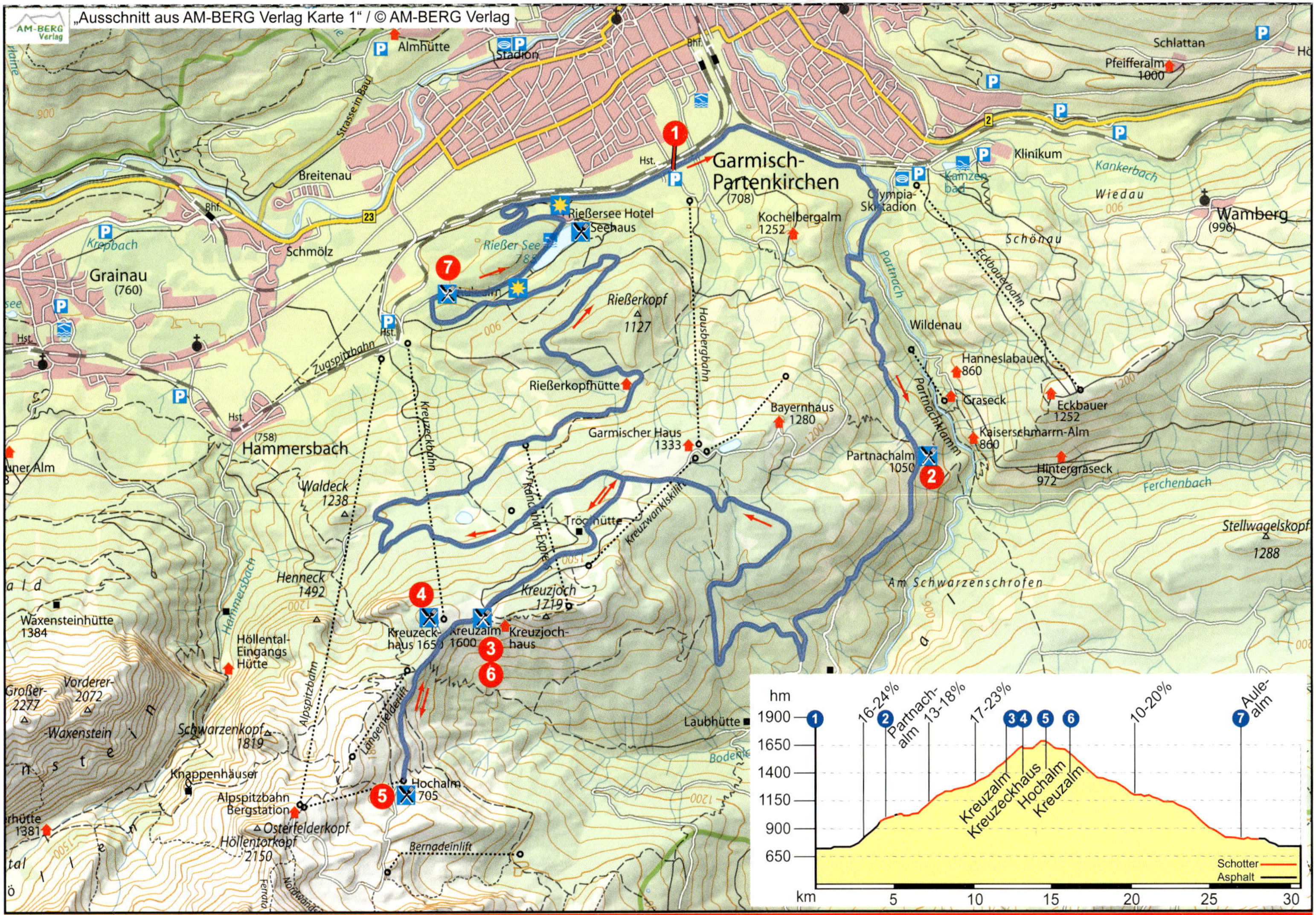

Tourenblatt 15 „Kreuzeck - Hochalm“ **3** **30,63 km** **2:26 Std** **1.136 Hm**

1 **km 0,00**/720 m Vom Parkplatz (vor den Bahngleisen) **rechts** der Straße, neben der Bahnlinie entlang, folgen.

(+190 m) **km 0,19**/723 m **Geradeaus** und an der Bahnlinie weiterfahren.

(+710 m) **km 0,90**/723 m **Rechts** Ri. „Radweg Mittenwald", an der Bahnlinie entlang, weiterfahren.

(+670 m) **km 1,57**/731 m **Geradeaus** weiterfahren.

(+420 m) **km 1,99**/737 m (nach der Sägerei und der Brücke) **Rechts** abbiegen.

(+420 m) **km 2,41**/746 m (nach der Brücke) **Rechts** Ri. „Partnachalm" abbiegen.

2 *(+1.920 m)* **km 4,33**/985 m **Partnachalm** (Rettungstreffpunkt „GAP-2002"): **Geradeaus** fahren.

(+1.280 m) **km 5,61**/1019 m **Gabelung, rechts** bergauf Ri. „Bockhütte, Kreuzeck" weiterfahren.

(+820 m) **km 6,43**/1033 m **Rechts** bergauf (13-17%) Ri. „Hausberg" abbiegen.

(+1.230 m) **km 7,66**/1191 m **Rechtskehre** bergauf fahren und stets dem Hauptweg folgen.

(+1.710 m) **km 9,37**/1266 m **Geradeaus** weiterfahren. (rechts Ri. „Bayernhaus")

(+1.020 m) **km 10,39**/1339 m **Geradeaus** Ri. „Kreuzeck" weiterfahren.

(+420 m) **km 10,81**/1353 m **Links** bergauf (17-23%) Ri. „Kreuzeck" abbiegen.

(+520 m) **km 11,33**/1426 m (bei der Tröglhütte) **Geradeaus** bergauf (17%) weiterfahren und stets dem Hauptweg (etwas später durch den Trögltunnel), bis zur Kreuzalm folgen.

3 *(+1.160 m)* **km 12,49**/1568 m (bei der **Kreuzalm**) **Geradeaus** bergauf (15-17%) weiterfahren.

(+400 m) **km 12,89**/1621 m **Rechts** zum Kreuzeckhaus abbiegen.

4 *(+170 m)* **km 13,06**/1636 m **Kreuzeckhaus**.

(+150 m) **km 13,21**/1625 m **Geradeaus** Ri. „Hochalm" fahren.

(+360 m) **km 13,57**/1623 m **Links** dem Hauptweg Ri. „Hochalm" folgen.

5 *(+880 m)* **km 14,45**/1693 m **Hochalm:** Von hier den gleichen Weg wieder bis zum Tröglift zurückfahren.

(+1.260 m) **km 15,71**/1625 m **Rechts** bergab Ri. „Kreuzalm" fahren.

6 *(+410 m)* **km 16,12**/1573 m **Kreuzalm: Geradeaus** weiterfahren.

(+1.710 m) **km 17,83**/1358 m (beim Trögllift) **Linkskehre** Ri. „Riessersee" folgen und nun stets dem Hauptweg bergab, vorbei an der Tonihütte und dem Bob Museum, folgen.

(+8.110 m) **km 25,94**/819 m Bob Museum, auf der rechten Seite

(+790 m) **km 26,73**/792 m (beim Parkplatz) **Rechts** über den Parkplatz zur Aulealm fahren.

7 *(+100 m)* **km 26,83**/795 m **Aulealm: Geradeaus** Ri. „Riessersee" weiterfahren.

(+110 m) **km 26,94**/796 m **Geradeaus** weiterfahren.

(+670 m) **km 27,61**/804 m (am Rießersee) **Geradeaus** am See entlang weiterfahren.

(+470 m) **km 28,08**/806 m **Seehaus Rießersee: Links** bergab auf der Straße weiterfahren.

(+1.230 m) **km 29,31**/741 m (vor der Bahnlinie) **Geradeaus**, rechts neben der Bahnlinie weiterfahren und bis zum Ausgangspunkt zurückfahren. (nach ca. 370 m kommt rechts ein Rastplatz an einem Wasserfall)

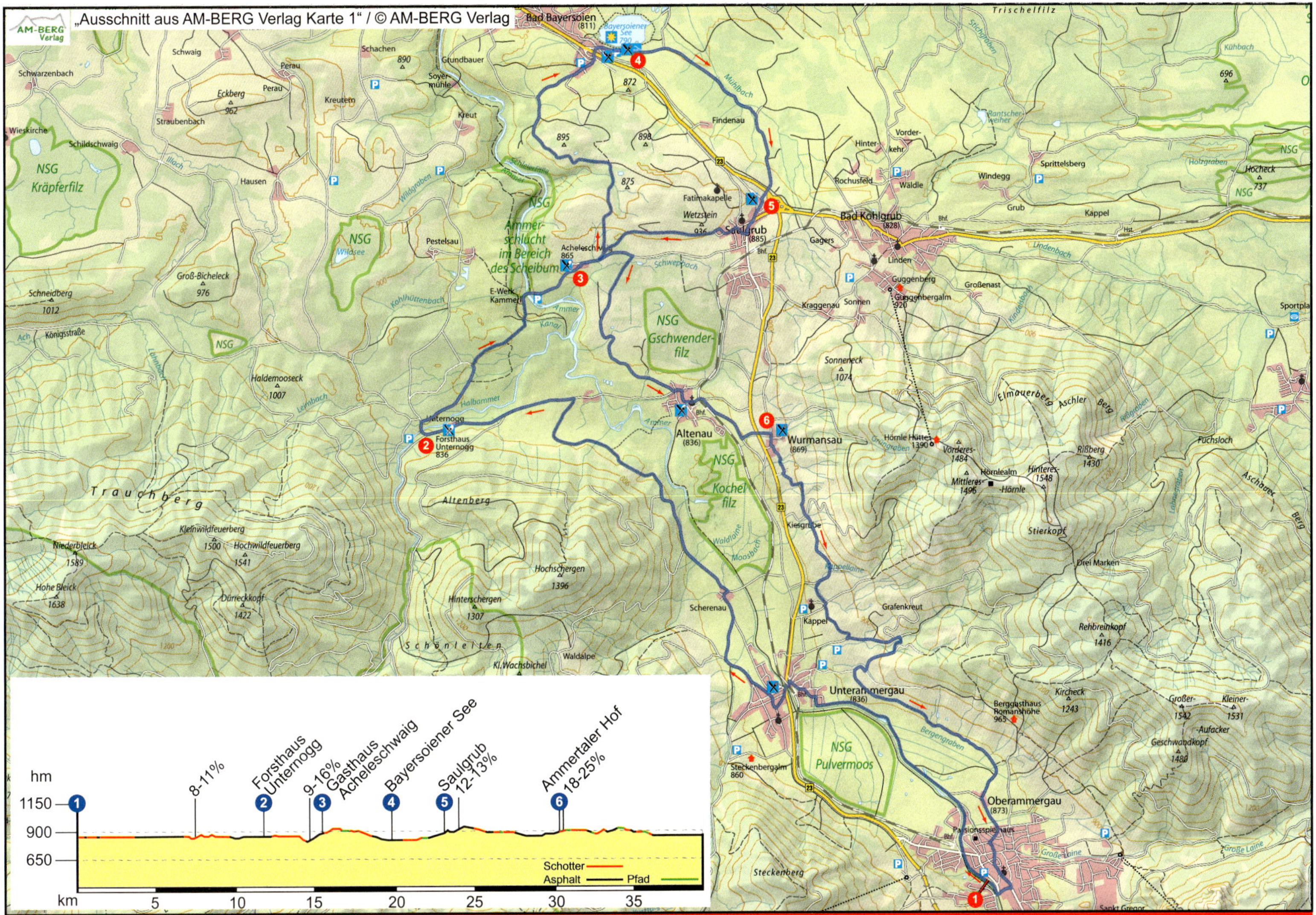

Tourenblatt **16 „Ammertal Runde“** **4** **39,19 km** **2:50 Std** **635 Hm**

1

km 0,00/847 m Vom Parkplatz zur Ammer und dort nach **rechts** und an der Ammer entlangfahren.

(+590 m) **km 0,59**/847 m **An der HS, geradeaus** und an der Ammer weiterfahren.

(+650 m) **km 1,24**/846 m **Links** fahren und stets dem Weg, an der Ammer entlang, folgen.

(+2.320 m) **km 3,56**/844 m Unterammergau: **Geradeaus** an der Ammer weiterfahren.

(+180 m) **km 3,74**/847 m **Links** dem Radschild folgen und Ri. „Bahnhof" fahren.

(+180 m) **km 3,92**/847 m **Links** dem Radschild weiter folgen.

(+210 m) **km 4,13**/845 m **Links** fahren und **nach ca. 20 m** gleich wieder **links** dem Radschild folgen. **Nach ca. 40 m rechts** und über den Bahnübergang zur HS fahren.

(+70 m) **km 4,20**/844 m **An der HS** (Ampel), **geradeaus** die HS überqueren, dann **links** dem Radschild folgen und **nach ca. 60 m rechts** in die Dorfstraße abbiegen.

(+320 m) **km 4,52**/848 m (beim Brunnen) **Rechts** Ri. „Saulgrub" abbiegen und dem Radweg stets geradeaus durch den Ort folgen.

(+850 m) **km 5,37**/847 m (Rettungstreffpunkt „GAP-2050") **Rechts** Ri. „Scherenau" weiterfahren.

2

(+910 m) **km 6,28**/847 m Scherenau: **Links** Ri. „Altenau" abbiegen. Nach 570 m geht es durch einen Bachlauf (Schild „Radfahrer absteigen")

(+750 m) **km 7,03**/843 m **Geradeaus** weiterfahren. (links Sackgassenschild)

(+790 m) **km 7,82**/880 m (nach der Bergauffahrt, 8-11%) **Rechts** bergab Ri. „Altenau" fahren und nun stets dem Hauptweg geradeaus folgen.

(+2.320 m) **km 10,14**/838 m **An der Straße, links** Ri. „Wieskirche, Forsthaus Unternogg" fahren.

(+1.640 m) **km 11,78**/853 m **Forsthaus Unternogg.**

(+360 m) **km 12,14**/857 m (beim Parkplatz) **Rechts** der Straße Ri. „Wieskirche Runde" folgen.

(+200 m) **km 12,34**/863 m **Rechts** auf den Weg Ri. „Bayersoien" abbiegen.

(+770 m) **km 13,11**/851 m **Links** auf dem Hauptweg weiterfahren.

(+210 m) **km 13,32**/849 m **Rechts** bergab (14-15%) Ri. „Saulgrub" weiterfahren.

(+900 m) **km 14,22**/826 m (am Kanal) **Geradeaus** bergab und dann weiter **geradeaus** fahren.

(+100 m) **km 14,32**/814 m **T-Kreuzung, links** Ri. „Saulgrub" abbiegen.

(+150 m) **km 14,47**/811 m (beim E-Werk, Schranke) **Geradeaus** und dann nach **rechts** fahren.

(+130 m) **km 14,60**/808 m (nach der Ammer) **Rechts** bergauf (9-16%) Ri. „Achele" fahren.

3

(+830 m) **km 15,43**/883 m **Gasthaus Acheleschwaig: Rechts** weiterfahren.

(+200 m) **km 15,63**/886 m **Links** bergauf (8%) Ri. „Saulgrub" abbiegen.

(+90 m) **km 15,72**/896 m **Links** Ri. „Saulgrub" fahren. (nach ca. 880 m kommt ein Gatter, danach folgt ein Wiesenweg der später in einen Pfad übergeht. Schiebestrecke im Wald ca. 20 m bergauf)

(+1.120 m) **km 16,84**/898 m **Geradeaus** Ri. „Bad Bayersoien" weiterfahren.

(+160 m) **km 17,00**/901 m **Links** dem Wiesenweg Ri. „Soiernmühle" (Hinweis etwas später) folgen.

(+1.160 m) **km 18,16**/874 m **Rechts** Ri. „Radweg Bad Bayersoien" weiterfahren.

(+380 m) **km 18,54**/853 m **Rechts** der Straße folgen.

(+920 m) **km 19,46**/819 m **Rechts** abbiegen und unter der Bundesstraße durchfahren.

(+100 m) **km 19,56**/820 m (nach der Unterführung) **Rechts** fahren und gleich danach **links** Ri. „Zum See" weiterfahren.

4

(+160 m) **km 19,72**/811 m **Bayersoier See.**

(+680 m) **km 20,40**/819 m (am Seeende) **Geradeaus** Ri. „Bad Kohlgrub" und diesem Weg stets geradeaus folgen.

(+1.570 m) **km 21,97**/835 m **Rechts** auf der Straße weiterfahren.

5 *(+1.010 m)* **km 22,98**/887 m **Saulgrub: Rechts** über die Bundesstraße fahren und danach (am Meditationsplatz, Rasthaus Kargl) **links** abbiegen.

(+300 m) **km 23,28**/894 m An der Rottenbucher Straße, **links** abbiegen.

(+280 m) **km 23,56**/881 m (nach der Bergabfahrt) **Rechts** in den Römerweg abbiegen.

(+160 m) **km 23,72**/898 m **Kreuzung, links** Ri. „Achele“ abbiegen.

(+50 m) **km 23,77**/900 m **Abzweig, geradeaus** weiterfahren. (nicht links Ri. „Rad Oberammergau“)

(+1.110 m) **km 24,88**/921 m **Geradeaus** dem Schotterweg Ri. „Kammerl Runde“ folgen.

(+650 m) **km 25,53**/897 m **Links** dem Weg weiter folgen.

(+80 m) **km 25,61**/889 m **Links** der Straße Ri. „Saulgrub“ folgen.

(+50 m) **km 26,11**/887 m **Rechts** abbiegen. (nach ca. 490 m dem Wiesenweg, nach dem Gatter, folgen)

(+2.470 m) **km 28,58**/852 m **Kreuzung,links** Ri. „Altenau“ abbiegen.

(+90 m) **km 28,67**/852 m **Rechts** dem Radschild folgen.

(+140 m) **km 28,81**/856 m **Links** dem Radschild folgen.

(+220 m) **km 29,03**/858 m **Rechts** dem Radschild Ri. „Oberammergau“ folgen.

(+720 m) **km 29,75**/864 m **Links** Ri. „Ammertaler Hof“ weiterfahren.

(+370 m) **km 30,12**/888 m Wurmansau: **Rechts** Ri. „Ammertaler Hof“ weiterfahren.

6 *(+110 m)* **km 30,23**/888 m **Ammertaler Hof: Links** der Straße „Am Wieseneck“ folgen.

(+360 m) **km 30,59**/893 m (nach steiler asphaltierter Bergauffahrt, 18-25%) **Rechts** und **nach 20 m links** Ri. „Ammergauer Mahdweg“ fahren.

(+750 m) **km 31,34**/904 m **Kreuzung, geradeaus** weiterfahren.

(+80 m) **km 32,14**/892 m **Geradeaus** über die Brücke weiterfahren.

(+250 m) **km 32,39**/876 m **Links** dem Pfad Ri. „Wiesmahdweg“ folgen.

(+310 m) **km 32,70**/881 m **Rechts** abbiegen und nach 20 m **links** weiterfahren.

(+620 m) **km 33,32**/889 m (nach steiler asphaltierter Bergabfahrt, 17%) **Links** abbiegen.

(+630 m) **km 33,95**/920 m **Geradeaus** Ri. „Ammergauer Wiesmahdweg“ fahren.

(+80 m) **km 34,03**/924 m (nach der Brücke) **Rechts** dem Pfad Ri. „Wiesmahdweg“ folgen.

(+160 m) **km 34,19**/925 m **Rechts** dem Schotterweg folgen.

(+520 m) **km 34,71**/900 m **Rechts** auf die Straße abbiegen.

(+190 m) **km 34,90**/886 m **Links** weiterfahren. (Weg wird später zum Wiesenweg und Pfad)

(+1.210 m) **km 36,11**/865 m **Links** auf dem Schotterweg weiterfahren.

(+80 m) **km 36,19**/860 m **Geradeaus** fahren und stets dem Hauptweg bis Oberammergau folgen.

(+1.900 m) **km 38,09**/855 m Oberammergau: **Rechts** in die Straße „In der Furch“ abbiegen.

(+190 m) **km 38,28**/856 m **Links** der Theaterstraße folgen.

(+110 m) **km 38,39**/854 m **Links** abbiegen und der Dorfstraße durch den Ort folgen.

(+500 m) **km 38,89**/854 m **Rechts** abbiegen, **nach 10 m** gleich wieder nach **rechts** fahren und der HS zurück zum Ausgangspunkt folgen.

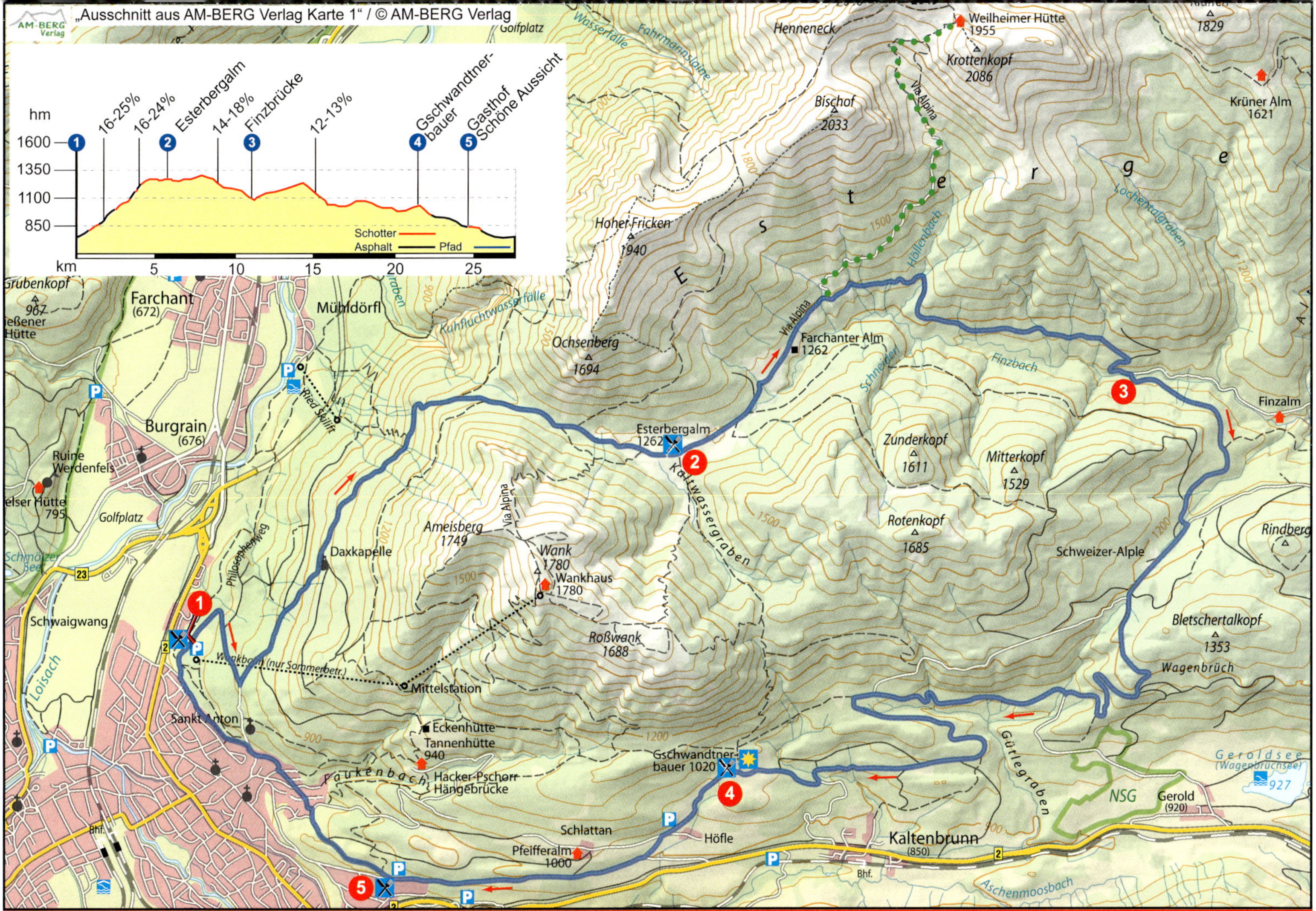

Tourenblatt 17 „Esterbergalm - Gschwandtnerbauer" 4 27,52 km 1:52 Std 942 Hm

1 **km 0,00**/740 m Vom Parkplatz (Infotafel, Einfahrt Parkplatz) **rechts** auf der Straße bergauf fahren.

(+800 m) **km 0,80**/822 m **Linkskehre** folgen und am Kletterwald vorbeifahren.

(+260 m) **km 1,06**/840 m **Geradeaus** Ri. „Esterbergalm" fahren und stets dem Hauptweg folgen.

(+980 m) **km 2,04**/967 m Daxkapelle: **Geradeaus** Ri. „Esterbergalm" weiterfahren und stets dem Weg bergauf bis zur Esterbergalm folgen.

2 *(+3.660 m)* **km 5,70**/1267 m **Esterbergalm.**

3 *(+5.310 m)* **km 11,01**/1077 m **Finzbrücke: Rechts** Ri. „Gschwandtnerbauer" abbiegen. Dem Hauptweg geradeaus (Abzweige ignorieren) bis zum Bauerngraben folgen.

(+1.940 m) **km 12,95**/1171 m Bauerngraben (Rettungstreffpunkt „GAP-1036"): **Rechts** Ri. „Gerold, Gschwandtnerbauer" abbiegen.

(+740 m) **km 13,69**/1203 m **Abzweig, geradeaus** Ri. „Gerold" weiterfahren.

(+950 m) **km 14,64**/1187 m Wagenbrüch: **Rechts** Ri. „Gschwandtnerbauer" fahren.

(+1.250 m) **km 15,89**/1041 m **Rechts** Ri. „Gschwandtnerbauer" abbiegen.

(+1.720 m) **km 17,61**/1070 m **Kreuzung, geradeaus** bergauf Ri. „Gschwandtnerbauer" weiterfahren.

(+130 m) **km 17,74**/1078 m (Nähe Wildfütterung) **Linkskehre** (Hauptweg) folgen.

(+70 m) **km 17,81**/1073 m **Links** bergab dem Forstweg Ri. „Gschwandtnerbauer" folgen.

(+2.830 m) **km 20,64**/976 m **Abzweig, rechts** Ri. „Gschwandtnerbauer" abbiegen.

(+190 m) **km 20,83**/992 m **Rechts** dem Hauptweg Ri. „Gschwandtnerbauer" folgen.

(+210 m) **km 21,04**/1013 m **Links** Ri. „Gschwandtnerbauer" weiterfahren.

4 *(+420 m)* **km 21,46**/1032 m **Gschwandtnerbauer.**

(+780 m) **km 22,24**/939 m **Rechts** auf der Straße weiterfahren.

(+60 m) **km 22,30**/933 m **Links** bergab weiterfahren.

(+230 m) **km 22,53**/916 m (in der Linkskehre) **Geradeaus** Ri. „Schöne Aussicht" fahren.

5 *(+2.020 m)* **km 24,55**/830 m **Gasthof „Schöne Aussicht": Rechts** weiterfahren.

(+110 m) **km 24,66**/830 m **Kreuzung, geradeaus** weiterfahren.

(+750 m) **km 25,41**/799 m **Links** abbiegen und dann **rechts** Ri. „Wankbahn Talstation" fahren.

(+300 m) **km 25,71**/768 m **Kreuzung, geradeaus** in die Prof.-Michael-Sachs Straße fahren.

(+180 m) **km 25,89**/760 m **Rechts** in den Brunnhäuselweg Ri. „Wankbahn Talstation" fahren.

(+220 m) **km 26,11**/753 m Schräg **links** bergab dem Waldweg Ri. „Radweg Farchant" folgen.

(+670 m) **km 26,78**/730 m **Rechts** in den Hölzlweg abbiegen.

(+140 m) **km 26,92**/729 m **Rechts** in die Münchner Straße abbiegen.

(+120 m) **km 27,04**/729 m **Rechts** bergauf Ri. „Wankbahn" abbiegen und zurück zum Ausgangspunkt fahren.

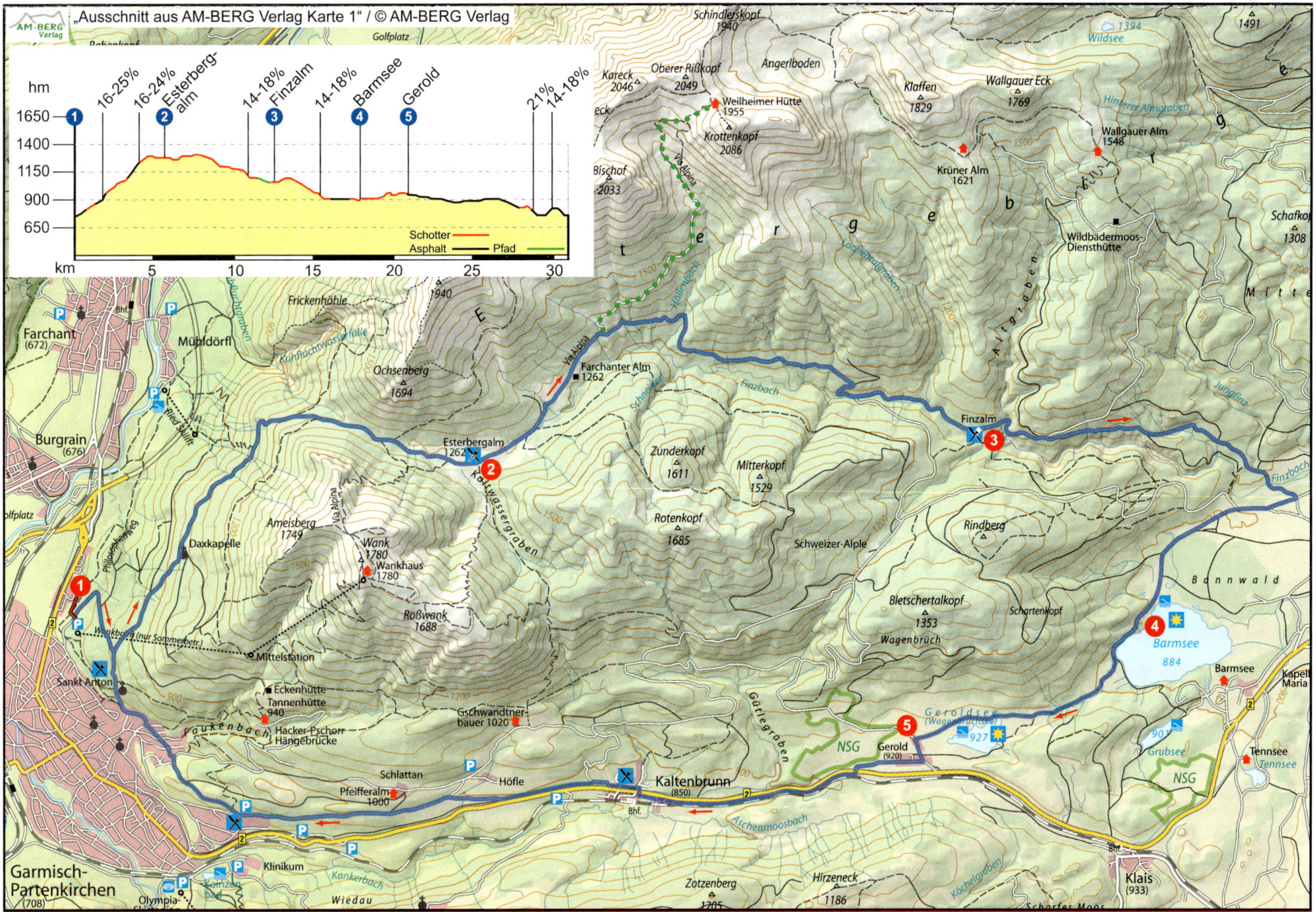

Tourenblatt 18 „Esterbergalm - Barmsee - Geroldsee“ 4 30,87 km 2:16 Std 934 Hm

1 **km 0,00**/740 m Vom Parkplatz (Infotafel, Einfahrt Parkplatz) **rechts** auf der Straße bergauf fahren.

(+800 m) **km 0,80**/822 m **Linkskehre** folgen (am Kletterwald vorbei) und Ri. „Esterbergalm“ fahren.

(+1.240 m) **km 2,04**/967 m Daxkapelle: **Geradeaus** Ri. „Esterbergalm“ weiterfahren und stets dem Weg bergauf bis zur Esterbergalm folgen.

2 *(+3.660 m)* **km 5,70**/1267 m **Esterbergalm.**

(+5.310 m) **km 11,01**/1077 m Finzbrücke: **Geradeaus** weiterfahren.

(+420 m) **km 11,43**/1088 m **Geradeaus** dem Pfad folgen.

3 *(+990 m)* **km 12,42**/1054 m **Finzalm**.

(+120 m) **km 12,54**/1072 m **Geradeaus** weiterfahren.

(+740 m) **km 13,28**/1090 m Soiernkreuz: **Geradeaus** bergab Ri. „Wallgau, Krün“ fahren.

(+2.790 m) **km 16,07**/897 m **Rechts** Ri. „Barmsee Badeufer“ abbiegen und stets geradeaus (Abzweige ignorieren) bis zum Barmsee folgen.

4 *(+1.850 m)* **km 17,92**/895 m **Barmsee**.

(+660 m) **km 18,58**/892 m (Seeende) **Geradeaus** Ri. „Gerold“ fahren. Nach ca. 800 m folgt ein Steilstück (24-27%, eventuell schieben) bergauf.

5 *(+2.290 m)* **km 20,87**/942 m (nach dem Geroldsee) **Gerold: Links** abbiegen.

(+220 m) **km 21,09**/9941 m **Kreuzung, rechts** bergab weiterfahren.

(+670 m) **km 21,76**/917 m **Geradeaus** (durch die Unterführung) weiterfahren und **links** dem Radweg Ri. Garmisch-Partenkirchen folgen.

(+3.600 m) **km 25,36**/888 m (nach der Bushaltestelle) **Rechts** bergauf Ri. „Schlattan“ abbiegen.

(+520 m) **km 25,88**/909 m **Links** Ri. „Schöne Aussicht“ abbiegen.

(+2.030 m) **km 27,91**/839 m (beim Gasthof „Zur schönen Aussicht“) **Rechts** abbiegen.

(+120 m) **km 28,03**/823 m **Kreuzung, geradeaus** weiterfahren.

(+680 m) **km 28,71**/800 m **Links** abbiegen und dann **rechts** Ri. „Wankbahn Talstation“ fahren und der Straße geradeaus folgen.

(+530 m) **km 29,24**/752 m **Rechts** in den Brunnhäuselweg Ri. „Wankbahn“ abbiegen.

(+220 m) **km 29,46**/745 m **Rechts** bergauf (14-18%) Ri. „Wankbahn“ fahren. (vorbei an der Wallfahrtskirche St. Anton und am Berggasthof Panorama)

(+610 m) **km 30,07**/828 m (beim Kletterwald) **Links** bergab zum Ausgangspunkt zurückfahren.

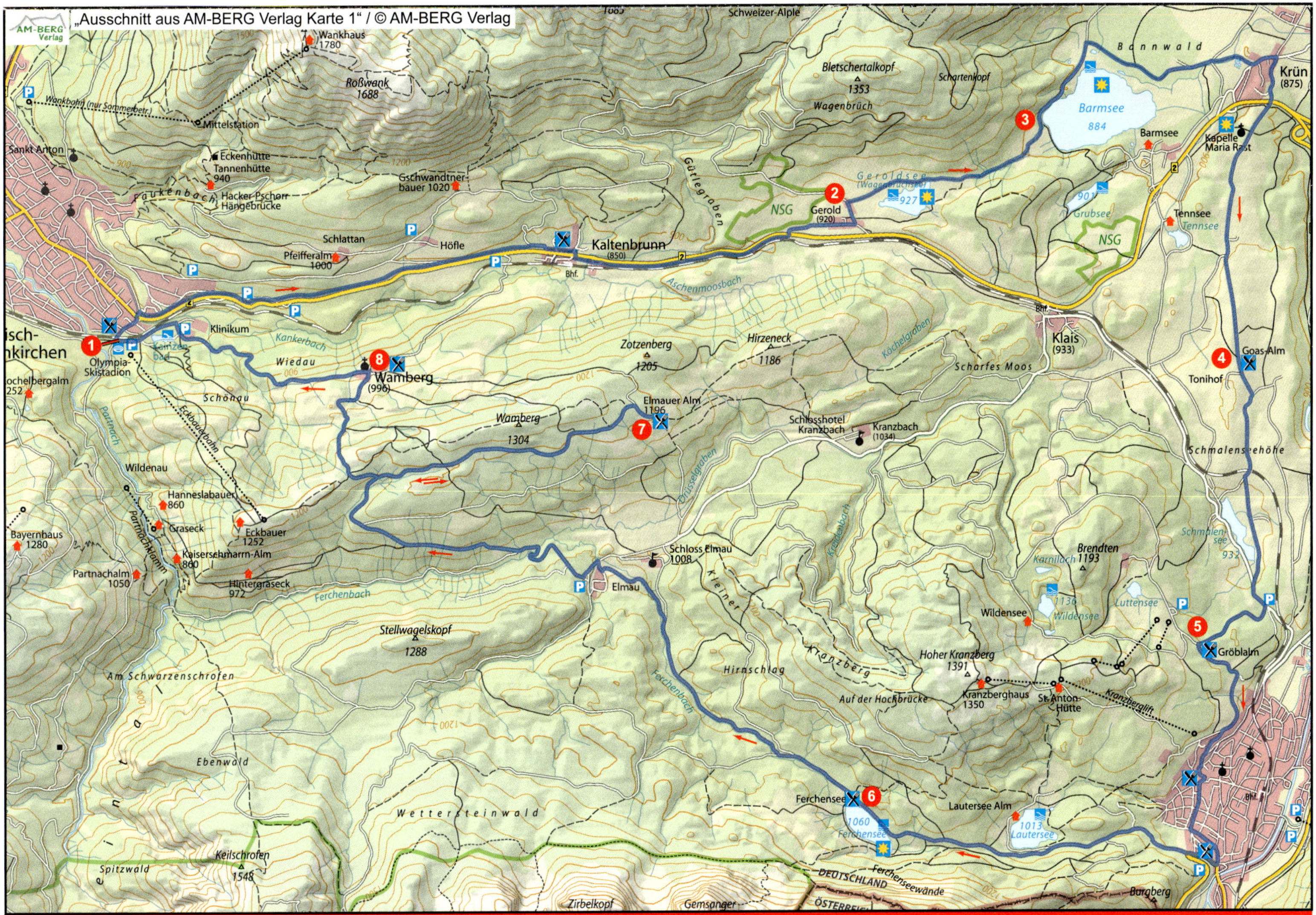

Tourenblatt **19 „4-Seen Tour und Elmauer Alm"** **4** **44,87 km** **2:50 Std** **1.188 Hm**

1 **km 0,00**/725 m Vom Parkplatz (Bahnübergang) und **rechts** auf der Wildenauer Straße zur HS fahren.

(+300 m) **km 0,30**/723 m **An der HS, geradeaus** die HS überqueren und über die Brücke fahren. Dann **rechts** auf den Radweg Ri. „Mittenwald“ abbiegen und diesem bis nach Gerold folgen.

(+7.510 m) **km 7,81**/917 m Gerold: **Links** Ri. „Krün, Wallgau“ abbiegen.

2 *(+230 m)* **km 8,04**/920 m **Gerold: Rechts** Ri. „Krün, Wallgau“ weiterfahren. Der Weg führt am Geroldsee vorbei und steigt nach dem See mit 13-15% an. Die folgende Abfahrt zum Barmsee ist extrem steil (bis 27%).

3 *(+2.310 m)* **km 10,35**/903 m (am **Barmsee**) **Geradeaus** dem Hauptweg Ri. „Barmseerundweg“ folgen.

(+880 m) **km 11,23**/875 m (nach dem Barmsee) **Abzweig, rechts** Ri. „Krün“ abbiegen und diesem Hauptweg stets geradeaus (Abzweige ignorieren) folgen.

(+1.390 m) **km 12,62**/874 m **Kreuzung, geradeaus** weiterfahren.

(+400 m) **km 13,02**/880 m (beim Landhotel) **Links** weiterfahren.

(+60 m) **km 13,08**/878 m **Rechts** und dann **links** Ri. „Mittenwald über Buckelwiesen“ abbiegen.

(+230 m) **km 13,31**/868 m **Rechts** Ri. „Mittenwald über Buckelwiesen“ abbiegen.

(+340 m) **km 13,65**/880 m **Links** Ri. „Mittenwald über Buckelwiesen“ weiterfahren.

(+440 m) **km 14,09**/910 m Kapelle „Maria Rast“: **Geradeaus** der Straße weiter folgen.

4 *(+2.290 m)* **km 16,38**/973 m **Goas-Alm: Geradeaus** fahren und diesem Weg weiter folgen.

(+1.550 m) **km 17,93**/928 m **Links** Ri. „Mittenwald“ fahren.

(+690 m) **km 18,62**/931 m **An der HS, links** und auf dieser weiterfahren.

(+240 m) **km 18,86**/938 m **Rechts** Ri. „Luttenseegebiet, Gröbl-Alm“ abbiegen.

(+900 m) **km 19,76**/991 m **Links** bergab Ri. „Gröbl-Alm“ weiterfahren.

5 *(+560 m)* **km 20,32**/956 m **Gröbl-Alm: Geradeaus** und dem Weg in den Ort folgen.

(+1.050 m) **km 21,37**/904 m Mittenwald: **Links** Ri. „Bahnhof“ weiterfahren.

(+50 m) **km 21,42**/904 m **Rechts** fahren und dann (vor der Holz-Gitarre) **rechts** abbiegen.

(+70 m) **km 21,49**/905 m **Links** in die Frühlingstraße abbiegen und dieser folgen.

(+450 m) **km 21,94**/906 m **T-Kreuzung, links** in die Ferchenseestraße abbiegen.

(+290 m) **km 22,23**/908 m **An der HS, rechts** auf diese abbiegen und folgen.

(+170 m) **km 22,40**/911 m **Rechts** bergauf (4-8%) Ri. „Leutasch“ abbiegen.

(+340 m) **km 22,74**/934 m **Geradeaus** bergauf (3-8%) Ri. „Ferchensee“ fahren. (HS verlassen)

(+1.430 m) **km 24,17**/1017 m **Geradeaus** Ri. „Elmau“ fahren. (rechts Ri. „Hotel Lautersee“)

6 *(+2.250 m)* **km 26,42**/1048 m **Gasthof Ferchensee: Geradeaus** Ri. „Elmau“ weiterfahren.

(+800 m) **km 27,22**/1044 m **Gabelung, links** bergab Ri. „Elmau Fahrstraße“ weiterfahren.

(120 m) **km 27,34**/1042 m **Rechts** Ri. „Elmau, Wettersteinrunde“ fahren.

(+1.920 m) **km 29,26**/998 m **Links** Ri. „Gut Elmau, Schachentour“ fahren und diesem Weg, vorbei an einer Pferdekoppel, folgen.

(+870 m) **km 30,13**/983 m Elmau (beim Parkplatz) **Rechts** bergab auf der Straße weiterfahren.

(+160 m) **km 30,29**/980 m **Links** Ri. „Eckbauer“ abbiegen.

(+1.320 m) **km 31,61**/963 m **Rechts** bergauf (12%) Ri. „Wamberg, Eckbauer“ abbiegen.

(+1.050 m) **km 32,66**/1041 m **Rechts** bergauf Ri. „Eckbauer“ fahren und dann dem Hauptweg stets geradeaus Ri. „Elmauer Alm“ folgen.

(+3.980 m) **km 36,64**/1211 m **Rechts** Ri. „Elmauer Alm“ weiterfahren.

7 *(+390 m)* **km 37,03**/1177 m **Elmauer Alm:** Dort ein kurzes Stück den gleichen Weg zurückfahren.

(+390 m) **km 37,42**/1210 m **Links** Ri. „Wamberg, Eckbauer“ abbiegen.

(+2.810 m) **km 40,23**/1121 m **Abzweig, rechts** Ri. „Wamberg, Eckbauer“ abbiegen.

(+310 m) **km 40,54**/1160 m **Rechts** Ri. „Wamberg“ weiterfahren. Nach ca. 460 m geht es auf dem Schotterweg sehr steil (25%) bergab.

(+790 m) **km 41,33**/1033 m **T-Kreuzung, rechts** Ri. „Wamberg, Skistadion“ abbiegen.

8 *(+500 m)* **km 41,83**/986 m **Wamberg: Links** Ri. „Skistadion, Partenkirchen“ abbiegen. (rechts Abzweig zum Berggasthof Wamberg) Nach ca. 1,2 km geht es auf dem Schotterweg sehr steil (25%) bergab.

(+2.400 m) **km 44,23**/731 m Garmisch-Partenkirchen (beim Parkplatz): **Links** in die Auenstraße abbiegen und dieser Straße bis zum Skistadion zurück folgen.

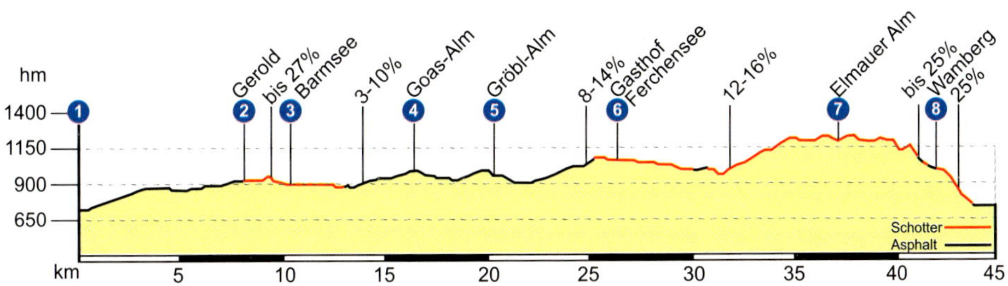

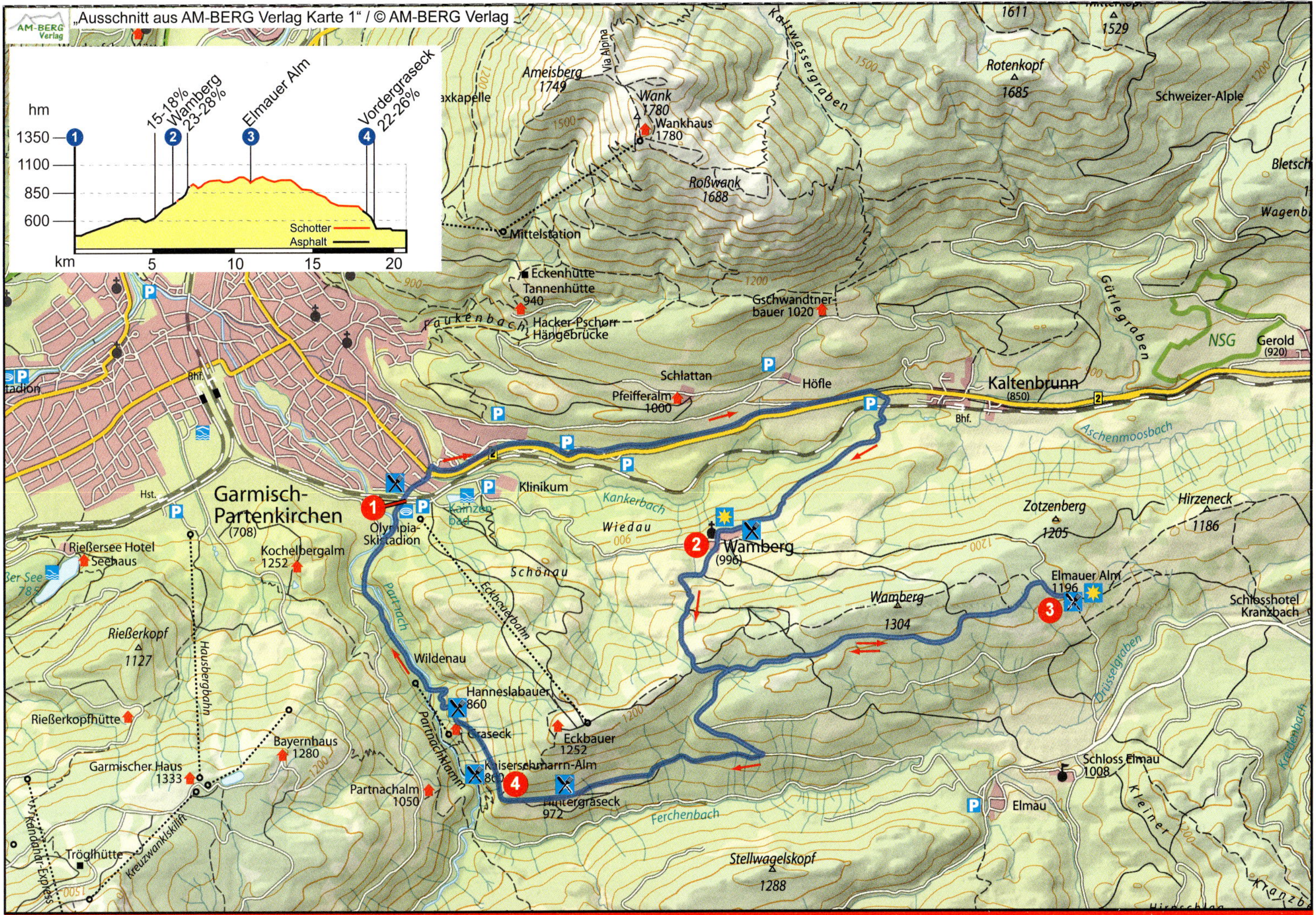

Tourenblatt 20 „Elmauer Alm" 4 20,74 km 1:31 Std 740 Hm

1 **km 0,00**/725 m Vom Parkplatz (Bahnübergang) **rechts** auf der Wildenauer Straße zur HS (Garmisch-Mittenwald) fahren.

(+300 m) **km 0,30**/725 m **An der HS, geradeaus** die HS überqueren und über die Brücke fahren. Dann **rechts** auf den Radweg Ri. „Mittenwald“ abbiegen und diesem bergauf (3-4%) folgen.

(+3.200 m) **km 3,50**/873 m **Abzweig, geradeaus** auf dem Radweg weiterfahren.

(+530 m) **km 4,03**/870 m (auf Höhe der Bushaltestelle) **Rechts** (HS überqueren) und der Straße gegenüber bergab Ri. „Wamberg“ folgen.

2 *(+2.190 m)* **km 6,22**/994 m **Wamberg /** Rettungstreffpunkt „GAP-2016“: **Geradeaus** bergauf Ri. „Eckbauer“ fahren. (links Berggasthof Wamberg)

(+490 m) **km 6,71**/1044 m **Links** dem Hauptweg Ri. „Eckbauer, Elmauer Alm“ folgen.

(+750 m) **km 7,46**/1174 m **Geradeaus** Ri. „Elmauer Alm“ fahren.

(+320 m) **km 7,78**/1133 m **Links** Ri. „Elmauer Alm“ abbiegen und diesem Hauptweg stets geradeaus (Abzweige ignorieren) folgen.

(+2.810 m) **km 10,59**/1223 m **Rechts** Ri. „Elmauer Alm“ abbiegen.

3 *(+380 m)* **km 10,97**/1189 m **Elmauer Alm:** Von hier zunächst auf dem gleichen Weg zurückfahren.

(+380 m) **km 11,35**/1222 m **Links** Ri. „Wamberg“ abbiegen und diesem Weg stets geradeaus (Abzweige ignorieren) folgen.

(+3.980 m) **km 15,33**/1057 m **Abzweig, rechts** Ri. „Hintergraseck, Skistadion“ abbiegen.

4 *(+2.970 m)* **km 18,30**/900 m **Vordergraseck: Rechts** dem Hauptweg folgen. Nun kommt eine sehr steile (22-26%) asphaltierte Abfahrt. Am Ende (beim Eingang der Partnachklamm) der Straße (Wildenauer Straße) talauswärts bis zum Ausgangspunkt zurück folgen.

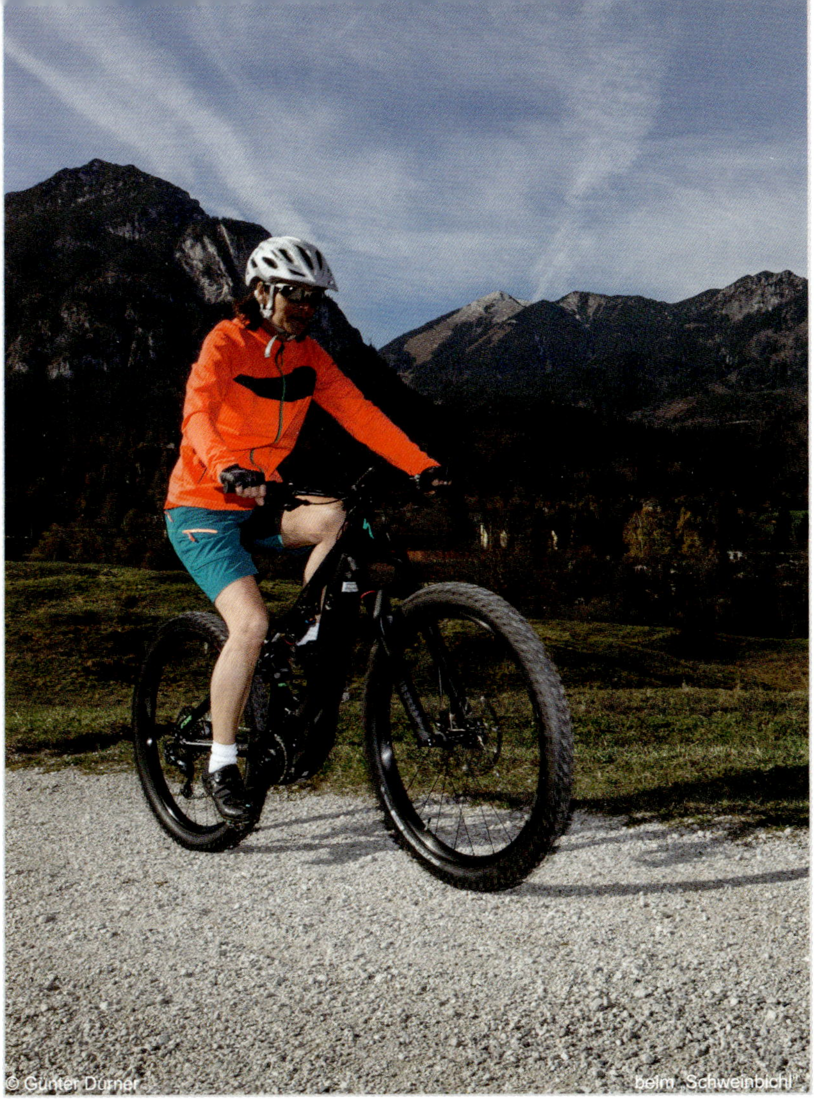

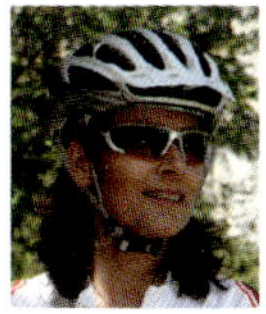

Susi Plott lebt seit 2003 in Garmisch-Partenkirchen. Die begeisterte Mountainbikerin schätzt und liebt die vielfältigen Tourenmöglichkeiten in Ihrem Heimatort. 2003 erschien ihr erster MTB Führer vom Norden Sardiniens (Gallura). Mittlerweile sind insgesamt neun MTB Führer, zwei Wanderführer und ein Freizeitführer erschienen.

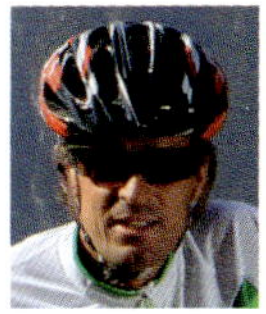

Günter Durner lebt seit 1985 in Garmisch-Partenkirchen. Der staatlich geprüfte Berg- und Skiführer kennt nicht nur die alpinen Touren, sondern auch die vielfältigen Möglichkeiten für Biketouren. Er ist Autor von vielen bergbezogenen Büchern wie Kletterführer, Lehrbücher, Freizeitführer und neun MTB Führern.

Auswahl weiterer Tourenführer im AM-BERG Verlag

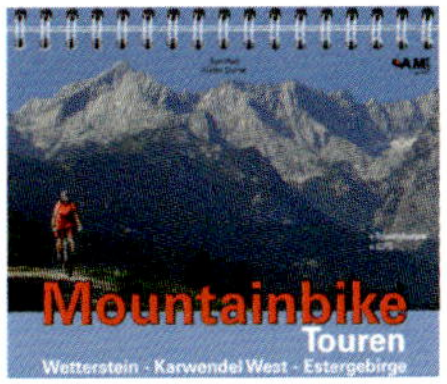

Band 1
Wetterstein-Karwendel West-
Estergebirge
ISBN. 978-3-9815671-7-5

Band 6
Tegernsee-Schliersee-
Bayrischzell
ISBN: 978-3-9815671-0-6

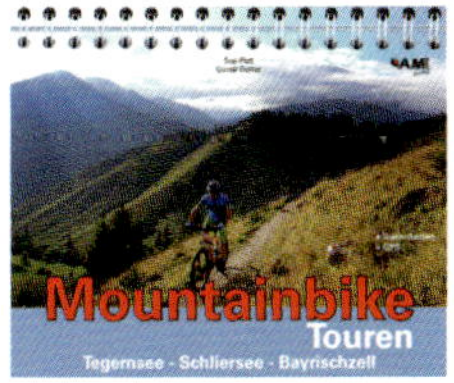

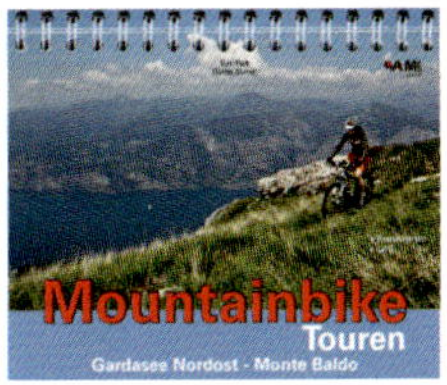

Band 7
Gardasee Südost-
Monte Baldo
ISBN: 978-3-9815671-3-7

Band 8
Gardasee Südwest-
Valvestino See
ISBN: 978-3-9815671-6-8

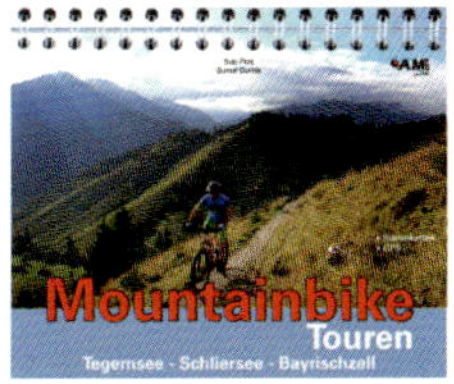

Impressum

E-Bike Touren Garmisch-Partenkirchen
Erschienen im AM-BERG Verlag, www.am-berg-verlag.de

1. Auflage 2020 ISBN 978-3-946613-07-7

Produktmanagement:	Susi Plott
Text:	Susi Plott und Günter Durner (www.am-berg.de)
Lektorat:	Susi Plott, Heide Plott
Fotos:	Susi Plott (SP) und Günter Durner (GD)
Layout, Grafik, Satz:	Astanelli (Susi Plott), www.astanelli.de Günter Durner
Druck:	SIA United Press Tipografija, www.unitedpress.lv
Übersichtkarte:	Günter Durner
Landkarten:	© AM-BERG Verlag
Kartographie:	GeoGraphic Production, Thomas Gall – www.geographic-production.de

Vielen Dank für die Unterstützung folgender Firmen:

Bayern, Gesetzeslage Wegerecht „Radfahren auf Waldwegen“
Rechtskräftiges Urteil des Bayerischen Verwaltungsgerichtshof (BayVGH) vom 03.07.2015, Az. 11 B 14.2809 „Radfahren auf Waldwegen grundsätzlich erlaubt“.

Pressemitteilung des Bayerischen Verwaltungsgerichtshofs vom 19.08.2015. Die Pressemitteilung ist unter „http://www.vgh.bayern.de/media/bayvgh/presse/radfahren_auf_waldwegen_grunds%C3%A4tzlich_erlaubt.pdf“ abrufbar.

Wir bitten Sie, bei der Benutzung der Wege, auf Fußgänger bzw. auf andere Nutzer Rücksicht zu nehmen.